베스트셀러

16년간 16만 독자의 선택!

KB084915

2023년 사회복지사 1급 시험, 합격의 순간에도 SD에듀가 함께 하겠습니다.

2022~2016년 시험 출제키워드 분석!

비교불가, 놀라운 적중률

탄탄한 핵심이론

든든한 학습 도우미

꼭 출제될 문제만 선별

명품 해설

합격의 공식
온라인 강의

잠깐!

혼자 공부하기 힘드시다면 방법이 있습니다.
SD에듀의 동영상강의를 이용하시면 됩니다.
www.sdedu.co.kr → 회원가입(로그인) → 강의 살펴보기

이 책의 구성과 특징

<사회복지사 1급 1과목 사회복지기초>는 자격시험 대비를 위해 효과적으로 구성되었습니다. 다음의 특징을 충분히 활용한다면 방대한 양의 사회복지사 자격시험도 차근차근 완벽하게 학습할 수 있습니다.

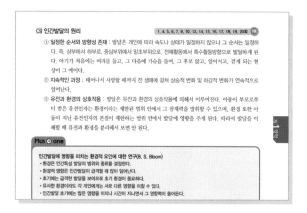

영역별 핵심이론

학습목표 확인 ▶ 이론 학습 & 출제현황 파악 ▶ Plus One

효과적 · 효율적인 이론학습을 위한 세 가지 장치를 알차게 담았습니다. 학습목표를 통해 챕터의 포인트를 짚고, 1회~20회 시험 동안의 출제현황을 참고하여 학습에 효율을 더해보세요. 자주 출제되거나 더 알아야 하는 이론의 경우 Plus One에 수록하였습니다.

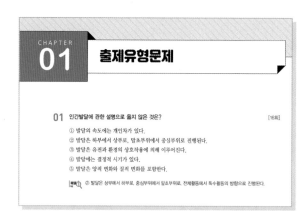

출제유형문제 다잡기

영역별 출제유형문제를 풀면서 어떤 문제가 출제될지 알아볼 수 있습니다. 또한 자세하고 꼼꼼한 해설로 모르는 문제도 충분히 해결할 수 있습니다.

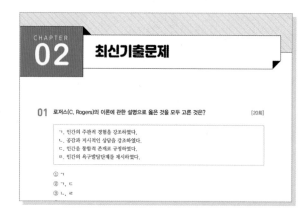

최신기출문제 해설

출제되었던 기출문제를 풀면서 실전 감각을 익히고 해설을 통해 한 번 더 복습할 수 있습니다. 시대에듀플러스에서 2022년 제20회 기출문제 해설 무료 동영상 강의까지 제공해드립니다.

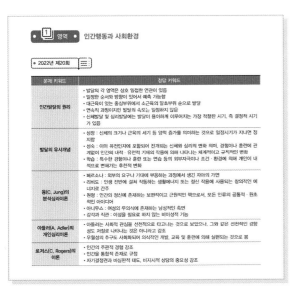

Plus one

사회복지사 1급 시험의 오랜 노하우를 가진 저자가 수험생이 어렵게 느낄 수 있는 부분을 콕 짚어서 친절하고 쉽게 설명해줍니다. 이론적 깊이가 있는 내용까지도 섭렵할 수 있습니다.

꼭 알아야 할 기출 키워드

최근 7년간 실제 시험(2022년 제20회~2016년 제14회)에 출제된 키워드를 간략히 정리하였습니다. 본격적인 학습 전후, 꼼꼼히 정리한 꼭 알아야 하는 '정답 키워드'를 통해 최신 출제경향을 빠르게 파악하고, 스스로의 실력을 점검해 봅시다.

자주 출제되는 이론을
확인할 수 있어!

(3) 주요 개념

2, 3, 5, 6, 8, 9, 10, 11, 12, 13, 14, 16, 19회 기출

① 창조적 존재

㉠ 아들러 심리학의 가장 중요한 기본전제로서 성격은 통합적이고 분리할 수 없는 전체로 보아야 한다는 것이다. 성격에 대한 총체적 관심이 시사하는 것은 내담자는 사회체계의 통합된 부분이라는 것이고, 그래서 인간 내적 심리적 요소들보다는 대인관계를 중시한다.

㉡ 프로이트가 환원론의 입장에서 인간을 의식과 무의식, 원초아, 자아, 초자아로 분류한 것에 반대하고 인간을 더 이상 분류하거나 분리·분할할 수 없는 그 자체로서 완전한 전체로 보았다.

㉢ 개인의 성격은 생의 목표를 통해 통합되기 때문에 자아 일치의 통합된 성격구조를 개인의 생활양식이라 부른다.

㉣ 아들러는 성격형성에서 유전과 환경의 중요성을 인정하면서도, 개인은 분명히 이 두 요인 이상의 산물이라고 하였다.

㉤ 아들러는 인간을 창조적인 힘을 가지고 자기 인생을 좌우할 수 있는 존재로 묘사한다. 즉, 자유롭고 의식적인 활동이 인간을 정의하는 특징이다. 이것은 인간의 목적론적 특성과 관련이 있는데 인간은 자신의 궁극적 목표, 혹은 특정 경향으로 나아가려는 지속적인 경향성을 갖고 있고, 이점이 우리가 그 무엇을 수용할 것인지, 어떻게 행동할 것인지, 사상을 어떻게 해석할 것인지를

② 사회적 관심

16, 20회 기출

㉠ 개인이 인간사회의 일부라는 인식과 사회적 세계를 다루는 개인의 태도를 말하며 인간의 보다 나은 미래를 위한 노력을 포함한다. 또한 가르치고, 배우고, 사용할수록 발달하며, 사회적 관심이 발달함에 따라 열등감과 소외감이 감소한다.

㉡ 아들러는 사회적 관심이 일체감이나 공감과 같으며 '다른 사람의 눈으로 보고, 다른 사람의 귀로 듣고, 다른 사람의 가슴으로 느끼는 것'이라고 했다.

㉢ 개인심리학에서 행복과 성공은 대개 사회적 유대와 관련되어 있다는 핵심 사상에 근거한다. 우리는 사회의 일원이기 때문에 사회구조를 떠나 고립된 존재로 이해될 수 없다.

㉣ 소속되고자 하는 욕구가 인간행동의 기본이 되므로 우리가 경험하는 문제의 대부분은 자신이 가치를 두는 사람들에게 수용되지 못한다는 두려움에 관련되어 있다. 만약 이러한 소속감이 충족되지 못하면 불안이 발생한다.

㉤ 아들러는 인간은 소속되고자 하는 강한 욕구를 가졌고 또 소속감을 가질 때에만 문제에 직면하고 그것을 처리하기 위해 노력한다고 주장하고 있다.

㉥ 사회적 관심은 가족관계 및 아동기 경험의 맥락에서 발달한다.

㉡ 모든 개인은 자신이 가진 개인적 신념, 관점, 지각, 결론 등의 도식과 일치하는 방향으로 그들 자신이 설계한 세계에서 산다.

이렇게 자세한 설명을
봤어?

중요 내용이 색으로
표시돼서 편해!

④ 열등감

　㉠ 인간의 열등감은 근본적으로 모든 ┌─────────────────────────────┐ 가 되며,
　　　각자의 생활양식과 일치된 방식으로 매우 │ 인간이 무엇인가를 추구할 수 있는 동기 │ 다양하다.
　㉡ 개인이 잘 적응하지 못하거나 준비가 안 되어 해결할 수 없는 문제에 부딪혔을 때 나타난다.

　㉢ 신체기관 혹은 신체적 결함에서 유래하는 열등상태뿐만 아니라 심리적 혹은 사회적 열등감도
　　　포함된다.

　㉣ 열등성을 극복하기 위해 훈련과 연습을 통한 보상적 노력을 하게 되고, 이는 개인에게 성공을
　　　가져다주기도 하지만 실패한 경우 병적 열등감에 머물게 된다.

⑤ 보 상

　㉠ 인간은 항상 좀 더 나아지기를 원하기 때문에 본질적으로 열등감을 경험하게 되고, 이를 보완하
　　　기 위해 신체적·정신적 기술을 훈련하거나 연습을 통해 부족한 점을 충족하려 시도한다.

　㉡ 신체적 열등성을 극복하기 위해 훈련과 연습을 통한 보상적 노력을 하게 되며, 이는 잠재력을
　　　발휘하도록 인간을 자극하는 건전한 반응이 될 수 있다.

⑥ 우월성 추구 　16회 기출

　㉠ 열등감에 대한 보상의 노력은 결국 우월성의 추구라는 개념으로 연결된다. 아들러는 궁극적인
　　　목적을 바로 우월성의 추구라고 보았다. 우월은 낮은 데서 높은 데로, 마이너스에서 플러스로
　　　가려는 노력인 것이다. 즉, 열등감을 극복한다는 소극적인 입장에서 보다 적극적인 향상, 완성
　　　으로 나아가는 것이다.

　㉡ 성공의 목표가 개인을 완숙으로 나아가게 밀어주고 장애물을 극복하게 한다고 주장한다.

┌───┐
│ **Plus ⊕ one**
│
│ **아들러의 우월성의 본질에 대한 정리**
│ ・인간의 기본 동기이다.
│ ・모두가 공통적으로 가지고 있다.
│ ・우월의 목표가 부정적인 경향이나 긍정적인 경향을 취할 수 있다.
│ ・완성을 위한 노력은 상당한 정력과 노력을 요구한다.
│ ・우월에 대한 추구는 개인과 사회 두 가지 수준에서 일어나는데 개인으로서 완성을 위해서 노력하고, 사회의 일원으로
│ 　서 우리의 문화를 완성하기 위해 노력한다는 것이다.
└───┘

　㉡ 생애유형은 사람이 자신의 삶의 목표를 추구하기 위해 선택한 고유의 방식을 말한다. 자신이 세
　　　계를 보는 관점과 독특한 행동, 습관들로 이루어지며 전반적으로 삶에 적용되고 상호작용하는
　　　통합된 양식이다.

　㉢ 생활양식은 생의 초기 5~6년 동안에 형성되는데 이것은 가족들과의 어린 시절의 상호작용에서
　　　학습된다. 그러나 아동기의 경험 자체가 중요한 것이 아니고 이런 사건들에 대한 현재의 해석
　　　이 중요하다.

남들보다 깊게
공부해야지!

이 책의 구성과 특징

사회복지사 1급은 사회복지전공자와 현직 사회복지사들이 응시하는 국가자격시험임에도 불구하고 평균합격률은 약 38% 정도로 쉽지 않은 시험입니다. 상승한 난이도와 치열한 경쟁률의 어려운 상황을 극복할 수 있는 유일한 방법은 효과적인 계획과 성실함뿐입니다. 이를 위하여 자격시험 대비를 위해 효과적으로 구성되었습니다. 다음의 특징을 충분히 활용한다면 방대한 양의 사회복지사 자격시험도 차근차근 완벽하게 학습할 수 있습니다.

1과목 사회복지기초

(인간행동과 사회환경 / 사회복지조사론)

1과목(2영역)은 50분 동안 50문항을 풀이해야 합니다. 기본이론만 튼튼히 다져 놓으면 두고두고 활용할 수 있는 부분입니다. 따라서 이론부터 완벽히 정리하고, 자주 나오는 문제유형만 파악한다면 큰 어려움 없이 점수를 획득할 수 있습니다. 별도로 마련한 접지물 〈학자별 이론 및 발달단계〉를 활용하세요!

2과목 사회복지실천

(사회복지실천론 / 사회복지실천기술론 / 지역사회복지론)

2과목(3영역)은 75분 동안 75문항을 풀이해야 합니다. 사회복지실천론, 사회복지실천기술론은 매년 크게 변동되는 부분이 없습니다. 뿐만 아니라 이 두 영역은 서로 복합된 문제들이 출제되고 있어 두 과목을 연계한 학습이 필요합니다. 지역사회복지론은 변동이 많은 과목으로 매년 변동사항을 꼼꼼히 체크해야 합니다.

3과목 사회복지정책과 제도

(사회복지정책론 / 사회복지행정론 / 사회복지법제론)

3과목(3영역)은 75분 동안 75문항을 풀이해야 합니다. 특히 사회복지정책론, 사회복지법제론은 매년 변동되는 사항이 많으므로 시험 전까지 변동사항들을 정리해 두어야 합니다. 사회복지법제론은 외워야 할 것이 많다고 지레 겁먹기보다는 과락에 유의, 최신유형을 파악하여 효율적으로 학습하는 것이 필요합니다.

※ 표지 이미지는 변경될 수 있습니다.

1교시 사회복지기초

'1영역 인간행동과 사회환경'은 지난 제19회 시험에서 무려 3문항이 출제오류로 판정되어 논란이 불거졌던 만큼, 이번 제20회 시험에서는 비교적 평이한 문제들이 주를 이루었습니다. 인간발달에 관한 기본적인 내용에서부터 프로이트, 융, 아들러, 로저스, 매슬로우, 피아제 등 다양한 학자들의 이론들과 함께, 발달단계별 특성에 관한 문제들이 어김없이 출제되었습니다. 특히 이번 시험에서는 브론펜브레너의 미시체계와 거시체계, 행동주의이론의 고전적 조건형성과 조작적 조건형성이 나란히 출제되었으며, 일부 문제들이 사례 형태로 제시된 것이 눈에 띄었습니다.

'2영역 사회복지조사론'은 본래 수험생들이 가장 어렵게 생각하는 영역이나, 과학철학에 관한 문제나 근거이론의 분석방법에 관한 문제 등 일부 어려운 문항들을 제외하고 비교적 무난한 난이도를 보였습니다. 또한 신뢰도와 타당도에 관한 문제가 4문항 출제된 것을 제외하고 전반적으로 고른 영역에서 출제되었습니다. 출제자가 전공교재의 이론 내용을 그대로 출제하기보다 이를 응용하려는 시도를 보여주고 있는데, 특히 측정수준의 문제에서 백신 접종률이나 산불발생 건 수를 예로 든 것이 흥미로웠습니다.

2교시 사회복지실천

'3영역 사회복지실천론'은 일부 문항을 제외하고 사회복지사 시험에서 주로 출제되는 내용들이 문제로 제시되었습니다. 자선조직협회와 인보관 운동, 윤리원칙과 윤리강령, 관계형성의 원칙, 전문적 관계의 특성 등은 거의 매해 출제되는 영역이므로, 이론학습을 충실히 하였다면 문제 풀이에 큰 어려움이 없었을 것으로 보입니다. 다만, 사회복지실천론에서 비중 있게 다루어지지 않은 인권 특성에 관한 문제가 지난 시험에 이어서 다시 등장하였는데, 따라서 문제의 해설을 토대로 간략히 정리해 둘 필요가 있겠습니다.

'4영역 사회복지실천기술론'은 출제자가 이론 내용을 그대로 다루기보다 이를 응용하여 문제를 출제한 만큼 단순암기 위주의 학습을 한 수험생들에게는 매우 어렵게 느껴졌을 것으로 보입니다. 학교장면에서 비협조적인 태도를 보이는 클라이언트를 대상으로 한 초기 접근에 관한 문제, 자녀교육에서 시어머니, 며느리, 남편 간 구조적 갈등을 다룬 사례 문제, 코로나19 감염병으로 인한 실직자를 대상으로 한 위기개입의 문제 등 출제자의 다양한 시도를 엿볼 수 있었습니다.

'5영역 지역사회복지론'도 일부 문항을 제외하고 사회복지사 시험에서 주로 출제되는 내용들이 문제로 제시되었습니다. 지역사회의 기능과 비교척도, 우리나라와 영국의 지역사회복지 역사, 로스만, 테일러와 로버츠, 웨일과 갬블의 지역사회복지실천모델, 지역사회복지실천의 단계 등이 어김없이 출제되었습니다. 사회복지사업법, 사회보장급여법 등을 기반으로 한 문제들도 출제되었으나, 자활사업이나 지역자활에 관한 문제가 예전만큼 중요하게 다루어지지 않는 점이 의아했습니다.

3교시 사회복지정책과 제도

'6영역 사회복지정책론'은 쉬운 문항들과 어려운 문항들이 적절히 혼합된 양상을 보였습니다. 예를 들어, 사회보험과 민영보험의 차이점, 산업재해보상보험의 보험급여 종류 등은 수험생들이 익히 접하는 내용이지만, 국민연금의 연금크레딧제도의 시행순서나 노인장기요양보험의 기금화 법제화를 위한 최근의 경향까지 학습하지는 않았을 것입니다. 또한 우리나라 건강보험제도를 할당, 급여, 전달체계, 재정에 따라 영역 구분을 하는 문제도 매우 까다로웠습니다.

'7영역 사회복지행정론'은 이번 시험에서 가장 어려운 영역이었다고 볼 수 있습니다. 처음 접하는 내용이나 최근 시험에서 잘 출제되지 않았던 내용들도 선보였는데, 현대조직운영의 기법이나 학습조직의 구축요인은 이를 별도로 학습하지 않은 이상 맞히기 어려웠을 것이고, 사회복지행정의 실행 순서를 현대적 과정으로 제시한 문제도 혼란을 유발하기에 충분했을 것입니다. 또한 우리나라의 사회복지정보시스템에 관한 문제는 평소 이를 접해본 사람이 아니고서는 그 구체적인 특징 및 각 시스템의 차이점을 파악하기 어려웠을 것입니다.

'8영역 사회복지법제론'은 사실 암기영역이라 할 수 있는 만큼, 학습시간에 비례하여 점수의 높낮이가 결정된다고 해도 과언이 아닙니다. 사회보장기본법(3문항), 사회보장급여법(2문항), 사회복지사업법(3문항)을 제외하고 출제자가 비교적 다양한 법령에서 문제를 출제하려고 노력한 흔적이 보입니다. 다만, 국민기초생활보장법상 보장기관과 보장시설에 대한 예시와 사회보장기본법상 사회보장위원회의 구성에 포함되는 중앙행정기관의 장에 관한 문제가 수험생들의 혼란을 유발했을 것으로 보입니다.

총 평

사회복지사 1급 자격시험의 2021년 제19회 예비합격률이 '60.92%'를 기록한 반면 2022년 제20회 예비합격률이 '36.62%'를 기록했다는 것은, 이번 제20회 시험이 지난 제19회 시험에 비해 상대적으로 어려웠음을 보여줍니다. 사실 이전 제19회 시험의 경우 일부 문항들에서 수험생들의 혼란을 유발하는 의도적인 함정문제들이 감점의 주요 원인이었다면, 이번 제20회 시험에서는 신출문제와 함께 보다 세부적인 내용을 묻는 문제가 감점의 주요 원인이었다고 볼 수 있습니다. 그러나 시험 자체의 특성으로만 본다면, 제19회 시험이 총 4문항의 출제오류를 보인 반면 제20회 시험에서는 공식적인 출제오류 문항이 단 한 문항도 없었다는 점, 그리고 문항의 내용적 측면에서도 출제자들이 나름대로 심혈을 기울인 흔적이 엿보였다는 점에서 긍정적으로 평가할 수 있습니다. 그러나 시험의 합격 여부를 단지 난이도로 귀인하는 것은 바람직한 태도로 볼 수 없습니다.

요컨대, 올해 사회복지사 1급 자격시험도 코로나19 감염병과 함께 치러졌습니다. 변이바이러스의 출몰로 사태의 장기화가 예견된 상황에서, 우리 사회의 작은 불빛이 되고자 노력하는 수험생 여러분의 도전에 뜨거운 박수를 보냅니다.

불필요한 부분은 과감히 생략하고 중요부분은 세밀하게!

사회복지사 1급 합격자 김 경 태

오랜 대학 강단에서의 생활을 뒤로한 채 사회복지로의 새로운 길을 나섰을 때, 저는 따뜻한 봉사에의 열정과 냉정한 현실에의 인식 속에서 방황하였습니다. 이는 과거 시민사회단체에 몸담고 있을 당시 느꼈던 젊은 날의 패기와는 사뭇 다른 것이었습니다. 사회봉사의 막연한 즐거움을 위해 제가 가진 많은 것들을 내려놓아야 한다는 것이 그리 쉽지는 않았습니다. 그로 인해 사회복지사라는 새로운 인생의 명함을 가져야겠다는 굳은 결심을 가지지는 않았습니다. 그러나 사회복지학을 공부하면서 '나'에 대한 관심이 '우리'와 '사회'로 확장하고 있음을 느꼈을 때, 이제는 막연한 행동이 아닌 보다 전문적이고 체계적인 수행의 과정이 필요함을 깨달았습니다. 그것이 바로 제가 사회복지사 1급 자격시험에 도전한 이유였습니다.

언제나 시작에는 시행착오가 따라오기 마련입니다. 더욱이 저는 뒤늦게 시험 준비를 하게 되어 과연 어디서부터 시작해야 하는지 알 수 없었습니다. 이미 2학기 시작과 함께 시험 준비에 몰두하던 동기들을 생각할 때마다 뒤쳐진 제 자신의 모습이 안타까웠습니다. 그래도 일단 결심을 굳힌 만큼 작은 목표를 향해 돌진하기로 마음먹었습니다. 8영역이나 되는 방대한 분량이 부담스럽게 다가왔지만, 대학교재와 함께 전문 학습서를 함께 이용하여 나만의 체계적인 공부법을 개발하였습니다. 한 과목에 이틀의 시간을 부여하여, 하루는 학습서에 중요한 내용들을 정리하고, 다음 하루는 정리한 내용들을 숙지하는 방식이었습니다. 공부할 내용이 많으므로 최대한 불필요한 부분을 제외하는 과정이 필요했습니다. 중요한 부분에는 나만의 표시를 해두고, 대학교재에서 관련된 내용을 점검하는 것도 잊지 않았습니다. 따로 정리노트를 만들지는 않았지만, 학습서에 정리한 내용들로 그것을 대체하였습니다. 정리한 내용들을 숙지한 이후 예상문제들을 살펴보

는 것도 잊지 않았습니다. 아무래도 학습서의 내용은 요약된 것이기에, 다른 중요한 사항들을 놓칠 수도 있기 때문입니다. 아마도 시험에 응시한 다른 분들도 대부분 비슷한 방법을 이용하지 않았을까 생각해봅니다. 하지만 이미 시험을 치른 경험자로서 사회복지사 1급 시험에 합격하기 위한 기본적인 자세에 대해 이야기하고 싶습니다.

첫째, 암기는 삼가라.

방대한 공부 분량을 암기로 소화한다는 것은 무리입니다. 그것은 오히려 공부에의 열의를 떨어뜨릴 수 있는 극약이 될 수 있습니다. 더욱이 최근 시험에서는(특히 사회복지법제론의 경우) 중요부분에 대한 집중적인 질문보다는 다양한 범위에서의 매우 포괄적인 질문이 많이 제시되었습니다.

둘째, 문제를 많이 풀어보라.

사실 저는 기출문제들을 많이 접하지는 못했습니다. 다만 학습서에 있는 문제들을 풀어보며, 내용 정리에서 놓친 부분들을 많이 보완할 수 있었습니다. 그리고 무엇보다도 문제를 많이 풀어봄으로써 시험에 대한 감각을 조율할 수 있었습니다.

셋째, 시간 사용에 유의하라.

이 말은 단지 학습 진도를 효율적으로 관리하라는 의미만은 아닙니다. 고사장에서 매 교시 주어지는 시간이 문제를 세심히 살피는 데 넉넉한 것은 아니므로, 문제풀이에 몰두하는 가운데 종종 시간을 확인하는 과정이 필요하다는 것입니다. 이는 시험을 보기 전날 실전상황을 가정하여 기출문제를 풀어보는 것으로 해결되리라 생각합니다.

선택의 결과에 대한 책임이 언제나 본인에게 있듯, 합격의 여부 또한 평소 자신이 얼마나 열심히 공부에 임했는가에 달려있는 듯합니다. 저와 마찬가지로 새로운 도전에 임하여 미래를 꿈꾸는 모든 분들께 좋은 결과가 있기를 진심으로 기원합니다.

새롭게 공부를 시작한다면...
그래, 이왕 하는 거 끝을 보자!

사회복지사 1급 합격자 **최 소 은**

3년 전 저는 가정주부로서 반복되는 일상에 이미 지친 상태였습니다. 그리고 아이를 낳은 이후에는 점점 '나'의 존재가 작아지는 듯한 느낌에 약간의 우울증을 앓기까지 하였습니다. 오후 시간 아이를 낮잠 재우고 잠시 집안일에서 벗어날 때면, 알 수 없는 우울한 감정이 가슴 깊숙한 곳에서 올라오는 것이었습니다. 더 이상 남편도 아이도 나의 생활에 활기를 북돋워주기에는 역부족이라는 사실을 깨닫게 되었습니다.

그러던 어느 날 학창시절 절친했던 한 친구의 전화를 받았습니다. 그 친구와 마지막으로 연락을 한 것도 이미 수년이 지났습니다. 전화상 친구의 목소리는 매우 밝았습니다. 오랜 기다림 끝에 만난 연인처럼, 우린 그동안에 일어났던 사소한 일들에 대해 수다를 나누었습니다. 그러던 중 그 친구도 저와 비슷하게 우울증을 앓았음을 알게 되었습니다. 그리고 결혼하기 직전 많은 조언을 건네주었듯, 이번에도 그 친구는 제게 인생의 선배로서 자신의 경험담을 늘어놓았습니다. 자신의 삶을 찾기 위해 사회복지사를 공부하게 된 것, 그리고 지역아동센터에서 일을 하게 된 것 등… 저는 친구의 이야기를 들으면서 그것이 곧 나의 미래임을 직감하게 되었습니다. 제가 사회복지사 공부를 하기로 결심한 계기는 그와 같습니다.

오랫동안 책을 멀리 했기에 새롭게 공부를 시작한다는 것이 쉽지는 않았습니다. 더욱이 아이를 키우는 입장이라 일반대학은 생각도 할 수 없었습니다. 하지만 이미 결심을 굳힌 터라 사이버 온라인 강의를 신청하였고, 주경야독의 힘든 역경을 이겨내자고 스스로를 다독였습니다. 시험에 대한 엄청난 스트레스를 극복하고 한 학기를 무사히 마쳤습니다. 친정어머니의 도움으로 실습도 끝냈습니다. 하지만 문득 친구의 말이 떠올랐습니다. "시간만 있으면 1급 시험을 볼 텐데…"라는 아쉬움의 한숨과 함께… 저는 순간 지금의 도전을 끝까지 밀고 나가고 싶은 열의에 사로잡혔습니다.

시험에 대비하기 위해서는 대학교재보다 수험서를 이용하는 것이 낫다는 주위의 충고를 듣고, SD에듀의 수험서를 구매하였습니다. 확실히 시험에 나오는 것들을 중심으로 정리가 체계적으로 되어 있었고 중요한 부분에 대한 보충설명이 비교적 상세히 나와 있어, 공부를 하는 데 훨씬 수월하였습니다. 중요한 단어나 문장에 대해 등급을 나누어 형광펜으로 체크를 해두었고, 시험 전날을 대비하기 위해 암기용 노트를 작성하기도 하였습니다. 또한 어떤 문제들이 출제되고 있는지 기출문제를 점검하고, 공부한 내용들을 재확인하기 위해 수시로 예상문제들을 살펴보았습니다.

실제 시험문제들을 접해보니, 생각보다 쉬운 게 아님을 알게 되었습니다. 온라인 강의로 들었던 내용들에서 벗어나 시사상식이라든지 사회적인 이슈 등이 매우 포괄적으로 다루어지고 있음을 확인하게 되었습니다. 그래서 수험서 한 쪽 귀퉁이에 신문에 게재된 사회복지 관련 기사들을 붙여놓고는 이론적인 내용과 접목시켜 보는 것도 잊지 않았습니다.

시험 날 아이를 남편에게 맡기고는 비장한 각오로 시험장을 향했습니다. 아마도 1년에 단 한 번인 기회라, 더욱이 친정과 남편에게 양해를 구하며 어렵게 해왔던 공부라, 이번이 아니면 끝이라는 생각이 마음을 더욱 무겁게 만들었나봅니다. 무사히 모든 시험을 마치고 집으로 향하던 길… 저는 다시금 친구의 말을 되새겨 보며 가슴 속으로 이렇게 외쳤습니다. "이제 시작이다!"

지역아동센터에서 사회복지사로 일을 시작하게 되었을 때, 저는 남편과 아이에 대한 미안함보다는 그동안 잃어버린 그 무엇을 되찾은듯한 마음에 들떠있기까지 하였습니다. 아마도 센터를 찾는 아이들의 밝은 미소가 제 마음에 있던 어두운 그림자를 사라지게 만든 것 같습니다. 시작이 반이라는 말이 있는 것처럼, 제 인생의 절반도 이제부터 시작하게 된 것입니다.

Q 사회복지사는 무슨 일을 하나요?

A 사회복지사는 개인적, 가정적, 사회적으로 어려움을 겪고 있는 사람들이 스스로 문제를 해결하여 자신이 원하는 삶을 찾고, 안정된 생활을 할 수 있도록 돕는 전문인력입니다. 사회복지사는 과거 아동보육시설과 공공부문에서만 활동하던 것에서 최근에는 기업, 학교, 군대, 병원 등으로 활동영역이 확대되었으며, 다양한 분야에서 사회복지에 대한 수요가 증가하고 있는 만큼 향후 사회 전반에서 사회복지사의 업무가 요구될 것으로 보입니다.

Q 사회복지사 자격증을 취득하기 위해 어떤 조건이 필요한가요?

A 대학에서 사회복지학을 전공하거나, 학점은행제, 평생교육원 등에서 필요한 수업을 이수하여 자격을 취득할 수 있습니다. 일정 학점의 수업이수(14과목)와 현장실습(120시간) 요건이 충족되면 사회복지사 2급 자격을 취득할 수 있으며, 1급은 사회복지학 학사학위 취득자, 대학원에서 사회복지학 또는 사회사업학을 전공한 석사 또는 박사 학위 취득자가 별도의 시험을 통해 자격을 취득하게 됩니다.

사회복지사 2급 자격증을 취득하는 인력이 많아지면서 기관에 따라서 1급 자격증 소지자에 대한 요구로 차별화가 있을 수 있으며, 장기적으로 사회복지현장에서 일하며 관리자급으로 승진 및 경력을 쌓고자 한다면 사회복지사 1급 자격증을 취득하는 것이 경쟁력이 있다고 할 수 있겠지요.

Q 사회복지사는 어떤 적성을 가진 사람에게 적합할까요?

A 투철한 소명의식과 봉사정신을 갖춘 사람에게 적합하며, 관련 분야에 대한 충분한 전문지식과 직업인으로서의 사명감이 있어야 사회복지사로 활동할 수 있습니다. 복지서비스 수요자를 직접 대면하는 일이 많은 만큼 사람에 대한 공감능력과 이해심, 사회성이 요구됩니다. 직무수행 과정에서 다양한 일이 발생하므로 직관적인 대처능력도 필요합니다. 복지서비스 대상자와의 관계를 수평적으로 설정하고 파트너십을 형성하며, 사람의 삶이 변화되는 과정에 대한 책임감과 대상자에 대한 진실성 있는 자세도 중요합니다.

또한, 국민의 세금으로 복지제도가 운영되는 만큼 최소 비용으로 최대의 효과를 낼 수 있는 복지 서비스를 기획할 수 있어야 하며, 복지 대상자를 결정할 합리적 기준도 마련해야 합니다. 따라서 냉철한 판단력이 요구됩니다.

사회복지 프로그램 및 서비스를 지속적으로 개발해야 하므로 다양한 분야에 대한 호기심과 높은 창의력도 필요합니다.

Q 사회복지사 1급 시험의 응시현황과 합격률이 궁금합니다. 알려주세요.

A 사회복지사 1급 연도별 현황

구 분	응시인원(명)	합격인원(명)	합격률(%)	시험과목	문항 수
20회(2022)	24,248	8,753	37		
19회(2021)	28,391	17,295	61		
18회(2020)	25,462	8,457	33		
17회(2019)	22,646	7,801	34		
16회(2018)	21,975	7,352	34		200
15회(2017)	19,514	5,250	27		
14회(2016)	20,946	9,846	47		
13회(2015)	21,393	6,764	31		
12회(2014)	22,600	6,364	28	필수 8과목	
11회(2013)	20,544	5,809	28		
10회(2012)	23,627	10,254	43		
9회(2011)	21,868	3,119	14		
8회(2010)	23,050	9,700	42		
7회(2009)	22,753	7,081	31		240
6회(2008)	19,493	9,034	46		
5회(2007)	16,166	4,006	25		
4회(2006)	12,151	5,056	42		
3회(2005)	8,635	3,731	43		
2회(2004)	7,233	4,543	63	필수 6과목 선택 2과목	300
1회(2003)	5,190	3,487	67		

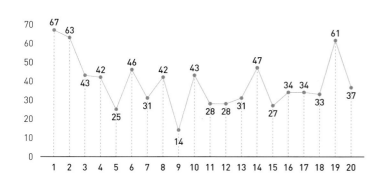

Q 정신보건사회복지사 자격증을 취득하고 싶어요!

A

정신보건사회복지사는 사회복지사 1급 자격 소지자가 보건복지부장관이 지정한 전문요원수련기관에서 1년 이상의 수련을 마치고 자격시험에 통과하면 정신보건사회복지사 2급을 취득할 수 있습니다. 사회복지학 또는 사회사업학을 전공한 석사학위 이상 소지자가 전문요원수련기관에서 3년 이상의 수련을 마치면 정신보건사회복지사 1급 자격을 취득할 수 있습니다.

머리말

사회복지사는 개인적·가정적·사회적으로 어려움을 겪고 있거나 문제가 있을 것으로 예상되는 대상자들에게 접근하여 상담을 통해 어떤 도움이 필요한지 파악하고, 이에 대한 지원 및 프로그램 등을 통해 스스로 문제를 해결하고 자신이 원하는 삶을 찾을 수 있도록 돕는 전문적인 직업인입니다.

사회복지사 2급 자격증은 4년제와 2년제 대학교에서 사회복지를 전공하였거나 사이버 강의를 통한 학점이수로 누구나 취득할 수 있으나, 1급은 1년에 한 번 국가시험에 응시하여 매 과목 4할 이상 전 과목 6할 이상을 득점해야 취득할 수 있습니다. 또한 사회복지사 1급 시험의 합격률은 매년 차이가 있으나 평균 40% 이하로 유지되고 있습니다. 그 원인에 대해서는 사회복지사 1급 시험의 난이도 상승도 한 가지 이유라고 판단됩니다. 상승한 난이도와 치열한 경쟁률의 어려운 상황을 극복할 수 있는 유일한 방법은 효과적인 계획과 성실함뿐입니다.

시대고시기획은 수험생들의 학습의 기초부터 돕기 위해 실제 시험과 마찬가지로 교시(과목)별로 구성한 〈사회복지사 1급 기본서〉 시리즈를 출간하였습니다. 다음 도서의 특징을 활용한다면 더욱 효과적으로 학습하실 수 있습니다.

첫 째 기초부터 심화까지!

꼭 알아야 하는 핵심이론 반드시 알아야 하는 기본이론뿐만 아니라 보충·심화내용까지 담았습니다. 챕터별로 수록한 '학습목표'로 포인트를 짚고, 최근 출제경향을 꼼꼼히 반영한 이론들을 통해 합격에 더욱 가까워질 수 있습니다.

둘 째 출제유형·최신기출문제로 백발백중!

챕터별 '출제유형문제, 최신기출문제'를 통해 학습한 내용을 문제에 바로 적용해 보고, 다양한 문제 유형과 최신 출제경향까지 충분히 파악할 수 있습니다.

셋 째 꼭 알아야 할 기출 키워드

최근 7년간 실제 시험(2022년 제20회~2016년 제14회)에 출제된 키워드를 간략히 정리하였습니다. 본격적인 학습 전후, 꼼꼼히 정리한 꼭 알아야 하는 '정답 키워드'를 통해 최신 출제경향을 빠르게 파악하고, 스스로의 실력을 점검할 수 있습니다.

SD에듀는 원하는 분야에서 자신의 역량을 발휘할 수 있는 전문인을 희망하며 사회복지사 1급 시험에 도전하는 모든 수험생들의 합격을 진심으로 기원합니다.

사회복지사 수험연구소 씀

시험안내

※ 자격시험에 대한 정보는 시행처 사정에 따라 변경될 수 있으므로 수험생 분들은 반드시 응시하려는 자격증의 해당 회차 시험공고를 확인하시기 바랍니다.

시험정보

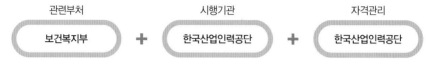

관련부처		시행기관		자격관리
보건복지부	+	한국산업인력공단	+	한국산업인력공단

시험과목 및 시험방법

구 분	시험과목	문제형식	시험영역	시험시간(일반)
1교시	사회복지기초(50문항)		• 인간행동과 사회환경 • 사회복지조사론	50분
2교시	사회복지실천(75문항)	객관식 5지선다형	• 사회복지실천론 • 사회복지실천기술론 • 지역사회복지론	75분
3교시	사회복지정책과 제도(75문항)		• 사회복지정책론 • 사회복지행정론 • 사회복지법제론	75분

합격자 결정기준

❶ 매 과목 4할 이상, 전 과목 총점의 6할 이상을 득점한 자를 합격예정자로 결정함

❷ 합격예정자에 대해서는 한국사회복지사협회에서 응시자격 서류심사를 실시하며 심사결과 부적격 사유에 해당되거나, 응시자격서류를 정해진 기한 내에 제출하지 않은 경우에는 합격 예정을 취소함
   ※ 필기시험에 합격하고 응시자격 서류심사에 통과한 자를 최종합격자로 결정

❸ 최종합격자 발표 후라도 제출된 서류 등의 기재사항이 사실과 다르거나 응시자격 부적격 사유가 발견될 때에는 합격을 취소함

시험일정

원서접수	▶	시험시행	▶	합격예정자 발표	▶	응시자격서류제출	▶	최종합격자 발표
2022년 12월 중		2023년 1월 중		2023년 2월 중		2023년 2~3월 중		2023년 3월 중

이 책의 목차

빨리보는 간단한 키워드

1영역

인간행동과 사회환경

빨리보는 간단한 키워드

 꼭 알아야 할 기출 키워드 〉 최근 7년간 실제 시험(2022년 제20회~2016년 제14회)에 출제된 키워드를 간략히 정리하였습니다. 본격적인 학습 전후, 꼼꼼히 정리한 꼭 알아야 하는 '정답 키워드'를 통해 최신 출제경향을 빠르게 파악하고, 스스로의 실력을 점검해 봅시다.

 **1 영역 　인간행동과 사회환경**

● 2022년 제20회

문제 키워드	정답 키워드
인간발달의 원리	• 발달의 각 영역은 상호 밀접한 연관이 있음 • 일정한 순서와 방향이 있어서 예측 가능함 • 대근육이 있는 중심부위에서 소근육의 말초부위 순으로 발달 • 연속적 과정이지만 발달의 속도는 일정하지 않음 • 신체발달 및 심리발달에는 발달이 용이하게 이루어지는 가장 적절한 시기, 즉 결정적 시기가 있음
발달의 유사개념	• 성장 : 신체의 크기나 근육의 세기 등 양적 증가를 의미하는 것으로 일정시기가 지나면 정지함 • 성숙 : 이미 유전인자에 포함되어 전개되는 신체와 심리의 변화 의미. 경험이나 훈련에 관계없이 인간의 내적 · 유전적 기제의 작용에 의해 나타나는 체계적이고 규칙적인 변화 • 학습 : 특수한 경험이나 훈련 또는 연습 등의 외부자극이나 조건 · 환경에 의해 개인이 내적으로 변해가는 후천적 변화
융(C. Jung)의 분석심리이론	• 페르소나 : 외부의 요구나 기대에 부응하는 과정에서 생긴 자아의 가면 • 리비도 : 인생 전반에 걸쳐 작동하는 생활에너지 또는 정신 작용에 사용되는 창의적인 에너지로 간주 • 원형 : 인간의 정신에 존재하는 보편적이고 근원적인 핵으로서, 모든 인류의 공통적 · 원초적인 아이디어 • 아니무스 : 여성의 무의식에 존재하는 남성적인 측면 • 감각과 직관 : 이성을 필요로 하지 않는 비이성적 기능
아들러(A. Adler)의 개인심리이론	• 아들러는 사회적 관심을 선천적으로 타고나는 것으로 보았으나, 그와 같은 선천적인 경향성도 저절로 나타나는 것은 아니라고 강조 • 우월성의 추구도 사회화되어 의식적인 개발, 교육 및 훈련에 의해 실현되는 것으로 봄
로저스(C. Rogers)의 이론	• 인간의 주관적 경험 강조 • 인간을 통합적 존재로 규정 • 자기결정권과 비심판적 태도, 비지시적 상담의 중요성 강조

매슬로우(A. Maslow)의 욕구 5단계	• 1단계 욕구(생리적 욕구) : 먹는 것, 자는 것, 종족보존 등 최하위 단계의 욕구 • 2단계 욕구(안전에 대한 욕구) : 추위, 질병, 위험 등으로부터 자신을 보호하는 욕구 • 3단계 욕구(애정과 소속에 대한 욕구) : 가정을 이루거나 친구를 사귀는 등 어떤 단체에 소속되어 애정을 주고받는 욕구 • 4단계 욕구(자기존중의 욕구) : 소속단체의 구성원으로 명예나 권력을 누리려는 욕구 • 5단계 욕구(자아실현의 욕구) : 자신의 재능과 잠재력을 충분히 발휘해서 자기가 이룰 수 있는 모든 것을 성취하려는 최고수준의 욕구
콜버그(L. Kohlberg)의 도덕성 발달 이론	• 콜버그는 피아제의 이론에 대한 관심에서 출발하여 도덕적 사고에 초점을 두고 도덕성 발달에 관한 이론을 제시함 • 피아제가 아동의 도덕성 발달을 타율적 도덕성 단계와 자율적 도덕성 단계로 설명하였는데, 콜버그는 그의 이론을 확장하여 도덕적 갈등 상황에서 개인이 어떻게 판단하고 그 판단을 어떻게 추론하는가를 분석함으로써 도덕성 발달단계를 전인습적 수준(4~10세), 인습적 수준(10~13세), 후인습적 수준(13세 이상)으로 나누고 각 수준에 2단계씩 총 6단계로 구체화함
사회체계이론의 주요 개념	• 항상성 : 비교적 안정적이며 지속적인 균형상태를 유지하기 위한 체계의 경향 • 시너지 : 체계 내부 간 혹은 외부와의 상호작용이 증가함으로써 체계 내에서 유용한 에너지의 양이 증가하는 현상 • 경계 : 체계와 환경 혹은 체계와 체계 간을 구분하는 일종의 테두리 • 균형 : 외부체계로부터의 투입이 없어 체계의 구조변화가 거의 없이 고정된 평형상태 • 넥엔트로피 : 개방체계적인 속성을 가지며, 체계 외부로부터 에너지가 유입됨으로써 체계 내부의 불필요한 에너지가 감소하는 상태
태내기(수정-출산) 유전적 요인으로 인한 장애	• 클라인펠터증후군 : X염색체를 더 많이 가진 남성에게 나타남 • 다운증후군 : 지능 저하와 발달 지연 동반 • 헌팅톤병 : 우성 유전인자 질환으로 인지능력과 기억능력이 점진적으로 감퇴되는 신경계 퇴행성 질환 • 터너증후군 : X염색체를 하나만 가진 여성에게 나타남 • 혈우병 : 거의 대부분 남성에게서 발병함
유아기(3~6세)	• 피아제(J. Piaget)의 전조작기에 해당 • 영아기(0~2세)보다 성장속도가 느려짐 • 성역할의 내면화가 이루어짐 • 오로지 자신의 관점에 비추어 타인의 감정이나 사고를 예측하는 경향이 있음 • 전환적 추론 가능
청소년기의 자기중심성 (자아중심성) 발달	• 청소년기에는 현실과 환상을 구분하지 못하는 양상을 보이는데, 이는 상상적 관중(청중)과 개인적 우화로 나타남 • 상상적 관중은 자신이 마치 무대 위의 주인공처럼 다른 사람들로부터 주의와 관심의 대상이 되고 있다고 믿는 현상 • 개인적 우화는 자신이 마치 독특한 존재이기라도 한 것처럼 자신의 사고와 감정이 다른 사람과 근본적으로 다르다고 믿는 현상 • 이러한 청소년기의 자기중심성은 대략 11~12세경 시작되어 15~16세경 정점을 이루다가, 다양한 대인관계 경험을 통해 자신과 타인에 대한 객관적인 이해가 이루어지면서 서서히 사라짐
청년기(20~35세)	• 자기 부양 능력을 갖추어야 하는 시기 • 부모로부터 심리적, 경제적으로 독립하여 자율성을 성취하는 시기 • 개인적 욕구와 사회적 욕구 사이에 균형을 찾아 직업을 선택하는 시기 • 타인과의 관계에서 친밀감을 형성하면서 결혼과 부모됨을 고려하는 시기

제1영역

중년기(40~64세)	• 외부세계에 쏟았던 에너지를 자신의 내부에 초점을 두며 개성화의 과정 경험 • 유동성 지능은 퇴보하는 반면, 결정성 지능은 계속 발달 • 여성은 에스트로겐의 분비가 감소되고 남성은 테스토스테론의 분비가 감소됨 • 갱년기는 남성과 여성 모두에게 나타나며, 특히 남성의 갱년기는 여성의 갱년기에 비해 늦게 시작되어 서서히 진행됨

● 2021년 제19회

문제 키워드	정답 키워드
인간발달의 원리	• 심리발달 및 신체발달에는 발달이 가장 용이하게 이루어지는 결정적 시기가 있음 • 발달은 일관된 주기에 따라 지속되고 누적되므로 미리 예측이 가능함. 다만, 발달에는 개인차가 존재하므로 발달의 속도나 진행 정도가 동일하지 않음 • 발달은 신체 · 심리 · 사회적 변인을 포괄하며, 일생에 걸쳐 일어나는 안정성과 변화의 역동 • 상부(상체)에서 하부(하체)로, 중심부위에서 말초부위로, 전체활동에서 특수활동의 방향으로 발달이 진행됨
프로이트(S. Freud)의 심리성적 발달단계	• 구강기는 양육자와의 상호작용과정에서 최초로 갈등을 경험함 • 항문기는 자율성과 수치심을 주로 경험하는 시기이며, 리비도(Libido)가 항문부위로 집중되는 시기 • 오이디푸스 콤플렉스(Oedipus Complex) 또는 엘렉트라 콤플렉스(Electra Complex)를 해결하는 과정에서 동성의 부모를 동일시함에 따라 도덕성 발달이 이루어지는 시기는 대략 4~6세경으로, 이는 프로이트의 '남근기'에 해당
아들러(A. Adler)의 이론	• 개인이 지닌 창조성과 주관성 강조 • 열등감은 모든 인간이 지닌 보편적인 감정 • 사회적 관심은 선천적으로 타고 나는 것 • 개인이 추구하는 목표는 현실에서 검증하기 어려운 가상적 목표 • 사회적 관심과 활동수준의 두 가지 차원을 기준으로 생활양식을 '지배형', '획득형', '회피형', '사회적으로 유용한 형'으로 유형화
반두라(A. Bandura)의 관찰학습 과정	• 주의집중과정 : 모델에 주의를 집중시키는 과정으로서 모델은 매력적 특성을 가지고 있어서 주의를 끌게 되며, 관찰자의 흥미와 같은 심리적 특성에 대해서도 영향을 받음 • 보존과정(기억과정, 파지과정) : 모방한 행동을 상징적 형태로 기억 속에 담는 것. 이때 행동의 특징을 회상할 수 있는 능력이 관찰학습에서 중요함 • 운동재생과정 : 모델을 모방하기 위해 심상 및 언어로 기호화된 표상을 외형적인 행동으로 전환하는 단계. 이때 전제조건은 신체적인 능력 • 동기화과정(자기강화과정) : 관찰을 통해 학습한 행동은 강화를 받아야 동기화가 이루어져 행동의 수행가능성을 높임. 행동을 학습한 후 그 행동을 수행할 여부를 결정하는 데 중요한 역할을 하는 것이 강화
현상학적 장 (Phenomenal Field)	• 로저스는 동일한 현상이라도 개인에 따라 다르게 지각하고 경험하기 때문에 이 세상에는 개인적 현실, 즉 '현상학적 장'만이 존재한다고 봄 • 경험적 세계 또는 주관적 경험으로도 불리는 개념으로, 특정 순간에 개인이 지각하고 경험하는 모든 것을 의미 • 개인의 직접적이면서 주관적인 경험과 가치를 중시하는 이론적 토대가 됨

매슬로우(A. Maslow)의 욕구이론	• 생리적 욕구는 가장 하위 단계에 있는 욕구 • 극소수의 사람들만이 자아실현을 달성할 수 있음 • 자아실현의 욕구는 가장 상위단계에 있는 욕구 • 인간의 욕구는 강도와 중요도에 따라 위계적으로 구성되어 있음 • 상위욕구는 하위욕구가 일정 부분 충족되었을 때 나타날 수 있음. 즉, 인간은 하위단계의 욕구가 어느 정도 충족된 후에 상위단계의 욕구를 충족시키기 위한 노력을 경주하게 됨
체계이론의 개념	• 안정상태(Steady State) : 환경과 상호작용하기 위하여 체계의 구조를 변화시키는 과정 또는 상태 • 넥엔트로피(Negentropy) : 체계내부의 유용하지 않은 에너지가 감소되는 상태 • 공유영역(Interface) : 두 개 이상의 체계가 공존하는 부분으로 체계 간의 교류가 일어나는 장소 • 시너지(Synergy) : 외부와의 상호작용으로 체계내의 에너지가 증가하는 현상 또는 상태 • 균형(Equilibrium) : 외부환경으로부터 새로운 에너지의 투입 없이 현상을 유지하려는 속성. 주로 외부환경과 수평적 상호작용으로 내부균형만 이루는 폐쇄체계에서 나타남 • 홀론(Holon) : 전체와 부분을 별개로 나눌 수 없다는 사실을 전제로, 작은 체계들 속에서 그들을 둘러싼 큰 체계의 특성이 발견되기도 하고 작은 체계들이 큰 체계에 동화되기도 하는 체계의 이중적 성격을 나타냄
퀴블러-로스(Kübler-Ross)의 죽음의 직면(적응)단계	• 부정(Denial) : "그럴 리가 없어"라며, 자신이 곧 죽는다는 사실을 부인 • 분노(Anger) : "왜 하필이면 나야"라며, 다른 사람들은 멀쩡한데 자신만 죽게 된다는 사실에 대해 분노 • 타협(Bargaining) : "우리 딸 결혼식 날까지 살 수 있도록 해 주세요"라며, 죽음을 피할 수 없음을 깨달은 채 인생과업을 마칠 때까지 생이 지속되기를 희망 • 우울(Depression) : 병의 진행에 의한 절망감과 함께 세상의 모든 것들과의 결별에서 오는 상실감을 토로. 이미 죽음을 실감하기 시작하면서 극심한 우울상태에 빠짐 • 수용(Acceptance) : 죽음에 대해 담담하게 생각하고 이를 수용하게 됨. 세상으로부터 초연해지면서 마치 마음의 평화를 회복한 듯한 모습을 보임
영아기(0~2세)	• 양육자와의 애착형성은 사회 · 정서적 발달에 중요 • 피아제(J. Piaget)의 감각운동기에 해당 • 프로이트(S. Freud)의 구강기에 해당 • 에릭슨(Erikson)의 기본적 신뢰감 대 불신감 단계에 해당 • 제1성장 급등기라고 할 정도로 일생 중 신체적으로 급격한 성장이 일어남
유아기(3~6세)	• 프로이트(S. Freud)의 오이디푸스 · 엘렉트라 콤플렉스가 나타나는 시기 • 콜버그(L. Kohlberg)의 도덕발달단계로, 보상 또는 처벌회피를 위해 행동하는 시기 • 에릭슨(E. Erikson)의 주도성 대 죄의식 단계에 해당 • 성적 정체성(Gender Identity)이 발달하는 시기
아동기(7~12세)	• 보존개념 획득 • 분류화 · 유목화 가능 • 가설연역적 추리 가능
청소년기(13~19세)	성적 성숙에는 개인차가 있지만 발달의 순서는 일정
하비거스트(R. Havighurst)의 청년기(20~35세) 발달과업	• 배우자 선택 • 직장생활 시작 • 사회적 집단 형성 • 직업의 준비와 선택

중년기(40~64세)	• 레빈슨(D. Levinson)은 성인 초기의 생애 구조에 대한 평가, 중년기에 대한 가능성 탐구, 새로운 생애 구조 설계를 위한 선택 등을 과업으로 제시 • 굴드(R. Gould)는 46세 이후에 그릇된 가정을 모두 극복하고 진정한 자아를 찾는 시기라고 함 • 에릭슨(E. Erikson)은 생산성 대 침체성의 시기라고 함 • 융(C. Jung)은 중년기에 관한 구체적인 개념을 발전시킨 학자 • 혼(J. Horn)은 유동적 지능은 감소하는 반면, 결정적 지능은 증가한다고 함
노년기(65세 이상)	• 분리이론은 노년기를 노인 개인과 사회가 동시에 상호분리를 시작하는 시기로 보는 이론 • 활동이론은 노년기를 잘 보내기 위해서는 은퇴와 같은 종결되는 역할들을 대치할 수 있는 활동을 발견하는 것이 중요하다는 이론 • 에릭슨(E. Erikson)은 노년기의 발달과제로 자아통합이 중요하다고 주장 • 퀴블러-로스(E. Kübler-Ross)는 죽음과 상실에 대한 심리적 5단계를 제시

● 2020년 제18회

문제 키워드	정답 키워드
인간발달의 원리	• 일정한 순서와 방향성 존재 : 상부 → 하부, 중심부위 → 말초부위 • 연속성 • 유전 및 환경과의 상호작용 • 개인차의 존재 • 분화와 통합의 과정 • 점성원리 • 결정적 시기의 존재
발달의 유사개념	• 성장(Growth) : 신체 크기의 증대, 근력의 증가, 인지의 확장 등과 같은 양적 확대를 의미함 • 성숙(Maturation) : 부모로부터 받은 유전인자가 지니고 있는 정보에 따라 일어나는 변화를 의미함 • 학습(Learning) : 훈련과정을 통해 행동이 변화하는 과정을 의미함
로저스(C. Rogers)의 인본주의 이론	• 인간의 주관적 경험을 강조하며, 주관적 현실세계만이 존재한다고 봄 • 인간을 통합적 존재로 규정하며, 전체론적 관점에서 접근해야 한다고 주장함 • 인간을 유목적적인 존재인 동시에 합리적이고 미래지향적인 존재로 규정 • 인간은 능력이 있고 자기이해와 자기실현을 위한 잠재력을 가지고 있다고 봄 • 인간 본성의 긍정적인 측면과 자기개념의 중요성 강조 • 사회복지실천의 측면에서 클라이언트의 자기결정권과 비심판적 태도, 그리고 비지시적 상담의 중요성을 인식하는데 유용함 • 개인의 존엄과 가치, 사회적 책임에 대한 소신은 사회복지실천 철학과 조화를 이룸
개방형 가족체계와 폐쇄형 가족체계	• 개방형 가족체계 : 가족구성원 간에 상호작용과 외부체계와의 상호작용이 원만함. 이러한 가족은 그 영역이 지역사회의 공간으로 확대되는 동시에 외부문화도 가족공간으로 유입됨 • 폐쇄형 가족체계 : 가족 간의 의사소통이 부족하고 외부체계와의 상호작용을 하지 않음. 따라서 외부와의 상호작용과 사람, 물건, 정보, 자원 등의 출입을 제한한다. 이러한 가족은 자녀의 활동에 대한 부모의 통제가 강함
학자별 이론	• 융(Jung) – 분석심리이론 • 엘리스(Ellis) – 합리정서치료 • 프로이트(Freud) – 정신분석이론 • 아들러(Adler) – 개인심리이론

매슬로우(A. Maslow)의 이론	생리적 욕구 (제1단계)	• 의·식·주, 먹고 자는 것, 종족 보존 등 최하위 단계의 욕구 • 인간의 본능적 욕구이자 필수적 욕구
	안전(안정)에 대한 욕구 (제2단계)	• 신체적·정신적 위험에 의한 불안과 공포에서 벗어나고자 하는 욕구 • 추위·질병·위험 등으로부터 자신의 건강과 안전을 지키고자 하는 욕구
	애정과 소속에 대한 욕구 (제3단계)	• 가정을 이루거나 친구를 사귀는 등 어떤 조직이나 단체에 소속되어 애정을 주고받고자 하는 욕구 • 사회적 욕구로서 사회구성원으로서의 역할 수행에 전제조건이 되는 욕구
	자기존중 (존경)의 욕구 (제4단계)	• 소속단체의 구성원으로서 명예나 권력을 누리려는 욕구 • 타인으로부터 자신의 행동이나 인격이 승인을 얻음으로써 자신감, 명성, 힘, 주위에 대한 통제력 및 영향력을 느끼고자 하는 욕구
	자기실현(자아실현)의 욕구 (제5단계)	• 자신의 재능과 잠재력을 충분히 발휘하여 자기가 이룰 수 있는 모든 것을 성취하려는 최고 수준의 욕구 • 사회적·경제적 지위와 상관없이 자신이 소망한 분야에서 최대의 만족감과 행복감을 느끼고자 하는 욕구
융(C. Jung)의 분석심리이론		• 인간은 생물학적, 심리적, 사회문화적 존재 • 인간은 일부로 받아들이기 꺼리는 그림자(Shadow)가 있음 • 집단무의식을 '조상 대대로의 경험의 침전물'로 보았음 • 남자의 여성인 면은 '아니마(Anima)' • 여자의 남성적인 면은 '아니무스(Animus)' • 페르소나(Persona)는 개인이 외부에 표출하는 이미지 혹은 가면
에릭슨(E. Erikson)의 이론		• 청소년기의 자아정체감 발달 강조 • 성격발달에 있어서 환경과의 상호작용이 중요하다고 봄 • 각 단계의 발달은 이전 단계의 심리사회적 갈등해결과 통합을 토대로 이루어짐 • 발달은 점성의 원리에 기초함
아들러(Adler) 개인심리이론		• 창조적 자아(Creative Self) : 개인이 인생의 목표를 직시하고 결정하고 선택하는 능력을 말하는 것으로, 특히 성격형성에서 자유와 선택을 강조하는 개념 • 사회적 관심(Social Interest) : 개인이 이상적 공동사회 추구의 목표를 달성하고자 하는 성향을 말하는 것으로, 인류와의 동일시 감정과 인류 각 구성원에 대한 감정이입을 의미함 • 가족형상(Family Constellation) : 가족성원 간 정서적 유대, 가족의 크기, 가족의 성적 구성 및 출생순위, 가족역할 모델 등을 포함하는 가족분위기를 의미함
피아제(J. Piaget)의 인지이론		인지능력의 발달은 아동과 환경 간의 상호작용에 의해 단계적으로 성취되며 발달단계의 순서는 변하지 않음
방어기제		• 전치(Displacement) : 자신이 어떤 대상에 느낀 감정을 보다 덜 위협적인 다른 대상에게 표출하는 것 • 억압(Repression) : 죄의식이나 괴로운 경험, 수치스러운 생각을 의식에서 무의식으로 밀어내는 것으로서 선택적인 망각을 의미 • 투사(Projection) : 사회적으로 인정받을 수 없는 자신의 행동과 생각을 마치 다른 사람의 것인 양 생각하고 남을 탓하는 것 • 합리화(Rationalization) : 현실에 더 이상 실망을 느끼지 않기 위해 또는 정당하지 못한 자신의 행동에 그럴듯한 이유를 붙이기 위해 자신의 말이나 행동을 정당화하는 것 • 반동형성(Reaction Formation) : 자신이 가지고 있는 무의식적 소망이나 충동을 본래의 의도와 달리 반대되는 방향으로 바꾸는 것

제1요약

관찰학습의 과정	• 주의집중과정 : 모델에 주의를 집중시키는 과정으로서 모델은 매력적 특성을 가지고 있어서 주의를 끌게 되며, 관찰자의 흥미와 같은 심리적 특성에 대해서도 영향을 받음 • 보존과정(기억과정, 파지과정) : 모방한 행동을 상징적 형태로 기억 속에 담는 것. 이때 행동의 특징을 회상할 수 있는 능력이 관찰학습에서 중요함 • 운동재생과정 : 모델을 모방하기 위해 심상 및 언어로 기호화된 표상을 외형적인 행동으로 전환하는 단계. 이때 전제조건은 신체적인 능력 • 동기화과정(자기강화과정) : 관찰을 통해 학습한 행동은 강화를 받아야 동기화가 이루어져 행동의 수행가능성을 높임. 행동을 학습한 후 그 행동을 수행할 여부를 결정하는 데 강화가 중요한 역할을 함
생태학적 이론	• 인간과 환경은 분리할 수 없으므로, 이를 동시에 고려해야 한다고 주장 • 인간과 사회환경 사이의 관계를 이해하는 준거틀 제시 • 개인과 환경이 지속적으로 상호작용하는 적응의 과정을 통해 개인–환경 간의 적합성 획득 • 개인, 집단, 지역사회 등 다양한 체계에 적용 가능 • 문제의 원인을 단선적인 인과관계로 파악하는 것이 아닌 인간과 환경 간의 복잡하고 다변화하는 상호연관성에 초점을 둠 • 성격은 개인과 환경 사이의 상호작용의 산물이며, 적합성은 인간의 욕구와 환경자원이 부합되는 정도를 의미함 • 생활상의 문제는 전체적 생활공간 내에서 이해 • 전체 체계를 고려하여 문제를 이해하며, 문제해결을 위한 적절한 모델을 선택할 수 있게 함 • 각 체계들로부터 풍부한 정보의 획득이 가능하므로, 사회복지실천 과정의 사정 단계에 유용하게 활용됨 • 구체적인 인간발달단계를 제시하지는 않음
집단의 유형	• 1차 집단 : 혈연과 지연 등의 요인을 바탕으로 형성된 집단으로, 가정 또는 어린 시절의 또래집단 등이 있음. 직접적인 대면 접촉, 친밀감, 집단의 소규모성, 관계의 지속성 등이 1차 집단 형성의 기본 조건이며, 개인의 인성이나 가치관을 형성하는 데 영향을 줄 수 있음 • 2차 집단 : 집단 구성원 간의 간접적인 접촉과 특정한 목적 달성을 위한 수단적인 만남을 바탕으로 인위적으로 결합된 집단. 회사, 정당 등 • 자연집단 : 이미 존재하고 있는 집단. 학급집단 등 • 자조집단 : 일반적인 집단치료운동의 하나로서, 집단의 지도자를 필수적이라고 보지는 않지만 대체적으로 지도자를 가지고 있음. 공통의 경험과 현재의 감정을 강조하며, 거식증이나 알코올중독 등의 집단에 해당 • 개방집단 : 집단이 유지되는 동안 새로운 구성원의 입회가 가능한 집단 • 폐쇄집단 : 구성원의 자격을 설정하고, 집단구성원들이 동시에 참여한 후 해당 집단이 운영되는 동안 새로운 구성원의 유입 없이 운영되는 집단. 응집력이 높음
태아 관련 질환	• 다운증후군(Down's Syndrome) : '몽고증'이라고도 하며, 대부분(약 95%)은 21번째 염색체가 3개(정상은 2개) 있어서 전체가 47개(정상은 46개)로 되어 있는 기형. 나이가 많은 초산부(35세 이상)의 태아에게서 잘 발생하며, 600~700명 중 1명꼴로 있음 • 터너증후군(Turner's Syndrome) : 성염색체 이상으로 X염색체가 1개이며, 전체 염색체 수가 45개로 외견상 여성이지만 2차적 성적 발달이 없고 목이 짧은 것이 특징
영아기(0~2세) 반사운동	• 연하반사(삼키기반사) : 영아는 음식물이 목에 닿으면 식도를 통해 삼킴 • 빨기반사 : 영아는 입에 닿는 것은 무엇이든 빨게 됨 • 바빈스키반사 : 영아의 발바닥을 간질이면 발가락을 발등을 향해 부채 모양으로 편 후 다시 오므림 • 모로반사(경악반사) : 영아는 큰 소리가 나면 팔과 다리를 벌리고 마치 무엇인가 껴안으려는 듯 몸 쪽으로 팔과 다리를 움츠림
유아기(3~6세)의 발달특성	프로이트(S. Freud)의 오이디푸스 콤플렉스와 엘렉트라 콤플렉스가 일어나는 시기

아동기(7~12세)의 발달특성	단체놀이를 통해 개인의 목표가 단체의 목표에 속함을 인식하고 노동배분(역할분담)의 개념을 학습함
청소년기 (13~19세)	• 신체적 성장이 급속히 이루어진다는 점에서 제2의 성장급등기라고 함 • 어린이도 성인도 아니라는 점에서 주변인이라고 불림 • 피아제(J. Piaget)의 인지발달과정 중 형식적 조작기에 해당됨 • 정서적 변화가 급격히 일어난다는 점에서 질풍노도의 시기라고 함
중년기 (성인중기, 40~64세)	• 에릭슨(E. Erikson)의 생산성 대 침체성(Generativity vs Stagnation)의 단계에 해당됨 • 결정성 지능은 계속 증가하지만 유동성 지능은 감소한다고 봄 • 성인병 같은 다양한 신체적 질환이 많이 나타나고 갱년기를 경험함 • 남성은 테스토스테론이, 여성은 에스트로겐의 분비가 감소되는 호르몬의 변화과정을 겪음
노년기 (성인후기, 65세 이상)	• 제1단계 – 부정(Denial) : "그럴 리가 없어"라며, 자신이 곧 죽는다는 사실을 부인 • 제2단계 – 분노(Anger) : "왜 하필이면 나야"라며, 다른 사람들은 멀쩡한데 자신만 죽게 된다는 사실에 대해 분노 • 제3단계 – 타협(Bargaining) : "우리 딸 결혼식 날까지 살 수 있도록 해 주세요"라며, 죽음을 피할 수 없음을 깨달은 채 인생과업을 마칠 때까지 생이 지속되기를 희망 • 제4단계 – 우울(Depression) : 이미 죽음을 실감하기 시작하면서 극심한 우울상태 • 제5단계 – 수용(Acceptance) : 죽음에 대해 담담하게 생각하고 이를 수용
마샤(J. Marcia)의 자아정체감 유형	• 정체감 성취 : 정체성 위기와 함께 정체감 성취에 도달하기 위한 격렬한 결정과정을 경험 • 정체감 유예 : 정체성 위기로 격렬한 불안을 경험하지만 아직 명확한 역할에 전념하지 못함 • 정체감 유실 : 정체성 위기를 경험하지 않았음에도 사회나 부모의 요구와 결정에 따라 행동함 • 정체감 혼란(혼미) : 정체성 위기를 경험하지 않았으며, 명확한 역할에 대한 노력도 없음

제1영역

● 2019년 제17회

문제 키워드	정답 키워드
인간행동과 성격	• 인간행동의 이해와 개입을 위해서는 성격의 이해 필요 • 인간행동은 개인의 성격특성에 따라 다르게 표출 • 성격은 개인을 특징짓는 지속적이고 일관된 행동양식 • 성격을 이해하면 행동의 변화추이를 예측할 수 있음 • 성격이론은 인간행동의 수정 방법을 찾는 데 도움을 줌
인간발달이론이 사회복지실천에 유용한 이유	• 사회적 영향력을 평가할 수 있는 준거틀 제공 • 인간과 환경 간의 상호작용 파악 • 신체적, 심리적, 사회적 요인 이해 • 적응과 부적응을 판단하기 위한 기준 • 문제의 원인 이해 • 생활상의 전환 과정에 따른 안정성 및 변화 양상 파악 • 다양한 연령층의 클라이언트 이해

인간발달의 원리	• 일정한 순서와 방향성 존재 : 상부 → 하부, 중심부위 → 말초부위 • 연속성 • 유전 및 환경과의 상호작용 • 개인차의 존재 • 분화와 통합의 과정 • 점성원리 • 결정적 시기의 존재

에릭슨(Erikson)의 심리사회적 발달단계	인간발달단계	에릭슨의 심리사회적 발달단계	위기의 결과	주요 관계범위
	영아기 (출생~18개월 또는 2세)	유아기(0~18개월) 기본적 신뢰감 대 불신감	희망 대 공포	어머니
	유아기 (18개월 또는 2세~4세)	초기아동기(18개월~3세) 자율성 대 수치심 · 회의	의지력 대 의심	부 모
	전기아동기 (학령전기, 4~6세)	학령전기 또는 유희기 (3~5세) 주도성 대 죄의식	목적의식 대 목적의식 상실	가 족
	후기아동기 (학령기, 6세 또는 7세~12세)	학령기(5~12세) 근면성 대 열등감	능력감 대 무능력감	이웃, 학교(교사)
	청소년기 (12~19세)	청소년기(12~20세) 자아정체감 대 정체감 혼란	성실성 대 불확실성	또래집단, 외집단, 지도력의 모형들
	청년기 (성인 초기, 19~29세)	성인 초기(20~24세) 친밀감 대 고립감	사랑 대 난잡함	우정 · 애정(성) · 경쟁 · 협동의 대상들
	중년기 (장년기, 30~65세)	성인기(24~65세) 생산성 대 침체	배려 대 이기주의	직장, 확대가족
	노년기 (65세 이후)	노년기(65세 이후) 자아통합 대 절망	지혜 대 인생의 무의미함	인류, 동족

프로이트(S. Freud)의 정신분석이론에서 불안	• 현실적 불안 : 자아가 지각한 현실세계에 있는 위협 상황에 대한 두려움 • 신경증적 불안 : 원초아의 충동이 의식될지도 모른다는 위협을 느낄 때 생기는 두려움 • 도덕적 불안 : 원초아와 초자아 간의 갈등에서 느끼는 양심에 대한 두려움
방어기제 중 해리와 취소	• 해리(Dissociation) : 괴로움이나 갈등상태에 놓인 인격의 일부를 다른 부분과 분리하는 것 (예 지킬박사와 하이드) • 취소(Undoing) : 자신의 공격적 욕구나 충동으로 벌인 일을 무효화함으로써 죄의식이나 불 안 감정에서 벗어나고자 하는 것(예 전날 부부싸움 끝에 아내를 구타한 남편이 퇴근 시 장 미꽃 한 다발을 아내에게 선물하는 경우)

융(Jung)의 심리학적 유형	• 태도 유형
	  – 외향형 : 정신에너지(리비도)가 외부세계를 향함
	  – 내향형 : 정신에너지(리비도)가 내부세계를 향함
	• 기능 유형
	  – 사고형 : 관념적이고 지적인 기능으로, 세계와 본질을 이해하려고 힘씀
	  – 감정형 : 주체의 입장에서 사물의 가치를 평가하는 것으로, 인간에게 유쾌, 고통, 분노, 공포, 비애 등 주관적 경험을 줌
	  – 감각형 : 지각적 또는 현실적 기능으로, 외계의 구체적 사실들이나 표상을 낳음
	  – 직관형 : 무의식적 과정과 잠재적 내용들에 의한 지각기능

학자별 이론	• 프로이트(S. Freud) – 정신분석이론 • 융(Jung) – 분석심리이론 • 피아제(Piaget) – 인지발달이론 • 반두라(Bandura) – 사회학습이론 • 아들러(Adler) – 개인심리이론 • 로저스(Rogers) – 인본주의이론 • 에릭슨(Erikson) – 심리사회이론 • 매슬로우(Maslow) – 욕구이론 • 파블로프(Pavlov) – 행동주의이론
후인습적 수준의 보편윤리적 도덕성	• 법을 초월하여 어떠한 논리적 보편성에 입각한 양심과 상호존중 지향 • 개인의 양심과 보편적인 윤리원칙에 따라 옳고 그름을 인식. 이때 양심의 원리는 구체적인 규칙이 아닌 법을 초월하는 '인간의 존엄성'이나 '정당성'과 같은 보편적 정의의 원리 • 법과 질서가 지켜지는 사회라도 보편윤리적인 원리들을 모두 실현하고 있는 것은 아니라는 점을 인식
자기효능감의 형성요인	• 성취경험 : 어떤 사람이 목표를 달성하기 위해 시도한 결과 성공과 실패를 얼마나 많이 했느냐에 따라 자기효능감이 달라질 수 있음 • 대리경험 : 타인의 성공과 실패를 얼마나 그리고 절실하게 목격했느냐에 따라 자기효능감이 달라질 수 있음 • 언어적 설득 : 타인으로부터 무엇인가를 잘 해낼 수 있다는 말을 얼마나 자주 듣느냐에 따라 자기효능감이 달라질 수 있음 • 정서적 각성 : 불안, 좌절 등 정서적 반응을 얼마나 적절히 조절할 수 있느냐에 따라 자기효능감이 달라질 수 있음
사회체계이론의 주요 개념	• 폐쇄체계 : 환경과의 에너지 교환이 거의 없는 체계로서, 투입을 받아들이지 않고, 산출도 생산하지 않음 • 환류 : 정보의 투입에 대한 반응으로 일종의 적응 기제 • 항상성 : 개방체계적인 속성으로서, 환경과 지속적으로 소통하면서 역동적인 균형을 이루는 상태 • 체계 : 체계는 상호의존적이고 상호작용하는 부분들의 전체에서 각 부분들이 관계를 맺고 있는 일련의 단위
개인-환경 간의 적합성	• 개인의 적응적 욕구와 환경의 질이 어느 정도 부합되는가와 연관된 개념 • 개인과 환경이 지속적으로 상호작용하는 적응(Adaptation)의 과정을 통해 획득
가상공간 (Cyberspace)	통신망으로 연결된 컴퓨터를 이용하여 상호 간에 정보나 메시지 등을 주고받는 눈에 보이지 않는 활동 공간을 의미하는 것으로서, 최근에는 커뮤니티와 동호회 등 인간의 관계적 욕구 실현을 위한 가상공동체로도 나타나고 있음
중간체계 (Meso-system)	• 서로 상호작용하는 두 가지 이상 미시체계들 간의 관계망을 말한다. 특히 개인이 다양한 역할을 동시에 수행한다는 의미 내포 • 예를 들어, 개인은 가족 내에서 자녀로서의 지위와 역할을 수행하지만, 학교에서는 학생으로서의 지위와 역할을 동시에 가짐

생태체계이론이 사회복지실천에 유용한 점	• 전체 체계를 고려하여 문제 이해 • 클라이언트와 사회복지사 간의 상호교류 중시 • 각 체계들로부터 풍부한 정보의 획득 가능 • 환경적 수준에 개입하는 근거 제시 • 인간과 사회환경 사이의 관계를 이해하는 준거틀 제시
문 화	• 인간행동에 영향을 주는 거시체계 • 지식, 신앙, 예술, 도덕, 법률, 관습 그리고 사회구성원으로서 인간이 습득한 모든 능력과 습성의 복합적인 총체 • 구성원 간 공유되는 생활양식으로 다른 사회 구성원과 구별 • 시대적 환경에 따라 끊임없이 변화하는 역동성(가변성)을 지님
태내기	• 발생기 : 수정란이 자리를 잡고 태반이 발달하는 시기로, 수정 후 약 2주간 • 배아기 : 착상 후부터 임신 8주까지 • 태아기 : 임신 3개월부터 출생까지
영아기(0~2세)의 발달특성	• 애착관계 및 대상영속성의 확립 • 모로반사, 바빈스키반사 등의 반사행동이 나타남 • 피아제의 감각운동단계로서 목적지향적 행동을 함
유아기(3~6세)의 발달특성	• 피아제의 자기중심적 사고가 활발한 시기 • 에릭슨의 주도성과 죄책감이 중요한 시기 • 프로이트의 오이디푸스 콤플렉스와 엘렉트라 콤플렉스가 나타나는 시기 • 콜버그의 이론에 따라 도덕성 발달 수준이 전인습적 수준에 머무르는 시기 • 성적 정체성이 발달하는 시기
아동기(7~12세)의 주요특성	• 논리적 사고 실행, 물활론적 사고 감소 • 생활의 중심이 가정에 한정되지 않음 • 또래집단과의 상호작용을 통한 사회화 중시
청소년기(13~19세)	형식적 조작사고 발달, 자아정체감 형성, 신체적 성숙, 성적 성숙, 교우관계 및 남녀관계 성립, 부모나 다른 성인으로부터 정신적 독립의 요구
청년기(성인 초기, 19~29세)	부모로부터의 독립, 직업선택, 결혼, 자율성 확립, 자기주장능력, 사회적 친밀감 형성능력 등
중년기(장년기, 30~65세)	신체적·인지적 변화에 대한 대응, 생산성 및 직업 관리, 부부관계 유지, 자녀양육, 노부모 부양, 사회적 책임 수행, 여가활동 개발 등
퀴블러-로스 (E. Kübler-Ross)의 죽음에 이르는 5단계	• 제1단계 - 부정(Denial) : "그럴 리가 없어"라며, 자신이 곧 죽는다는 사실을 부인 • 제2단계 - 분노(Anger) : "왜 하필이면 나야"라며, 다른 사람들은 멀쩡한데 자신만 죽게 된다는 사실에 대해 분노 • 제3단계 - 타협(Bargaining) : "우리 딸 결혼식 날까지 살 수 있도록 해 주세요"라며, 죽음을 피할 수 없음을 깨달은 채 인생과업을 마칠 때까지 생이 지속되기를 희망 • 제4단계 - 우울(Depression) : 이미 죽음을 실감하기 시작하면서 극심한 우울상태 • 제5단계 - 수용(Acceptance) : 죽음에 대해 담담하게 생각하고 이를 수용

문제 키워드	정답 키워드
인간 발달	• 발달 속도에는 개인차가 있음 • 상부 → 하부, 중심부위 → 말초부위, 전체 활동 → 특수활동 방향 • 발달은 유전과 환경의 상호작용에 의해 이루어짐 • 발달에는 결정적 시기가 있음 • 발달은 양적 변화와 질적 변화를 포함함
피아제(J. Piaget)의 인지발달이론	• 구체적 조작기(7~12세) : 구체적 사물을 중심으로 한 이론적·논리적 사고 가능 • 형식적 조작기(12세 이상) : 가설·연역적 사고, 추상적 사고 가능
로저스(C. Rogers)의 인본주의이론	• 인간의 주관적 경험 강조 • 인간을 통합적 존재로 규정 • 인간을 합리적이고 미래지향적 존재로 규정 • 인간 본성의 긍정적인 측면과 자아개념의 중요성을 강조
에릭슨(E. Erikson)의 이론	• 각 단계의 발달은 이전 단계의 발달을 토대로 이루어짐 • 사회문화적 환경이 성격발달에 영향을 미침 • 청소년기의 주요 발달과업은 자아정체감 형성임 • 인간의 발달은 전 생애에 걸쳐 일어남
생태체계이론	• 항상성(Homeostasis) : 균형이 위협받았을 때 회복하려는 경향 • 적합성(Goodness of fit) : 개인과 환경이 지속적으로 상호작용하는 적응의 과정을 통해 획득
프로이트(S. Freud)의 정신분석이론	• 자아(Ego) 　- 성격을 지배·통제하고 조절하는 실행자(집행자), 조정자 역할 　- 외부세계(현실)와 접촉하면서 형성되는 마음의 이성적인 요소로 경험을 통해 발달 • 초자아(Superego) : 옳고 그름을 결정하는 심판자 역할, 성격의 도덕적인 부분
전치 또는 치환 (Displacement)	방어기제의 하나로, 자신이 어떤 대상에 대해 느낀 감정을 보다 덜 위협적인 다른 대상에게 표출하는 것
아들러(Adler)의 개인심리이론에서 열등감(Inferiority)	• 동기유발 요인으로 개인의 성숙과 자기완성을 위한 필수 요소 • 개인의 성장과 발달이 상상에 의한 것이든 사실에 입각한 것이든 열등감을 극복하려는 시도에서 비롯됨
반두라(A. Bandura)의 사회학습이론 주요개념	• 모델링(Modeling) • 관찰학습(Observational Learning) • 자기강화(Self-reinforcement) • 자기효능감(Self-efficacy)
폐쇄체계 (Closed System)	• 환경과의 에너지 교환이 거의 없는 체계 • 투입을 받아들이지 않고, 산출도 생산하지 않음 • 목적지향성이 낮고, 행동을 수정할 수 있는 능력도 낮음
융(C. Jung)의 분석심리이론	• 인간은 생물학적, 심리적, 사회문화적 존재 • 인간은 일부로 받아들이기 꺼리는 그림자(Shadow)가 있음 • 집단무의식을 '조상 대대로의 경험의 침전물'로 보았음 • 남자의 여성적인 면은 '아니마(Anima)' • 여자의 남성적인 면은 '아니무스(Animus)' • 페르소나(Persona)는 개인이 외부에 표출하는 이미지 혹은 가면

안심Touch

	반사기 (출생~1개월)	빨기, 쥐기 등의 반사행동을 통해 환경과 접촉하며 적응적인 방향으로 수정이 이루어짐
피아제(J. Piaget)의 인지발달단계 중 감각운동기의 세부단계	1차 순환반응기 (1~4개월)	손가락 빨기와 같이 우연히 어떤 행동을 하여 흥미 있는 결과를 얻었을 때 이를 반복함
	2차 순환반응기 (4~8개월)	행동 자체의 흥미에서 벗어나 환경 변화에 흥미를 가지고 그 행동을 반복함
	2차 도식협응기 (8~12개월)	친숙한 행동·수단을 통해 새로운 결과를 얻으려 하므로 이 단계의 행동은 의도적·목적적임
	3차 순환반응기 (12~18개월)	친숙한 행동으로 목표에 도달할 수 없을 경우 전략 수정, 능동적으로 새로운 수단을 발견함
	통찰기 또는 사고의 시작 (18~24개월)	행동하기 전에 생각함으로써 뜻밖의 이해와 통찰을 얻을 수 있음. 특히 수단과 목적의 관계에 대한 정신적 조작이 가능해짐

집단 구성 동기에 따른 유형과 그 예	• 자연집단(Natural Group) : 또래집단, 갱집단 • 형성집단(Formed Group) : 치료집단, 과업집단
청소년기 인지발달의 특성	• 구체적인 사물에 한정되지 않고 추상적 개념을 다룰 수 있음 • 가설을 세울 수 있고 인과관계를 추론할 수 있는 연역적 사고 가능 • 피아제(J. Piaget)의 이론에 따르면 형식적 조작기에 속함 • 자아중심적 사고로 상상적 청중 현상과 개인적 우화 현상을 보임
정체감 유실 (Identity Foreclosure)	• 정체성 위기를 경험하지 않았음에도 사회나 부모의 요구와 결정에 따라 행동 • 외면적으로는 본인의 결단의 지점을 통과한 것처럼 보이지만, 내면적으로는 통과하지 못한 상태
친밀감	• 에릭슨(E. Erikson)의 심리사회 발달단계 : 성인 초기 주요 발달과업 • 스턴버그(R. Sternberg)의 애정발달이론 : 사랑의 세 가지 구성요소 중 하나
이론과 기본 가정의 연결	• 정신결정론 : 프로이트(Freud)의 정신분석이론 • 환경결정론 : 스키너(Skinner)의 행동주의이론 • 상호결정론 : 반두라(Bandura)의 사회학습이론
비물질문화	• 관념문화 : 과학적 진리, 종교적 신념, 신화, 전설, 문학, 미신 등 • 규범문화 : 법, 관습, 민습, 유형 등
거시체계	국가, 사회제도가 포함됨

	단 계	시 기	심리사회적 위기	자아 강점
에릭슨(Erikson)의 심리사회적 위기와 자아 강점	유아기	0~18개월	기본적 신뢰감 대 불신감	희 망
	초기아동기	18개월~3세	자율성 대 수치심·회의(의심)	의지력
	학령전기 (유희기)	3~5세	주도성 대 죄의식	목적의식
	학령기	5~12세	근면성 대 열등감	능력감(유능성)
	청소년기	12~20세	자아정체감 대 정체감 혼란 (역할혼미)	성실성
	성인 초기	20~24세	친밀감 대 고립감	사 랑
	성인기	24~65세	생산성 대 침체	배 려
	노년기	65세 이후	자아통합 대 절망	지 혜

애착의 유형 (Ainsworth)	• 안정 애착(Secure Attachment) • 불안정 회피애착(Avoidant Attachment) • 불안정 저항애착(Resistant Attachment) • 불안정 혼란애착(Disorganized Attachment)
태아의 발달과정	심장이 가장 먼저 발달(임신 1개월 무렵 심장과 소화기관 발달)
2~3세 유아의 특징	• 숟가락질을 할 수 있음 • 혼자 넘어지지 않고 잘 걸으며 뛸 수 있음 • 프로이트(S. Freud) 이론의 항문기에 해당, 배변훈련 시작 • 언어활동이 급격히 증가, 낱말을 이어 문장으로 말하기 시작
중년기에 경험하는 갱년기 증상	• 여성은 안면홍조, 수면장애 증상 등 경험, 폐경으로 가임기 종결 • 신체적 변화뿐만 아니라 우울, 무기력감 등 심리적 증상을 동반 • 남성은 성기능 저하 및 성욕감퇴를 경험하지만 생식능력은 있음 • 여성은 에스트로겐 분비 감소, 남성은 테스토스테론 분비 감소
연령별 발달과업	• 영아기(0~2세) : 사물이 눈에 보이지 않아도 존재하고 있음을 아는 대상영속성(Object Permanence) 습득 • 유아기(3~6세) : 도덕성 발달 수준이 전인습적 수준에 머물러 있음. 자기중심적인 도덕적 판단을 특징으로 함. 사회적인 기대나 규범, 관습으로서의 인습을 잘 이해하지 못하는 양상을 보임 • 아동기(7~12세) : 보존개념 획득. 분류와 조합개념이 점차 발달 • 노년기(65세 이상) : 죽음과 상실에 대한 심리적 반응으로 부정 – 분노 – 타협 – 우울 – 수용 과정을 경험할 수 있음

● 2017년 제15회

문제 키워드	정답 키워드
학자별 인간발달이론이 사회복지실천에 미친 영향	• 피아제(Piaget) : 아동의 과학적, 수리적 추리과정의 발달과정 이해에 대한 준거틀 제시 • 프로이트(Freud) : 클라이언트의 심리내적 갈등이 무의식의 동기에서 비롯된다는 것을 인식하도록 함 • 에릭슨(Erikson) : 클라이언트의 생애주기에 따른 실천개입의 지표 제시 • 반두라(Bandura) : 관찰학습과 모방학습의 강조 • 매슬로우(Maslow) : 클라이언트의 욕구를 파악 · 평가하는 데 유용
로저스(Rogers) 이론이 사회복지실천에 미친 영향	• 클라이언트의 자기결정권의 중요성 인식 • 클라이언트에 대한 비심판적 · 비지시적인 태도의 중요성을 인식하는 데 유용
인간발달의 특성	• 각 단계의 발달은 이전 단계의 발달에 의하여 영향을 받음 • 인간발달에는 일반적인 원리가 존재하지만 모든 사람들이 동일하게 발달하는 것은 아님 • 발달과정에는 결정적 시기 존재 • 유전적 요인과 환경적 요인 모두 인간발달에 중요함 • 중추부에서 말초로, 상체에서 하체의 방향으로 발달
투시(Projection)	방어기제의 하나로, 자신의 부정적인 충동, 욕구, 감정 등을 타인에게 찾아 그 원인을 전가시키는 것
존경의 욕구	매슬로우(Maslow)의 욕구 중 '자존감의 욕구'에 해당

안심Touch

피아제(Piaget)의 구체적 조작기 (7~12세)	• 인지적 능력이 급속도로 발전하는 단계 • 비논리적 사고에서 논리적 사고로 전환 • 자아중심성과 집중성을 극복할 수 있으며, 가역적인 사고 가능 • 분류화, 서열화가 가능하며, 보존개념을 획득함
행동주의 기법	• 이완훈련기법 • 토큰경제기법 • 자기주장훈련 • 타임아웃기법
집단무의식	• 인류 역사를 통해 조상으로부터 물려받은 본래적인 잠재적 이미지 • 집단무의식을 구성하는 것은 다양한 원형들(Archetypes)로서, 이는 시간, 공간, 문화, 인종의 차이와 관계없이 모든 인간에게 보편적으로 존재하는 인류의 가장 원초적인 행동유형
피아제(Piaget)의 인지발달이론	발달단계의 순서는 모든 인류에게 특유한 것으로, 문화에 따라 다르지 않다고 간주함
아들러(Adler)의 생활양식 유형	• 지배형 • 획득형 • 회피형 • 사회적으로 유용한 형

에릭슨(Erikson)의 심리사회적 단계의 위기와 주요 관계	단 계	시 기	심리사회적 위기	주요 관계범위
	유아기	0~18개월	기본적 신뢰감 대 불신감	어머니
	초기아동기	18개월~3세	자율성 대 수치심·회의(의심)	부모
	학령전기 (유희기)	3~5세	주도성 대 죄의식	가족
	학령기	5~12세	근면성 대 열등감	이웃, 학교(교사)
	청소년기	12~20세	자아정체감 대 정체감 혼란(역할혼미)	또래집단, 외집단, 지도력의 모형들
	성인 초기	20~24세	친밀감 대 고립감	우정·애정(성)·경쟁· 협동의 대상들
	성인기	24~65세	생산성 대 침체	직장, 확대가족
	노년기	65세 이후	자아통합 대 절망	인류, 동족

생태학적 이론	• 인간에 대해 낙관론적 관점을 지님 • 인간이 환경 자원과 사회적 지지를 자율적으로 이용할 수 있으며, 환경 속에서 효과적으로 기능할 수 있는 능력을 지니고 있다고 봄
안정상태 (Steady State)	환경과의 상호작용에서 부분들 간의 관계를 유지하기 위하여 에너지를 계속적으로 사용하는 상태
과업집단	조직문제에 대한 해결책 모색이나 성과물 산출을 목적으로 하는 집단
개방형 가족체계	• 네겐트로피(Negentropy)상태로 외부로부터 에너지가 유입됨 • 외부로부터 정보를 통해 체계의 기능을 발전시킴 • 지역사회와 교류가 활발함 • 외부환경과 활발한 에너지 교환을 함

문 화	• 인간행동에 영향을 주는 거시체계 • 지식, 신앙, 예술, 도덕, 법률, 관습 그리고 사회구성원으로서 인간이 습득한 모든 능력과 습성의 복합적인 총체 • 시대적 환경에 따라 끊임없이 변화하는 역동성(가변성)을 지님
태아기의 유전성 질환	• 대다수 비정상적 발달은 유전적 요인에 기인하며, 신생아의 대략 3~5% 정도는 비정상적 상태로 태어나는 것으로 보고됨 • 특정한 장애들은 아동기 이후에 나타나므로 출생 때부터 문제를 가지고 태어나는 비율은 대략 6~7%에 이르는 것으로 추정
융(Jung)이 제시한 장년기 성격발달의 특성	• 자아가 발달하고 외부세계에 대처하는 역량을 발휘 • 여성은 독립적이고 공격적인 측면이 나타남
애착관계 형성	영아기(출생~18개월 또는 2세)의 주요 발달과업에 해당
학자별 청년기(장년기)의 발달과제	• 레빈슨(D. Levinson) : 직업 선택, 사회적 역할 • 펙(R. Peck) : 자아분화, 직업역할 몰두 • 굴드(R. Gould) : 자신의 삶에 대한 책임 있는 행동 • 에릭슨(E. Erikson) : 타인과의 조화로운 관계 형성 • 하비거스트(R. Havighurst) : 배우자 선택, 가정관리
임신 중 태아기에 기형 혹은 저체중을 발생시키는 주요 위험요인	• 임산부의 질병 : 풍진, 에이즈(AIDS) 또는 인간면역결핍바이러스(HIV)감염, 세포확대 바이러스(CMV), 단순포진, 매독, 장티푸스, 디프테리아, 수두 등 • 약물 복용 혹은 유해물질에의 노출 : 흡연(직접흡연·간접흡연), 음주(알코올 섭취), 코카인, 다량의 아스피린, 항생제, 항우울제, 인위적인 호르몬제, 납, 방사선, 폴리염화비페닐(PCB)에의 노출 등
유아기(3~6세)의 인지발달 특성	• 표상에 의한 상징적 사고 • 자기중심적 사고 • 비가역적 사고 • 물활론적 사고
퀴블러-로스 (Kübler-Ross)의 죽음의 직면(적응)단계	• 제1단계 : 부정(Denial) • 제2단계 : 분노(Anger) • 제3단계 : 타협(Bargaining) • 제4단계 : 우울(Depression) • 제5단계 : 수용(Acceptance)
인간생애주기	• 인간의 성장과 발달은 삶의 모든 기간에 걸쳐 일어남 • 인간의 삶은 시간에 따라 진행되면서 지속성과 변화의 특성을 보임 • 부분이 아닌 전체로써 이해하여야 함 • 인간행동 이해를 위하여 유전적 요인과 환경적 요인의 상호작용을 분석하여야 함 • 생애주기의 연령구분은 국가와 사회적 환경에 따라 다양하게 나타남

제1영역

● 2016년 제14회

문제 키워드	정답 키워드
인간발달의 원리	• 일정한 순서와 방향성 존재 : 상부 → 하부, 중심부위 → 말초부위, 전체활동 → 특수활동의 방향 • 전 생애에 걸친 지속적 과정 • 유전과 환경의 상호작용 • '환경 속의 인간(Person in Environment)'에 따른 이해
인간발달이론이 사회복지실천에 기여한 내용	• 클라이언트의 욕구 및 문제 파악에의 도움 • 클라이언트의 발달과업 수행에 필요한 서비스 파악 • 사회복지사의 모든 연령층의 클라이언트에 대한 이해에 도움
사회체계이론	인간행동을 다양한 체계들과 하위체계들 간의 상호작용에 의한 관계 속에서 결정된다고 봄
융의 분석심리이론	• 개인이 의식하고 있는 것 너머의 무의식을 강조 • 개인무의식(Personal Unconscious), 집단무의식(Collective Unconscious)으로 구분
스키너의 ABC 패러다임	행동(Behavior)이 '선행요인 또는 선행조건(Antecedents)'으로서 환경적 자극에 의해 동기화되며, 행동에 따르는 결과(Consequences)에 의해 전적으로 결정된다고 봄
피아제의 인지발달이론 중 전조작기의 특징	자기중심성, 상징놀이, 물활론, 도덕적 타율성, 꿈을 외적 사건으로 생각하는 것, 보존개념의 부족 등
점성원칙	성장하는 모든 것이 기본 계획으로서 기초안(Ground Plan)을 가지며, 인간발달은 이와 같은 기초 위에서 이루어진다는 원칙(에릭슨)
반두라의 모방 (Modeling)	• 대리경험에 의한 학습 • 시연을 통해 행동 습득 • 각 단계마다 칭찬을 해주면 효과적 • 쉽고 간단한 것부터 습득하며, 점차 어렵고 복잡한 것으로 진전
완전히 기능하는 사람 (Fully Functioning Person)의 특징	• 경험에 대해 개방적 • 실존적인 삶을 사는 사람 • '자신'이라는 유기체에 대해 신뢰함 • 선택과 행동에 있어서 자유로움 • 창조적으로 살아감
성격이론 – 학자 – 주요개념의 연결	• 인지발달이론 – 피아제 – 도식 • 인본주의이론 – 매슬로우 – 결핍동기 • 분석심리이론 – 융 – 페르소나, 아니마 • 개인심리이론 – 아들러 – 열등감
매슬로우 욕구이론과 사회복지실천	• 클라이언트 중심의 개입을 가능하게 함 • 사회복지사로 하여금 클라이언트의 욕구 사정에 유용한 지침으로 작용 • 해당 이론을 토대로 클라이언트의 기본적 욕구충족을 도운 뒤, 이후 더 높은 단계의 욕구를 다룰 수 있게 함
관찰학습	직접적인 보상이나 처벌에의 경험 없이 타인의 행동에 대한 관찰을 통해 행동을 습득하는 것
피아제의 인지발달이론	아동을 능동적인 학습자로 규정 → 많은 심리학자들의 논쟁을 일으켰으며, 훈련이나 연습의 효과를 무시한 것에 대한 비판으로 이어짐

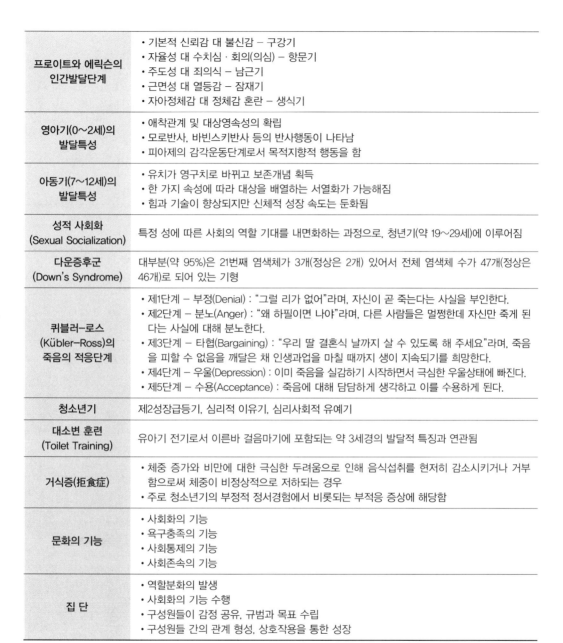

프로이트와 에릭슨의 인간발달단계	• 기본적 신뢰감 대 불신감 – 구강기 • 자율성 대 수치심 · 회의(의심) – 항문기 • 주도성 대 죄의식 – 남근기 • 근면성 대 열등감 – 잠재기 • 자아정체감 대 정체감 혼란 – 생식기
영아기(0~2세)의 발달특성	• 애착관계 및 대상영속성의 확립 • 모로반사, 바빈스키반사 등의 반사행동이 나타남 • 피아제의 감각운동단계로서 목적지향적 행동을 함
아동기(7~12세)의 발달특성	• 유치가 영구치로 바뀌고 보존개념 획득 • 한 가지 속성에 따라 대상을 배열하는 서열화가 가능해짐 • 힘과 기술이 향상되지만 신체적 성장 속도는 둔화됨
성적 사회화 (Sexual Socialization)	특정 성에 따른 사회의 역할 기대를 내면화하는 과정으로, 청년기(약 19~29세)에 이루어짐
다운증후군 (Down's Syndrome)	대부분(약 95%)은 21번째 염색체가 3개(정상은 2개) 있어서 전체 염색체 수가 47개(정상은 46개)로 되어 있는 기형
퀴블러-로스 (Kübler-Ross)의 죽음의 적응단계	• 제1단계 – 부정(Denial) : "그럴 리가 없어"라며, 자신이 곧 죽는다는 사실을 부인한다. • 제2단계 – 분노(Anger) : "왜 하필이면 나야"라며, 다른 사람들은 멀쩡한데 자신만 죽게 된다는 사실에 대해 분노한다. • 제3단계 – 타협(Bargaining) : "우리 딸 결혼식 날까지 살 수 있도록 해 주세요"라며, 죽음을 피할 수 없음을 깨달은 채 인생과업을 마칠 때까지 생이 지속되기를 희망한다. • 제4단계 – 우울(Depression) : 이미 죽음을 실감하기 시작하면서 극심한 우울상태에 빠진다. • 제5단계 – 수용(Acceptance) : 죽음에 대해 담담하게 생각하고 이를 수용하게 된다.
청소년기	제2성장급등기, 심리적 이유기, 심리사회적 유예기
대소변 훈련 (Toilet Training)	유아기 전기로서 이른바 걸음마기에 포함되는 약 3세경의 발달적 특징과 연관됨
거식증(拒食症)	• 체중 증가와 비만에 대한 극심한 두려움으로 인해 음식섭취를 현저히 감소시키거나 거부함으로써 체중이 비정상적으로 저하되는 경우 • 주로 청소년기의 부정적 정서경험에서 비롯되는 부적응 증상에 해당함
문화의 기능	• 사회화의 기능 • 욕구충족의 기능 • 사회통제의 기능 • 사회존속의 기능
집 단	• 역할분화의 발생 • 사회화의 기능 수행 • 구성원들이 감정 공유, 규범과 목표 수립 • 구성원들 간의 관계 형성, 상호작용을 통한 성장

제1영역

MEMO

I wish you the best of luck!

www.SDEDU.co.kr

제 **1** 영역

인간행동과 사회환경

합격의 공식
온라인 강의

잠깐!

혼자 공부하기 힘드시다면 방법이 있습니다.
SD에듀의 동영상강의를 이용하시면 됩니다.
www.sdedu.co.kr → 회원가입(로그인) → 강의 살펴보기

인간행동발달과 사회복지

★ 학습목표
- 발달단계의 개념과 특징을 충분히 이해하여 기본을 다지자!
- 인간발달의 원리가 시험에 자주 출제되고 있으므로 발달단계에 따른 발달과업까지 반드시 암기하자!

제1절 인간발달 일반

1 인간발달의 개념과 정의

(1) 인간발달의 개념
10, 12회 기출

인간의 발달이란 전인적 측면에서의 변화, 즉 출생에서 사망에 이르기까지 전 생애에 걸쳐 질서정연하고, 연속적으로 일어나는 변화의 양상과 과정을 말한다. 단순히 신체적 기능과 구조의 성장·발달만을 의미하는 것이 아니라 상승적 변화와 하강적 변화까지도 포함하므로 인간의 역동적 변화까지 설명해 줄 수 있는 개념이다.

① 상승적 변화 : 출생 후부터 청년기 혹은 성인 초기까지는 신체의 크기가 커지고 기능도 원활해지며 심리적 기능과 구조가 더 좋은 차원으로 변화를 보이는 성장·발달을 말한다.

② 하강적 변화 : 상승적 변화의 반대되는 개념으로 성인 초기 혹은 그 이후부터 점차 신체적 기능이 약해지고 심리적 기능이 위축되어 가는 변화를 말한다.

Plus ⊕ one

학자별 인간발달의 정의
- Greene(1986) : 발달은 신체적·심리적·사회적 변인을 포괄하며, 일생에 걸쳐 일어나는 안정성과 변화의 역동이다.
- Schell & Hall(1979) : 발달이란 일정한 방향으로 질서 정연하게 점진적으로 증진되며, 보다 복잡해지는 변화이다.
- Specht & Craig(1982) : 발달은 생리적 요인과 문화적 요인을 혼합하는 과정이며, 시간이 지남에 따라 한 개인의 구조·사고·행동이 변화하는 것을 말한다. 임신에서부터 노년기까지 지속되는 이러한 변화는 진보적이고 축적적인 특성을 지니고 있으며, 체형이 커지고 보다 복잡한 행동을 하며 기능이 더욱 통합되는 결과를 낳는다.
- Zanden(1985) : 발달이란 임신에서부터 사망에 이르기까지의 시간적 흐름에 따라 유기체에서 일어나는 질서정연하고 연속적인 변화이다. 유전적 요인과 환경적 요인 그리고 두 요인 간의 상호작용을 모두 포함하고 있다.

(2) 인간발달의 기본전제 6, 12, 15회 기출

① 전체로서 이해되어야 한다.
② 인간의 발달과 성장은 전 생애에 걸쳐 일어난다.
③ 인간의 삶은 시간에 따라 지속성과 변화의 양상을 보인다.
④ 인간의 발달과 행동은 그에 관련된 상황보다 인간관계의 맥락을 강조한다.

(3) 인간발달과 사회복지의 관계 11회 기출

① 사회복지실천의 기본재료이자 원재료인 인간이 더욱 행복한 삶의 과정을 영위해 나갈 수 있도록 원조하기 위해 인간본성에 대한 이해가 필수적이다.
② 사회복지사는 인간에 대한 이해를 바탕으로 개인, 가족, 집단, 지역사회 더 나아가 사회적 기능 향상과 삶의 질 개선을 도모할 수 있도록 인간적이면서도 효과적인 사회적 서비스를 제공해야 한다.
③ 인간과 환경을 분리된 실체가 아닌 하나의 통합된 총체로 이해하는 환경 속의 인간이라는 관점을 유지한다. 즉, 인간과 환경 사이에 일어나는 상호작용 영역에 초점을 두고 양자 간의 상호교환을 통해 어떤 일이 진행되고 있는가에 관심의 초점을 둔다.
④ 인간발달에 대한 이해를 통해 사회복지사는 전문적인 사정(Assessment)과 개입을 할 수 있다.

2 인간발달의 분야 및 발달원리

(1) 인간발달의 분야 및 영역

① 인간의 발달은 전 생애 동안 다양한 영역에 걸쳐서 일어나지만 각 발달 단계별로 특히 중요하고 의미 있는 변화를 보이는 영역이 있다.
② 통상적으로 신체적 영역, 정서 및 사회성 영역, 인지 영역 등으로 구분된다. 보다 구체적으로는 신체 및 운동 발달, 인지 발달, 정서 및 사회성 발달, 의사소통의 발달, 도덕성의 발달, 언어능력의 발달 등으로 세분화시킬 수 있다.

(2) 인간발달의 변화 양상에 대한 이해 16회 기출

인간발달에 의한 변화는 양적 · 질적 변화, 상승적 · 하강적 변화로 나타난다.
① **양적 변화** : 크기 또는 질량의 변화
② **질적 변화** : 본질 또는 구조의 변화
③ **상승적 변화** : 기능 및 구조의 성장 · 발달에 의한 변화
④ **하강적 변화** : 기능 및 구조의 위축 · 약화에 의한 변화

(3) 인간발달의 원리

1, 4, 5, 6, 7, 9, 10, 13, 14, 15, 16, 17, 18, 19, 20회 기출

① **일정한 순서와 방향성 존재** : 발달은 개인에 따라 속도나 상태가 일정하지 않으나 그 순서는 일정하다. 즉, 상부에서 하부로, 중심부위에서 말초부위로, 전체활동에서 특수활동방향으로 발달하게 된다. 아기가 처음에는 머리를 들고, 그 다음에 가슴을 들며, 그 후로 앉고, 일어서고, 걷게 되는 현상이 그 예이다.

② **지속적인 과정** : 태어나서 사망할 때까지 전 생애에 걸쳐 상승적 변화 및 하강적 변화가 연속적으로 일어난다.

③ **유전과 환경의 상호작용** : 발달은 유전과 환경의 상호작용에 의해서 이루어진다. 아동이 부모로부터 받은 유전인자는 환경이라는 제한된 범위 안에서 그 잠재력을 발휘할 수 있으며, 환경 또한 아동이 지닌 유전인자의 본질이 제한하는 범위 안에서 발달에 영향을 주게 된다. 따라서 발달을 이해할 때 유전과 환경을 분리해서 보면 안 된다.

Plus ⊕ one

인간발달에 영향을 미치는 환경적 요인에 대한 연구(B. S. Bloom)
- 환경은 인간특성 발달의 범위와 종류를 결정한다.
- 환경적 영향은 인간발달이 급격할 때 많이 일어난다.
- 초기에는 급격한 발달을 보이므로 초기 환경이 중요하다.
- 유사한 환경이라도 각 개인에게는 서로 다른 영향을 미칠 수 있다.
- 인간발달 초기에는 많은 영향을 미치나 시간이 지나면서 그 영향력이 줄어든다.

④ **개인차의 존재** : 발달에는 보편적인 순서가 있으나 발달의 속도와 양상은 아동마다 제각기 다르다. 어떤 아동은 1세부터 배변통제가 가능하고, 어떤 아동은 4세가 되어도 잘 되지 않는 경우가 있다. 이는 아동 개개인의 유전적 배경이나 개인이 처한 환경적 요인 등이 다르기 때문에 나타나는 현상이다.

⑤ **분화와 통합의 과정** : 발달은 분화와 통합의 연속적인 과정으로 분화는 분열이 아닌 전체로 통합되는 과정을 말한다.

⑥ **점성원리** : 심리사회적 자아발달은 점성원리(Epigenetic Principle)를 기초로 한다. 인간은 생물학적으로 수태되면서 이미 기본적인 요소를 가지나 시간의 경과에 따라 이 요소들이 결합, 재결합하여 새로운 구조를 형성한다. 이처럼 심리사회적 성장도 각 요소가 다른 모든 요소에 체계적으로 관련되면서 연속적으로 발달한다.

Plus ⊕ one

점성원리와 기초성의 원리
- 점성원리 : 이전 발달을 토대로 다음 단계의 발달이 이루어지므로 단계마다 이전 단계의 발달이 잘 형성되어야 다음 단계의 발달이 진행된다.
- 기초성의 원리 : 만 6세 이전에 성격의 기본 틀이 형성되기 때문에 어린 시절의 교육환경과 인성교육이 이후 모든 발달의 기초기 되이 평생을 피우힌다.

⑦ **결정적 시기** : 프로이트는 인간발달 과정에 결정적 시기(3~5세)가 있다고 주장했다. 일정한 시기에 특정한 행동을 학습할 수 있는 조건이 주어지지 못하면 발달의 결손이 오게 되고, 그 결손은 새로운 결손을 낳아 누적되기 때문에 어릴 때의 초기경험이 중요하다는 근거가 된다. 또한 인간 성격의 기본이 만 6세 이전에 형성되므로 그 이후의 발달은 생후 초기에 형성된 기본적인 구조가 보다 분화되거나 세분화되는 것에 불과하다고 하였다.

⑧ **발달의 관련성** : 발달의 각 영역은 각기 독립적으로 발달하지 않으며 상호간에 서로 밀접하게 관련되어 있다. 즉, 신체, 인지, 성격, 사회성 등의 영역은 서로 발달을 가능하게 하거나 지체시키면서 영향력을 행사한다. 병약한 아동은 원만한 인지발달이 이루어지지 않으며, 신체적으로 건강한 아동은 성격적으로 건강한 것이 일반적인 현상이다.

Plus ⊕ one

인간발달의 특성

적기성의 원리	어떤 발달과업을 성취하는 데는 가장 적절한 시기(결정적 시기)가 있는데 그 시기를 놓치면 다음 시기에 보충될 수가 없다. 즉, 신체적 · 지능적 · 성격적 · 도덕적 측면의 모든 특성발달에서 제각기 적기가 있으며 이 기회를 놓치면 교육적 효과가 적어진다는 것이다.
기초성의 원리	유아기의 신체적 · 정서적 · 지적 · 도덕적 · 성격적 발달에 영향을 주는 문화환경은 그 후유증이 평생 동안 지속된다. 즉, 영유아기의 지적 결핍이나 영양적 결핍은 바로 후기의 모든 기능들의 발달을 지체시키거나 행동적 장애를 유발하게 된다는 것이다.
불가역성의 원리	어떤 특정한 시기에 발달이 잘못되면, 후기에 충분한 보상이나 보충이 되더라도 수정 · 보완되지 않는다는 것이다.
누적성의 원리	유아의 성장 · 발달에 어떤 결손이 생기면 그 결손은 다음 시기의 발달에 좋지 않은 영향을 주게 되며 계속적으로 누적돼 또 다음 단계에서 더욱 잘못된다는 것이다. 문화실조나 환경적 이유로 인한 발달결손의 누적을 교정시키는 교육적 노력이 조기에 제공되어야 한다.

(4) 발달의 유사개념

① **성장** : 신체의 크기나 근육의 세기 등 양적 증가를 의미하는 것으로 일정시기가 지나면 정지한다.

② **성숙** : 이미 유전인자에 포함되어 전개되는 신체와 심리의 변화를 의미한다. 경험이나 훈련에 관계없이 인간의 내적 · 유전적 기제의 작용에 의해 나타나는 체계적이고 규칙적인 변화를 의미한다.

③ **학습** : 특수한 경험이나 훈련 또는 연습 등의 외부자극이나 조건 · 환경에 의해 개인이 내적으로 변해가는 후천적 변화의 과정이다.

(5) 인간발달이론이 사회복지실천에 미친 영향 6, 11, 12, 13, 14, 17회

① 개인적인 발달상의 차이와 발달을 구성하는 다양한 신체 · 심리 · 사회적 요인을 파악할 수 있다.

② 특정 발달단계에서 특징적으로 나타나는 발달적 요인과 이전 단계의 결과를 토대로 각 단계의 성공 및 실패 여부를 설명할 수 있다.

③ 생활주기를 순서대로 정리할 수 있는 준거틀을 제공할 수 있다.

3 인간발달의 단계와 발달과업

(1) 인간발달단계

발달의 단계는 획일적인 기준이 있는 것이 아니라 학자에 따라 차이가 있으며, 개인의 특성과 사회에 따라 독특하기 때문에 단정적으로 구별할 수 없다. 대체적으로 나이를 기준으로 구분하지만 이 또한 엄격히 정해진 것은 아니다. 다만, 이 나이를 전후해서 발달적 전환이 이루어지기 때문에 내용이나 과제가 겹치는 부분이 있다. 또한 발달은 연속적으로 이루어지기 때문에 어느 한 단계에서 성취한 발달은 그 이후 모든 단계에 영향을 미치게 된다.

Plus ⊕ one

학자별 발달단계
- 프로이트의 심리성적 발달단계 : 구강기, 항문기, 남근기, 잠복기, 생식기
- 에릭슨의 심리사회적 발달 8단계 : 유아기, 초기아동기, 학령전기, 학령기, 청소년기, 성인 초기, 성인기, 노년기
- 피아제의 인지발달단계 : 감각운동기, 전조작기, 구체적 조작기, 형식적 조작기

(2) 발달과업

① **개념** : 특정 연령이나 발달단계마다 수행해야 할 역할이나 해결해야 할 중요한 과업을 말한다.

② **발달과업의 영역**
  ㉠ 신체적 발달 : 외적 변화(신장 · 체중 등), 내적 변화(근육 · 내분비선 등), 운동능력(걷기 · 달리기 등)
  ㉡ 심리적 발달 : 인지적 측면(사고 · 정보처리 · 추론 등), 정서적 측면(감정 · 심리상태 등)
  ㉢ 사회적 발달 : 가족 및 집단, 지지체계, 조직 및 사회기관, 문화적 배경

③ **발달단계에 따른 주요 발달과업(Newman & Newman, 2006)**
  ㉠ 영아기(0~2세) : 신체적 성장, 감각 및 운동기능의 성숙, 사회적 애착 성립
  ㉡ 걸음마기(2~4세) : 운동능력의 정교화, 언어발달(상징놀이), 자기통제력 습득
  ㉢ 아동기
    • 전기(4~6세) : 초기적 수준의 도덕 발달, 성(性)역할 개념 습득, 집단놀이
    • 후기(6~12세) : 왕성한 신체적 활동, 구체적 조작 사고, 학습능력과 기술 습득, 사회적 규범 학습
  ㉣ 청소년기
    • 전기(12~18세) : 신체적 · 성적 성숙, 형식적 조작사고, 또래집단 경험
    • 후기(18~24세) : 부모로부터 독립, 자아정체감 확립, 직업에 대한 준비
  ㉤ 청년기(24~35세) : 결혼 · 출산 · 가정 형성, 직업적 경력의 시작
  ㉥ 장년기(35~60세) : 신체적 · 인지적 변화에 대한 적응, 부부관계 유지 및 자녀 양육, 직업관리, 사회적 책임 수행

ⓢ 노년기
- 전기(60~75세) : 신체적 · 인지적 약화에 대한 적응, 가족성원의 사망에 의한 역할 변화 및 은퇴에 대한 적응
- 후기(75세~사망) : 감각 및 행동의 둔화에 대한 적응 및 육체적 기능손상에 대한 대응, 죽음 에 대한 두려움 극복, 종교 등 초월적인 것에 의지

④ 미국의 하비거스트(Havighurst)는 "발달과업이란 개인의 한 평생에서 일정한 시기 혹은 그 가까이에서 일어나는 일들이다."라고 하면서 이 일들을 잘 성취하면 그 개인은 행복하게 되고 그 다음 과업도 잘 성공시키지만 어떤 관계의 과업을 실패하면 그 개인은 불행하게 되고, 사회에서도 불신을 사며, 그 다음 과업의 달성도 어렵게 된다고 하였다. 이러한 발달과업은 모든 어린이에게 있어서 특정한 시기에 기대되는 발달과업의 질서와 계열성을 가지고 나타난다는 것이다.

Plus ⊕ one

하비거스트(Havighurst)의 주요 발달과업   19회 기출
- 영유아기
  - 보행학습, 언어학습, 고형분 음식의 섭취학습, 배설통제 학습
  - 성(性)차이 인식, 생리적 안정유지, 양심의 발달
  - 환경에 대한 단순개념 형성, 타인과의 정서적 관계 형성 학습
- 아동기
  - 자신에 대한 건전한 태도 형성, 기본학습기술의 습득
  - 양심 · 도덕 · 가치체계의 발달, 사회집단과 제도에 대한 태도 발달
  - 놀이에 필요한 신체기술 학습, 성 역할 학습, 또래 친구를 사귀는 방법의 학습
- 청소년기
  - 자신의 신체 및 성 역할 수용, 과학적 세계관에 근거한 가치체계의 발달
  - 동성 · 이성친구와의 새로운 관계 형성, 부모로부터 정서적 독립, 경제적 독립의 필요성 인식
  - 직업선택 및 준비, 유능한 시민으로서의 기본적인 지적 기능과 개념 획득, 사회적 책임에 맞는 행동
- 청년 · 성인 초기
  - 배우자 선택, 배우자와의 생활방법 학습, 가정형성 및 자녀양육과 가정관리
  - 시민으로서의 의무 완수, 친밀한 사회적 집단 형성
- 중 · 장년기
  - 사회적 의무 완수, 경제적 표준생활 확립과 유지
  - 10대 자녀의 훈육과 선도, 배우자와의 친밀한 관계 유지
  - 적절한 여가 활용, 중년기의 생리적 변화 인정 및 적용
- 노년기
  - 신체적 건강 쇠퇴 · 은퇴와 수입 감소 · 배우자의 사망 등에 대한 적응
  - 동년배와의 유대관계 재형성, 사회적 시민의 의무수행, 생활에 적합한 물리적 환경의 조성

1 프로이트의 정신분석이론

(1) 정신분석이론의 의의

① 정신분석이론은 인간의 정신과 감정의 장애에 대한 치료방법과 이론 중 하나로, 최근까지는 프로이트(Freud)를 중심으로 발달해왔으며 정신역동이론의 기본적 원리로 활용하고 있다.

② 정신역동이론은 프로이트(1856~1939)의 정신분석이론에서 출발하여 그의 제자인 아들러(Adler), 융(Jung), 자아의 중요성에 초점을 둔 에릭슨(Erikson)으로 연결되는 자아심리학 그리고 설리반(Sullivan)의 대인관계 이론들까지 폭넓게 포함한다(최옥채 외, 2002). 이런 이론들을 정신역동이론이라 하는 이유는 이런 이론들 대부분이 인간의 행동을 '정신 내의 운동과 상호작용'에 초점을 두기 때문이다.

③ 정신분석이론은 자연과학의 이론들이 우리들로 하여금 세계의 본질에 대해 마음을 열게 해주었던 것처럼, 우리가 이해할 수 있었던 것보다 주변 사람들에 대해 더 많을 것을 이해하도록 도와준다.

④ 정신분석이론은 인간세계에 대한 우리의 견해에 새로운 지평을 제시하여 준다.

(2) 정신분석이론의 주요 개념   7, 8, 13, 16회 기출

① **리비도** : 정신적 에너지 또는 충동이며 심리적 또는 생리적 측면에서 성적 에너지를 지칭한다.

② **의식** : 우리가 인식하고 느끼고 있는 모든 감각과 경험을 말한다.

③ **전의식** : 지각 상태는 아니지만 조금만 노력하면 쉽게 의식될 수 있다.

④ **무의식** : 우리가 인식하지 못하는 가장 심층적이고 접근하기 곤란한 것이다. 정신 내용의 대부분을 형성하며 마음을 구성하는 사고, 감정, 충동 등의 자료들이 저장되어 있다.

⑤ **원초아(Id)** : 완전히 무의식적이며 비이성적이고 이기적인 본능을 의미한다.

⑥ **자아(Ego)** : 현실의 자극을 수용하고 또 현실의 자극들로부터 유기체를 보호하는 기능을 맡는 부분인 이드와 바깥세계를 중재하는 독자적인 조직 또는 영역으로 독립하는 것이다.

⑦ **초자아(Superego)** : 선악에 대한 부모의 규범을 그대로 내면화한 것이다.

⑧ **자유연상** : 마음 속의 모든 생각을 떠오르는 대로 말하게 하는 방법이다.

2 **에릭슨의 심리사회이론**

(1) 에릭슨의 심리사회이론의 의의

① 프로이트가 성격의 발달을 정신 내적 갈등의 결과물로 규정한 것에 반하여 사회심리학적 이론가들은 사회문화적 환경이 성격발달에 지대한 영향을 미친다고 보았다. 이러한 관점을 지닌 대표적인 학자가 바로 에릭슨이다.

② 에릭슨은 어떤 심리적 현상이라도 반드시 생물학적 · 행동적 · 경험적 · 사회적 요인 간의 상호작용으로 이해해야 한다고 하였다.

③ 사회적 힘이 성격발달에 미치는 영향을 강조하여 에릭슨의 이론을 심리사회이론(Psychosocial Theory)이라고 부르고 있다.

④ 심리사회이론의 또 다른 특성은 인간의 전 생애에 걸친 발달과 변화의 강조, 병리적인 것보다는 정상적인 측면과 건강한 측면의 강조, 자아정체감 확립의 중요성, 문화적 · 역사적 요인과 성격구조의 관련성을 중시한 점이다.

⑤ 에릭슨은 인간을 합리적인 존재 그리고 더 나아가 창조적 존재로 보고 있다.

⑥ 인간의 행동이 의식수준에서 통제가 가능한 자아에 의해 동기화된다고 보았다.

⑦ 에릭슨은 인간을 총체적 존재로 보고 있으며 '환경 속의 존재(Person in Environment)'로 규정하고 있다.

⑧ 인간의 행동은 생물학적 성숙에 의해서만 결정되는 것이 아니라 개인의 심리적 요인과 사회 · 문화적 영향의 상호작용에 의해 결정된다고 보았으며, 그 중에서도 사회적 힘(Social Forces)의 영향을 특히 중요하게 보았다.

⑨ 프로이트가 인간의 생후 5년간의 경험이 성격의 기본구조를 형성하게 되고 어렸을 때 성격은 성인기가 되어도 변화하지 않는다고 보는 데 반하여, 에릭슨은 각 개인을 끊임없이 새로운 발달과업과 투쟁하고 인생의 전환점에 직면하며 새롭고 더 나은 자아를 획득해 변화하며 성장을 하는 존재로 보았다. 이처럼 에릭슨은 인간을 전체 생활주기 동안 지속적으로 발달하는 가변성을 지닌 존재로 보았다.

(2) 심리사회이론의 주요 개념

① **자아(Ego)** : 자아의 본질은 생리적 요인 외에 문화, 역사적 영향을 중요하게 받는다고 믿었다.

② **자아정체감(Ego Identity)** : 자아정체감이란 자기다움에 대한 자각과 이에 부합되는 자기 통합화와 일관성을 견지해 나가려는 의식, 무의식적인 노력이라고 할 수 있다.

③ **점성원리(Epigenetic Principle)** : 성장하는 모든 것은 기초안을 가지며 이 기초안에서 부분이 발생한다. 또한, 각 부분이 특별히 우세해지는 시기가 있으며, 이 모든 부분이 발생하여 전체적인 기능을 이루게 된다.

3 스키너의 행동주의이론

(1) 스키너의 행동주의이론의 의의

① 강화의 조건은 환경과 행동과의 관계를 설명하는 또 하나의 학습이론이다.

② 파블로프, 왓슨, 손다이크 등의 학습이론을 정립시키고 확대시키기 위해 동물을 이용한 연구를 하였다.

Plus ⊕ one

행동주의 이론가들의 이론	11회 기출
파블로프(Pavlov)	고전적 조건화(개 실험)
왓슨(Watson)	극단적 환경결정론(쥐에 대한 아이의 반응 실험)
손다이크(Thorndike)	학습의 3대 법칙(효과의 법칙, 연습의 법칙, 준비성의 법칙)
스키너(Skinner)	조작적 조건화(강화와 벌)

③ 개인은 유아기부터 환경에 의한 반복된 강화를 통해서 행동을 배우며 이런 행동을 자신의 행동반경에 통합시킨다고 믿었다.

(2) 주요 개념   12, 18회 기출

① **조작적 조건화** : 조작적 조건화란 고전적 조건화와 달리 유기체가 원하는 결과를 얻기 위하여 실행하는 자발적이고 능동적인 반응이다.

② **강화** : 어떤 행동이 일어날 가능성을 증대시키는 행동에 대한 반응이다.

③ **변별자극** : 특정한 반응이나 반응양식이 나타나면 강화를 받지만 다른 자극이 나타나면 강화되지 않을 때 변별이 일어나는 것이다.

4 반두라의 사회학습이론

(1) 반두라 사회학습이론의 의의

① 아동의 사회상황에서 '모방'을 통해 많은 것을 학습한다고 주장하여 관찰학습의 이해에 관심을 고조시켰다.

② 사회학습이론은 인간의 행동은 보상이나 처벌의 조작결과로서 형성되는 것이 아니라 다른 사람의 행동을 관찰하고 모방한 결과로서 이루어진다고 주장하였다.

③ 사회학습이론과 행동주의 사이의 가장 중요한 차이점은 행동주의자들이 철저하게 관찰 가능한 외형적 행동에 대해서만 관심을 가진 반면, 사회학습이론가들은 인간의 내적 과정을 인정함으로써 인간학습의 인지론적 경향을 함께 수용하였다(홍순정, 1997)는 점이다.

④ 사람들은 어떤 행동이 자신과 타인에게 주는 효과를 관찰한 후 그 결과를 바탕으로 자신의 행동을 평가하고 미래의 성공 여부를 가늠한다고 보았다. 만약에 자신이 성공적으로 수행할 수 있다는 기대가 성립되면 필요한 행동을 수행하려는 결정을 내린다. 이것은 행동을 수행할 수 있다는 자기확신감으로서 자기효율성(Self-efficacy)이라고 불렸으며, 개인의 자기효율성은 반복된 과제 관련 경험을 통하여 점진적으로 발달한다(김성희 외, 1998).

(2) 주요 개념

① **관찰학습** : 관찰과 모방에 의한 학습이 강조된다. 사회학습이론의 중심은 관찰학습이다.
② **자아효능감** : 자신이 어떤 일을 잘해낼 수 있다는 개인적 신념으로서 어떤 행동을 모방할지를 결정하는 데 도움이 된다.
③ **상호결정론** : 행동을 유발하는 원동력이 본질적으로 환경이라는 초기 행동주의 기본가정에서 벗어나 발달과정을 개인과 환경과의 상호성에 기초한 양방향성이라 가정한다.
④ **자기강화** : 자신이 통제할 수 있는 보상을 스스로에게 주어서 자신의 행동을 유지하거나 변화시키는 과정이다.
⑤ **자기효율성** : 내적 표준과 자기강화에 의해 형성되는 것으로 어떤 행동을 성공적으로 수행할 수 있다는 신념이다.
⑥ **자기조절** : 수행과정, 판단과정, 자기반응과정을 통해 자신의 행동을 스스로 평가 · 감독하는 것이다.

5 피아제의 인지발달이론

(1) 피아제 인지발달이론의 의의

① 피아제(Jean Piaget)의 인지발달이론은 인간이 외부세계를 이해하고 파악하는 바탕인 인지적 구조가 형성되는 과정을 설명한다.
② 피아제는 지식의 구체적 내용에 관심을 가진 것이 아니라 인지적 성숙과정에 관심을 가졌다.
③ 인지라는 의미는 정보를 획득하고, 저장하고, 활용하는 높은 수준의 정신과정을 말하며 그 개념 속에는 지적 과정, 지각, 기억, 지능학습, 회상, 상상, 추리, 판단능력 그리고 문제해결 등 추상적인 일련의 정신과정이 포함된다.
④ 인간의 뇌는 인지적 구조를 변화시킴으로써 환경에 적응하는 능력을 가지고 있으며, 지능은 환경이 적절한 다양성과 탐구에 대한 지지를 제공하면 체계적인 방식으로 발달한다.
⑤ 피아제의 인지발달이론은 성격의 한 측면으로 간주될 수 있는 인지기능의 다양한 발달 수준을 개념적으로 설명함으로써 인지적 측면의 인간행동과 인간발달에 관한 사회복지사의 이해를 넓히는 데 기여하였다.
⑥ 인지능력의 발달은 아동과 환경 간의 상호작용에 의해 단계적으로 성취되며 발달단계의 순서는 변하지 않는다.

(2) 주요 개념

① **도식** : 사물이나 사건 또는 사실에 대한 전체적인 윤곽이나 개념을 말하며, 유기체가 가지고 있는 이해의 틀을 의미한다.

② **적응** : 적응은 동화와 조절이라는 2개의 기제가 상호유기적으로 작용하는 것으로 개인의 욕구를 충족시키기 위해 이루어지는 개인 또는 환경의 수정을 포함하는 매우 복잡한 과정이다.

ⓛ **동화** : 이미 갖고 있는 도식 또는 체계에 의해 새로운 대상이나 사건을 해석하고 이해하는 인지과정이다.

ⓛ **조절** : 기존의 인지구조로 새로운 대상을 받아들일 수 없는 경우에 기존의 인지구조를 변화시키는 과정을 말한다.

③ **평형** : 유기체와 외부세계 간의 또는 유기체 내에서의 인지적 요소들 사이의 균형상태를 유지하려는 경향으로 새로운 상황에서 일관성과 안전성을 이루려는 시도를 말한다.

④ **보존** : 질량이 양적 차원에서는 동일하지만 모양의 차원에서 변할 수 있는 것을 의미하며, 6세 이상의 아이들은 훨씬 추상적인 인지수준을 보인다.

⑤ **조직화** : 상이한 도식들을 자연스럽게 서로 결합하는 것을 의미한다.

Plus ⊕ one

물활론, 분류, 연속성, 상징놀이 등의 개념
• 물활론 : 모든 사물은 생명이 있으며 사고하고 감정이 있다고 믿는 것이다.
• 분류 : 대상을 일정한 특징에 따라 다양한 범주로 나누는 능력이다.
• 연속성 : 크기 · 무게 · 부피 · 길이 등 일정한 특징에 따라 대상을 배열하는 능력이다.
• 상징놀이 : 물리적으로 존재하지 않는 것으로 아이의 내적인 표상에 따라 대상을 만들고 놀이를 하는 것이다.

---

6 콜버그의 도덕성이론

(1) 콜버그 도덕성이론의 의의

① 인지심리학의 기본명제들에 기초하고 있다.

② 콜버그는 교육의 과업은 개인의 심리적 · 인지적 구조와 사회적 환경의 상호작용에 의해 촉진되는 도덕발달의 자연적 과정을 자극하는 데 있다고 보았다.

③ 상호작용의 결과로 도덕성은 한 단계에서 다른 단계로 발전하며, 도덕적 성숙은 최종 6단계에 도달하는 것이다.

(2) 콜버그의 도덕성이론의 단계

콜버그는 '하인즈가 약을 훔치다'라는 가설을 통해 소년의 도덕적 추론구조를 조사했다.

하인즈 딜레마(Heinz Dilemma)

유럽의 한 부인이 특수한 종류의 암을 앓아 거의 죽어가고 있었습니다. 그 부인의 병을 치료하는 데는 오직 한 가지 약밖에 없는 것으로 알려져 있습니다. 이 약은 같은 마을에 사는 어느 약사가 최근에 발명한 라디움 종류의 약이었습니다. 그런데 그 약을 만드는 데는 원가가 상당히 비싼데다 약사는 약값을 원가의 10배나 요구하였습니다. 라디움을 200달러에 구입해 그 조그만 약을 2,000달러에 팔려고 한 것입니다. 병든 부인의 남편인 하인즈는 돈을 구하기 위해 아는 사람들을 모두 찾아다녔으나 약값의 절반밖에 안 되는 1,000달러밖에 마련하지 못했습니다. 할 수 없이 하인즈는 약사에게 가서 자기 부인이 죽어가고 있다고 설명하고 약을 1,000달러를 받고 싸게 팔거나 아니면 외상으로라도 자기에게 팔아주면 다음에 돈을 갚겠다고 간청하였습니다. 그러나 약사는 "안 됩니다. 그 약은 내가 발명한 약인데, 나는 그 약으로 돈을 벌어야 합니다."라고 대답했습니다. 절망에 빠진 하인즈는 결국 약방을 부수고 들어가 자기 부인을 위하여 약을 훔쳤습니다.

제1수준	1단계 (주관화 – 복종과 처벌 지향)	하인즈가 약을 훔치는 것은 벌을 받게 되기 때문에 잘못이라고 판단한다. 권위자의 벌을 피하고, 권위에 복종한다. 3~7세에서 나타나는 이 단계는 벌과 순종을 향하여 있다.
	2단계 (상대화 – 상대적 쾌락주의)	하인즈가 약을 훔쳐서라도 자기 아내의 생명을 구해야 한다고 판단하는 시기이다. 자신의 욕구충족이 도덕 판단의 기준이며, 욕구 배분의 동기는 있으나 자신의 욕구충족을 우선 생각한다. 8~11세에 나타나는 이 단계는 순진한 도덕적 상대주의에 있게 된다.
제2수준	3단계 (객체화 – 착한 아이 지향)	하인즈가 약을 훔치는 것은 약사의 권리를 침해하여 남에게 해를 끼치기 때문에 옳지 못하다고 판단한다. 대인관계 및 타인의 승인을 중시한다. 12~17세의 청소년에게 나타나는 이 시기는 상호 인격적 일치가 나타난다.
	4단계 (사회화 – 사회질서와 권위 지향)	법은 어떤 경우에도 지켜져야 하기 때문에 하인즈의 행동은 정당하지 못하다고 판단하는 시기이다.
제3수준	5단계 (일반화 – 민주적 법률)	하인즈가 약방문을 부수고 들어간 것은 잘못이나 인명을 구하기 위한 일이므로 용서해야 한다고 판단하는 시기이다.
	6단계 (궁극화 – 보편적 원리)	법이나 관습 이전에 인간의 생명이 관여된 문제로서 생명의 가치는 무엇보다도 우선되어야 한다고 판단한다.

7 아들러의 개인심리이론

(1) 아들러 개인심리이론의 의의

① 아들러는 프로이트가 행동의 토대로서의 성적 욕구를 너무 강조한다고 보았다.

② 아들러는 사회적, 가족적 요인에 의해 개인이 형성되며, 인간은 주로 사회적 자극에 의해서 동기화된다고 가정하였다.

③ 사람은 각기 독특한 동기, 특성, 관심 및 가치의 구성체이므로 개인의 행동은 그 자신의 독특한 생활양식의 특징을 지닌다고 생각하였다.

(2) 주요 개념

18회 기출

① **열등감과 보상** : 태어날 때부터 신체가 허약하거나 질병이 있을 때 또는 심리적으로 타인보다 자신의 지식이 부족하거나 사회·경제적으로 가정이 가난할 때 개인은 열등감을 가진다고 본다. 그러나 이러한 열등감을 자각하고 보상하려는 태도와 자신의 운명을 개척하려는 태도에 의하여 창조적인 성격이 형성된다고 본다.

② **우월을 향한 노력** : 열등감을 보상하려는 욕구에서 발생되며, 자아완성의 추구, 이상적인 사회관계로 자신을 끌어올리려는 욕구, 권력욕구 등을 갖고 미래지향적인 목표에 따라 행동하는 것을 말한다. 이것은 사회적으로 유명인사가 되는 것을 의미하는 것이 아니라 자신이 스스로 설정한 내적 목표에 따라 행동하는 것을 말한다. 우월을 향한 노력에 투입하는 정력과 노력의 정도에 따라 개인의 독특한 성격이 결정된다고 본다.

③ **사회적 관심** : 이상적인 공동사회의 목표를 달성하고자 사회에 공헌하려는 경향을 말한다. 사회적 관심은 어머니, 가족성원 그 밖의 타인들과의 사회관계의 질에 의하여 결정된다고 본다.

④ **생활양식** : 개인이 열등감을 보상하고 우월을 향하여 노력하기 위하여 개인 특유의 행동, 습관 및 독특한 특질을 갖는 것을 말한다. 아들러는 4~5살 경에 본질적인 생활양식이 결정되며 이러한 생활양식은 부모와의 상호작용에 의하여 주로 결정된다고 보았다. 어렸을 때의 생활양식은 후에 한 개인이 위기에 처했을 때 나타나는데, 응석받이나 과잉보호로 자란 사람이 위기에 처했을 때 자기중심적이고 이기적인 형태로 나타난다.

---

8 매슬로우의 욕구이론

5, 12회 기출

(1) 매슬로우 욕구이론의 의의

1, 7, 8, 11, 19회 기출

① 인간의 타고난 욕구를 강도와 중요성에 따라 5단계로 분류한 아브라함 매슬로우(Abraham H. Maslow)의 이론이다.

② 하위단계에서 상위단계로 계층적으로 배열되어 하위단계의 욕구가 충족되어야 그 다음 단계의 욕구가 발생한다.

③ 욕구는 행동을 일으키는 동기요인이며, 인간의 욕구는 병렬적으로 열거되어 있는 것이 아니라 낮은 단계에서부터 그 충족도에 따라 높은 단계로 성장해간다.

(2) 욕구 5단계

1, 4, 5, 6, 15, 18회 기출

① **1단계 욕구(생리적 욕구)** : 먹는 것, 자는 것, 종족보존 등 최하위 단계의 욕구이다.

② **2단계 욕구(안전에 대한 욕구)** : 추위, 질병, 위험 등으로부터 자신을 보호하는 욕구이다. 장래를 위해 저축하는 것도 안전욕구의 표출이라 할 수 있다.

③ **3단계 욕구(애정과 소속에 대한 욕구)** : 가정을 이루거나 친구를 사귀는 등 어떤 단체에 소속되어 애정을 주고받는 욕구이다.

④ **4단계 욕구(자기존중의 욕구)** : 소속단체의 구성원으로 명예나 권력을 누리려는 욕구이다.

⑤ 5단계 욕구(자아실현의 욕구) : 자신의 재능과 잠재력을 충분히 발휘해서 자기가 이룰 수 있는 모든 것을 성취하려는 최고수준의 욕구이다.

제3절 인간행동과 사회복지실천 일반

1 인간발달에 영향을 미치는 환경적 요인에 대한 연구(B. S. Bloom)

(1) 환경은 인간발달 특성의 범위와 종류를 결정한다. 인간의 지적·신체적·정의적 특성들은 환경에 의하여 많이 변화한다.

(2) 환경이 미치는 영향력은 인간발달과정 중에서 가장 급격한 발달을 가져오는 청소년 시기에 더욱 크게 나타나며, 연령이 증가함에 따라 점차적으로 감소한다.

(3) 초기 환경의 중요성

초기에는 급격한 발달을 보이므로 초기 환경이 매우 중요하다. 초기 환경은 개인 학습의 기초가 되므로 초기에 잘못 발달되면 향후 개선하기 힘들어지며, 초기의 좋은 환경은 학습 시 많은 도움이 된다.

(4) 변별적 작용과 강력한 작용

유사한 환경이라도 각 개인에게는 서로 다른 영향을 미칠 수 있다. 그러나 강력한 환경은 모든 개인을 동일하게 변화시킬 수 있다.

2 사회복지실천과의 연관성

(1) 인간행동

① 인간행동은 인간에 대한 관점에 따라 그 개념이 달라지는데, 통상적으로 사회환경 안에서 인간행동을 전반적으로 이해하고자 한다.

② 인간발달단계의 특징과 인간행동을 이해하여 사회복지실천에 적용해야 한다.

③ 인간행동은 연속적인 과정이며, 일정한 방향이 존재하지만 속도는 일정하지 않다.

④ 인간행동은 환경과 상호작용하기 때문에 그와 관련이 있는 상황이나 인간관계 맥락에서 분석해야 하며 또한 점성원리를 따르기 때문에 특정 단계에서의 발달은 이전 단계 발달과업 성취정도에 따라 영향을 받게 된다.

(2) 발달이론과 사회복지실천

① 인간의 행동을 정확히 사정(Assessment)하는 데 필요하다.

② 사회복지사의 개입 여부를 판단하는 자료가 되며 또한 클라이언트가 스스로 문제 해결책을 찾는 데 필요한 것이다.

③ 사회복지실천과정에서 사회복지사는 클라이언트가 스스로 문제의 해결책을 찾는 데 도움을 줄 수 있도록 인간행동과 각 연령별 발달단계에 대한 기초지식을 갖고 있어야 한다.

> **Plus ⊕ one**
>
> **인간행동의 이해와 사회복지실천과정**
> • 사정단계(문제 또는 상황을 조사하고 이해하는 단계)
> • 구체적인 목적 설정과 행동계획 설정
> • 계획에 따른 개입 및 수행
> • 문제해결의 과정 평가
> • 종 결

(3) 환경 속의 인간(Person in Environment)

① 사회복지전문직의 기본적인 대상은 인간이다. 인간이 더욱 행복한 삶의 과정을 영위해 나갈 수 있도록 원조하기 위해서는 인간본성에 대한 이해가 필수적이다. 사회복지전문직에서는 인간에 대한 이해를 바탕으로 개인, 가족, 집단, 지역사회, 더 나아가 전체 사회의 사회적 기능 향상과 삶의 질 개선을 도모할 수 있도록 인간적이면서 효과적인 사회적 서비스를 제공해야 한다는 전문직의 사회적 책임성과 사명을 충실히 이행하여야 한다.

② 사회복지전문직에서 이러한 사명을 이행하기 위하여 초점을 두고 있는 영역은 바로 인간과 환경이다. 역동적으로 변화하는 총체인 인간은 환경적 조건에 자신을 맞추어 가기도 하지만 환경을 자신에게 맞게 수정하거나 변화시키기도 하는 삶의 능동적 주체이다. 따라서 사회복지전문직의 가장 기본적인 학문 토대는 인간에 대한 이해에서 출발하고 인간에 대한 이해는 환경과 분리된 실체로서가 아니라 환경과 통합된 총체로서 이해되어야 한다. 즉, 사회복지에서 '환경 속의 인간'이라는 관점이 유지되어야 한다.

③ 사회복지전문직에서는 인간과 환경 사이에 일어나는 상호작용영역, 양자 간의 상호교환을 통하여 어떤 일이 진행되고 있는가에 관심의 초점을 둔다. 특히 Ewalt(1980)가 사회복지전문직의 1차적 사명이 바로 인간과 환경 사이의 상호작용을 증진시키는 것이라고 지적하였듯이, '환경 속의 인간' 이라는 인간 이해의 도식은 사회복지 전문직에서 없어서는 안 될 필수요소라고 할 수 있다. 환경 속의 인간이란 관점은 사회복지전문직의 이론 기반 구축과 실천기술의 발전뿐 아니라 전문직 자체의 정체성 확립에도 많은 기여를 하였다. Janchill(1699)은 환경 속의 인간이란 관점이 사회복지전문직을 조직화하고 고유의 특성을 규정할 수 있게 해주며 전문직의 가치, 원조과정, 실천기술의 발전 그리고 전문직의 목적을 성취하는 데 적합한 방법을 구체화할 수 있는 길을 열어준다고 하였다.

Plus ⊕ one

인간발달이론이 사회복지실천에 미친 영향(인간발달이론의 유용성)　　6, 11, 12, 13, 14, 17회 `기출`

• 인간의 전반적 생활주기를 이해할 수 있는 개념의 준거틀을 제공한다.
• 발달에 영향을 미치는 사회적 영향력을 평가할 수 있는 준거틀을 제공한다.
• 인간과 환경 간의 상호작용을 파악할 수 있도록 한다.
• 출생에서 사망에 이르기까지 각 발달단계에서 수행해야 할 발달과업을 제시한다.
• 개인의 발달에 영향을 주는 다양한 신체적 · 심리적 · 사회적 요인을 이해할 수 있도록 한다.
• 개인의 적응과 부적응을 판단하기 위한 기준을 제공한다.
• 개인적인 발달상의 차이를 파악할 수 있도록 한다.
• 개인의 성장 과정에서 나타나는 문제의 원인을 이해하는 데 도움을 준다.
• 특정 발달단계에서 특징적으로 나타나는 발달적 요인을 설명할 수 있다.
• 이전 단계의 결과를 토대로 각 단계의 성공 및 실패 여부를 설명할 수 있다.
• 생활전이(Life Transition), 즉 생활상의 전환 과정에 따른 안정성 및 변화 양상을 파악할 수 있다.
• 다양한 연령층의 클라이언트를 이해할 수 있는 기반을 제공한다.

Plus ⊕ one

인간행동과 성격　　17회 `기출`

• 인간행동의 이해와 개입을 위해서는 성격의 이해가 필요하다.
• 인간행동은 개인의 성격특성에 따라 다르게 표출된다.
• 성격은 개인을 특징짓는 지속적이고 일관된 행동양식이다.
• 성격을 이해하면 행동의 변화추이를 예측할 수 있다.
• 성격이론은 인간행동의 수정 방법을 찾는 데 도움이 된다.

CHAPTER 01 출제유형문제

01 인간발달에 관한 설명으로 옳지 않은 것은? [16회]

① 발달의 속도에는 개인차가 있다.
② 발달은 하부에서 상부로, 말초부위에서 중심부위로 진행된다.
③ 발달은 유전과 환경의 상호작용에 의해 이루어진다.
④ 발달에는 결정적 시기가 있다.
⑤ 발달은 양적 변화와 질적 변화를 포함한다.

해설 ② 발달은 상부에서 하부로, 중심부위에서 말초부위로, 전체활동에서 특수활동의 방향으로 진행된다.

02 인간발달의 원리에 관한 설명으로 옳은 것은? [19회]

① 무작위적으로 발달이 진행되기 때문에 예측이 불가능하다.
② 발달에는 결정적 시기가 있다.
③ 안정적 속성보다 변화적 속성이 강하게 나타난다.
④ 신체의 하부에서 상부로, 말초부위에서 중심부위로 진행된다.
⑤ 순서와 방향성이 정해져 있으므로 발달속도에는 개인차가 존재하지 않는다.

해설 ② 심리발달 및 신체발달에는 발달이 가장 용이하게 이루어지는 결정적 시기가 있다.
① · ⑤ 발달은 일관된 주기에 따라 지속되고 누적되므로 미리 예측이 가능하다. 다만, 발달에는 개인차가 존재하므로 발달의 속도나 진행 정도가 동일하지 않다.
③ 발달은 신체 · 심리 · 사회적 변인을 포괄하며, 일생에 걸쳐 일어나는 안정성과 변화의 역동이다.
④ 상부(상체)에서 하부(하체)로, 중심부위에서 말초부위로, 전체활동에서 특수활동의 방향으로 발달이 진행된다.

03 다음의 설명으로 옳은 것을 모두 고른 것은? [10회]

> ㄱ. 성장은 주로 유전인자가 지니고 있는 정보에 따라 나타나는 변화를 의미한다.
> ㄴ. 학습은 훈련과정을 통하여 행동이 변화하는 과정을 의미한다.
> ㄷ. 성숙은 신체의 크기, 근육의 세기 등의 양적 증가를 의미한다.
> ㄹ. 발달은 유기체가 생활하는 동안의 모든 변화를 의미한다.

① ㄱ, ㄴ, ㄷ
② ㄱ, ㄷ
③ ㄴ, ㄹ
④ ㄹ
⑤ ㄱ, ㄴ, ㄷ, ㄹ

해설 ㄱ. 성숙(Maturation)
ㄷ. 성장(Growth)

04 발달의 유사 개념으로서 신체의 크기나 근육의 세기 등의 양적 증가를 의미하는 것은?

① 성 숙
② 성 장
③ 학 습
④ 발 전
⑤ 개 발

해설 성장과 성숙
• 성장 : 신체의 크기나 근육의 세기 등의 양적인 증가를 의미한다.
• 성숙 : 내적 · 유전적 메커니즘에 의해 출현되는 신체적 · 심리적 변화를 의미한다.

05 뉴만(Newman & Newman)이 제시한 발달단계에 따른 주요 발달과업이 옳게 연결된 것을 모두 고르면?

> ㄱ. 걸음마기 – 상징놀이
> ㄴ. 아동기 전기 – 구체적 조작사고
> ㄷ. 청소년 전기 – 형식적 조작사고
> ㄹ. 장년기 – 신체적·인지적 약화에 대한 적응

① ㄱ, ㄴ, ㄷ
② ㄱ, ㄷ
③ ㄴ, ㄹ
④ ㄹ
⑤ ㄱ, ㄴ, ㄷ, ㄹ

- 아동기 전기 : 초기적 수준의 도덕발달, 성역할 개념 습득, 집단놀이
- 아동기 후기 : 왕성한 신체적 활동, 구체적 조작사고, 학습능력과 기술 습득, 사회적 규범 학습
- 장년기 : 신체적·인지적 변화에 대한 적응, 부부관계 유지 및 자녀 양육, 직업 관리, 사회적 책임 수행
- 노년기 전기 : 신체적·인지적 약화에 대한 적응, 가족성원의 사망에 의한 역할 변화 및 은퇴에 대한 적응

06 인간발달의 관점에 관한 설명으로 옳지 않은 것은? [10회]

① 개인의 유전형질도 인간발달에 영향을 미친다.
② 인간발달은 퇴행적 변화보다는 상승적 변화를 의미한다.
③ '환경 속의 인간'은 인간발달 이해를 위한 기본 관점이다.
④ 인간발달은 인간의 내적 변화뿐만 아니라 외적 변화도 포함한다.
⑤ 생물학적·심리적·사회적 체계를 포괄적으로 고려해야 한다.

인간발달은 기능 및 구조의 성장 또는 성숙에 의한 '상승적 변화'와 함께 그에 대비되는 기능 및 구조의 약화 또는 쇠퇴에 의한 '하강적(퇴행적) 변화'로 구분된다. 일반적으로 인간은 청년기 또는 성인 초기에 이르기까지 신체 크기의 증대와 더불어 심리 기능의 고차원화가 이루어지는 반면, 그 이후로부터 신체적·심리적 기능이 약해지고 위축되면서 하강적 변화를 경험하게 된다.

07 인간발달의 개념과 관련하여 점성원리를 언급한 학자는?

① 에릭슨
② 프로이트
③ 피아제
④ 로저스
⑤ 매슬로우

해설 🔍 **점성원리(Epigenetic Principle)**
성장하는 모든 것이 기초안을 가지고 이 기초안에서 부분이 발생한다. 또한, 각 부분이 특별히 우세해지는 시기가 있으며, 이 모든 부분이 발생하여 기능하는 전체를 이룬다.

08 다음은 발달에 영향을 미치는 환경에 대한 설명이다. 올바른 것을 모두 고르면?

> ㄱ. 심리적 환경 중 구조환경보다 과정환경이 더 많은 영향을 미친다.
> ㄴ. 환경은 특히 인간발달의 초기에 많은 영향을 미친다.
> ㄷ. 초기의 교육적 환경이 아동들의 지능과 태도형성에 중요한 영향을 미친다.
> ㄹ. 문화실조라든지 극빈한 가정 등은 개인에 관계 없이 비슷한 영향을 주는 경우도 있다.

① ㄱ, ㄴ, ㄷ
② ㄱ, ㄷ
③ ㄴ, ㄹ
④ ㄹ
⑤ ㄱ, ㄴ, ㄷ, ㄹ

해설 🔍 **인간발달에 영향을 미치는 환경적 요인에 대한 연구(B. S. Bloom)**
• 환경은 인간특성 발달의 범위와 종류를 결정한다.
• 환경적 영향은 인간발달이 급격할 때 많이 일어난다.
• 초기에는 급격한 발달을 보이므로 초기 환경이 중요하다.
• 유사한 환경이라도 각 개인에게는 서로 다른 영향을 미칠 수 있다.
• 인간발달 초기에는 환경적 요인이 많은 영향을 미치나 시간이 지나면서 그 영향력이 줄어든다.

09 성장과 성숙에 관한 설명으로 옳은 것을 모두 고른 것은? [11회]

> ㄱ. 성숙은 유전인자가 지니고 있는 정보에 따른 변화를 의미한다.
> ㄴ. 성장은 신체크기의 증대 근력 증가, 인지의 확장 등과 같은 양적 확대를 의미한다.
> ㄷ. 성숙은 경험이나 훈련과 관계없이 체계적으로 일어난다.
> ㄹ. 성장은 일정한 시기가 지나면 정지된다.

① ㄱ, ㄴ, ㄷ
② ㄱ, ㄷ
③ ㄴ, ㄹ
④ ㄹ
⑤ ㄱ, ㄴ, ㄷ, ㄹ

해설 발달 및 그와 유사한 개념

발달 (Development)	출생에서부터 사망에 이르기까지 전 생애에 걸쳐 계속적으로 일어나는 변화의 양상 과정으로서, 신체적·지적·정서적·사회적 측면 등 전인적인 측면에서 변화하는 것이다.
성장 (Growth)	성장은 신체 크기의 증대, 근력의 증가 등과 같은 양적인 확대를 의미한다. 특히 신체적 부분에 국한된 변화를 설명할 때 주로 사용한다.
성숙 (Maturation)	경험이나 훈련에 관계없이 인간의 내적 또는 유전적 기제의 작용에 의해 체계적이고 규칙적으로 진행되는 신체 및 심리의 변화를 의미한다.
학습 (Learning)	후천적 변화의 과정으로서 특수한 경험이나 훈련 또는 연습과 같은 외부자극이나 조건, 즉 환경에 의해 개인이 내적으로 변하는 것을 의미한다.

10 인간발달이론이 사회복지실천에 유용한 이유로 옳지 않은 것은? [17회]

① 개인 적응과 부적응의 판단 기준이 된다.
② 모든 연령 계층의 클라이언트와 일할 수 있는 기반이 된다.
③ 생애주기에 따른 변화와 안정 요인을 이해하게 한다.
④ 발달단계에 따라 신체, 심리, 사회적 기능을 분절적으로 이해하게 한다.
⑤ 발달단계별 욕구에 따른 사회복지제도의 기반을 제공한다.

해설 ④ 인간발달이론은 발달을 구성하는 다양한 신체, 심리, 사회적 요인을 파악할 수 있도록 하며, 신체, 심리, 사회적 기능 간의 상호관련성을 설명해 준다.

CHAPTER 01 최신기출문제

01 인간발달의 원리에 관한 설명으로 옳지 않은 것은?　　　　　　　　　　　　　　　　　　　　[20회]

① 발달에는 최적의 시기가 존재하지 않는다.

② 발달의 각 영역은 상호 밀접한 연관이 있다.

③ 일정한 순서와 방향이 있어서 예측 가능하다.

④ 대근육이 있는 중심부위에서 소근육의 말초부위 순으로 발달한다.

⑤ 연속적 과정이지만 발달의 속도는 일정하지 않다.

 ① 신체발달 및 심리발달에는 발달이 용이하게 이루어지는 가장 적절한 시기, 즉 결정적 시기(Critical Period)가 있다.

02 동갑 친구들 A~C의 대화에서 알 수 있는 인간발달의 원리는?　　　　　　　　　　　　　　　[20회]

> A : 나는 50세가 되니 확실히 노화가 느껴져. 얼마 전부터 노안이 와서 작은 글씨를 읽기 힘들어.
> B : 나는 노안은 아직 안 왔는데 흰머리가 너무 많아지네. A는 흰머리가 거의 없구나.
> C : 나는 노안도 왔고 흰머리도 많아. 게다가 기억력도 예전 같지 않아.

① 발달에는 개인차가 있다.

② 발달의 초기단계가 일생에서 가장 중요하다.

③ 발달은 학습에 따른 결과이다.

④ 발달은 분화와 통합의 과정이다.

⑤ 발달은 이전의 발달과업 성취에 기초하여 이루어진다.

 ① 발달은 일관된 주기에 따라 지속되고 누적되므로 미리 예측이 가능하다. 다만, 발달에는 개인차가 존재하므로 발달의 속도나 진행 정도가 동일하지 않다.

03 인간발달 및 그 유사개념에 관한 설명으로 옳지 <u>않은</u> 것은? [20회]

① 성장(Growth)은 시간의 경과에 따라 나타나는 양적 변화이다.
② 성숙(Maturation)은 환경과의 상호작용에 의한 사회적 발달이다.
③ 학습(Learning)은 경험이나 훈련의 결과로 나타나는 행동변화이다.
④ 인간발달은 유전과 환경의 상호작용 결과이다.
⑤ 인간발달은 상승적 변화와 하강적 변화를 모두 포함한다.

> **해설** ② 성숙(Maturation)은 경험이나 훈련에 관계없이 내적·유전적 메커니즘에 의해 출연되는 신체적·심리적 변화를 말한다.

04 매슬로우(A. Maslow)의 욕구이론에 관한 설명으로 옳지 <u>않은</u> 것은? [19회]

① 생리적 욕구는 가장 하위 단계에 있는 욕구이다.
② 극소수의 사람들만이 자아실현을 달성할 수 있다.
③ 자아실현의 욕구는 가장 상위단계에 있는 욕구이다.
④ 상위단계의 욕구는 하위단계의 욕구가 완전히 충족된 이후에 나타난다.
⑤ 인간의 욕구는 강도와 중요도에 따라 위계적으로 구성되어 있다.

> **해설** ④ 상위욕구는 하위욕구가 일정 부분 충족되었을 때 나타날 수 있다. 즉, 인간은 하위단계의 욕구가 어느 정도 충족된 후에 상위단계의 욕구를 충족시키기 위한 노력을 경주하게 된다는 것이다.

05 하비거스트(R. Havighurst)의 청년기(20~35세) 발달과업으로 옳지 <u>않은</u> 것은? [19회]

① 배우자 선택
② 직장생활 시작
③ 경제적 수입 감소에 따른 적응
④ 사회적 집단 형성
⑤ 직업의 준비와 선택

> **해설** ③ 노년기의 주요 발달과업에 해당한다.

인간행동에 관한 주요이론

★ 학습목표
■ 프로이트, 에릭슨, 스키너, 반두라, 피아제, 콜버그, 아들러, 매슬로우 단 한 가지도 놓쳐서는 안 된다!
■ 각 학자들의 이론이 사회복지실천에 미치는 영향까지 이해하도록 하자!

제1절 정신역동이론

1 프로이트의 정신분석이론

13, 16회 기출

(1) 정신분석이론의 의의

① 프로이트(Freud)는 의식세계에서 거부되고 억제된 본능현실로써 사람의 성적 욕구를 꿈을 통해 상징적으로 표현한다고 믿었던 상징이론을 내세웠고 방어기제 이론들을 역설했다.

② 그의 딸 안나 프로이트(Anna Freud)와 나움버그(Naumberg)에 의해 계속 연구되었다. 꿈에 나타난 상징들을 분석하여 상징화라는 이론을 만들었으며 그것들이 환자의 억제된 무의식을 대리적으로 표출하려는 것이라고 했다.

③ 안나 프로이트는 그림 작업을 시도했으며 나움버그의 상징난화 스크리블(Scribble)이 있다.

④ 그는 정신질환자를 주로 치료했는데, 그의 분석학은 정신질환자들을 위한 것이었다.

⑤ 프로이트는 인간의 의식 수준을 전의식·의식·무의식으로 나누었다.

ㄱ 전의식 : 억압되어 있지만 주의를 집중하면 의식으로 회상될 수 있는 정신세계로 의식과 무의식 사이에 존재

ㄴ 의식 : 인간의 감각기관을 통해서 인식하는 모든 것

ㄷ 무의식 : 감각기관으로 인식할 수 없는 마음 깊은 곳에 감추어져 있는 정신세계로 본능, 열정, 억압된 관념과 감정 등

(2) 정신분석의 기본가정

① 무의식을 가정하고 어린 시절의 경험을 중요시하며, 심리결정론에 기초한다.

② 인간 내부에서도 내적 갈등이 생기며, 인간의 무의식적 동기 중 성적 욕구가 중요하다.

③ 인간의 마음 또는 정신은 다양한 힘들이 상호작용하는 에너지체계이며, 이러한 에너지체계는 에너지를 방출시키고 긴장을 감소시키는 작용을 하여 즐거움을 느끼게 한다.

④ 사회는 개인의 에너지 방출 방법을 모두 허용하는 것이 아니고 일정 정도의 통제와 제약을 가한다. 따라서 에너지를 방출하고 긴장을 감소하고 싶은 개인과 통제를 가하는 사회는 갈등을 겪게 된다.

(3) 성격의 구조 16회 기출

① **의의** : 성격은 원초아 · 자아 · 초자아의 세 가지 체계로 구성되어 있다. 전체 성격의 이러한 각 영역들은 고유의 기능, 특성, 구성의 요소와 역동 및 기제 등을 가지고 있으나 서로 매우 밀접하게 관련되어 있다. 인간의 행동은 대개 이 세 체계 간의 상호작용에 의해서 나타난다.

② **원초아(Id)**
  ㉠ 신생아 때부터 존재하는 정신에너지의 원천적 저장고로서, 이 원초아에서부터 자아와 초자아가 분리된다.
  ㉡ 본능적인 욕구를 관장하는 곳으로, 생물학적 과정에 밀접하게 관련되어 있고 세 체계의 활동을 위한 에너지를 방출한다.
  ㉢ 원시적인 쾌락 추구의 충동들을 즉시 만족시키려고 한다. 즉, 원초아의 작동원리는 이른바 쾌락의 원리이므로 쾌락적 욕망은 곧 수행되지만 고통스러운 것은 회피하려고 든다.
  ㉣ 배고픔을 느껴서 음식을 찾아 먹고자 하는 상황과 같이 원초아가 어떤 긴장상태에 놓이게 될 때 원초아는 그 기능상 외부체계와의 교섭이 불가능하므로 음식에 대한 심상이나 환상을 떠올려 해소시키려고 한다. 그러나 욕구대상의 심상이나 환상을 떠올렸다고 해서 곧바로 욕구가 해소되지는 않는다.
  ㉤ 프로이트는 현실에 대한 고려를 하지 못하고 다만 심상에 의한 비현실적인 방법으로 욕구를 충족하려는 시도를 1차 과정이라고 했다.

③ **자아(Ego)**
  ㉠ 원초아의 욕구를 충족시키거나 긴장을 해소시키려는 시도에서 야기된 심상은 그 자체로서는 욕구를 충족시키지 못한다.
  ㉡ 원초아의 욕구 충족을 위해서는 현실과의 교섭이 필요하며, 이에 대처하는 것이 자아의 역할이다. 그러므로 자아는 현실원리를 따른다.
  ㉢ 자아는 놓여진 현실에 비추어 적절한 환경조건이 마련될 때까지 원초아의 욕구 충족과 긴장의 방출을 보류하며, 현실적이고 합당한 방법으로 만족을 얻을 수 있는 방도를 모색하고 계획한다.
  ㉣ 원초아의 요구와 현실, 그리고 다음에 나오는 초자아의 요구들을 조절하는 기능을 수행한다.
  ㉤ 성격을 지배하고 통제하며 조절하는 실행자(집행자), 조정자 역할을 한다.
  ㉥ 현실이라는 외부세계와 접촉하면서 형성되는 마음의 이성적 요소로 경험을 통해 발달한다.
  ㉦ 사회규범 · 규칙 · 관습과 같은 사회적 현실을 고려하여 행동을 결정하며, 생후 4~6개월부터 발달한다.
  ㉧ 자아는 의식, 전의식, 무의식의 세 측면을 모두 가지고 있다.

④ 초자아(Superego)

　㉠ 부모와 주위 사람들로부터 물려받은 사회의 가치와 도덕이 내면화된 표상이다.

　㉡ 자신의 행동이 옳은지, 그른지를 가늠하면서 완벽함을 추구한다.

　㉢ 부모가 주는 보상과 벌을 통해서 점차 발달되어 간다.

　㉣ 프로이트에 의하면 초자아에는 두 측면이 있는데 하나는 양심이고 다른 하나는 자아 이상으로, 외부(주로 부모)로부터 주어지는 상과 벌을 통한 보상체계 내지 가치체계가 내면화된 것이다.

　　• 양심 : 잘못된 행위에 대해서 처벌을 받거나 비난을 받은 경험에서 생기는 죄책감과 결부된 것으로 외부의 제재, 대개는 부모의 제재가 내면화된 것

　　• 자아 이상 : 잘한 행위에 대해서 상을 받은 경험이 이상적으로 자아상을 형성하고, 이를 추구하게 되는 것

　㉤ 초자아는 성격의 세 체계 중 인간행동의 도덕적 규제를 맡는 곳이라 할 수 있다. 보통 상태에서는 이 세 체계가 서로 충돌하는 일이 없으나 때로는 세 체계가 조화를 이루지 못하고 상충되는 경우도 있다. 이러한 경우에는 세 체계 중 자아체계가 원초아의 욕구충족을 보류시키기도 하고, 초자아에 지나친 도덕적 규제를 조정하는 기능을 하기도 한다.

　㉥ 자아가 약해서 체계 간의 조절기능을 충분히 수행하지 못하는 경우에는 세 체계 간의 갈등이 야기되어 성격장애가 유발되기도 한다.

Plus ⊕ one

리비도(Libido)

프로이트(Freud, 1856~1939)에 의해 사용된 리비도(Libido, 라틴어에서 유래하였으며 갈망, 욕망이라는 뜻)는 성적 충동의 심리적 삶(특히 무의식)에서 역동성(Le Dynamisme)을 지적하기 위한 용어이다. 프로이트 후기 이론에서 모든 애정적(Affectives) 경향들의 중심에 위치하며, 애정적 경향 및 사랑의 다양한 현상들(자기애, 가족애, 우정)로 풍부해진다. 또한 리비도는 측정될 수 없더라도 양적 방식으로 생각될 수 있다고 본다.

(4) 성격발달의 특징

16회 기출

① 인간행동의 동기를 원초아에 두고 초기아동기의 경험을 중요시한다.

② 아동의 성격발달에는 부모의 역할이 지대하며 성격발달의 본능적 측면을 강조한다.

③ 성격은 인생초기에 형성된다는 점을 강조하며, 초기아동기에 형성되고 성인기 초기에 끝난다.

④ 인간의 심리 성욕 갈등의 양상과 해결에 있어서 무의식적 작용을 해명하고자 하였으며, 충동을 통제하려고 한다.

(5) 심리성적 발달단계

① 구강기(출생에서 1세까지)

　㉠ 주된 성감대는 구강이다.

　㉡ 유아는 구강(입, 혀, 입술 등)을 통하여 젖을 빨아 먹는 것으로 성적 욕구를 충족하며 자신에게 만족과 쾌감을 주는 인물이나 대상에게 애착을 가지게 된다.

　㉢ 후에 이가 나면서 유아는 수동적으로 쾌감을 받아들이던 이전의 방식을 벗어나, 음식을 깨물어 씹는 데서 쾌감을 느끼고 그 쾌감을 주는 대상을 적극적으로 추구한다.

　㉣ 프로이트에 따르면, 각 단계마다 유아가 추구하는 만족을 충분히 얻을 수 있어야 다음 단계로의 이행이 순조롭게 이루어진다고 한다. 만일 충분한 만족을 얻지 못해 욕구불만이 생기거나 혹은 그 시기에 유아가 느낀 쾌감에 지나치게 몰두하게 되면 다음 발달단계로 넘어가지 못하고 그 시기에 고착된다고 한다. 다시 말하면 과소충족에 의한 욕구 불만이나 혹은 과잉충족에 의한 몰두 경향은 둘 다 다음 단계로의 발달을 방해하는 고착현상을 나타내게 되며, 그 결과 각 단계마다 특징적인 성격유형이 형성된다는 것이다. 만일, 구강기에 인공수유를 하든지 혹은 수유시간을 너무 엄격히 통제함으로써 젖을 빠는 데 있어서 욕구불만을 느끼게 하면 유아의 성격발달은 이 시기에 고착되어 버린다. 또한 젖을 너무 오래 먹거나 손가락 빨기에 탐닉하게 되는 경우에도 고착현상이 일어난다.

　㉤ 구강기에 고착하게 되면 입술이나 손가락 빨기, 과식이나 과음, 과도한 흡연과 같은 구강적 특징이 나타난다. 구강적 성격은 대체로 두 가지 유형으로 나뉘는데, 하나는 소극적인 구강기적 성격이고 또 하나는 적극적인 구강기적 성격이다. 둘 다 의존적이고 유아적인 성격 특성이 공통적이나, 전자는 보다 순종적이며 애정 욕구적인 것이 특징을 이루는 데 반해, 후자는 애정을 요구하는 데 있어 공격적인 방식을 취하는 것이 특징이다.

② 항문기(1∼3세)

　㉠ 배설물을 보유하거나 배출하는 데에서 쾌감을 얻는다.

　㉡ 생의 둘째 시기인 이 시기에는 일반적으로 대소변 가리기 훈련이 시작되는데, 이때 유아는 처음으로 본능적 충동을 외부로부터 통제받는 경험을 하게 된다. 즉, 유아는 부모로부터 자신의 쾌감을 연기하는 훈련을 받게 된다.

　㉢ 만일 부모가 대단히 엄격하고 억압적으로 훈련하게 되면 성인이 된 뒤에도 고착현상이 일어나는데, 이 시기의 고착결과로 형성되는 항문기적 성격은 대소변이라는 더러운 대상과 정반대의 깨끗한 것을 찾는 이른바 반동형성으로 인해 결벽성이 형성된다.

　㉣ 대변과 관련된 쾌감은 대변 배설을 참고 있을 때 생기는 근육의 수축에서 오는 쾌감과 대변 배설을 하고 난 후에 근육이완에서 오는 쾌감의 두 종류가 있는데, 이 시기에 전자의 쾌감에 치우쳐 고착이 일어날 경우에는 인색함이 성격 특성으로 형성된다.

　㉤ 부모가 대소변 훈련을 적절하게 해주면 유아는 용변을 보는 전체 활동이 대단히 중요한 행위라는 생각을 갖게 되어 성장 후 생산성과 창의성을 발달시킬 수 있는 바탕이 된다.

Plus ⊕ one

프로이트의 정신분석발달이론 - 항문기 16회 기출

S. 프로이트 정신분석 발달이론의 제2단계로 '항문애기(肛門愛期)'라고도 한다. 항문애란 배변에 의한 항문점막 자극으로 쾌감이 상승하여 리비도(Libido)가 충족되는 것으로, 보통 유아기가 지난 2~4세 무렵에 나타난다. 이 시기의 아이는 쾌감을 높이기 위해 가능한 배변을 지연시키려는 경향이 있어 대소변 교육을 하려는 어머니와 갈등을 일으킨다. 대변을 체내에 유지하려는 동시에 배출하려는 2극 구조를 갖고 있기 때문에 프로이트는 이 시기를 항문사디즘기라고도 하였다. 아이는 이 시기를 통하여 자기 신체욕구의 통제를 학습하며 오물에 대한 태도 등을 결정하게 된다. 이러한 항문애기는 본능적 충동인 배설과 외부적 현실인 배변훈련이 관련되어 성격형성이 결정된다. 배변훈련이 너무 일찍 시작되거나 아주 엄격하게 진행되면 고집이 세고 인색하며 지나치게 청결한 특징을 가진다. 또는 반대로 파괴적이고 난폭하며 불결한 특징을 보이게 되기도 한다.

항문기의 성격유형

• 항문공격적 성격 : 무질서, 어지르기, 낭비, 사치, 무절제, 반항적, 공격적
• 항문보유적 성격 : 깔끔, 질서정연, 조직화, 절약, 인색, 쌓아두기, 수동공격적

③ 남근기(3~6세)   16, 18, 19회 기출

  ㉠ 주된 성감대가 항문으로부터 성기로 옮아간다.

  ㉡ 프로이트는 이 남근기 동안에 나타나는 가장 중요한 국면은 남아가 오이디푸스 콤플렉스를 가지게 되는 것이라고 했다.

  ㉢ 오이디푸스 콤플렉스란 아이들이 이성의 부모에 대한 성적인 애정과 접근하려는 욕망을 느끼는 것을 말한다. 프로이트에 의하면, 남아는 이 시기에 자기 어머니에게 성적으로 애착을 느끼게 되며, 아버지를 애정쟁탈의 경쟁자로 생각하여 적대감을 가지게 된다고 한다. 어머니에 대한 이러한 욕망과 아버지에 대한 적대감은 아버지와의 사이에 갈등을 야기한다. 아이는 그의 우세한 경쟁자인 아버지가 자기를 해칠 것이라고 생각하는데, 이때 아버지가 자기에게 가장 풍요한 부분인 성기를 없애버릴 것이라고 상상한다. 이러한 상상은 성기가 제거당할 것이라는 공포, 즉 거세불안을 유발하고 아이는 이 거세불안을 감소시키기 위해 어머니에 대한 성적 욕망과 아버지에 대한 적대감을 억압하며, 동시에 어머니가 인정하는 아버지의 남성다움을 갖기 위한 기제로서 아버지에 대해 동일시를 하게 된다.

  ㉣ 이 시기의 동일시는 아이가 아버지(또는 어머니)와 같다고 생각하여 아버지(또는 어머니)처럼 행동하거나 혹은 부모의 태도, 사고 가치 등을 자기 것으로 내면화하고자 하는 노력으로 나타난다. 이러한 동일시 과정을 통하여 남아는 어머니에 대한 성적 욕구를 간접적으로 해결하며 아버지로부터 올 수 있는 공격에 대한 불안도 동시에 해결하게 된다고 한다. 그 결과, 남아는 적절한 남성적 역할을 습득하게 되어 아버지의 도덕률과 가치체계를 내면화하게 되고, 이로 인하여 양심과 자아이상을 발달시켜 나가게 된다.

  ㉤ 프로이트는 위와 같은 심리적 현상이 여아에 있어서도 마찬가지로 나타난다고 생각하고, 여아가 아버지에 대해 가지는 성적 애착과 접근의 소원을 엘렉트라 콤플렉스라 불렀다. 여아의 경우에는 남근이 없으므로 남아와 같은 거세불안을 갖지 않는데 그 대신 자기에게 없는 남근에 대한 부러운 감정, 즉 남근선망을 갖는다고 한다. 다른 단계와 마찬가지로, 아이가 어떤 원인으로

이 단계에 고착하게 되면 남근기적 성격이 형성된다. 적극적인 남근기적 성격의 특징은 과시적이고 거만하고 공격적이며 방종스러운 것이고, 소극적인 남근기적 성격은 오만하면서도 겸손한 것이다.

④ 잠복기(6~12세)
　㉠ 오이디푸스 콤플렉스를 극복한 후에 아이는 일종의 평온한 시기인 잠복기에 들어서는데, 이는 대략 6~12세까지 지속된다.
　㉡ 프로이트는 이 시기의 아이는 성적 욕구가 철저히 억압되면서 앞의 세 단계에서 가졌던 욕구들을 거의 잊게 되므로 위험한 충동이나 환상이 잠재되어 비교적 조용한 시기라고 하였다.
　㉢ 피아제의 발달이론에 따르면 구체적 조작기에 해당하는 시기이므로, 심리학적 발달면에서는 잠복기로서 비교적 평온한 상태라고는 하지만 인지적 발달면에서 보면 결코 소극적이거나 조용한 시기가 아니다.
　㉣ 학교에 입학하는 시기이며, 이 시기의 아동들은 주위환경에 대한 탐색이 활발하다. 실제로 이 시기의 아이들은 운동이나 게임, 지적 활동과 같은 사회적으로 용납되는 행동에 에너지를 쏟게 된다.

⑤ 생식기(12세 이후)　**16회** **기출**
　㉠ 사춘기가 시작되면서 성적 에너지가 다시 분출되어 전 시기에 억압되었던 충동이 무의식에서 의식세계로 뚫고 들어온다. 이 시기의 청년은 그러한 충동을 현실적으로 수행할 수 있는 능력을 갖추게 될 뿐만 아니라 이성에 대한 진정한 관심을 가지고 성숙한 사랑을 할 수 있게 된다.
　㉡ 프로이트에 의하면 잠복기 이전에는 자신의 신체에서 성적 쾌감을 추구하고 자기 애착적인 경향을 보이는데, 사춘기에 접어들면서 타인인 이성으로부터 성적 만족을 얻으려고 한다. 이러한 의미에서 사춘기 이후를 이성애착시기라고 한다. 그러므로 이 시기까지 순조로운 발달을 성취한 사람은 타인에 대한 이타적인 관심과 협동의 자세를 갖게 된다.
　㉢ 모든 사람들이 이성과의 성숙한 사랑을 이룰 수 있는 것은 아니다. 전 단계를 성공적으로 거쳐 나오지 못한 경우에는 권위에 대한 적대감이 해소되지 않고 동일시에 있어 혼란이 있기 때문에 이 시기에 야기되는 성적 에너지를 원만하게 처리할 수 없다. 이로 인해서 권위에 대한 반항, 비행 또는 이성에 대한 적응곤란이 일어나기도 한다.
　㉣ 프로이트는 청년기 이후의 개인적 발달과정을 '부모로부터의 해방'이라고 했다. 즉, 부모와의 유대나 갈등에서 벗어나 자신의 생을 확립해야 한다는 것이다. 오랫동안 부모에게 매우 강하게 의존하여 왔으므로 부모로부터 정서적으로 독립한다는 것은 한편으로 큰 고통을 수반하게 되고, 따라서 부모로부터의 독립이 쉽게 성취되지는 않는다고 생각했다.

Plus ⊕ one

성격발달단계의 핵심내용

구강기(0~1세)	자애적 쾌락, 최초의 양가감정
항문기(1~3세)	배변훈련, 사회화로의 기대에 직면
남근기(3~6세)	오이디푸스 · 엘렉트라 콤플렉스, 초자아 성립
잠복기(6~12세)	활발한 지적탐색, 운동
생식기(12세 이후)	2차 성징

(6) 자아 방어기제

1, 2, 3, 5, 6, 7, 9, 10, 12, 15, 16, 17, 18회 기출

① **억압(Repression)** : 수치스럽다고 느끼는 생각, 죄의식, 괴로운 경험 그리고 싫증나는 일들을 의식에서 무의식으로 밀어내는 것으로, 선택적 망각을 의미한다.

> 예 숙제를 싫어하는 아이가 어머니에게 깜빡 잊었다고 하는 것

② **합리화(Rationaliaztion)** : 정당하지 못한 자기 행동에 그럴듯한 이유를 붙여 그 행동을 정당화함으로써 불안 의식을 제거하려는 것이다.

> 예 여우와 신 포도 : 도달할 수 없는 목표에 대해 목표의 무가치를 지적하려는 행동으로, 돈이 없는 사람이 자기는 돈이 싫다고 말하는 경우

> 예 달콤한 레몬형 : 자신의 현재 상태를 자신이 바라던 것이었다고 위안하는 심리적 행동으로, 지방으로 발령 난 사람이 서울생활이 싫어서 지방으로 내려왔다고 말하는 경우

> 예 남자는 늑대, 여자는 여우

③ **반동형성(Reaction Formation)** : 자신이 갖고 있는 죄의식을 본래의 행동과 완전히 반대되는 방향으로 바꾸는 것을 말한다.

> 예 미혼모가 아이를 가졌을 때 그 아이에 대해 과도한 애정을 가지는 경우

④ **투사(Projection)** : 사회적으로 인정받을 수 없는 자신의 행동과 생각을 마치 다른 사람의 것인 양 생각하고 남을 탓하는 것이다.

> 예 어떤 일의 잘못된 결과에 대해 상사나 아랫사람에게 그 책임을 전가하는 경우

⑤ **퇴행(Regression)** : 생의 초기에 성공적으로 사용했던 생각, 감정, 행동에 의지하여 자신의 불안이나 위협을 해소하려는 과정으로, 불쾌감을 일시적으로 해소하지만 사람에 대해 의존적이고 우유부단하게 되며 새로운 변화를 두려워한다.

> 예 대소변을 잘 가리던 아이가 동생이 태어난 후 밤에 오줌을 싸는 경우

⑥ **전치(Displacement)** : 자신이 어떤 대상에 느낀 감정을 보다 덜 위협적인 다른 대상에게 표출하는 것이다.

> 예 종로에서 뺨맞고 한강에서 눈 흘긴다.

⑦ **보상(Compensation)** : 어떤 분야에서 탁월하게 능력을 발휘하여 인정받음으로써 다른 분야의 실패나 약점을 보충하여 자존심을 고양시키는 기제이다.

　예 작은 고추가 맵다.

⑧ **억제(Suppression)** : 해롭고 바람직하지 못한 생각과 충동에 대해서 의식적으로 통제하는 것을 말하며, 억압과 같은 목적을 갖고 있지만 개인의 의식적 의도가 존재한다.

　예 시험에 대한 부담감에서 벗어나고자 의식적으로 신나게 노는 경우

⑨ **대치(Substitution)** : 사람의 에너지를 원래의 목표에서 대용 목표로 전환시킴으로써 긴장을 해소하는 방식으로 대용 목표와 원래 목표가 아주 유사할 때에만 유용하다.

　예 꿩 대신 닭

⑩ **승화(Sublimation)** : 정서적 긴장이나 원시적 에너지의 투입을 사회적으로 인정될 수 있는 행동방식으로 표출하는 것을 말한다.

　예 예술가가 자신의 성적 욕망을 예술로 승화하는 경우

⑪ **저항(Resistance)** : 고통스러운 감정이 의식의 표면 위로 떠오르는 것을 방해하는 것이다.

　예 자유연상에 의해 억압된 내용을 상기시킬 때 나타나는 거부현상

⑫ **동일시(Identification)** : 자기가 좋아하거나 존경하는 대상과 자기 자신 또는 그 외의 대상을 같은 것으로 인식하는 것을 말한다.

　예 자신이 좋아하는 연예인의 옷차림을 따라하는 경우

⑬ **취소(Undoing)** : 무의식에서 자신의 성적 욕구, 적대적인 욕구, 충동으로 상대에게 피해를 주었다고 느낄 때 그에게 준 피해를 취소하고 상대가 입은 피해를 원상복귀하려는 행동

　예 갑자기 화가 난 아빠가 아이를 때리고 곧바로 미안해하며 안아주고, 강박적으로 손을 씻는 경우

⑭ **상환(Restitution)** : 무의식의 죄책감을 씻기 위해 일부러 어렵고 고된 일을 겪는 경우

　예 자신은 어렵고 힘들게 생활하면서 모아 놓은 수입을 사회단체에 모두 기부하는 경우

⑮ **히스테리(Hysterie)** : 사람이 어렵고 힘든 사태에서 잘 벗어날 수 있는 신체적 증상을 발달시키는 기제로 기질적 장애가 없는데도 실제로 신체적 고통을 느낀다.

⑯ **부정(Denial)** : 의식화하기에는 불쾌한 생각, 욕구, 충동, 현실 등을 무의식적으로 부정함으로써 불안으로부터 자신을 방어하려는 정신기제를 말한다.

⑰ **해리(Dissociation)** : 괴로움이나 갈등상태에 놓인 인격의 일부를 다른 부분과 분리하는 것이다.

(7) 이론적 비판 및 사회복지실천과의 관계

① 이론적 비판

　㉠ 인간의 욕망 특히 성적욕구를 지나치게 강조하고 있다. 성적 에너지가 성감대를 찾아 신체부위로 옮아가는 과정을 발달로 보았다.

　㉡ 인간을 성욕과 과거의 경험에 지배되는 수동적이고 소극적인 존재로 보았다.

　㉢ 오이디푸스 콤플렉스와 엘렉트라 콤플렉스, 여성의 열등감 등에 대한 편견을 비판하고 있다.

　㉣ 양심의 발달에 주변 사람들의 격려, 인정, 처벌이 영향을 미친다는 사실을 무시했다.

ⓜ 이 이론의 자료가 신경증 환자의 치료 과정에서 이루어진 것이므로 이것을 거꾸로 추적해 정상인을 설명하는 것에는 무리가 있다.

② 사회복지실천과의 관계 11회 기출

　　㉠ 정신분석이론의 주요 개념은 인간행동을 이해하는 데 도움을 주었다.

　　㉡ 감춰진 아동기의 정신적 외상을 밝혀내는 과정은 클라이언트의 문제를 사정하는 데 중요한 측면이 되었다.

　　㉢ 정신분석이론의 직선적인 원인론은 개별사회사업이 과학인 동시에 예술이라는 지적 기반을 형성하는 데 영향을 미쳤다.

　　㉣ 사회복지실천의 과학적 토대를 마련하기 위해 정신분석이론에 관심을 갖기 시작했다.

　　㉤ 정신분석이론이 사회복지실천분야 발달에 미친 부정적인 영향으로는 인간의 정신 내적 형상을 지나치게 강조하고, 기계론적·결정론적인 인간관에 따라 해결하려는 경향이 강하여 사회복지 전문직 내에서의 분열과 사회복지실천에 불균형을 초래하였다.

Plus ⊕ one

오이디푸스 콤플렉스와 엘렉트라 콤플렉스

• 오이디푸스 콤플렉스
남자아이가 어머니를 성적으로 사랑하게 되면서 경험하는 딜레마이다. 이때 남자아이는 아버지를 경쟁자로 생각하고 적대적인 감정을 갖는다. 그러나 아버지와의 관계 때문에 아이는 점차 거세불안을 느낀다. 적절한 방어기제를 사용하면 이 콤플렉스를 성공적으로 해결할 수 있다.

• 엘렉트라 콤플렉스
여자아이가 아버지와 성적으로 사랑에 빠지고 그 때문에 어머니에게 적개심을 품는 것을 말한다. 이때 여자아이는 거세불안을 느끼는데 이는 남근이 없다는 인식에서 출발하기 때문에 남자아이가 느끼는 거세불안과는 차이가 있다. 여자아이는 유아기 때 자신의 남근이 거세되었다고 믿고 그것 때문에 어머니를 비난한다. 그리고 남자아이보다 열등하다고 생각하는데 이를 남근선망이라고 한다.

---

2 에릭슨의 심리사회이론

(1) 인간관 10, 13, 15, 16, 20회 기출

① 에릭슨(Erikson)은 인간을 합리적인 존재 그리고 더 나아가 창조적인 존재로 보고 있다.

② 인간의 행동이 의식수준에서 통제가 가능한 자아에 의해 동기화된다고 보았다.

③ 이러한 자아가 개인이 직면하는 갈등이나 문제에 대한 합리적인 해결방안을 탐색하고, 현실을 검증하여, 창조적으로 문제를 해결해 나가며, 실패하였을 경우에는 새로운 대안을 모색할 수 있다고 보았다.

④ 인간은 내적 통합성, 좋은 판단력 그리고 성공할 수 있는 능력을 지니고 있는 합리적·이성적이며 창조적인 존재로 규정하고 있다. 즉, 인간을 총체적 존재로 보고 있으며 '환경 속의 존재(Person in Environment)'로 규정하였다.

⑤ 인간의 행동은 생물학적 성숙에 의해서만 결정되는 것이 아니라 개인의 심리적 요인과 사회문화적 영향의 상호작용에 의해 결정된다고 보았으며, 그 중에서도 사회적 힘(Social Forces)의 영향을 특히 중요시하였다.

⑥ 인간을 가변성을 지닌 존재로 보고 있다. 프로이트는 인간은 생후 5년간의 경험이 성격의 기본구조를 형성하게 되고, 어렸을 때 성격은 성인기가 되어도 변화하지 않는다고 보는 반면, 에릭슨은 개인을 끊임없이 새로운 발달과업과 투쟁하고 인생의 전환점에 직면하여 새롭고 더 나은 자아를 획득하려 하며, 그런 가운데 변화와 성장을 하는 존재로 보았다.

⑦ 인간의 발달은 끝이 없으며, 전체 생활주기를 통하여 지속적으로 발달한다고 보고 인간의 발달을 8단계로 나누어 각 단계별로 극복해야 할 위기(Developmental Crisis)와 발달과업을 제시하였고 이 위기 동안 발달과업의 성취여부를 양극(Polarity)의 개념으로 설명하였다. 발달과업의 성취 여부에 따라 발달의 위기 극복의 여부가 좌우된다.

단 계	시 기	심리사회적 위기	주요 관계범위	자아 강점
유아기	0~18개월	기본적 신뢰감 대 불신감	어머니	희 망
초기아동기	18개월~3세	자율성 대 수치심 · 회의(의심)	부 모	의지력
학령전기(유희기)	3~5세	주도성 대 죄의식	가 족	목적의식
학령기	5~12세	근면성 대 열등감	이웃, 학교(교사)	능력감(유능성)
청소년기	12~20세	자아정체감 대 정체감 혼란 (역할 혼미)	또래집단, 외집단, 지도력의 모형들	성실성
성인 초기	20~24세	친밀감 대 고립감	우정 · 애정(성) · 경쟁 · 협동의 대상들	사 랑
성인기	24~65세	생산성 대 침체	직장, 확대가족	배 려
노년기	65세 이후	자아통합 대 절망	인류, 동족	지 혜

(2) 성격발달의 관점

① 사회적 상호작용에 기반하고 성격발달에 있어서 심리사회적 측면을 강조한다.

② 성적 충동은 약하고 사회적 충동이 강하며 사회에 긍정적으로 기여하는 건강한 구성원을 양성한다.

③ 성격은 자아의 지배력과 사회적인 지지로 형성되고 전 생애에 걸쳐 계속적으로 발달하며, 특히 청년기의 자아정체감 형성기가 중요하다.

④ 프로이트와 달리 원초아보다는 자아를 더 강조하고, 이러한 자아는 원초아와는 독립적으로 기능한다.

⑤ 성격형성에 영향을 미치는 것은 과거뿐만 아니라 미래도 중요하며, 개인은 부모와 사회적 환경의 영향을 받으므로 전 생애를 통해 성장하고 발달한다.

(3) 심리사회이론의 기본가정 11, 13회 기출

① 발달은 생리, 심리, 사회적 속성을 지니며 전체 생애에 걸쳐 일어난다.

② 생물학적 요인에 의하여 발달이 추진되지만, 개인적 정체감은 사회조직과 분리되어 존재할 수 없다.

③ 자아는 환경에 대한 유능성과 지배감을 확보하려고 하기 때문에 발달에 중요한 역할을 한다.

④ 사회제도와 보호자는 개인의 효과적인 발달에 긍정적 지지를 제공한다. 그리고 개인의 발달은 사회를 풍요롭게 한다.

⑤ 발달은 심리사회적 위기가 일어나는 8단계로 구분될 수 있다. 성격은 각 단계의 위기를 해결한 결과이다. 각 생활단계는 이전 단계의 성공에 기반을 두고 있으며, 새로운 사회적 요구와 기회를 제공한다.

⑥ 생활단계에 동반되는 심리사회적 위기는 보편적인 것이며 모든 문화에서 일어난다. 그러나 각각의 문화에 따라 각 생활단계의 해결방안이 서로 다르다.

⑦ 세대에 걸쳐 욕구와 능력이 상호 연결되어 있다.

⑧ 심리적 건강은 자아강점(Ego Strength)과 사회적 지지의 기능에 달려 있다.

⑨ 위기를 해결하지 못하고 사회제도로부터 소외될 경우, 자아정체감의 혼란이 야기된다.

(4) 주요 개념 14회 기출

① 자 아

ㄱ 프로이트는 자아가 원초아로부터 정신 에너지를 배분받음으로써 분화되는 것으로 보고 있다. 그러나 에릭슨은 일생 동안의 신체·심리사회적 발달과정에서 외부 환경에 대처하고 적응하면서 형성되는 역동적인 힘으로 규정하였다.

ㄴ 자아는 자율적으로 기능할 수 있지만 성격의 일부분이므로 내적 욕구와 충동 그리고 내면화된 타인의 특성과 기대, 규범, 가치들과 관련지어 이해해야 한다. 자아는 개인과 환경 간의 관계뿐 아니라 성격의 다양한 요인들 사이의 내적 갈등도 중재한다.

ㄷ 자아는 개인을 불안과 갈등으로부터 보호할 수 있는 방어기제를 사용하며, 이러한 방어기제는 적응적 목적과 부적응적인 목적에 모두 사용된다.

② 자아정체감

ㄱ 자아정체감은 자신에 관해서 통합된 관념을 가지고 있느냐에 대한 개념으로 자아정체감이 형성되었다는 것은 자기의 성격, 취향, 가치관, 능력, 관심, 인간관, 세계관, 미래관 등에 대해 비교적 명료한 이해를 하고 있으며, 그런 이해가 지속성과 통합성을 가지고 있는 상태를 말한다. 이것은 개인의 이상과 행동 및 사회적 역할을 통합하는 자아의 기능에 의해서 이루어진 결과이다.

ㄴ 유아기의 특정한 반응이나 거울에 비친 자신의 모습에 대한 인식 등에서 관찰될 수 있는 신체에 대한 지각, 유아기에 나타나는 '나'라는 대명사 사용과 도전적 태도 및 특정한 역할수행 등에서 최초로 자아출현이 나타난다.

ⓒ 에릭슨은 12~18세의 청소년들이 급격한 생리적·신체적·지적 변화를 통해 수많은 충동과 무한한 동경심과 호기심을 갖게 되지만, 경험미숙으로 인해 수많은 좌절과 회의, 불신 등을 경험하게 된다.

ⓡ 에릭슨은 자아발달의 최종단계를 '자아 정체감의 발견'으로 표현하였으며, 이 시기의 중심문제는 자아정체감을 확립하는 일이다. 청소년들은 자신이 누구이며, 가정과 사회에서의 역할이 무엇인지에 대해 알고자 한다. 또한 타인의 눈에 비친 자기는 누구인가에 심각한 관심을 보인다.

ⓟ 자아정체감의 결여는 역할혼란을 초래하므로 이 위기를 극복하지 못하면 준비되지 않은 상태에서 성인의 역할을 수행해야만 하는 불행을 경험하게 된다.

③ 점성원리　　6, 10, 16회 기출

ⓐ 성장하는 모든 것은 기초안을 가지는데, 이 기초안으로부터 부분이 발생하며 각 부분이 특별히 우세해지고 이 부분들이 전체를 이루게 된다.

ⓑ 이미 기본적 요소들을 가지나 시간의 경과에 따라 이 요소들이 결합 또는 재결합하여 새로운 구조를 형성한다.

(5) 발달단계　　2, 3, 5, 6, 7, 8, 9, 12, 15, 16, 17회 기출

① 제1단계(0~18개월, 유아기) : 기본적 신뢰감 대 불신감

ⓐ 세상을 안전하고 믿을 수 있는 곳이라 생각하는 기본적인 신뢰감이 형성되고, 이것은 생의 의욕과 긍정적 세계관을 기르는 데 기초한다.

ⓑ 프로이트의 구강기에 해당하고 부모의 보살핌의 질이 결정적이며 특히 일관성이 중요하다.

ⓒ 기본적 신뢰감 대 불신감의 갈등이 성공적으로 해결되어 얻어진 심리사회적 능력이 곧 외부 세계에 대한 신뢰에서 비롯되는 희망이며, 실패의 결과는 불신에서 비롯되는 공포이다.

② 제2단계(18개월~3세, 초기아동기) : 자율성 대 수치심·회의(의심)

ⓐ 부모의 신뢰감을 얻게 되고 자신의 욕구를 처리하는 데 필요한 자율감을 발달시키면 아동은 독립하고자 한다. 이때 스스로 할 수 있는 것을 허용하고 격려하면 자율성을 형성하게 되고, 이것은 독립심과 존중감을 기르는 데 기초가 된다. 이와 함께 적당한 감독과 제재가 필요하지만 지나치면 자신의 능력을 의심하고 수치심을 갖게 되어 심한 자기 회의에 빠지게 된다.

ⓑ 프로이트의 항문기에 해당하며, 배변훈련의 과정에서 부모가 아동에게 강압적인 태도를 고수하는 경우 아동은 단순한 무력감을 넘어 수치심을 느끼게 된다. 만약 그러한 과정이 어느 정도 아동의 자기의사를 존중하는 방향으로 전개된다면, 이후 아동은 자기통제 감각을 통해 사회적 통제에 잘 적응하게 되며 독립심과 존중감을 기르는 데 기초가 된다.

ⓒ 자율성 대 수치심의 갈등이 성공적으로 해결되어 얻어진 심리사회적 능력이 곧 의지력이며, 실패의 결과는 자신의 의지력에 대한 불신 및 다른 사람의 자기지배에 대한 의심이다.

③ 제3단계(3~5세, 학령전기·유희기) : 주도성 대 죄의식

ⓐ 자기의 요구에 따른 자율과 독립의 기초가 마련되면 어린이는 세계에 대해 적극적이고 능동적인 신체 활동과 언어의 사용이 증가되는데, 이를 자발성의 요구라고 한다. 그러나 그렇지 못하면 심한 죄책감을 갖게 되며 질문과 탐색활동이 잦아진다.

ⓛ 프로이트의 남근기에 해당하며, 언어능력 및 운동기술의 발달로 외부세계와 교류하고 사회적 놀이에 참여하면서 목적의식 · 목표설정과 더불어 목표에 도달하고자 노력하는 주도성이 생긴다.

ⓒ 사회화를 위한 기초적인 양심이 형성되며, 이는 때로 극단적인 양상으로 나타나 과도한 처벌에 의한 자신감 상실 및 죄의식을 불러오기도 한다.

ⓔ 주도성 대 죄의식의 갈등이 성공적으로 해결되어 얻어진 심리사회적 능력이 곧 목적의식이며, 실패의 결과는 지나친 처벌이나 의존성에 의해 야기되는 목적의식 상실이다.

④ 제4단계(5~12세, 학령기) : 근면성 대 열등감

ⓖ 가정에서 학교로 사회적 관계를 확장함으로써 부모의 도움 없이 다른 사람과 경쟁하는 입장에 서게 되며, 사회화로의 결정적인 도전에 임하여 주위 또래집단이나 교사 등의 주위환경을 지지 기반으로 하여 사회의 생산적 구성원이 되기 위해 한 걸음 나아간다.

ⓛ 프로이트의 잠복기에 해당하며, 성취기회와 성취과업의 인정과 격려가 있다면 성취감이 길러지지만 반대의 경우 좌절감과 열등감을 갖게 된다. 이 갈등이 성공적으로 해결되어 얻어진 심리사회적 능력이 능력감이며, 실패는 자신감 상실에 따른 무능력감이다.

⑤ 제5단계(12~20세, 청소년기) : 자아정체감 대 정체감 혼란(역할혼미) **16회 기출**

ⓖ 자신이 어떤 사람이 될 것인가에 대해 깊은 관심을 갖게 되고 마음속에서 심리적 혁명이 일어난다.

ⓛ 끊임없는 자기 질문을 통해 자신에 대한 통찰과 자아상을 찾기 위한 노력을 하게 된다. 그 결과 얻는 것이 자아정체성이다. 자아정체성이 형성되지 못하고 방황하게 되면 역할혼란 또는 자아정체성 혼미가 온다. 이는 직업 선택이나 성역할 등에 혼란을 가져오고 인생관과 가치관의 확립에 심한 갈등을 일으킨다.

ⓒ 프로이트의 생식기 이후에 해당하며, 다양한 역할 속에서 방황과 혼란을 경험하게 된다. 이는 '심리사회적 유예기간'이라는 특수한 상황에 의해 용인된다.

ⓔ 자아정체감 대 정체감 혼란의 갈등이 성공적으로 해결되어 얻어진 심리사회적 능력은 성실성이며, 실패의 결과는 정체감 혼란에서 비롯되는 불확실성이다.

Plus ⊕ one

청소년기의 자기중심성(자아중심성) 발달 **20회 기출**

- 청소년기에는 현실과 환상을 구분하지 못하는 양상을 보이는데, 이는 상상적 관중(청중)과 개인적 우화로 나타난다.
- 상상적 관중은 자신이 마치 무대 위의 주인공처럼 다른 사람들로부터 주의와 관심의 대상이 되고 있다고 믿는 현상이다.
- 개인적 우화는 자신이 마치 독특한 존재이기라도 한 것처럼 자신의 사고와 감정이 다른 사람과 근본적으로 다르다고 믿는 현상이다.
- 이러한 청소년기의 자기중심성은 대략 11~12세경 시작되어 15~16세경 정점을 이루다가, 다양한 대인관계 경험을 통해 자신과 타인에 대한 객관적인 이해가 이루어지면서 서서히 사라진다.

청소년기 자아정체감의 범주[마샤(Marcia)]	2, 3, 5, 7, 8, 12, 16, 18회 기출
정체감 성취	• 정체성 위기와 함께 정체감 성취에 도달하기 위한 격렬한 결정과정을 경험한다. • 청소년은 어느 사회에서나 안정된 참여를 할 수 있고, 상황 변화에 따른 동요 없이 성숙한 정체감을 소유할 수 있다.
정체감 유예	• 정체성 위기로 격렬한 불안을 경험하지만 아직 명확한 역할에 전념하지 못한다. • 청소년은 자신의 능력과 사회적 요구, 부모의 기대 사이에서 고민한다.
정체감 유실	• 정체성 위기를 경험하지 않았음에도 사회나 부모의 요구와 결정에 따라 행동한다. • 청소년은 외면적으로는 본인의 결단의 지점을 통과한 것처럼 보이지만, 내면적으로는 통과하지 못한 상태이다.
정체감 혼란	• 정체성 위기를 경험하지 않았으며, 명확한 역할에 대한 노력도 없다. • 청소년은 일을 저지르지도, 책임을 지려하지도, 의심하지도 않으며, 어떻게 살아야 하는지에 대해서도 관심이 없다.

⑥ 제6단계(20~24세, 성인 초기) : 친밀감 대 고립감

㉠ 청소년기에 자아정체감이 확립되면 자신의 정체성을 타인의 정체성과 연결·조화시키려고 노력하게 된다.

㉡ 자신의 고립을 배우자, 부모, 동료 등 사회의 여러 다른 성인들과의 친밀감으로 극복하고자 한다. 그렇지 못하면 고립된 인생을 영위하게 된다.

㉢ 친밀감 대 고립감의 갈등이 성공적으로 해결되어 얻어진 심리사회적 능력이 곧 사랑이며, 실패의 결과는 사랑에 있어서 책임과 존중을 무시하는 난잡함이다.

⑦ 제7단계(24~65세, 성인기) : 생산성 대 침체

㉠ 다른 성인들과 원만한 관계가 성취되면 중년기에는 자신에게 몰두하기보다 생산적인 일과 자녀 양육에 몰두한다. 이것이 원만하지 못하면 어릴 때와 마찬가지로 자신에게만 몰두하고 사회적·발달적 정체를 면하지 못한다.

㉡ 자기중심적인 사고에서 벗어나 다른 사람을 보호하거나 스스로 양보하는 미덕을 보인다. 생산성 대 침체성의 갈등이 성공적으로 해결되어 얻어진 심리사회적 능력이 곧 다른 사람에 대한 배려이며, 실패의 결과는 이기주의이다.

⑧ 제8단계(65세 이후, 노년기) : 자아통합 대 절망

㉠ 통합성은 인생을 그대로 받아들여 인생에 대한 통찰과 관조로 자신의 유한성을 인정하고 죽음까지도 수용하는 것을 의미한다. 그렇지 못하면 인생의 짧음을 탓하고, 다른 인생을 시도해 보는 데 급급하며 급기야 생에 대한 절망에서 헤매게 된다.

㉡ 인생을 종합하고 평가하는 시기로 자아통합 대 절망의 갈등이 성공적으로 해결되어 얻어진 심리사회적 능력이 곧 지식으로서의 지혜이며, 실패의 결과는 삶에 대한 회한, 즉 인생의 무의미함이다.

Plus ⊕ one

프로이트와 에릭슨의 성격발달에 대한 관점 비교

프로이트	에릭슨
• 폐쇄 에너지체계에 근거하고 있다. • 강한 성적 · 공격적 충동에 의해 추진된다. • 원초아에 의해 지배된다. • 성격발달의 본능적 측면을 강조한다. • 상반된 충동과 사회적 기대 간에 갈등이 일어난다. • 갈등을 감소하고 환경을 지배하기 위해 행동한다. • 충동을 통제하려 한다. • 초기아동기에 형성되어 초기 성인기에 끝난다.	• 개발체계에 근거하고 있다. • 약한 성적 충동과 강한 사회적 충동에 의해 형성된다. • 자아에 의해 지배되며, 전체 생애를 통해 발달한다. • 사회적 상호작용에 기반을 두고 발달한다. • 역사적 · 민족적인 집단연합에 의해 강화된다. • 자아지배력과 사회적 지지를 통해 형성된다. • 역사적 · 민족적인 세대 간의 상호관련성에 기반을 두고 있다. • 사회에 긍정적인 기여를 할 수 있는 건강한 사회성원을 양성하려 한다. • 사회질서의 원칙을 다음 세대로 전달한다.

3 칼 융의 분석심리이론　　　　　　　10, 14회 기출

(1) 개 요　　　　　　　17회 기출

① 융(Jung)의 사상에 있어서 가장 중요한 것은 무엇보다도 자기(Self)와 자아(Ego)개념이다.

　ᄀ 자기 : 우리의 생각의 빛이 닿지 않는 어둠, 즉 무의식의 밑바닥에 깊이 놓여 있는 세계이다. 또한 집단 무의식의 원형으로 모든 것을 포괄하는 세계이다.

　ᄂ 자아 : 자기의 세계보다 훨씬 작은 세계이자 의식과 분별의 세계이다. 자아는 자기를 발견하기가 지극히 어렵고, 의식의 세계는 무의식의 세계를 발견하기가 지극히 어렵다. 왜냐하면 그 세계는 의식되지 않는 것은 존재하지 않는다고 생각하기 때문이다. 따라서 의식으로서의 자아는 무의식으로서의 자기를 꿈을 통해 지각한다.

② 꿈은 무의식의 활동이 우리의 인식 속에 지각되는 현상이다. 자기는 끊임없이 자아에게 꿈의 상징들을 통하여 자신의 메시지를 전하려고 하며, 꿈은 자기와 자아가 만나는 접촉점이다. 나를 넘어선 세계와 나의 세계는 꿈을 통하여 이어진다.

③ 융은 꿈이야말로 현대인에게 있어서 어느 것과도 비교할 수 없는 가장 근본적이고 고귀한 가치를 지니고 있다고 강조한다. 그렇기 때문에 꿈의 언어를 잘 이해하는 길이 자기를 올바로 이해하는 길이 되는 것이라 하였다.

(2) 이론의 특징

① 중년기의 성격발달을 중요하게 다루고 있다.

② 인격을 의식과 무의식으로 구분하고, 무의식을 다시 개인 무의식과 집단 무의식으로 구분하였다.

③ 성격발달은 자기를 실현하는 과정이다.

④ 아동기와 같은 발달 초기에 관심을 가지며, 성격형성은 발달 초기에 결정된다고 보았다.

⑤ 인생을 전반기와 후반기로 나누어서 성격발달을 설명하는데, 전기에는 자기의 방향이 외부로 지향되어 분화된 자아를 통해 현실적 자기를 찾으려 노력하며, 중년기를 전환점으로 자아가 자기에 통합되면서 성격발달이 이루어진다고 보았다.

(3) 주요 개념

① 자기(Self)

ㄱ 가장 중요한 원형으로서, 융은 그것이 인생의 궁극적 목표라고 생각했다. 자기는 성격의 모든 국면의 통일성·통합성·전체성을 향해 노력하는 것으로, 자기 원형은 성격의 모든 부분을 한데 묶어 균형을 유지하도록 하는 것이다. 즉, 성격의 중심을 의식적인 자아로부터 의식과 무의식의 중간으로 옮겨 놓는 것과도 같다.

ㄴ 완전한 자기 인식이나 자기실현은 오랜 시간과 인내와 노력이 필요하다. 왜냐하면 자기 자신을 충족시키기 위해서는 자기 본성을 알아야 하며, 자기 본성을 알기 위해서는 자신에 대한 객관적인 지식을 얻어야만 하기 때문이다. 또한 성격의 모든 체계가 충분히 발달할 때 비로소 자기실현을 성취할 수 있으므로 중년층에 가서야 비로소 이루어진다.

② 자아(Ego) : 의식의 심층을 형성하는 의식적인 마음으로 지각, 기억, 사고, 감정으로 구성된다. 융은 자아를 의식의 개성화 과정에서 생기는 것으로 보았다.

③ 집단 무의식(Collective Unconscious)

ㄱ 인류 전체에게 공통된 무의식으로, 뇌의 유전적 구조에서 생겨난다. 개인의 경험에서 발생한 개인 무의식(Personal Unconscious)과 구별된다.

ㄴ 융에 의하면 집단 무의식에는 원형, 즉 보편적이고 원시적인 이미지와 사고들이 포함되어 있다고 한다.

④ 개성화(Individuation) : 자기실현이라고도 하며 모든 콤플렉스와 원형을 끌어들여 성격을 조화하고 안정성을 유지하는 것이다.

⑤ 원형(Archetype)

ㄱ 그리스어 'Archetypos', 즉 '근원적인 패턴(Original Pattern)'이라는 말에서 따왔다.

ㄴ 지각 자체를 조절하는 본능과 관련된 선천적·선험적인 지각으로, 원형은 모든 인류에게 공통적·원초적인 아이디어이며, 오직 원형적 이미지들을 통해서만 표현될 수 있다.

ㄷ 무의식과는 독립적으로 정서와 기능을 맡고 있다.

⑥ 페르소나(Persona)

개인이 외부에 표출하는 이미지로 인격의 가면을 말한다. 모든 사람이 적어도 한 개 이상은 가지고 있으며 외면적으로 보이기를 원하는 자기이다.

⑦ 그림자(Shadow)

    ㉠ 동물적 본성을 포함하고 스스로 의식하기 싫은 자신의 부정적인 측면으로, 음영이라고도 한다.

    ㉡ 사회생활을 위해서는 그림자를 억제하고 페르소나를 발전시켜야 한다. 그림자에는 창조성 · 통찰력 · 생명력 같은 긍정적인 본성도 존재한다.

⑧ 아니마(Anima)와 아니무스(Animus)

    ㉠ 아니마란 라틴어로 '정신과 영혼'을 뜻하며, 인간의 정신은 그 내면 구조와 마찬가지로 복합적인 의미를 가진다. 원형은 어떤 인물에만 투사되는 것이 아니라 예술가들의 작품 속에 형상화되기도 한다. 예를 들어, 조선조에는 당쟁의 소용돌이 속에서 유배지에서 쓴 작품이 많은데 이 시기에 제작된 미인계 가사에 표출된 작가의식은 여성화된 아니마의 표출로 볼 수 있다.

    ㉡ 아니마 : 무의식에 존재하는 남성의 여성적인 측면

    ㉢ 아니무스 : 무의식에 존재하는 여성의 남성적인 측면

Plus ⊕ one

아니마와 아니무스

융이 말하는 아니마와 아니무스는 극단적이면서도 서로 조화하고자 한다. 육체는 남성 아니면 여성이지만, 인간성의 본질은 원래 양성적이라는 것이다. 먼저 아니마와 아니무스를 이해하기 위해서는 '페르소나'의 개념을 알 필요가 있다. 융은 인간 정신의 표면을 지배하는 양태를 페르소나라고 명명했다. 그에 대비해 정신의 내면으로서 남성 퍼스낼리티의 여성적 측면을 '아니마'라고 하고, 여성 퍼스낼리티의 남성적 측면을 '아니무스'라고 명명했다. 정신의 겉면인 페르소나는 마치 카멜레온의 보호색처럼 바뀌어서 시대, 문화, 상황에 따라 의식과 행동방식을 적절하게 변화시킨다. 그러나 그 이면에는 남성의 경우 아니마, 여성의 경우에는 아니무스의 태도 유형이 자리 잡고 있다. 이는 집단사회에 의해 요구되는 태도인 페르소나와 반대로 나타난다. 남성은 가장이자 강한 직장인으로, 논리적인 경향의 남성적 페르소나를 쓰고 살아가지만 그 안에는 감정적인 아니마가 자리 잡고 있는 것이다.

---

⑨ 콤플렉스(Complex) : 개인의 사고를 방해하거나 의식의 질서를 교란하는 무의식의 관념덩어리(생각, 정서, 사고)

⑩ 트릭스터(Trickster, 사기꾼)

    ㉠ 심리학적 삶의 반항적 에너지로서 기존 상태를 부인하거나 의문시한다. 아주 잘 돌아가는 체제에 제동을 걸고 심지어는 한창 승리감에 차 있을 때조차도 이루어 놓은 것들을 비웃으며 미래의 재난에 대해 예언하는 것을 즐긴다.

    ㉡ 트릭스터는 무너뜨리고 조롱하고자 하는 충동 외에는 분명한 도덕률도 갖고 있지 않고 어떠한 일관된 규약에도 매여 있지 않다.

(4) 발달단계

① 아동기(출생~사춘기까지)

    ㉠ 유아는 본능에 의해 지배되며 아직 자아형성이 되지 않아 심리적 문제는 발생하지 않는다.

    ㉡ 초년의 생존을 위한 활동에 리비도(청년기에 최고)의 영향을 중시한다.

② 청년 및 성인 초기(사춘기~40세 전후)
  ⊙ 인생의 전반기
  ⓒ 신체적으로 팽창하는 시기
  ⓒ 자아의 발달
  ② 외부세계에 대한 대처능력 발휘
③ 장년기(중년기)

  ⊙ 만족감 충만과 경제적 안정의 시기인 반면, 절망과 비참함을 경험하는 시기(공허함)이다.
  ⓒ 목표와 야망의 의미를 상실하는 시기로 35~40세를 전후하여 정신적 변화가 오게 되며 외향적
     목표와 야망은 그 의미를 잃기 쉽다.
  ⓒ 정신적 변화가 일어나는 것은 사회가 보상한 성취가 성격의 어떤 측면들을 희생시킨 대가로 얻
     게 된 것이기 때문이라고 보았다.
  ② 중년기에는 외부 세계를 정복하는 데 쏟았던 에너지를 자신의 내부에 초점을 맞추도록 자극받으
     며 잠재력에 대해 깊은 관심을 갖게 된다. 이에 따라 남자는 여성적인 측면을, 여자는 남성적인
     측면을 표현하게 되는데 이는 의식에만 집중하던 경향이 무의식의 세계를 깨달음으로써 바뀌기
     때문이다.
  ⑩ 중년기에도 청년기나 성인기의 가치와 목표에 여전히 매달려 있게 되면 더 이상 발달하지 못한
     다. 그 가치들은 이미 가치를 상실했으므로 새로운 의미를 찾아야 하며 그렇지 못하면 절망에
     빠지게 되는 것이다. 이것은 한때 영원한 것으로 보이던 목표와 야망들이 이제는 그 의미를 잃
     게 되었음을 느끼고 마치 뭔가 결정적인 것이 빠진 것 같은 불완전함과 우울함과 침체감을 종
     종 느끼는 중년의 위기감을 설명해 준다.
④ 노년기
  ⊙ 명상과 회고가 많아지면서 내면적 이미지가 큰 비중을 차지한다.
  ⓒ 죽음 앞에서의 생의 본질을 이해하려는 시기이다.
  ⓒ 사람이 나이가 들어 명상과 회고를 많이 하면 자연적으로 내적 이미지가 이전과 달리 큰 비중을
     차지하게 된다고 보았다.
  ② 노인은 죽음 앞에서 생의 본질을 이해하려고 애쓴다. 융은 내세에 대해 아무런 이미지도 갖고
     있지 않은 사람들은 죽음을 건전한 방식으로 직면할 수 없다고 믿었다. 그러므로 노인에게 내
     세에 대한 생각을 가지라고 충고하는 것이 단순히 인위적인 진정제를 처방하는 것이 아니라고
     보고 이는 무의식 자체에서 죽음이 가까워지면서 내부에서 솟아나오는 영원에 대한 원형을 갖
     고 있기 때문이라고 믿었다.
  ⑩ 내세에 대한 원형적 이미지가 과연 타당한지에 대해서는 말할 수 없었지만 그것이 정신기능의
     중요한 부분이라고 믿었기 때문에 어떤 모습을 얻으려고 노력했다. 그러므로 사후의 생도 생
     그 자체의 연속이다. 죽은 사람들도 노인과 같이 존재에 대한 물음과 계속 씨름하면서 생을 완
     전하게 만들려고 하며 그 의미를 궁금해 한다는 것이다. 에릭슨의 표현에 의하면 통합을 추구
     한다는 것에 해당한다.

융과 프로이트의 이론 비교　　　　　　　　　　　　　　　　　10회 기출

구 분	프로이트	융
리비도	성적 에너지에 국한	일반적인 생활에너지 및 정신에너지
성격형성	과거 사건에 의해 결정	과거는 물론 미래에 대한 열망을 통해서도 영향을 받음
정신구조	의식, 무의식, 전의식	의식, 무의식(개인 · 집단 무의식)
강조점	인간 정신의 자각 수준에 초점을 맞춰 무의식의 중요성을 강조	인류의 정신문화의 발달에 초점
발달단계	5단계(구강기, 항문기, 남근기, 잠재기, 생식기)	4단계(아동기, 청년기, 중년기, 노년기)

4 아들러의 개인심리이론　　　　　　　　　　　　　　　2, 6, 8, 9, 13회 기출

(1) 이론의 개요　　　　　　　　　　　　　　　　　　4, 5, 7, 13, 16회 기출

① 개인심리학은 아들러에 의해 개발된 성격이론과 심리치료 이론체계로서 인간을 그 자신의 현상학적인 장 내에서 가공적 목표를 향해 움직이는 창조적이고 책임이 있으며, '형성되어 가는' 총체적인 존재로 본다.

② 인간은 유전이나 환경적 영향에 의해 어쩔 수 없이 행동하는 것이 아니라 자신이 선택한 인생목표, 즉 완성을 추구하기 위해 자신의 행동과 운명을 자유롭고 의식적으로 선택하여 행동한다고 본다.

③ 프로이트는 인간의 성격이 생물학적 기원을 가진 무의식적인 원초적 본능의 힘에 의해 결정된다고 보는 반면, 아들러는 사회적 요인과 가족의 요인이 개인의 성격형성에 많은 영향을 미친다고 본다.

④ 아들러의 개인심리학은 개인을 전체적으로 보는 관점을 가지고 있는데, 그 기본적인 전제는 인간을 통일적 · 자아일치적 유기체이자 역동적이고 완성을 추구하며 개인적으로 중요한 인생목표를 향해 전진한다고 보는 것이다.

⑤ 개인은 창조적인 힘을 가지고 자기 삶을 결정할 수 있고, 모든 사람은 협동하고 상호작용하는 사회적 관계를 맺을 수 있는 선천적 능력을 타고났다.

⑥ 개인은 자신을 어떻게 주관적으로 지각하느냐에 따라 행동을 결정한다. 따라서 인간은 하나의 전체로서 기능하기 때문에 인간의 어떤 삶의 표현도 분리해서 생각할 수 없으며 부분으로 나누어서는 이해할 수 없다.

⑦ 가족분위기, 가족형태, 가족구성원의 생활양식 등에 초점을 둔 아들러의 이론은 가족상담에 유용한 지식기반이 될 수 있다. 또한 열등감은 집단 내에서 효과적으로 도전받고 극복될 수 있으며 사회적·정서적 문제의 근원인 잘못된 생활양식은 집단경험을 통해 변화가 가능하므로 아들러 이론의 주요 개념은 집단사회에서도 유용하게 활용될 수 있다.

⑧ 부모와 자녀 간의 관계, 형제와의 관계, 가족의 크기, 가족 내에서의 아동의 출생순위 등의 다양한 가족 요인과 사회적 요인들이 성격의 발달에 영향을 준다고 주장하였다. 또한 인간은 성적 만족보다는 우월감을 추구하는 데 관심을 두고 있다고 보고 이는 타인에 대한 열등감에서 기인한다고 설명하고 있다.

(2) 인간관

16회 기출

① 아들러는 프로이트와 같이 성인의 삶이 초기 5년 동안의 경험에 의해 결정된다고 보았다. 그렇지만 아들러의 초점은 프로이트처럼 과거의 탐색에만 있는 것이 아니라 그 과거에 대한 개인의 지각과 초기사상에 대한 해석이 현재에 어떻게 영향을 미치는가 하는 것에 더 관심이 많았다. 예를 들어 인간은 성적인 충동보다는 주로 사회적인 충동에 의해 동기화된다고 보았다.

② 행동은 의도적이고 목표지향적이며, 무의식이 아닌 의식이 성격의 중심이다.

③ 프로이트와 달리 선택과 책임, 삶의 의미, 성공과 완벽의 욕구를 강조하였으며, 열등감을 창조성의 원천이 될 수 있다고 보았다. 기본적 열등감은 우리가 숙달, 우월, 완전을 추구하도록 동기화시킬 수 있으며 특히 어린 시절에는 더욱 그러하다고 보고 6세경에 삶의 목표가 결정된다고 보았다.

④ 생의 목표는 인간동기의 원천이며, 특히 완전의 추구와 열등감을 극복하려는 욕구로 나타난다.

⑤ 아들러식의 치료자들은 성장모형에 근거하고 있기 때문에 사람의 재교육과 사회의 재형성에 초점을 둔다. 또한 가치, 신념, 태도, 목표, 관심, 개인의 현실적 지각과 같은 내적인 결정인자를 강조한 심리학의 주관적 접근의 선구자였다.

⑥ 총체적, 사회적, 목표지향적, 인본주의적 관점을 강조한다.

Plus ⊕ one

생활양식의 유형(아들러) 15, 19, 20회 기출

• 지배형 : 독단적이고 공격적이며 활동적이지만 사회적인 인식이나 관심은 거의 없음. 인생과업에 대해 반사회적이며 타인의 안녕에는 아랑곳하지 않고 행동함
• 획득형 : 기생적인 방법으로 외부세계와 관계를 맺으며 다른 사람에게 의존하여 대부분 욕구를 충족하는 생활유형
• 회피형 : 사회적 관심도 적고 활동도 적으며 인생의 모든 문제를 회피함으로써 실패 가능성을 모면하려는 유형
• 사회형 : 심리적으로 건강한 사람의 표본으로, 활동수준과 사회적 관심이 높아 자신의 욕구는 물론 다른 사람의 복지를 위해서도 협력하려는 의지를 가짐

(3) 주요 개념

2, 3, 5, 6, 8, 9, 10, 11, 12, 13, 14, 16, 19회 `기출`

① 창조적 존재
- ㉠ 아들러 심리학의 가장 중요한 기본전제로서 성격은 통합적이고 분리할 수 없는 전체로 보아야 한다는 것이다. 성격에 대한 총체적 관심이 시사하는 것은 내담자는 사회체계의 통합된 부분이라는 것이고, 그래서 인간 내적 심리적 요소들보다는 대인관계를 중시한다.
- ㉡ 프로이트가 환원론의 입장에서 인간을 의식과 무의식, 원초아, 자아, 초자아로 분류한 것에 반대하고 인간을 더 이상 분류하거나 분리·분할할 수 없는 그 자체로서 완전한 전체로 보았다.
- ㉢ 개인의 성격은 생의 목표를 통해 통합되기 때문에 자아 일치의 통합된 성격구조를 개인의 생활양식이라 부른다.
- ㉣ 아들러는 성격형성에서 유전과 환경의 중요성을 인정하면서도, 개인은 분명히 이 두 요인 이상의 산물이라고 하였다.
- ㉤ 아들러는 인간을 창조적인 힘을 가지고 자기 인생을 좌우할 수 있는 존재로 묘사한다. 즉, 자유롭고 의식적인 활동이 인간을 정의하는 특징이다. 이것은 인간의 목적론적 특성과 관련이 있는데 인간은 자신의 궁극적 목표, 혹은 특정 경향으로 나아가려는 지속적인 경향성을 갖고 있고, 이 점이 우리가 그 무엇을 수용할 것인지, 어떻게 행동할 것인지, 사상을 어떻게 해석할 것인지를 선택할 수 있는 창조적 힘을 가질 수 있게 한다고 보았다.

② 사회적 관심

 16, 20회 `기출`

- ㉠ 개인이 인간사회의 일부라는 인식과 사회적 세계를 다루는 개인의 태도를 말하며 인간의 보다 나은 미래를 위한 노력을 포함한다. 또한 가르치고, 배우고, 사용할수록 발달하며, 사회적 관심이 발달함에 따라 열등감과 소외감이 감소한다.
- ㉡ 아들러는 사회적 관심이 일체감이나 공감과 같으며 '다른 사람의 눈으로 보고, 다른 사람의 귀로 듣고, 다른 사람의 가슴으로 느끼는 것'이라고 했다.
- ㉢ 개인심리학에서 행복과 성공은 대개 사회적 유대와 관련되어 있다는 핵심 사상에 근거한다. 우리는 사회의 일원이기 때문에 사회구조를 떠나 고립된 존재로 이해될 수 없다.
- ㉣ 소속되고자 하는 욕구가 인간행동의 기본이 되므로 우리가 경험하는 문제의 대부분은 자신이 가치를 두는 사람들에게 수용되지 못한다는 두려움에 관련되어 있다. 만약 이러한 소속감이 충족되지 못하면 불안이 발생한다.
- ㉤ 아들러는 인간은 소속되고자 하는 강한 욕구를 가졌고 또 소속감을 가질 때에만 문제에 직면하고 그것을 처리하기 위해 노력한다고 주장하고 있다.
- ㉥ 사회적 관심은 가족관계 및 아동기 경험의 맥락에서 발달한다.

③ 현실에 대한 자각
- ㉠ 개인주의 심리학은 현상학적인 관점을 수용하여, 개인이 자신과 자신이 적응해 나가야 하는 환경을 어떻게 보느냐에 따라 그의 행동이 결정된다고 하였다.
- ㉡ 모든 개인은 자신이 가진 개인적 신념, 관점, 지각, 결론 등의 도식과 일치하는 방향으로 그들 자신이 설계한 세계에서 산다.

④ 열등감
  ㉠ 인간의 열등감은 근본적으로 모든 인간이 무엇인가를 추구할 수 있는 동기가 되며, 그 형태는 각자의 생활양식과 일치된 방식으로 매우 다양하다.
  ㉡ 개인이 잘 적응하지 못하거나 준비가 안 되어 해결할 수 없는 문제에 부딪혔을 때 나타난다.
  ㉢ 신체기관 혹은 신체적 결함에서 유래하는 열등상태뿐만 아니라 심리적 혹은 사회적 열등감도 포함된다.
  ㉣ 열등성을 극복하기 위해 훈련과 연습을 통한 보상적 노력을 하게 되고, 이는 개인에게 성공을 가져다주기도 하지만 실패한 경우 병적 열등감에 머물게 된다.

⑤ 보 상
  ㉠ 인간은 항상 좀 더 나아지기를 원하기 때문에 본질적으로 열등감을 경험하게 되고, 이를 보완하기 위해 신체적·정신적 기술을 훈련하거나 연습을 통해 부족한 점을 충족하려 시도한다.
  ㉡ 신체적 열등성을 극복하기 위해 훈련과 연습을 통한 보상적 노력을 하게 되며, 이는 잠재력을 발휘하도록 인간을 자극하는 건전한 반응이 될 수 있다.

⑥ 우월성 추구
  ㉠ 열등감에 대한 보상의 노력은 결국 우월성의 추구라는 개념으로 연결된다. 아들러는 궁극적인 목적을 바로 우월성의 추구라고 보았다. 우월은 낮은 데서 높은 데로, 마이너스에서 플러스로 가려는 노력인 것이다. 즉, 열등감을 극복한다는 소극적인 입장에서 보다 적극적인 향상과 완성으로 나아가는 것이다.
  ㉡ 성공의 목표가 개인을 완숙으로 나아가게 밀어주고 장애물을 극복하게 한다고 주장한다.

Plus ⊕ one

아들러의 우월성의 본질에 대한 정리
• 인간의 기본 동기이다.
• 모두가 공통적으로 가지고 있다.
• 우월의 목표가 부정적인 경향이나 긍정적인 경향을 취할 수 있다.
• 완성을 위한 노력은 상당한 정력과 노력을 요구한다.
• 우월에 대한 추구는 개인과 사회 두 가지 수준에서 일어나는데 개인으로서 완성을 위해서 노력하고, 사회의 일원으로서 우리의 문화를 완성하기 위해 노력한다는 것이다.

⑦ 생활양식(생애유형)
  ㉠ 아들러는 인간을 배우, 창조자, 우리 삶의 예술가로 본다.
  ㉡ 생애유형은 사람이 자신의 삶의 목표를 추구하기 위해 선택한 고유의 방식을 말한다. 자신이 세계를 보는 관점과 독특한 행동, 습관들로 이루어지며 전반적으로 삶에 적용되고 상호작용하는 통합된 양식이다.
  ㉢ 생활양식은 생의 초기 5~6년 동안에 형성되는데 이것은 가족들과의 어린 시절의 상호작용에서 학습된다. 그러나 아동기의 경험 자체가 중요한 것이 아니고 이런 사건들에 대한 현재이 해서이 중요하다.

⑧ **가상적 목표** : 개인이 추구하는 궁극적인 목표는 현실에서는 검증되지 않은 가상의 목표로서 미래에 실재하는 어떤 진실을 의미하는 것이 아니라 진실이라고 믿는 일종의 미래에 대한 기대를 말한다.

(4) 출생순위별 자녀의 특성

① **맏 이**
  ㉠ 외동 자녀의 상황을 경험한 후 동생의 출생과 함께 새로운 상황에 적응해야 하므로 '쫓겨난 황제'에 비유될 수 있다.
  ㉡ 맏이는 잠시 동안 부모의 사랑을 독차지하지만 동생이 태어나면서 사랑을 빼앗기게 되고 그것을 되찾으려고 노력하나 실패한다. 그 결과 그는 스스로 고립해서 적응해 나가며 다른 사람의 애정이나 인정을 얻고자 하는 욕구에 초연해 혼자 생존하는 전략을 습득해 간다.
  ㉢ 부모는 맏이에게 성숙과 책임을 기대하고, 맏이는 일반적으로 다른 성인들과 좋은 관계를 맺으며 타인의 기대에 순응하고 사회적인 책임을 잘 감당하는 특징을 보인다.

② **둘째 아이**
  ㉠ 맏이보다 더 유리한 위치에 있다. 한 번도 관심의 초점이 되어 본 적이 없으므로 동생들에 대해 덜 예민하다.
  ㉡ 둘째 아이는 날 때부터 형이나 누나라는 경쟁자를 가지고 있으므로 그들의 장점을 능가하기 위한 자극과 도전을 받아 첫째보다 훨씬 빠른 발전을 보이기도 하지만, 경쟁심이 매우 강하고 대단한 야망을 가진 성격이 되기 쉽다.
  ㉢ 둘째 아이의 생활양식은 자신이 형보다 낫다는 것을 증명하기 위해 노력하는 것이다.

③ **막 내**
  ㉠ 항상 가족의 아기이며, 부모의 애정을 동생에게 빼앗겨 본 슬픔을 모른다.
  ㉡ 막내는 동생에게 자리를 빼앗기는 경험 없이 귀염둥이로 자라게 될 수도 있지만 때로는 전혀 관심을 받지 못할 수도 있다.
  ㉢ 자기보다 크고 힘이 센 특권이 있는 형, 누나, 오빠, 언니들에게 둘러싸여 있으므로 독립심의 부족과 함께 강한 열등감을 경험하기 쉽고 다른 사람이 자기 대신 자기의 생활을 만들어 주기를 바라는 경향이 있다.

④ **외동자녀**
  ㉠ 경쟁할 형제가 없는 독특한 위치에 있으므로 응석받이가 되기 쉽다.
  ㉡ 의존심과 자기중심성이 현저하게 나타나게 되며, 나누어 가지거나 다른 아동과 협동하는 것을 배우지는 못하나 어른들을 어떻게 다루어야 하는지는 잘 배운다.
  ㉢ 항상 무대의 중앙에 있기를 원하며, 그 위치가 도전을 받으면 불공평하다고 느낀다.

Plus ⊕ one

아들러의 개인심리학

• 아들러는 인간의 사고와 행동의 주된 동기가 우월성과 권력에 대한 욕구에 있으며, 이러한 욕구는 부분적으로는 열등 감을 보상하려는 데서 오는 것이라고 생각했다. 결국 개인은 독특하며, 독특한 목표와 그것을 추구하는 방식을 포함한 개인의 성격구조는 생활양식으로 표현된다. 그러나 전반적인 인간관계 · 직업 · 사랑 등을 포함하여 모든 중요한 문제들은 사회적이기 때문에 개인을 사회와 분리하여 생각할 수는 없다.

• 개인심리학 이론을 통해 심리학적 정상과 비정상을 설명할 수 있다. 잘 계발된 사회적 관심을 가진 정상인은 생활의 유용한 측면에 노력을 기울여(즉, 공공복지에 공헌함으로써 공통된 열등감을 극복) 보상을 하는 반면 신경증이 있는 사람은 열등감 증대, 사회적 관심 저하, 과장되고 비협동적인 우월감 등을 특징으로 하며, 이러한 증상들은 불안과 공격성으로 나타난다. 따라서 이들은 문제를 과제 중심적이고 상식적인 방식에 의하지 않고 해결하려 하기 때문에 결국 문제해결에 실패하게 된다.

제2절 행동주의이론

1 스키너의 행동주의이론 11, 14회 기출

(1) 행동주의이론의 개요

① 인간의 행동을 설명하기 위하여 과거의 이론가들은 인간이 지닌 '동기'라는 개념에 주목해 왔다. 동기에 관한 이론들은 인간의 행위의 다양성과 복잡성을 밝히는 데 기여했으며, 그 원인을 밝히는 연구에도 기여한 바가 적지 않다.

② 스키너(Skinner)를 비롯한 행동주의자들은 인간의 행동에 대해 어떤 특수한 동기를 가정하는 것을 거부한다. 이들은 행동의 확률을 증가시키는 요인이나 그 행동을 유지하게 하는 요인, 또는 변화시키는 요인에 관심을 갖는다.

③ 인간의 동기에 관한 이론들은 인간 노력의 다양성과 복잡성을 밝히는 것을 도와주었으며, 행동의 원인에 대한 연구의 발달에도 기여해 왔다. 그 중 스키너의 연구는 인간행동에 대한 진정한 과학이 가능할 뿐만 아니라 그것이 바람직하다는 전제에 근거하고 있다. 그의 견해에서 과학은 개별 유기체의 행동을 실험적으로 예언하고 결정한다고 했다.

④ 스키너는 행동하는 체계로서 유기체의 '기능적 분석'을 제안한다. 이러한 분석은 유기체의 행동을 통제하거나 결정하는 정확한 조건들과 관계를 맺는다고 했다.

⑤ 스키너의 접근법은 '독립변인(자극사상)'과 '종속변인(반응양식)' 간의 관찰 가능한 것에 집중하며 이론은 조작적 철학에 기반을 두고 있다. 즉, 행동은 결과 또는 보상 및 처벌에 의해 유지된다는 것이다.

⑥ 스키너는 모든 행동은 법칙과 질서에 맞게 발생한다고 했다. 즉, 행동은 통제되며 통제의 약속은 기능적 분석을 통해 성취될 수 있다는 것이다. 이것이 뜻하는 바는 자극들 혹은 특수한 조건들에 어떤 반응들이 뒤따르는가를 분석함으로써 인과관계를 발견할 수 있다는 것이다.

(2) 행동주의이론의 특징

① 유전적 설명을 거부하였으며, 인지적 기능을 고려하지 않았다.
② 무의식적 동기를 부정한다. 즉, 과학적 분석을 중시하며, 실증이 가능한 것을 연구의 대상으로 삼았다.
③ 인간의 자율성과 행동의 책임성에 대해 부정한다.
④ **기계론적 인간관**
　㉠ 인간행동은 법칙적으로 결정되고 예측이 가능하며, 통제될 수 있다고 보았다.
　㉡ 유기체의 반응은 특수한 환경에서의 외형적인 행동들을 강조하고 인간행동이 외적 자극에 의해 동기화된다고 보았다.
⑤ 치료적인 접근으로 강화계획에 의거한 행동수정을 강조하였다.

(3) 인간에 대한 관점

① 인간행동은 내적 충동보다는 외적 자극에 의해 동기화된다고 본다.
② 인간은 보상과 처벌에 따라 유지되는 기계적 존재로 모든 인간행동은 법칙적으로 결정되고 예측이 가능하므로 통제할 수 있다고 본다.
③ 인간의 행동은 환경의 자극에 의해 동기화되며 행동에 따르는 강화에 의해 전적으로 결정된다고 보았다.

[인간행동에 대한 기본가정]

선행요인(A)	행동 이전에 일어나는 사건으로, 이 사건으로 일어날 행동의 단계를 설정한다.
행동(B)	관찰과 측정이 가능한 반응 또는 행동으로, 행동은 인지 · 심리생리적 반응 · 감정 등을 포함하는 넓은 의미이다.
결과(C)	특정 행동의 직접적인 결과를 말하는 것으로, 결과를 가장 잘 설명하는 용어는 강화와 벌이다.

Plus ⊕ one

행동주의학습이론
• 손다이크(Thorndike)의 시행착오설 : 학습의 기본형식을 특정 자극(S)에 대한 시행착오적 반응(R)의 결합과정으로 보았다.
• 파블로프(Pavlov)의 고전적 조건형성 : 무조건 자극과 조건 자극을 계속 짝지어 제시하면 어떤 조건 자극에 대한 조건반응이 형성된다.
• 스키너(Skinner)의 작동적 조건형성 : 어떤 행동이 일어난 직후에 강화물을 제공하거나 제시함으로써 그 행동이 일어날 확률을 높이거나 낮추는 것이다.
• 반두라(Bandura)의 관찰학습(사회적 학습) : 타인의 행동을 관찰함으로써 학습하는 것이다.

(4) 스키너의 조작적 조건화

12, 13회 기출

① 손다이크(Thorndike)에 의해 시작된 조작적 조건형성이론은 스키너(Skinner)에 의해서 더욱 발전했다.

② 스키너는 인간의 행동은 고전적 조건형성에서 설명하고 있듯이 수동적이고 기계적인 반응행동만 있는 것이 아니라, 유기체 스스로 행동을 일으키고 환경을 통제하며 그것에 의해 통제받는 의지적·자발적인 조작행동이 더 많다고 보았다.

③ 인간의 행동은 그 행동의 결과에 의해 변화된다는 그의 이론을 증명하기 위하여 '스키너 상자'를 만들어 실험하였다. 방음이 된 이 상자는 한쪽 구석에 지렛대가 있고 이것을 누르면 자동적으로 먹이와 물이 나오게 되어 있으며 동물은 마음껏 상자 안을 돌아다닐 수 있게 되어 있다.

④ 스키너의 조작적 조건화는 강화에 의해 반응행동을 변화시키려는 방법이기 때문에 '강화이론'이라고 불린다. 따라서 강화를 어떻게 주는 것이 학습에 효과적인가를 밝히는 연구가 많이 수행되었다. 중요한 연구 결과로서 유기체가 원하는 반응을 할 때마다 강화를 주는 것보다는 간헐적으로 강화를 제공하는 것이 반응을 유지하는 데 효과적이고, 벌이나 혐오자극에 의한 강화보다는 칭찬, 격려, 상 등의 긍정적 강화물이 학습에 보다 효과적이며, 반응을 보인 후 즉시 강화물을 제공하는 것 등도 반응유지에 도움이 된다는 점 등을 밝히고 있다.

⑤ 조작적 조건화의 주요원리

6, 7, 8, 9회 기출

구 분	내 용
강화의 원리	• 강화자극(보상)이 따르는 반응은 반복되는 경향이 있으며, 조작적 반응이 일어나는 비율을 증가시킨다. • 행동은 그 행동의 결과에 의해 지배를 받게 되어 유기체가 한 행동이 만족한 결과를 가져올 때 더욱 강한 행동의 반복을 가져온다.
소거의 원리	일정한 반응 뒤에 강화가 주어지지 않으면 반응은 사라진다. 예 학습자가 공손하게 인사를 해도 윗사람이 인사를 받아주지 않고 무시해 버린다면 인사하는 빈도는 줄어들게 되고, 마침내 인사행동은 사라지게 된다.
조형의 원리	• 실험자 또는 치료자가 원하는 방향 안에서 일어나는 다양한 반응들만을 강화하고, 원하지 않는 방향의 행동에 대해 강화받지 못하도록 하여 결국 원하는 방향의 행동을 할 수 있도록 하는 것이다. • 스키너의 이론에서 중요한 기법인 행동수정의 근거가 되는 개념이다.
자발적 회복의 원리	• 일단 습득된 행동은 만족스러운 결과가 주어지지 않는다고 하여 즉시 소거되지는 않는다. • 한 번 습득된 행동은 보상이 주어지지 않더라도 똑같은 상황에 직면하는 경우 다시 나타난다.
변별의 원리	보다 정교하게 학습이 이루어지는 것으로서, 유사한 자극에서 나타나는 작은 차이에 따라 다른 반응을 보이는 것이다. 예 어려서 어른에게 인사하는 법과 친구에게 인사하는 법을 구별하여 학습하게 되는 것은, 친구들과 인사하는 방식으로 어른에게 인사했을 때 그 결과가 달랐기 때문에 변별 학습한 것이다.

⑥ 강화와 처벌　　　　　　　　　　　　　　　　　　　　　 5, 6, 8, 9, 11, 13회 기출

구 분	특 징
정적 강화	유쾌 자극을 부여하여 바람직한 반응의 확률을 높인다. 예 교실 청소를 하는 학생에게 과자를 준다.
부적 강화	불쾌 자극을 제거하여 바람직한 반응의 확률을 높인다. 예 발표자에 대한 보충수업 면제를 통보하여 학생들의 발표를 유도한다.
정적 처벌	불쾌자극을 부여하여 바람직하지 못한 반응의 확률을 감소시킨다. 예 장시간 컴퓨터를 하느라 공부를 소홀히 한 아이에게 매를 가한다.
부적 처벌	유쾌자극을 제거하여 바람직하지 못한 반응의 확률을 감소시킨다. 예 방 청소를 소홀히 한 아이에게 컴퓨터를 못하게 한다.

⑦ 강화계획　　　　　　　　　　　　　　　　　　　　　 5, 9, 10, 11, 13, 20회 기출

구 분		특 징
계속적 강화계획		• 반응의 횟수나 시간에 상관없이 기대하는 반응이 나타날 때마다 강화를 부여한다. • 일상생활에서보다는 실험실에서 적용 가능한 방법에 해당한다. • 학습초기단계에는 효과적이지만, 일단 강화가 중지되는 경우 행동이 소거될 가능성도 있다. 예 아이가 숙제를 모두 마치는 경우 TV를 볼 수 있도록 허락한다.
간헐적 강화계획		• 반응의 횟수나 시간을 고려하여 간헐적 또는 주기적으로 강화를 부여한다. • 계속적 강화계획에 비해 상대적으로 학습된 행동을 유지하는 데 효과적인 방법이다. • 고정간격계획, 가변(변수)간격계획, 고정비율계획, 가변(변수)비율계획 등으로 구분된다.
	고정간격계획 (FI)	• 요구되는 행동의 발생빈도에 상관없이 일정한 시간 간격에 따라 강화를 부여한다. • 지속성이 거의 없으며, 강화시간이 다가오면서 반응률이 증가하는 반면, 강화 후 떨어진다. 예 주급, 월급, 일당, 정기적 시험 등
	가변(변수) 간격계획 (VI)	• 일정한 시간 간격을 두지 않은 채 평균적으로 확인할 수 있는 시간 간격이 지난 후에 강화를 부여한다. • 느리고 완만한 반응률을 보이며, 강화 후에도 거의 쉬지 않는다. 예 1시간에 3차례의 강화를 부여할 경우, 25분, 45분, 60분으로 나누어 강화를 부여함
	고정비율계획 (FR)	• 행동중심적 강화방법으로서, 일정한 횟수의 바람직한 반응이 나타난 다음에 강화를 부여한다. • 빠른 반응률을 보이지만 지속성이 약하다. 예 옷 공장에서 옷 100벌을 만들 때마다 1인당 100만원의 성과급을 지급함
	가변(변수) 비율계획 (VR)	• 반응행동에 변동적인 비율을 적용하여 불규칙한 횟수의 바람직한 행동이 나타난 후 강화를 부여한다. • 반응률이 높게 유지되며, 지속성도 높다. 예 카지노의 슬롯머신, 복권 등

⑧ 기타 행동주의 기법 2, 5, 15회 기출

　　㉠ 토큰경제 : 바람직한 행동들에 대한 체계적인 목록을 정해놓은 후, 그러한 행동이 이루어질 때 그에 상응하는 보상(토큰)을 하는 것이다.

　　㉡ 타임아웃 : 특정 행동의 발생을 억제하기 위해 이전의 강화를 철회하는 일종의 벌에 해당한다.

　　㉢ 체계적 둔감법 : 혐오스러운 느낌이나 불안한 자극에 대한 위계목록을 작성한 다음, 낮은 수준의 자극에서 높은 수준의 자극으로 상상을 유도함으로써 혐오나 불안에서 서서히 벗어나도록 하는 것이다.

2 반두라의 사회학습이론 3, 7, 9, 13회 기출

(1) 사회학습이론의 개요 1, 6, 9, 12회 기출

① 사람의 행동은 타인의 행동이나 상황을 관찰하거나 모방한 결과로 이루어진다는 교육심리학 이론 중의 하나로서, 캐나다 출신의 미국 심리학자인 '반두라(A. Bandura)'가 조건형성과 인지이론을 통합하여 주장한 이론이다.

② 타인의 행동이나 상황이 한 개인의 행동에 영향력을 행사한다는 점에서 보상, 처벌 등의 조작 결과로 인간 행동이 결정된다는 기존의 이론과는 다르다.

③ 반두라의 연구에서 사회학습이론은 자신과 타인에게 주는 영향과 효과를 관찰한 후 그 결과를 바탕으로 자신의 행동을 평가하고 미래의 성공 여부를 가늠해보는 것이다.

(2) 주요 개념 9, 13, 16회 기출

① 모방(Modeling) 14회 기출

　　㉠ 다른 사람이 행동하는 것을 보고 들으면서 그 행동을 따라하는 것이다(대리경험에 의한 학습).

　　㉡ 흔히 공격적인 행동, 이타적 행동, 불쾌감을 주는 행동이 관찰을 통해 학습된다.

　　㉢ 반두라의 실험적 연구에 따르면 아동은 위대하다고 생각되는 사람의 행동을, 위대하다고 생각하지 않는 사람의 행동보다 더 잘 모방한다.

　　㉣ 자기와 동성인 모델의 행동을 이성인 모델의 행동보다 더 잘 모방한다.

　　㉤ 돈·명성·높은 사회경제적 지위 등을 지닌 모델을 더 잘 모방한다.

　　㉥ 벌을 받은 모델을 거의 모방하지 않으며, 연령이나 지위에서 자기와 비슷한 모델을 상이한 모델보다 더 잘 모방한다.

　　㉦ 시연을 통해 행동을 습득할 수 있으며, 각 단계마다 칭찬을 해주면 효과적이다.

　　㉧ 쉽고 간단한 것부터 습득하며, 점차 어렵고 복잡한 것으로 진전된다.

② 인 지

　　㉠ 사회적 학습은 주로 인지적 활동이며, 학습된 반응을 수행할 의지는 인지적 통제하에 있다.

　　㉡ 인간은 심상·사고·계획 등이 가능하고 인식하는 존재이므로 장래를 계획하고, 내적 표준에 근거해 자신의 행동을 조정하며, 자기 행동의 결과를 예측할 수 있다.

③ **자기강화(Self-reinforcement)** : 자신이 통제할 수 있는 보상을 스스로에게 주어서 자신의 행동을 유지하거나 변화시키는 과정이다.

④ **자기효율성 또는 자기효능감(Self-efficacy)** : 내적 표준과 자기강화에 의해 형성되는 것으로 어떤 행동을 성공적으로 수행할 수 있다는 신념이다.

⑤ **자기조절(Self-regulation)** : 수행과정, 판단과정, 자기반응과정을 통해 자신의 행동을 스스로 평가ㆍ감독하는 것이다.

⑥ **관찰학습(Observational Learning)** : 직접적인 보상이나 처벌 경험 없이 타인의 행동에 대한 관찰을 통해 행동을 습득하는 것이다.

Plus ⊕ one

논박(Dispute)　　　　　　　　　　　　　　　　　　　　　　　16회 `기출`

내담자가 가지고 있는 비합리적 신념이나 사고에 대해 그것이 사리에 부합하는 것인지 논리성ㆍ현실성ㆍ효용성에 비추어 반박하는 것으로서, 엘리스(Ellis)의 합리적ㆍ정서적 행동치료(REBT)의 주요 개념에 해당한다.

(3) 사회학습의 원리
 12회 `기출`

① 사람은 타인의 행동을 관찰함으로써 배울 수 있다.

행동주의 이론은 시행과 착오에 의해 학습을 설명한다. 즉, 사람은 어떤 반응을 하고 그 후에 오는 강화와 벌에 의해서 학습된다고 본다. 그러나 사회학습론자들은 대부분의 학습은 시행착오에 의한 것이 아니라 단지 타인의 행동을 보는 것에 의해서 발생한다고 보았다.

② 학습과 실행은 서로 구분된다.

행동주의자들은 어떤 학습도 행동변화 없이 일어나지 않는다고 한다. 그러나 사회학습론자들은 관찰만으로도 학습은 일어난다고 한다. 학습은 행동변화를 일으킬 수도 있고 그렇지 않을 수도 있다.

③ 강화는 학습에 중요한 역할을 한다.

작동적 조건화는 반두라의 초기 연구의 개념이었다. 강화의 역할은 재개념화된다. 최근의 사회학습 이론가들은 강화는 학습에 결정적인 역할을 하는 것이 아니며 간접적인 영향을 준다고 주장한다.

④ 인지적인 과정은 학습에 중요한 역할을 한다.

사회학습이론은 인간학습의 분석에 있어서 끊임없이 인지적인 점을 강조해 왔다. 반두라에 따르면, 반응–강화 연결을 인지하는 것은 학습과정의 필수적인 요소이다. 미래 보상에 대한 기대는 행동에 중요한 역할을 한다. 또한 어떻게 학습이 발생하는가에 대한 설명에 집중과 파지와 같은 인지적인 과정을 통합한다.

(4) 성격발달이론

① 성격발달에서 상징적인 환경이 중요함을 강조한다.

② 인간행동의 많은 부분은 자기강화에 따라 결정된다.

③ 자기효율성이 높은 사람은 기대한 결과에 미치지 못하면 환경을 바꾸는 등의 노력을 한다.

④ 자신이 얼마나 잘 수행할 수 있을지 기대하는 것은 실제로 행동을 움직이는 인지적인 각본의 핵심이 된다.

(5) 관찰학습의 과정

1, 2, 5, 8, 11, 18, 19회 기출

① 주의집중과정

ㄱ 모델에 주의를 집중시키는 과정으로, 모델은 매력적 특성을 가지고 있어서 주의를 끌게 되며 관찰자의 흥미와 같은 심리적 특성에 대해서도 영향을 받는다. 다른 사람이 어떤 행동을 시도해서 어떤 결과가 나타나는지 보는 것을 대리적 강화라 하는데, 이것은 간접경험으로서 내가 그 행동을 했을 때 예상되는 결과를 생각하는 데 반영이 된다.

ㄴ 반두라에 의하면 주의집중과정에 영향을 주는 변수 중 가장 큰 영향을 주는 것은 교제유형으로 자주 접하는 사람이나 집단 성원의 행동을 더 많이 관찰하고 모방한다는 것이다.

ㄷ 관찰자 자신의 특성도 주의집중에 많은 영향을 미친다. 주의집중 자체가 선택적 지각이라 함은 관찰자가 흥미를 갖고, 의미 있다고 여기는 것을 관찰한다는 것이다. 인간은 보고 싶은 것만 보려고 하는 속성이 있다.

② 보존과정(파지과정)

ㄱ 관찰학습의 두 번째 과정은 관찰한 내용을 파지하는 과정이다. 관찰을 한 후 적당한 시기에 기억되지 못한다면 이 학습은 의의가 없어진다. 모델링된 단서가 행동으로 재생되기 위해서는 최초의 관찰 단계에서 그 모델의 반응에 대한 관찰이 어떤 상징적 형태로 기억 속에 저장되어야 한다.

ㄴ 관찰학습은 주로 심상과 언어라는 두 가지 표상체계에 의존하고 있다. 모델자극이 반복해서 제시되면 관찰된 수행에 대해서 지속적이고 인출 가능한 심상이 형성된다. 언어적 부호화는 시각적·감각적으로 관찰된 정보를 언어적으로 부호화시키는 일이다.

③ 운동재생과정

ㄱ 모델을 모방하기 위해 심상 및 언어로 기호화된 표상을 외형적인 행동으로 전환하는 단계이다. 이때 전제조건은 신체적인 능력이다.

ㄴ 학습자가 모델행동의 상징적 표상을 주의 깊게 형성하고, 기억한다 할지라도 이것만으로는 행동을 올바르게 수행하기 어려울 수 있다. 비행기 조종, 운전 등과 같은 고도의 학습숙달을 요하는 것들이 그 예이다. 완전한 행동을 수행하려면 운동 동작의 계속적인 실천과 정보적 피드백(칭찬, 조언 등)에 근거한 자기 수정적 조정이 필수적이다.

ㄷ 모델의 제시에 의해 새로운 행동의 개요를 습득하여 실제로 수행을 하고, 일부 학습된 부분행동에 초점을 두고 모델을 관찰하며, 정보적 송환을 거쳐 자기 수정적 조정을 계속해 나감으로써 행동은 세련되고 완전해진다.

④ 동기화 과정(자기강화의 과정)

　㉠ 사람들은 배운 것이라고 해서 무엇이든 실행하지는 않기 때문에 사회적 학습이론은 지식의 획득과 수행을 구별한다. 만족할만한 결과가 예기되면 모델행동을 사용하지만 보상이 주어지지 않거나 불만족스러운 결과가 예기되면 그 일을 하지 않게 된다.

　㉡ 일반적으로 긍정적 자극이 주어지면 모델링이나 관찰학습은 빠르게 행동으로 전환된다. 그러한 행동을 하는 것에 대한 강화가 예상되면 행동은 촉진된다. 모델의 행동이 보상을 받거나 어떤 혐오적인 상태를 방지하는 것을 관찰하면 그 행동에 주의를 기울여 기억하게 되고, 나중에 그 일을 수행하는 것에 강한 자극제가 될 수 있다. 이 경우 강화는 대리적으로 경험되어 비슷한 행동이 비슷한 결과를 가져올 것이라고 예상할 수 있다.

(6) 스키너의 행동주의이론과 반두라의 사회학습이론의 비교

① 스키너는 기계론적 환경결정론의 입장을 취하는 반면, 반두라는 상호적 결정론을 취한다.

② 인간행동에 대해 스키너는 객관적인 자극 − 반응의 관계만을 강조한 반면, 반두라는 인지와 같은 주관적인 요소가 관여한다고 보았다.

③ 인간의 행동을 불러일으키는 요인은 환경적 자극이라는 점에서는 공통점을 갖는다.

④ 두 이론 모두 관찰 가능한 행동에 초점을 두고 있기 때문에 과학적 연구를 통해 인간 본성을 설명할 수 있다고 본다.

⑤ 스키너와 반두라의 이론에서는 강화속성이나 환경적 자극의 변화를 통해 인간 행동은 변화할 수 있다고 본다.

(7) 행동주의이론이 사회복지실천에 미치는 영향

① 원조의 관점을 인간의 내적 갈등에서 외적 행동으로 전환시켰다.

② 인간의 신체적·심리적 발달에 있어서 환경의 중요성을 강조함으로써 환경의 변화를 통해 문제를 해결할 수 있는 기반을 제공하였다.

③ 다양한 개입기법을 통해 클라이언트의 행동수정 및 행동치료를 가능하게 하였다.

Plus ⊕ one

스키너 상자(Skinner Box)
- 주로 쥐나 비둘기의 자발적 행동을 분석하기 위해 스키너가 고안한 실험 장치를 가리킨다. 상자 안쪽 벽에 지렛대가 있어 그것을 누르면 밑에 있는 먹이통에서 보수로서 먹이가 나온다. 이 보수를 얻는 것이 강화되어 쥐는 지렛대 누르기를 학습하게 된다.
- 비둘기를 쓸 때는 지렛대 대신 표적을 만들어서 이것을 쪼으면 먹이가 나오게 만든다. 따로 급여장치가 있어서 지렛대(또는 표적)를 조작하면 작동한다. 더욱 발전된 제품에서는 프로그램용 부속장치를 연결시켜 여러 가지 강화 스케줄을 짤 수 있도록 되어 있다. 자발적 반응과 강화의 유무는 기록장치에 의하여 자동적으로 누적 기록된다. 같은 원리로 원숭이나 어린이들의 행동분석에도 쓰인다.

1 피아제의 인지발달이론

(1) 이론 개요

11, 15, 16회 기출

① 피아제(Piaget)의 인지이론은 인간이 외부 세계를 이해하고 파악하는 바탕인 인지적 구조가 형성되는 과정을 설명한다. 그는 지식의 구체적 내용에 관심을 가진 것이 아니라 인지적 성숙과정에 관심을 가졌다.

② '인지'는 정보를 획득하고 저장 및 활용하는 높은 수준의 정신과정을 말하며 그 개념 속에는 지적과정, 지각, 기억, 지능학습, 회상, 상상, 추리, 판단능력, 문제해결 등 추상적인 일련의 정신과정이 있다. 피아제는 이러한 인지과정의 근원은 유아의 생물학적 능력에 있다고 가정한다.

③ 생물학자였던 피아제는 아동이 나이가 들면서 사고과정의 유연성을 보이며 문제를 잘 해결한다는 것을 발견하였다. 즉, 인간의 뇌는 인지적 구조를 변화시킴으로써 환경에 적응하는 능력을 가지고 있으며, 지능은 환경이 적절한 다양성과 탐구에 대한 지지를 제공하면 체계적인 방식으로 발달한다는 것이다.

④ 피아제의 인지발달이론은 성격의 측면으로 간주될 수 있는 인지기능의 다양한 발달 수준을 개념적으로 설명함으로써 인지적 측면의 인간행동과 인간발달에 관한 사회복지사의 이해를 넓히는 데 기여하였다. 많은 사람들이 '인지치료'라고 하면 '학습치료'와 같은 의미로 생각하지만 인지치료란 우리가 흔히 생각하는 학습과 관련된 인지적 문제를 치료하는 것이 아니라 마음(정서)과 관련된 심리치료 이론의 하나이다.

⑤ 피아제는 인지발달이론에서 인지구조는 각 단계마다 사고의 방식이 질적으로 다르며, 각 단계는 내부적으로 일관된 체계를 갖추고 있는 하나의 완전체로 보았다. 또한 상위단계는 바로 하위단계를 기초로 형성되고 하위단계를 통합하며, 단계들은 수직적으로뿐만 아니라 수평적으로 통합된다고 하였다. 더불어 단계들은 모든 인류에게 특유한 것으로, 문화에 따라 다르지 않으며 모든 문화에 걸쳐 같은 단계들이 나타난다고 간주하였다.

⑥ 아론 벡(Aaron Beck)에 의해 개발된 인지치료는 위에서 말한 것처럼 다양한 심리적 장애를 다루는 데 사용되는 적극적이고, 지시적이며, 시간제한적이고, 현재지향적이며, 특정한 목표 증상을 표적으로 하는 구조화된 심리치료이다. 이는 개인의 정서와 행동은 주로 그가 세계를 구조화하는 방식에 의하여 결정된다고 하는 '인지모형'이라는 이론적 근거에 기초하고 있다. 이러한 인지모형은 모든 심리적인 장애에는 왜곡되고 역기능적인 사고가 공통적으로 존재하며, 이러한 역기능적인 사고는 환자의 기분과 행동에 영향을 미친다고 가정한다.

(2) 피아제의 지적 구조이론

기본가정	• 인성은 지적 기능과 정적 기능의 통합이다. • 지적 과정은 인성의 기능들을 조직 · 통합한다. • 인간의 제 기능의 목표는 고차적인 평형에 있다.
지적발달 개념의 일반적 원리	• 계속적인 과정이며, 발달은 일반화와 분화의 과정이다. • 스키마(Schema)의 차이가 행위와 경험의 차이를 낳게 한다.
내 용	• 지능의 개념 : 환경의 여러 변화하는 조건과 대응하면서 사고와 행위를 재구성해 나가는 적응행동의 한 특수한 형태이다. • 지적 기능과 구조 : 지적 기능은 행위의 일반적 특성이며 지적 구조는 연령에 따라서 변화하는 지능의 조직화된 국면이다. • 동화와 조절 : 동화란 새로운 대상이나 사물을 인지할 때 기존 인지구조에 맞춰 인식하는 것이다. 인간의 인지작용은 이와 같은 동화작용만으로는 불가능하며, 조절은 기존 인지구조를 어떤 새로운 형태나 종류로 변화시키는 것이다. • 스키마(Schema) : 내부적 도식 또는 반사적 행동의 체제이다.

Plus ⊕ one

주요 개념 1, 13, 16회

• 보존 : 6세 이상의 아이들은 훨씬 추상적인 인지수준을 보인다(질량은 양적 차원에서는 동일하지만 모양의 차원에서는 변할 수 있다는 개념).
• 도식 : 인간이 자신의 인지발달수준에 따라 아이디어와 개념을 생각하고 이를 조직화하는 방식이다.
• 적응 : 자신이 주위 환경의 조건을 조정하는 능력으로서, 피아제는 인지의 발달이 유기체가 환경과 상호작용하는 적응의 과정을 통해 이루어진다고 하였으며 이는 동화와 조절의 하위개념으로 구분된다.
  – 동화 : 새로운 자극이 되는 사건을 이미 가지고 있는 도식이나 행동양식에 맞춰가는 인지적 과정으로 기존 도식의 관점에서 새로운 경험을 해석하는 경향을 말한다.
  – 조절 : 대상들이 현존하는 도식에 맞지 않을 경우에 새로운 도식을 만드는 것으로 새로운 정보에 적응하기 위해 기존의 도식을 능동적으로 변경하는 경향을 말한다.
• 조직화 : 상이한 도식들을 자연스럽게 서로 결합하는 것이다.
• 자아중심성 : 자신과 대상을 서로 구분하지 못하는 것으로 자아중심성은 자신의 사고와 감정에 초점을 두고 자신의 지식을 이용하기 때문에 다른 사람의 관점을 받아들이지 못하는 것이다.

(3) 피아제의 인지발달단계 1, 2, 3, 4, 5, 6, 9, 10, 12, 13회

① 감각운동기 7, 15회

단순한 반사반응만 나타나는 출생 직후부터 초기의 유아적 언어를 사용하고 상징적 사고가 시작되는 2세까지가 이 단계에 해당된다. 신생아의 인지 세계는 미래에 대한 설계나 과거의 기억이 없는 현재의 세계이며 감각운동에 기초해서만 경험하게 된다. 유아는 주로 사물을 만져보고 조작해 보며, 환경을 근접 탐색해서 학습을 한다. 이 시기의 특징은 대상영속성을 이해하기 시작한다는 것이다. 대상영속성은 눈앞에 보이던 사물이 갑자기 사라져도 그 사물의 존재가 소멸되지 않는다는 것을 인식할 수 있는 능력으로, 대상영속성에 대한 도식은 시간, 공간 등의 개념을 이해하는 데 기초가 된다. 이 단계는 여섯 개의 하위 단계들로 구분되며, 유아가 체계적인 목적 없이 행동하는 수동적인 유기체에서 어떻게 지능의 초기적 요소를 가진 사고하는 존재로 발달하는가를 나타낸다.

Plus ⊕ one

감각운동기의 발달순서
반사활동(쥐기, 빨기, 때리기, 차기와 같은 반사적 행동) → 1차 순환반응(자기 신체에 대한 반응) → 2차 순환반응(외부 대상에 대한 반응) → 2차 도식의 협응(주위환경에 대한 반응) → 3차 순환반응(관찰 및 실험 행동) → 정신적 표상(사건을 정신적으로 그려내고 행동 전 머리로 먼저 생각)

② 전조작기   9, 14, 20회 기출

학령 전 시기로 2~7세까지이다. 이 시기의 아동은 지각적 경험에만 의존하지 않으나 논리보다는 지각에 더 의존한다. 이 단계에서 가장 중요한 것은 언어를 사용하기 시작하고 언어 능력이 발달한다는 것이다. 언어의 습득으로 사물이나 사건을 내재화할 수 있는 능력이 생기며, 보이지 않는 것을 기억하는 표상이 가능하다. 그러나 직접적으로 지각적 경험을 하지 않은 사건이나 대상을 조작하는 능력은 제한되어 있다. 이 시기의 아동의 사고는 자기중심성, 상징놀이, 물활론, 비가역적 사고, 도덕적 타율성, 꿈을 외적 사건으로 생각하는 것, 보존개념의 부족으로 특징지을 수 있다.

③ 구체적 조작기   12, 15, 16회 기출

7~12세에 해당하는 시기로, 이 시기의 아동은 보존개념을 이해하고 특정한 조작들을 수행할 수 있으며 전조작기의 아동이 할 수 없는 다양한 지적 과업을 수행한다. 이 단계를 구체적이라고 하는 것은 조작의 대부분을 직접적 경험을 통해 획득하기 때문이다. 즉, 과거의 경험에 의존하여 조작이 수행되며, 언어적 지시만으로는 수행되지 못하므로 여전히 지각의 한계를 벗어날 수 없으며, 실제적이고 구체적인 대상과 사상들에 한정된 논리만이 가능하다. 이 시기의 아동은 보존개념을 획득하여 동일성, 보상성, 역조작의 사고가 가능하고 사물을 일정한 속성에 따라 분류할 수 있어서 전체와 부분과의 관계를 이해하며, 서열화 능력도 갖게 된다. 또한 타인과의 상호작용을 통해 자아중심성에서 탈피하며 자율적 도덕성을 획득한다.

④ 형식적 조작기   16, 17회 기출

12세 이후를 포함하며, 이 시기의 아동은 새로운 상황에 직면했을 때 현재의 지각적 경험뿐만 아니라 과거와 미래의 경험을 사용한다. 어떤 일을 수행하기 전에 문제에 대해 다양한 해결책을 고려할 수 있는 사고 능력을 가지며 이 단계에서 나타나는 사고의 특징은 구체적 조작기와 구분된다.

Plus ⊕ one

피아제의 인지발달단계 16회 기출

감각운동기 또는 감각적 동작기 (0~2세)	• 과거나 미래가 없는 현재의 세계만을 인식한다. • 자신과 외부대상을 구분하지 못한다. • 직접 만지거나 조작해 보고, 근접탐색함으로써 환경을 이해한다. • 대상영속성을 이해하기 시작한다. • 목적지향적 행동을 한다.
전조작기 (2~7세)	• 사고는 가능하나 직관적인 수준이며, 아직 논리적이지 못하다. • 사물에 대해 상징적 표상을 사용하기 시작한다. • 감각운동기에 형성되기 시작한 대상영속성이 확립된다. • 보존개념을 어렴풋이 이해하기 시작하지만 아직 획득하지 못한 단계이다. • 전조작기 사고를 나타내는 대표적인 예는 상징놀이와 물활론, 자아중심성이며 논리적 사고를 방해하는 요인으로는 자아중심성, 집중성, 비가역성이 있다.
구체적 조작기 (7~12세)	• 구체적 사물을 중심으로 한 이론적·논리적 사고가 발달한다. • 논리적인 사고는 가능하나 가설·연역적 사고에 이르지는 못한다. • 자아중심성과 비가역성을 극복할 수 있고 집중력을 향상시킬 수 있다. • 분류(유목화)·서열화(연속성)·보존개념을 획득한다.
형식적 조작기 (12세~중년기)	• 추상적 사고가 발달한다. • 가설의 설정·검증·연역적 사고가 가능하다. • 체계적인 사고능력과 논리적 조작에 필요한 문제해결능력이 발달한다.

용어정리
• 물활론 : 모든 사물에 생명이 있으며 사고하고 감정이 있다고 믿는 것이다.
• 분류 : 대상을 일정한 특징에 따라 다양한 범주로 나누는 능력을 말한다.
• 연속성 : 크기·무게·부피·길이 등 일정한 특징에 따라 대상을 배열하는 능력이다.
• 상징놀이 : 물리적으로 존재하지 않는 것으로 아이의 내적인 표상에 따라 대상을 만들고 놀이를 하는 것이다.

 제**4**절   인본주의이론

1 로저스의 현상학이론 7, 8, 16, 18, 20회 기출

(1) 인간관 10, 11, 12, 15회 기출

① 로저스는 인간마다 현실을 각기 달리 지각하고 주관적인 경험이 행동을 지배한다고 보았다. 다시 말해서 인간은 외부현실보다는 오히려 내부적인 경험에 의해 이끌린다는 것이다.

② 개인을 이해하는 방법은 그들의 세계에 들어가서 내적 참조체계를 이해하는 것이다.

③ 로저스는 인간이 단순히 기계적인 존재도, 무의식적 욕망의 포로도 아님을 강조하였으며, 인간이 스스로 자신의 삶의 의미를 능동적으로 창조하며 주관적 자유를 실천해 나간다고 주장했다.

④ 인간을 유목적적인 존재인 동시에 합리적이고 건설적인 방향으로 지속적으로 성장해 나가는 미래지향적 존재로 보았다.

⑤ 로저스의 인간관에는 자유 · 합리성 · 자기실현의 경향이 서로 연결되어 있다.

⑥ 인간은 선천적 잠재력을 발휘할 수 있는 조건들이 적절히 갖추어진다면 무한한 성장과 발전이 가능하다고 하였다.

⑦ 로저스는 모든 인간이 자신의 내부에 자기이해, 자기개념과 기본적 태도의 변화 및 자기지향적 행동을 위한 거대한 자원을 갖고 있다고 하였다. 이러한 선천적 능력의 표현이 바로 '자아실현경향'이다. 로저스는 자아실현경향을 자기충족, 성숙의 방향을 지향하는 모든 동기를 포함하는 각 개인의 진보적인 추진력이라고 규정하였다.

⑧ 로저스는 이러한 자아실현의 경향을 성취하기 위해 인간은 항상 노력하고 도전하여 어려움을 극복함으로써 진정한 한 개인이 되어 간다고 보았다. 그러나 이러한 자아실현을 완전히 최종적인 것으로 간주하지 않았으며, 인간은 항상 발전하고 성장할 수 있는 창조성이 있고 또 그럴 수 있는 가능성이 무한히 잠재되어 있다고 본다. 즉, 인간은 각자가 타고난 청사진을 갖고 있으며 그들의 잠재력을 달성하려는 타고난 자성능력이 있어 어떤 역경에서도 금방 회복할 수 있다고 믿었다.

⑨ 로저스는 치료적 관계에 있어서 비위협적 환경과 비심판적 태도, 공감과 진실성, 무조건적 긍정적 관심, 문제해결자로서의 클라이언트에 중요성을 두었다. 또한 상담자가 비지시적인 태도를 나타냄으로써 클라이언트 스스로 자신의 문제에 대해 인식하고 자신의 역량과 창조성을 발휘할 수 있도록 해야 한다고 주장하였다.

Plus ⊕ one

'완전히 기능하는 사람(Fully Functioning Person)'의 특징   1, 5, 7, 14회 [기출]
- 창조적으로 살아간다.
- 개방적으로 체험한다.
- '자신'이라는 유기체에 대해 신뢰한다.
- 자신의 느낌과 반응에 따라 충실하고 자유롭게 산다.
- 자신의 선택에 따른 실존적인 삶을 추구한다.

(2) 이론의 기본가정

① 로저스의 인간행동에 대한 기본가정은 그의 주관적 경험론에 입각하여 모든 인간에게 있어서 객관적 현실세계란 존재하지 않으며 주관적 현실세계만이 존재한다고 보고 있다. 또한 인간을 통합적 존재로 규정하였다.

② 모든 인간은 자신의 사적 경험체계 또는 내적 준거체계와 일치하는 방향으로 객관적 현실을 재구성하며, 이러한 주관적 현실에 근거하여 행동하는 것이다. 즉, 모든 인간행동은 개인이 세계를 지각하고 해석한 결과이다. 그러므로 인간행동을 정확히 이해하기 위해서는 각 개인의 내적 준거체

계를 이해해야만 한다. 즉, 한 개인이 생각하고 느끼고 행동하는 고유한 방법을 이해하기 위해서는 그가 객관적 현실을 어떻게 지각하고 해석하는지를 알아야만 하는 것이다.

③ 프로이트는 인간행동의 기본동기를 긴장 감소에 두고 있으나, 로저스는 모든 인간은 내적 긴장이 증가하더라도 자아실현을 위하여 그 고통을 감내하고 행동한다고 보고 있다. 이러한 로저스의 인간행동의 동기에 대한 기본가정이 바로 인간행동의 미래지향성으로서, 인간의 본질적 가치와 성장가능성에 대한 로저스의 신념에서 유래된 것이다. 따라서 인간은 자아실현을 위한 끊임없는 도전과 투쟁의 과정에서 발생하는 고통을 감내한다. 그러므로 인간의 자기실현경향, 즉 미래지향성은 인간행동의 가장 기본적인 동기라고 할 수 있다.

(3) 성격발달의 관점

① 주로 개인의 현상학적 자기에 초점을 두고 인간의 성격발달을 논의하고 있다.

② 성격발달 그 자체에 특별한 주의를 기울이지 않는 관계로 자아개념을 획득해 나가는 주요 단계에 대해서는 구체적인 시기를 언급하지 않았다.

③ 유아기나 아동기 초기에 타인이 한 개인을 평가하는 방법이 자아개념의 긍정적 또는 부정적 발달을 촉진시킨다는 점을 강조하고 있다.

④ 아동이 발달함에 따라 자신과 외부세계를 구분할 수 있게 되고, 자신에 대한 외부의 평가를 받아들임으로써 유기체적 가치부여과정의 점진적인 변형이 이루어진다. 부모, 교사 그리고 권위적 인물이 자신을 어떻게 생각하는가에 따라 스스로를 평가하는 방법을 배우게 된다. 이와 같이 아동의 자아발달은 환경과의 상호작용을 통해 형성되며, 점차 분화되어가고 복잡해진다. 이러한 자아개념의 발달에 결정적인 역할을 하는 것이 바로 긍정적 관심에 대한 욕구이다.

⑤ 자아에 대한 의식이 생기면 모든 사람은 타인으로부터 온화함, 존경, 숭배, 수용 그리고 사랑을 받고 싶어 하는 기본적 욕구가 생기는데, 특히 어머니로부터 사랑받고 보호받고 싶어하는 욕구가 강하다. 긍정적 관심을 받고자 하는 욕구의 충족은 타인에 의해서 가능하기 때문에, 아동은 성장하면서 자신의 유기체적 평가과정을 희생해서라도 점점 더 다른 사람으로부터 긍정적 관심을 받고 싶어 한다. 이와 같이 아동은 긍정적 관심에 대한 강한 욕구를 가지고 있으므로 주요 타인들의 자기에 대한 기대와 태도에 영향을 받고 점차 민감해진다.

⑥ 무조건적인 긍정적 관심을 주고받을 때 개인으로 하여금 완전히 기능하는 사람으로 진보하게 만들어, 자아구조가 더욱 심화되어 간다고 보았다.

⑦ 로저스는 인간이 통합된 유기체로서 행동하기 때문에 전체론적 관점에서 접근해야 한다고 보았다.

(4) 주요 개념
2, 3, 10, 19회 기출

① **현상학적 장(場)** : 경험적 세계 또는 주관적 경험으로도 불리는 개념으로 특정 순간에 개인이 지각하고 경험하는 모든 것을 의미한다. 로저스는 동일한 현상이라도 개인에 따라 다르게 지각하고 경험하기 때문에 이 세상에는 개인적 현실, 즉 현상학적 장만이 존재한다고 보고 있다.

② **자아** : 자신에 대해 갖고 있는 조직적이고 지속적인 인식으로, 로저스의 인본주의 이론의 가장 중요한 구성 개념이다. 자아개념은 현재 자신이 어떤 존재인가에 대한 개인의 개념으로, 자기 자신에 대한 자아상(Self Image)이다. 로저스는 자기 개념은 현재 자신의 모습에 대한 인식, 즉 현실자아(Real Self)와 앞으로 자신이 어떤 존재가 되어야 하며 어떤 존재가 되기를 원하고 있는지에 대한 인식, 즉 이상적 자아(Ideal Self)로 구성되어 있다고 본다.

③ **자아실현경향** : 로저스는 인간에게는 많은 욕구와 동기가 있지만 그것들은 단지 하나의 기본적 욕구의 일부분에 지나지 않는다고 하였다. 로저스는 모든 인간은 성장과 자기증진을 위하여 끊임없이 노력하며, 그 노력의 와중에서 직면하게 되는 고통이나 성장방해요인을 극복할 수 있는 성장지향적 유기체라고 보고 있다. 특히 이러한 자기실현 동기는 성장과 퇴행 중에 어느 하나를 선택해야 하는 상황에 처하게 되면 더욱 강하게 작용한다. 그러나 현실지각이 왜곡되어 있거나 자아분화의 수준이 낮은 개인의 경우에는 퇴행적 동기가 더 강하게 작용하여 유아적 수준의 행동을 나타내는 경우도 있다. 로저스는 모든 인간이 퇴행적 동기를 지니고 있긴 하지만 그보다는 성장지향적 동기, 즉 자기실현욕구가 기본적인 행동동기라고 보았다. 그리고 자기실현의 과정은 자신을 창조하는 과정이기 때문에 이러한 과정을 통하여 모든 인간은 삶의 의미를 찾고 주관적인 자유를 실천해 감으로써 점진적으로 완성되어 간다고 보았다.

(5) 이론의 공헌   `9회` `기출`

① 인간 내면의 주관적 경험을 다룰 수 있는 새로운 과학적 연구모델을 고안함으로써, 치료자 자신의 치료방식과 신념을 검토하도록 했다.

② 치료자들이 자신의 상담스타일을 개발해 나갈 수 있도록 하였다.

③ 자신의 개념을 검증 가능한 가설로 진술하고 연구가 가능하도록 하여, 심리치료의 영역에 대한 연구의 문을 열었다.

④ 다양한 문화를 지닌 사람들의 상호 이해를 발전시키는 데 적용됨으로써, 인간관계와 중다문화적 치료에 지대한 공헌을 하였다.

⑤ 로저스는 상담과 심리치료라는 저서의 제목을 통하여 '상담'과 '심리치료'를 연결하고 당시까지만 해도 심리치료영역에서만 다뤄지던 내담자 문제를 상담자도 다룰 수 있다는 사실을 제시하였다.

⑥ 로저스는 상담 장면을 테이프에 담아 공개하고, 상담기술을 체계화하여 보편화시켰다.

(6) 이론의 비판(한계)

① 정서적·감정적인 요소를 크게 강조하는 반면에 지적·인지적 요인을 무시하는 경향이 있으며, 심리검사 등의 객관적인 정보를 사용하여 내담자를 도와주는 면이 부족하다는 비판을 받고 있다.

② 상담자의 기술수준을 초월하는 사람 됨됨이의 문제이므로 상담자의 인격과 수양이 요구되며, 이는 결코 쉽지 않다.

③ 현상학에서는 객관적 환경은 그대로라 할지라도 수용방법이 변하면 행동이 변한다고 본다. 그러나 이런 생각은 환경의 작용을 경시할 위험이 있다.

④ 가르친다는 것을 죄책감으로 생각하는 편견을 소유하게 되나 상담도 하나의 가치관(자기 본심으로 사는 것이 최선)을 가르치고 있는 것이다.

⑤ 저항과 감정 전이 등을 무시한다.

2 매슬로우의 욕구이론

5, 12회 기출

(1) 이론의 개요

① 동일한 상황 아래에서 동일한 자극에 부딪친 경우에 인간이 어떻게 반응하고, 어떻게 행동하는가 하는 것은 사람에 따라 다르게 나타난다. '왜 다른가?'하는 간단한 의문이 성격심리학의 출발점이 된다.

② 인본주의적 심리학이란 처음부터 특별한 학파로 존재한 것이 아니라 종래의 정신분석학이나 행동주의 심리학에 대한 제3세력으로 심리학계에 등장한 것으로 볼 수 있다.

Plus ⊕ one

매슬로우의 인본주의적 성격이론의 3가지 기본적 전제
• 각 개인은 통합된 전체로 간주되어야 한다.
• 인간의 본성은 본질적으로 선하며, 인간의 악하고 파괴적인 요소는 나쁜 환경에서 비롯된 것이다.
• 창조성이 인간의 잠재적 본성이다.

③ 매슬로우(Maslow)의 관점은 행동주의와 정신분석을 부정하는 입장으로서 행동주의는 인간을 관찰 가능한 단순한 행동체계로만 취급할 뿐 가치관, 감정, 장래희망, 행동의 선택, 창조성 등의 인간적 측면을 간과하고 있고, 정신분석은 신경증적 행동을 병리적으로 강조한 결과 건강한 성격의 발달을 다루지 못했다고 보았다.

④ 행동주의와 정신분석에 대한 반동으로 매슬로우는 탁월한 자기 실현자들을 연구한 결과 내적으로 잠재력을 완전히 실현한, 즉 자유롭고 건강하며 두려움 없는 사람이 사회에서 완전히 기능한다는 것을 발견하였다. 성장, 자기실현, 건강에 대한 열망, 정체감과 자율성의 추구, 향상을 향한 노력이 보편적인 인간의 성향으로 간주되었다. 매슬로우는 유전이 성격발달에 중요한 역할을 수행하고 있으며, 유전구조 속에 잠재적인 재능이나 흥미가 결정지어져 있다고 인정하였다. 그러나 자기실현은 이러한 유전적 토대 위에서 '환경'에 의해 결정된다고 하였다.

⑤ 인간본성에 대한 매슬로우 이론의 긍정적 견해는 사회복지실천에 중요한 시사점을 제공하였으며, 욕구단계 이론은 사회복지사가 클라이언트의 욕구평가를 하는 데 유용하게 활용되고 있다.

(2) 인간관

1, 7, 8, 11회 기출

① 인간은 건강, 창의성, 통찰 같은 상위의 수준을 향하고자 하는 경향성을 지닌다.

② 인간의 행동을 활성화시키고 이끄는 욕구 5단계설을 제시하였다.

③ 인간은 자신의 잠재력을 발달·성장시키고 완성시킬 수 있는 본능적 욕구를 가지고 태어났다.

④ 발달의 마지막 단계이자 최고의 단계는 자기실현이다.

(3) 욕구단계의 기본조건

① 일단 만족된 욕구는 더 이상 동기부여요인이 아니다.

② 인간의 욕구체계는 매우 복잡하다.

③ 상위수준의 욕구가 한 개인의 행동에 영향을 미치기 위해서는 일단 하위수준의 욕구가 우선적으로 충족되어야 한다.

④ 하위수준보다는 상위수준의 욕구에 보다 많은 충족방법이 있다.

(4) 욕구의 특성 2, 9, 11회 기출

① 욕구위계에서 하위에 있는 욕구가 더 강하고 우선적이다.

② 욕구위계에서 상위의 욕구는 전 생애 발달과정에서 후반에 점차 나타난다.

③ 욕구위계에서 상위욕구의 만족은 지연될 수 있다.

④ 하위욕구는 생존에 필요하고 상위욕구는 성장에 필요하다.

⑤ 욕구를 충족시키기 위한 행동은 선천적인 것이 아니라 학습에 의한 것이며, 사람마다 큰 차이를 보인다.

(5) 욕구 5단계 1, 4, 5, 6, 15, 20회 기출

① 제1단계 – 생리적 욕구 : 욕구단계설의 첫 단계는 인간에게 있어 가장 기본이라 할 수 있는 생리적 욕구이다. 즉, 따뜻함이나 거주지, 먹을 것을 얻고자 하는 욕구이다. 인간은 빵만으로 사는 것은 아니지만 정말로 굶주리고 있는 사람에게는 빵 한 조각이 전부인 것이다. 춥고 배고픈 문제가 해결되지 않는 한 다른 욕구는 모습을 나타내지 않는다.

② 제2단계 – 안전(안정)에 대한 욕구 : 일단 생리적 욕구가 어느 정도 충족되면 안전의 욕구가 나타난다. 이 욕구는 근본적으로 신체적·감정적인 위험으로부터 보호받고 안전해지기를 바라는 욕구이다. 매슬로우는 안전 욕구에 대해 "어떤 사람이 극도로, 또 상시적으로 안전을 추구한다면 그런 인물이야말로 안전만을 위해서 삶을 영위한다고 할 수 있다."라고 했다.

③ 제3단계 – 소속감과 애정의 욕구 : 일단 생리적 욕구와 안전 욕구가 어느 정도 충족되면 소속감이나 애정욕구가 지배적인 것으로 나타나게 된다. 한마디로 집단을 만들고 싶고, 동료들로부터 받아들여지고 싶다는 욕구이다. 인간은 사회적인 존재이므로 어디에 소속되거나 자신이 다른 집단에 받아들여지기를 원하고 동료와 친교를 나누고 싶어하며 또 이성 간의 교제나 결혼을 갈구하게 된다.

④ 제4단계 – 자기존중 또는 존경의 욕구 : 인간은 소속감과 애정의 욕구가 어느 정도 만족되기 시작하면 어느 집단의 단순한 구성원 이상의 것이 되기를 원한다. 이는 내적으로 자존자율을 성취하려는 욕구(내적 존경욕구) 및 외적으로 타인으로부터 주의를 끌고 인정을 받으며, 집단 내에서 어떤 지위를 확보하려는 욕구(외적 존경욕구)로 구분된다.

⑤ 제5단계 – 자아실현의 욕구 : 일단 존경의 욕구가 어느 정도 충족되기 시작하면 다음에는 '나의 능력을 발휘하고 싶다', '자기계발을 계속하고 싶다'는 자아실현욕구가 강력하게 나타난다. 이는 자신이 이룰 수 있는 것 혹은 될 수 있는 것을 성취하려는 욕구로서 계속적인 자기발전을 통하여 성장하고, 자신의 잠재력을 극대화하여 자아를 완성시키려는 욕구이다.

Plus ⊕ one

매슬로우의 욕구 7단계 7, 14회 기출

매슬로우는 인간욕구 위계 5단계를 제시한 이후 인간의 학습 행동과 예술적 행위에 대한 설명이 부족함을 인식하였다. 따라서 최상의 욕구에 해당하는 '자아실현의 욕구'에 앞서 '인지적 욕구'와 '심미적 욕구'를 포함시킴으로써 욕구위계의 7단계를 완성하였다. 매슬로우는 특히 제1단계의 욕구에서 제4단계의 존경의 욕구에 이르는 욕구를 '결핍 욕구'로, 제5단계의 인지적 욕구에서 마지막 제7단계의 자아실현의 욕구에 이르는 욕구를 '성장 욕구'로 구분하였다.

단 계	구 분	욕구 5단계	욕구 7단계
1단계	결핍욕구	생리적 욕구	
2단계		안전(안정)에 대한 욕구	
3단계		애정과 소속에 대한 욕구	
4단계		자기존중 또는 존경의 욕구	
5단계	성장욕구	자아실현의 욕구	인지적 욕구
6단계		–	심미적 욕구
7단계			자아실현의 욕구

(6) 매슬로우의 자아실현자의 특징 13회 기출

① 현실에 대한 객관적인 지각능력과 판단능력을 가지고 있다. 자기 자신, 타인, 그리고 환경적 상황을 자신이 원하거나 필요한 방식대로 보는 것이 아니라 가능한 한 자신의 편견, 소망, 욕구를 배제한 상태에서 있는 그대로 현실을 본다.

② 인간의 본성 및 자기 자신과 타인의 속성에 대해서 수용적인 태도를 갖고 있다. 자아실현을 한 성숙한 사람들은 자신과 타인의 장점뿐만 아니라 약점과 결함을 불평이나 걱정 없이 받아들인다.

③ 자신을 가식 없이 솔직하게 자발적이고 자연스럽게 나타낸다. 불필요한 열등감과 수치심으로 자신을 다른 모습으로 위장하지도 않고 자기표현을 지나치게 억제하지도 않는다. 그러나 타인에 대해서는 신중하고 사려가 깊어서, 타인에 대한 솔직하고 자연스런 감정표현이 상처를 입히지 않도록 노력한다.

④ 민주적인 성격구조를 갖게 된다. 그들은 사회계층이나 교육수준, 정치적 의견, 학연과 지연, 인종과 피부색에 구애받지 않고 모든 사람에게 관대하고 수용적이며 차별 없이 대한다. 그들은 무언가 자기에게 가르침을 줄 수 있는 사람 모두에게서 듣고 배울 태도를 가지고 있다.

⑤ 성숙한 사람들은 타인과 확고한 인간적 유대를 가질 수 있는 능력을 갖고 있다. 타인과의 깊은 우정과 사랑, 동료애, 가족에 대한 진지한 관심과 열정을 지닌다.

⑥ 성숙한 사람은 모든 인간이 처한 상황에 대해서 공감과 애정을 느끼며 모든 인간에 대한 인류애와 형제애를 느낀다. 현실적인 인간 사회의 희로애락으로 고통 받고 즐거워하는 모든 인류에 대해 같은 운명을 지닌 한 인간으로서 공감과 애정을 느낀다. 이러한 태도는 자신에게 피해를 입히고 잔인한 행동을 하는 사람에 대해서 적개심과 공격성을 보이기보다는 이해와 용서를 할 수 있는 넓은 마음의 바탕을 제공한다.

⑦ 성숙한 사람들은 인간관계뿐만 아니라 자기가 하는 일에 대해서 애정을 갖고 몰두하며 동시에 책임감을 갖는다. 성숙한 사람에게 일이란 자기가 하고자 하는 일, 즉 단순히 생계를 잇기 위한 수단으로서의 일이 아니라 실제로 자신이 해야 한다고 느끼는 그런 것이다. 성숙한 사람은 일에 대한 몰두와 그에 따른 만족감으로 미숙한 사람보다 더 열심히 일한다. 이들에게 일은 마지못해 하는 싫은 것이 아니라 사명감을 갖고 해야 하는 뜻있고 즐거운 것이다.

⑧ 자아실현을 한 사람은 독립성과 자율성에 대한 강한 욕구를 지닌다. 그들은 스스로 결정할 수 있는 능력이 있기 때문에 자율적으로 행동한다. 때로는 고독과 개인적인 생활을 즐기기도 한다. 인간과의 접촉에서 지나치게 고립되지 않는 한편 타인에게 의존하거나 매달리지도 않는다.

⑨ 성숙한 사람들은 생활 속의 여러 가지 체험을 즐거움과 경이로움으로 신선하게 받아들인다. 그리고 새로운 체험에 대해 열린 자세를 갖는다. 자연에 대해서, 사람에 대해서, 예술과 문학에 대해서, 학문과 진리에 대해서 즐거움과 아름다움을 느낄 수 있는 감상 능력이 있다. 따라서 그들은 삶의 경험에 대해 싫증을 내거나 지루해하지 않는다.

3 | 콜버그의 도덕성 발달이론

13회 기출

(1) 도덕성 발달이론의 의의

① 도덕교육과 도덕과 교육(수업)은 다르다. 학교 교육은 모든 면에서 도덕적 가치와 별개일 수 없다. 우리가 흔히 말하는 일반적인 도덕교육은 학교활동 전반에 걸쳐서 체험하는 잠재적인 교육이며 가정과 사회에서도 이루어지는 광범위한 교육이다. 그러나 학교에서 가르치는 도덕과 교육(수업)은 의도된 교육목표가 있으며 평범한 도덕규범이나 덕목을 가르치는 것이 아니다.

② 학생들은 학교에서의 도덕과 수업에서 교육받는 것 외에 가정과 사회에서 경험적으로 큰 영향을 받게 마련이다. 학교교육 외에 다른 교육적 변인들, 즉 가정과 사회의 잘못된 영향으로 학생들에게 파급된 결과를 도덕과 교육이 부담하는 것은 합리적이지 못하다. 도덕과 교육의 진정한 목적은 학생들의 도덕 판단 수준을 향상시키고 도덕적 판단능력을 함양하는 것이다. 학생들로 하여금 합리적이고 보다 수준 높은 도덕 판단을 할 수 있게 하는 것이 도덕과 교육이며 교사의 소임 중의 하나가 된다.

(2) 도덕성 인지발달이론의 특징

① 단계가 다른 두 사람이 비슷한 가치를 공유할 수 있지만 가치에 대한 그들의 사고방식은 질적으로 다르다.

② 각 단계는 구조화된 전체를 형성한다.

앞서 피아제의 연구에서 본 바와 같이 아동이 구체적 조작단계에 이르면 그는 선택적 반응을 단순히 수정만 하는 것이 아니라 인과율, 관점, 보존과 마찬가지로 도덕영역에서도 단계가 변화하면 도덕적 이유의 전체 계열에 대한 사고방식을 재구성한다.

③ 각 단계는 불변의 계열을 형성한다.

아동은 전 조작적 단계를 통과하지 않고서는 구체적 조작단계에 도달할 수 없다. 마찬가지로 도덕영역에서도 아이들은 왜 인간의 생명이 성스럽고 무슨 일이 있어도 보존되어야 하는가를 이해할 수 있기에 앞서 인간의 생명이 재산보다 가치 있음을 이해해야만 한다. 계열은 연속되는 각 단계의 논리적 복잡성에 의해 정의된다. 왜냐하면 다음 단계의 성취는 앞 단계를 특징짓는 조작보다 논리적으로 더 복잡한 인지조작의 습득을 요구하기 때문에 사고에는 더 균형 잡힌 상향적 개발이 있을 뿐이다.

④ 각 단계는 위계적 통합체로 구성되어 있다.

한 사람의 사고가 한 단계로부터 다음 단계로 개발될 때 높은 단계는 낮은 단계에서 발견된 구조를 통합한다. 한 사람이 형식적 조작단계에 이르렀을 때에는 구체적 조작의 사용방법을 잊어버리지 않고 문제가 단순한 경우에 사용한다. 그러나 문제가 복잡할 경우에는 형식적 조작적 사고에 의해 문제를 해결한다.

⑤ 단계의 개념은 다양한 문화적 조건 하에서도 계열의 보편성을 가진다.

발달은 문화적 가치 또는 규칙을 학습하는 것일 뿐 아니라 어느 문화에서도 발생하는 발달의 보편성을 반영하는 것이기도 하다. 도덕판단의 단계는 문화적으로 보편적인 모습을 보여준다.

(3) 도덕성 발달단계 `7, 10, 11, 16, 20회` 기출

① 전인습수준(제1수준)

㉠ 제1단계 – 벌과 복종의 단계

- 내 용

옳은 것은 벌을 피하고, 신체적·물리적 손상을 입히지 않으며 규칙과 권위에 충실하게 복종하는 것이다.

- 사회적 관점

자아중심적 관점을 취한다. 즉, 다른 사람들은 그와 관점이 다르다는 것을 인식하지 못한다. 행동을 다른 사람들의 심리적 관점에 의해서라기보다는 물리적 결과에 의해 판단한다. 권위자의 관점과 자신의 관점을 혼동한다.

- 일반적으로 4~10세 아이들에 해당되며, 권위자의 명령이나 바람은 마땅히 따라야 하는 것으로 받아들인다. 체벌의 필연성이 옳은 행동을 하게 하는 중심개념이다. 인지발달은 피아제가 제시하는 전 조작적 내지는 초기 구체적 조작단계에 해당되며, 물리적인 문제와 해결에 관심

을 가진다. 제1단계는 피아제의 타율적 도덕성, 프로이트의 초자아 형성기에 해당된다.

ⓛ 제2단계 – 개인적 · 도구적 목적과 교환의 단계
- 내 용

  옳은 것은 자신 또는 다른 사람의 욕구를 만족시키고 구체적 교환에 의해 공정한 거래를 하는 것이다.

- 사회적 관점

  개인주의적 관점을 취하며 이 단계에 있는 사람은 자신의 이익 및 관점을 다른 사람, 권위자의 이익 및 관점과 구별한다. 그는 각자가 추구해야 할 이익이 있고 이것은 서로 간에 갈등한다는 것을 알고 있으므로 옳은 것은 상대적이라고 인식하고 있다. 그는 서비스의 도구적인 교환을 통해, 또는 각자에게 동등하게 분배되는 공정성을 통해 갈등하는 개인적 이익을 서로에게 관련시키고 조정한다.

- 이 단계의 사람들은 자신의 요구를 만족시켜 주는 것을 옳은 행위로 본다. 이들은 인간관계를 시장에서의 거래관계와 같은 것으로 보며 거래관계가 이루어지지 않는 한 각자의 이익을 취하게 된다. 일단 거래가 이루어지면 상호이익을 위해 무엇인가를 하는데 그 과정에서 갈등이 있을 수 있다. 그들은 그러한 갈등을 서로의 이익을 수단적으로 교환함으로써 해결하며 예상된 교환을 통해 그것이 자신의 이익에 영향을 미칠 때 다른 사람의 복지에 대한 관심을 확대한다. 이 단계의 사람들에게서도 상호성, 공정성의 요소들이 나타난다. 그러나 그들은 이들 요소를 항상 물리적 · 실용적 방식으로 해석한다.

② 인습수준(제2수준)
⑦ 제3단계 – 개인 간의 기대 관계, 동조의 단계
- 내 용

  옳은 것은 다른 사람들과 그들의 감정에 관심을 가지고 동반자에 대한 충성과 신뢰를 간직하고 규칙과 기대에 따라 좋은 역할을 하는 것이다.

- 사회적 관점

  이 단계는 다른 사람들과의 관계에서 개인적 관점을 취하며 공유된 감정, 협약, 기대를 의식하는데 이때 이것은 개인의 이익보다 우세하다. 그는 다른 사람의 신발을 신어보면서 '구체적인 황금률'을 통해 그의 관점을 말하기도 하지만 일반화된 체제적 관점을 고려하지 못한다.

- 도덕추론의 인습수준에 입문하는 청소년 전기의 발달 특징을 보여주며, 자신이 속한 집단의 표준 또는 이익을 고려하는 사회적 관점을 취한다. 주위의 가까운 사람들을 기쁘게 해주거나 도와주어 그들로부터 인정받는 것을 선한 행동으로 생각하는 등 다수에 의해 이루어지는 것을 선하게 생각한다.

ⓛ 제4단계 - 사회체제 및 양심의 유지단계

- 내 용

  옳은 것은 사회 질서를 유지하고, 사회 또는 집단의 복지를 유지하면서 자기의 사회적 의무를 수행하는 것이다.

- 사회적 관점

  이 단계는 사회적 관점과 개인 간의 협약 또는 동기를 구별한다. 이 단계에 있는 사람들은 체제적인 관점을 취한다. 이러한 관점은 역할과 규칙을 정의한다. 그는 체제 내의 의무와 관련해서 개인의 관계를 고려한다.

- 권위, 고정된 규칙, 사회질서의 유지를 지향한다. 이 단계에 있는 사람들은 자신의 의무를 행하고 권위에 대한 존경을 보여주며, 주어진 사회질서 자체를 유지하는 것을 옳은 행동으로 본다. 이들은 사회제도적 · 체제적 관점을 취하며 기관 전체로서의 사회적 관점을 취한다.

- 제3단계에서와 같은 '집단' 구성원적 관점이 아닌 사회 구성원적 관점을 취하며 행위의 동기가 되는 것은 의무의 실패에 따른 사회적 비난의 예상과 타인에게 가해지는 구체적 해악에 대한 죄의식이다. 이 단계는 청소년 중기부터 발달하기 시작하며 안정되고 균형잡힌 단계로서 대부분의 성인들이 개발할 수 있는 최고의 단계이다. 이 단계의 사람들은 사회적 문제, 대인관계에서의 문제를 잘 처리할 수 있다.

③ 후인습 및 원리의 수준(제3수준) 17회 기출

ㄱ 제5단계 - 권리우선과 사회계약 또는 유용성의 단계

- 내 용

  옳은 것은 기본적 원리, 가치, 사회의 합법적인 협약을 지지하는 것이며 집단의 구체적 규칙, 법률과 갈등할 때에도 그러하다.

- 사회적 관점

  이 단계는 개인의 가치와 권리를 사회보다 우선하는 관점을 취한다. 즉, 가치와 권리를 사회적 결속이나 계약보다 우선하는 합리적인 개인적 의식을 취한다. 이 단계에 있는 사람은 협약, 계약, 객관적 공평성, 합당한 절차와 같은 형식적인 기제에 의해서 여러 관점을 통합하는 등 도덕적 관점과 법적 관점을 고려한다. 그 과정에서 양자가 갈등할 수 있음을 인식하는 한편, 양자의 통합이 어렵다는 점을 알게 된다.

- 제5단계는 일반적으로 공리주의적 도덕성을 포함한다. 옳은 행동이 무엇인가는 사회전체에 비판적으로 검토되고 동의된 개인의 일반적 권리 및 표준과 관련해서 정의된다. 이 단계에 있는 사람은 인간의 권리를 개인의 가치 및 의견의 문제로 본다.

- 합법적인 관점에 대해 강조한다. 이 단계에 있는 사람들은 개인적 권리와 사회적 의무를 합리적으로 조정하려는 노력을 한다. 계약은 상대측의 권리를 부당하게 침해함이 없이 자기 측의 이익을 추구하기 위해 양자의 합의하에 이루어지는 약속이다. 그러므로 계약은 양자를 구속한다.

- 제5단계는 인간평등의 존중과 사회공동체 존중의 유지 모두에 관심을 가진다.

ㄴ 제6단계 - 보편적 · 윤리적 원리의 단계

- 내 용

  이 단계는 모든 인류가 따라야 하는 보편 윤리적 원리에 입각한 안내를 가정한다.
- 사회적 관점

  이 단계는 사회적 협정을 이끌고 그것의 바탕이 되는 도덕적인 관점을 취한다. 도덕성의 본질, 즉 다른 사람을 수단이 아닌 목적으로서 존중하는 기본 도덕적 전제를 인식하는 합리적인 개인적 관점을 취한다.
- 제6단계의 기본적 원리는 가역성, 보편화 가능성, 일관성으로서의 공정성의 원리이다. 가역성의 원리는 황금률 개념의 분석적 적용에 의한 이상적 역할채택으로서의 정의의 원리이다.

Plus ⊕ one

콜버그의 도덕성 발달이론의 발달단계			20회 기출
제1수준	전인습적 수준(4~10세)	1단계	타율적 도덕성
	전인습적 수준(4~10세)	2단계	욕구충족의 수단
제2수준	인습적 수준(10~13세)	3단계	대인관계의 조화
		4단계	법과 질서의 준수
제3수준	후인습적 수준(13세 이상)	5단계	사회계약정신
		6단계	보편적 도덕원리

(4) 콜버그 도덕성 발달이론의 평가   12, 13회 기출

① 콜버그가 주장한 도덕성의 단계적 발달과정이 과연 불변적인 순서로 진행되는가의 문제가 제기된다.
② 콜버그는 발달단계의 순서에서 퇴행이란 없다고 주장하였으나 일부 연구에서 퇴행이 발견되었다.
③ 콜버그는 단계에서 단계로의 이행을 아동의 자발적인 행동의 결과로 간주함으로써, 도덕성 발달에 영향을 미칠 수 있는 교육이나 사회화의 상황적·환경적 영향력을 간과하였다.
④ 콜버그의 이론은 모든 문화권에 보편적으로 적용하기에 한계가 있다.
⑤ 콜버그의 이론은 아동의 도덕적 사고에 관한 것이지 도덕적 행동에 관한 것은 아니므로, 이와 같은 도덕적 사고와 도덕적 행동 간의 일치성에 의문이 제기된다.
⑥ 콜버그는 도덕적 사고를 지나치게 강조한 반면, 도덕의 원천으로서 이타심이나 사랑 등의 정의적인 측면을 소홀히 다루고 있다.
⑦ 콜버그는 여성이 남성보다 도덕수준이 낮다는 성차별적 관점을 가지고 있다.

01 행동주의이론이 사회복지실천에 미친 영향은? [9회]

① 가족관계의 역동성을 이해할 수 있는 틀을 제시하였다.
② 인간의 내면적인 문제를 정확히 사정할 수 있게 하였다.
③ 환경의 변화를 통해 문제를 해결할 수 있는 기반을 제공하였다.
④ 중년기의 위기와 문제를 정확히 사정할 수 있게 하였다.
⑤ 청소년의 정체감 확립과정을 이해할 수 있게 하였다.

해설 행동주의이론
• 사회복지실천에 영향을 미친 행동주의적 접근방법은 파블로프(Pavlov)의 고전적 조건형성이론에서 출발하여, 헐(Hull)의 학습이론, 스키너(Skinner)의 조작적 조건형성이론으로 이어진다.
• 행동주의이론은 정신분석이론이나 인간중심이론에서와 같은 추정적이거나 가설적인 개념을 배제하고 관찰 및 측정이 가능한 행동에 초점을 둠으로써, 주요관심 영역을 인간의 정신 내적 갈등에서 외적 행동으로 이동시켰다.
• 현재의 모든 행동이 오랜 학습의 과정을 거쳐 이루어진 것으로 보며, 그 행동을 지속시키는 환경적인 자극이 있음을 강조한다.
• 최근에는 자기지도, 자기관리, 자기통제 등의 개념이 대두되면서 인간의 새로운 측면 즉, 인간이 자신의 행동을 스스로 수정할 수 있는 능력을 가지고 있다는 점이 강조되고 있다.

02 프로이트의 심리성적 발달단계의 순서로 옳은 것은?

① 구강기 – 항문기 – 잠복기 – 생식기 – 남근기
② 구강기 – 항문기 – 생식기 – 잠복기 – 남근기
③ 구강기 – 항문기 – 잠복기 – 남근기 – 생식기
④ 구강기 – 항문기 – 남근기 – 잠복기 – 생식기
⑤ 구강기 – 항문기 – 남근기 – 생식기 – 잠복기

해설 프로이트의 발달단계
• 구강기(0~1세) : 최초의 양가감정
• 항문기(1~3세) : 배변훈련, 사회화
• 남근기(3~6세) : 오이디푸스 · 엘렉트라 콤플렉스, 초자아
• 잠복기(6~12세) : 지적 탐색
• 생식기(12세 이후) : 2차 성징

1 ③ 2 ④ Answer

03 프로이트와 에릭슨 이론의 차이점과 유사점을 설명한 것 중 잘못된 것은?

① 프로이트와 에릭슨은 시기가 정확히 일치하지 않지만 단계적으로 설명하고 있다.
② 프로이트는 원초아를 강조한 반면 에릭슨은 자아를 강조한다.
③ 프로이트는 청소년기를 중요하게 생각하고, 에릭슨은 초기 아동시기를 중요하게 생각한다.
④ 프로이트는 인간성(본능)에 대하여 비관적이며, 에릭슨은 낙관적이다.
⑤ 프로이트는 인간관계를 심리ㆍ내적인 갈등에서 찾으려고 한 데 반해, 에릭슨은 사회적인 관계
에서 찾으려고 한다.

 프로이트는 대략 5세 이전에 인간의 정신이 결정된다고 본 데 반해, 에릭슨은 자아정체감이 형성되는 청소년
기에 관심을 가졌다.

04 콜버그(L. Kohlberg)의 도덕성 발달 이론에 관한 설명으로 옳지 않은 것은? [20회]

① 법과 질서 지향 단계는 인습적 수준에 해당한다.
② 피아제(J. Piaget)의 도덕성 발달 이론에 기초를 제공하였다.
③ 전인습적 수준에서는 행동의 원인보다 결과에 따라 옳고 그름을 판단한다.
④ 보편적 윤리 지향 단계에서는 정의, 평등 등 인권적 가치와 양심적 행위를 지향한다.
⑤ 도덕적 딜레마가 포함된 이야기를 아동, 청소년 등에게 들려주고, 이야기 속 주인공의 행동에
대한 도덕적 판단과 그 근거를 질문한 후 그 응답에 따라 도덕성 발달 단계를 파악하였다.

 ② 콜버그(Kohlberg)는 피아제(Piaget)의 이론에 대한 관심에서 출발하여 도덕적 사고에 초점을 두고 도덕성
발달에 관한 이론을 제시하였다. 피아제가 아동의 도덕성 발달을 타율적 도덕성 단계와 자율적 도덕성 단
계로 설명하였는데, 콜버그는 그의 이론을 확장하여 도덕적 갈등 상황에서 개인이 어떻게 판단하고 그 판
단을 어떻게 추론하는가를 분석함으로써 도덕성 발달단계를 전인습적 수준(4~10세), 인습적 수준(10~13
세), 후인습적 수준(13세 이상)으로 나누고 각 수준에 2단계씩 총 6단계로 구체화하였다.

05 성격이론이 사회복지실천에 미친 영향으로 옳지 않은 것은? [12회]

① 로저스(C. Rogers) 이론의 감정이입, 진실성 등은 원조관계에 매우 유용하다.
② 반두라(A. Bandura) 이론은 자아규제와 자아효능감 증진 개업의 중요성을 강조한다.
③ 피아제 (J. Piaget) 이론은 아동의 인지발달을 위한 프로그램 개발 및 적용을 가능하게 한다.
④ 아들러(A. Adler) 이론의 창조적 자아개념과 사회적 영향에 대한 인식은 집단치료의 원동력이 된다.
⑤ 에릭슨(E. Erikson) 이론은 과거의 정신적 외상이 현재 어떤 영향을 주는지에 대한 통찰력을 갖게 한다.

 ⑤ 프로이트(Freud) 정신분석이론의 내용에 해당한다. 반면 에릭슨(E. Erikson)의 심리사회이론은 인간의 성격이 생물학적 요인과 개인의 심리·사회문화의 상호작용에 의해 결정된다고 봄으로써, 사회문화적 환경이 성격발달에 어떤 영향을 주는지에 대한 통찰력을 갖게 한다.

06 아들러(A. Adler)의 이론에 관한 설명으로 옳지 않은 것은? [19회]

① 개인이 지닌 창조성과 주관성을 강조한다.
② 위기와 전념을 기준으로 생활양식을 4가지 유형으로 구분하였다.
③ 열등감은 모든 인간이 지닌 보편적인 감정이다.
④ 사회적 관심은 선천적으로 타고 나는 것이다.
⑤ 개인이 추구하는 목표는 현실에서 검증하기 어려운 가상적 목표이다.

 ② 아들러는 사회적 관심과 활동수준의 두 가지 차원을 기준으로 생활양식을 '지배형', '획득형', '회피형', '사회적으로 유용한 형'으로 유형화하였다.

07 파블로프(I. Pavlov)의 이론에 관한 설명으로 옳은 것은? [11회]

① 환경적 자극에 능동적으로 반응하여 나타나는 행동에 관심을 가진다.
② 인간행동은 학습되거나 학습에 의해 수정된다고 가정한다.
③ 관찰학습의 중요성을 강조한다.
④ 개인의 사고와 인지적 역할을 강조한다.
⑤ 강화와 처벌을 중요시 한다.

해설 ① 인간이 환경적 자극에 능동적으로 반응하여 나타나는 행동인 조작적 행동을 설명한 학자는 스키너
(Skinner)이다. 인간이 환경적 자극에 수동적으로 반응하여 형성되는 행동인 반응적 행동에 몰두한 파블로
프(Pavlov)의 고전적 조건형성과 달리 스키너의 조작적 조건형성은 행동이 발생한 이후의 결과에 관심을
가진다.
③ 관찰학습의 중요성을 강조한 학자는 반두라(Bandura)이다. 반두라는 개인이 어떤 모델의 행동을 관찰·모
방함으로써 학습하게 된다고 주장하면서 사회학습이론을 제시하였다. 이러한 사회학습이론은 인간의 행
동이나 성격의 결정요인으로서 사회적인 요소를 강조한 것이 특징이다.
④ 파블로프는 인간의 인지, 감각, 의지 등 주관적 또는 관념적 특성을 나타내는 것들을 과학적인 연구에서
제외시키고자 하였다. 즉, 그는 직접적으로 관찰이 가능한 인간의 행동에 연구의 초점을 맞추었다.
⑤ 강화와 처벌에 의한 학습을 강조한 학자는 조작적 조건형성을 제시한 스키너이다.

08 가족 내에서 출생순위가 성격에 미치는 영향에 대해 분석한 학자는?

① 프로이트
② 스키너
③ 에릭슨
④ 아들러
⑤ 로저스

해설 아들러는 가족 내에서의 출생순위가 성격형성에 상당한 영향을 미친다고 주장했으며, 아이들이 특정 출생순
위에 따라 독특한 특징을 지닌다고 보았다.

출생순서가 성격에 미치는 영향

맏이	• 태어났을 때 집중적인 관심을 받다가 동생의 출생과 함께 이른바 '폐위된 왕'의 위치에 놓이게 된다. • 부모가 맏이에게 성숙과 책임을 기대하기에, 맏이는 윗사람들에게 동조하는 생활양식을 발달시키게 된다.
중간아이	• 관심의 초점이 되어본 적이 없기 때문에 동생들에 대해 덜 예민하다. • 맏이보다 더 뛰어나다는 것을 입증하려는 경쟁심을 가진다.
막내	• 부모의 관심을 동생에게 빼앗겨 본 적이 없으므로 과잉보호의 대상이 되기도 한다. • 독립심이 부족하여 열등감을 경험하기도 한다.

09 스키너(B. F. Skinner)의 강화계획에서 가장 높은 반응의 빈도를 지속적으로 유발하는 것은? [9회]

① 반응강화계획(Response-Reinforcement Schedule)
② 고정비율계획(Fixed-Ratio Schedule)
③ 변수비율계획(Variable-Ratio Schedule)
④ 고정간격계획(Fixed-Interval Schedule)
⑤ 변수간격계획(Variable-Interval Schedule)

해설 강화계획(강화스케줄)

• 계속적 강화계획 : 반응의 횟수나 시간에 상관없이 기대하는 반응이 나타날 때마다 강화를 부여한다. 학습 초기 단계에는 효과적이지만, 일단 강화가 중지되는 경우 행동이 소거될 가능성도 있다.
• 간헐적 강화계획 : 반응의 횟수나 시간을 고려하여 간헐적 또는 주기적으로 강화를 부여한다. 계속적 강화 계획에 비해 상대적으로 학습된 행동을 유지하는 데 효과적인 방법으로서, 고정간격계획, 가변(변수)간격계획, 고정비율계획, 가변(변수)비율계획으로 구분된다.

고정간격계획	• 요구되는 행동의 발생빈도에 상관없이 일정한 시간 간격에 따라 강화를 부여한다. • 지속성이 거의 없으며, 강화시간이 다가오면서 반응률이 증가하는 반면, 강화후 떨어진다. **예** 주급, 월급, 일당, 정기적 시험 등
가변(변수) 간격계획	• 일정한 시간 간격을 두지 않은 채 평균적으로 확인할 수 있는 시간 간격이 지난 후에 강화를 부여한다. • 느리고 완만한 반응률을 보이며, 강화 후에도 거의 쉬지 않는다. **예** 1시간에 3차례의 강화를 부여할 경우, 25분, 45분, 60분으로 나누어 강화를 부여함
고정비율계획	• 행동중심적 강화방법으로서, 일정한 횟수의 바람직한 반응이 나타난 다음에 강화를 부여한다. • 빠른 반응률을 보이지만 지속성이 약하다. **예** 옷 공장에서 옷 100벌을 만들 때마다 1인당 100만원의 성과급을 지급함
가변(변수) 비율계획	• 반응행동에 변동적인 비율을 적용하여 불규칙한 횟수의 바람직한 행동이 나타난 후 강화를 부여한다. • 반응률이 높게 유지되며, 지속성도 높다. **예** 카지노의 슬롯머신, 복권 등

9 ③   Answer

10 피아제(J. Piaget)의 인지발달이론에서 전조작기에 관한 설명으로 옳지 않은 것은? [14회]

① 자율적 도덕성이 나타난다.
② 보존개념을 획득하지 못한다.
③ 꿈이 현실로 존재한다는 것을 믿는다.
④ 상징적으로 사고하는 능력이 발달한다.
⑤ 자신의 관점과 상이한 다른 사람의 관점이 존재한다는 사실을 알지 못한다.

해설 피아제(Piaget)는 도덕적 발달수준을 타율적 도덕성과 자율적 도덕성으로 구분하였다. 타율적 도덕성은 성인이 정한 규칙에 아동이 맹목적으로 따르는 것으로서, 인지발달에 있어서 전조작기(2~7세) 수준에 해당한다. 반면, 자율적 도덕성은 규칙이 상호합의에 의해 자율적으로 조정될 수 있음을 깨닫게 되는 것으로서, 인지발달에 있어서 구체적 조작기(7~12세) 수준에 해당한다.

11 반두라(A. Bandura)의 이론에 관한 설명으로 옳지 않은 것은? [19회]

① 학습은 사람, 환경 및 행동의 상호작용에 의해 이루어짐을 강조한다.
② 특정행동을 성공적으로 수행할 수 있다는 신념을 강조한다.
③ 개인이 지닌 인지적 요인의 영향력을 강조한다.
④ 관찰학습의 첫 번째 단계는 동기유발과정이며, 학습한 내용의 행동적 전환을 강조한다.
⑤ 인간은 스스로 자신의 행동을 강화할 수 있음을 강조한다.

해설 관찰학습의 과정
- 주의집중과정 : 모델에 주의를 집중시키는 과정으로서 모델은 매력적 특성을 가지고 있어서 주의를 끌게 되며, 관찰자의 흥미와 같은 심리적 특성에 대해서도 영향을 받는다.
- 보존과정(기억과정, 파지과정) : 모방한 행동을 상징적 형태로 기억 속에 담는 것을 말한다. 이때 행동의 특징을 회상할 수 있는 능력이 관찰학습에서 중요하다.
- 운동재생과정 : 모델을 모방하기 위해 심상 및 언어로 기호화된 표상을 외형적인 행동으로 전환하는 단계이다. 이때 전제조건은 신체적인 능력이다.
- 동기화과정(자기강화과정) : 관찰을 통해 학습한 행동은 강화를 받아야 동기화가 이루어져 행동의 수행가능성을 높인다. 행동을 학습한 후 그 행동을 수행할 여부를 결정하는 데 중요한 역할을 하는 것이 바로 강화이다.

12 매슬로우(A. Maslow)의 자아실현자의 특성에 관한 설명으로 옳은 것을 모두 고른 것은? [13회]

ㄱ. 관대하고 타인을 수용한다.
ㄴ. 개방적이고 솔직하며 자연스럽다.
ㄷ. 자율적이고 실수를 두려워하지 않는다.
ㄹ. 사람과 주변환경을 객관적이고 명확하게 지각한다.

① ㄱ, ㄴ, ㄷ
② ㄱ, ㄷ
③ ㄴ, ㄹ
④ ㄹ
⑤ ㄱ, ㄴ, ㄷ, ㄹ

해설 매슬로우는 자아실현자는 극히 소수에 불과하며, 자아실현을 한 사람이라고 해서 완벽한 인간이거나 항상 고도로 지적인 활동을 하는 것은 아니라고 하였다. 또한 자기실현을 한 사람이 긍정적인 부분만을 가지고 있는 것은 아니며, 그들의 특징은 긍정적인 부분과 부정적인 부분을 모두 가지고 있되 이를 시기적절하게 판단하여 실행한다고 하였다.

자기실현을 한 사람(자기실현자)의 특성
• 현실중심적이다.
• 문제해결능력이 탁월하다.
• 수단과 목적을 구분한다.
• 사생활을 즐긴다.
• 환경과 문화에 영향을 받지 않는다.
• 사회적인 압력에 굴하지 않는다.
• 민주적인 가치를 옹호한다.
• 인간적ㆍ공동체적이다.
• 인간적인 관계를 깊이 한다.
• 공격적이지 않은 유머를 즐긴다.
• 자신과 남을 있는 그대로 받아들인다.
• 자연스러움과 간결함을 좋아한다.
• 감성이 풍부하다.
• 창의적이다.
• 최대한 많은 것을 알고 경험하려 한다.

12 ⑤ Answer

13 인본주의이론이 사회복지실천에 미친 영향으로 옳은 것을 모두 고른 것은? [9회]

> ㄱ. 클라이언트 자기결정권의 중요성을 인식하게 하였다.
> ㄴ. 다양한 체계와의 긍정적 상호작용을 이해하는 틀을 제시하였다.
> ㄷ. 치료적 관계에서 일치성과 진실성의 중요성을 일깨워 주었다.
> ㄹ. 인간발달에서 조건적 자극의 중요성을 부각시켰다.

① ㄱ, ㄴ, ㄷ   ② ㄱ, ㄷ
③ ㄴ, ㄹ   ④ ㄹ
⑤ ㄱ, ㄴ, ㄷ, ㄹ

해설 ㄴ. 체계이론, ㄹ. 행동주의이론

14 학자가 주장한 이론의 설명으로 옳은 것은? [12회]

① 에릭슨(E. Erikson) – 의사결정 과정에서 의식적인 사고 과정을 중요시 한다.
② 반두라(A. Bandura) – 인간행동은 관찰학습을 통해 습득될 수 있다.
③ 피아제(J. Piaget) – 인간은 환경적 자극이 없어도 동기화가 가능한 자율적인 존재이다.
④ 스키너(B. F. Skinner) – 인간행동의 결정인자는 개인이 현실을 보는 방식에 기초한다.
⑤ 엘리스(A. Ellis) – 인간발달은 여러 단계로 구분되며 점성원칙에 의해 지배된다.

해설 ① 피아제(Piaget)의 인지발달이론에 대한 내용이다.
③ 아들러(Adler)의 개인심리이론에 대한 내용이다.
④ 로저스(Rogers)의 현상학이론에 대한 내용이다.
⑤ 에릭슨(Erikson)의 심리사회이론에 대한 내용이다.

15 엘리스(A. Ellis) 이론에서 개입을 실시하는 단계는? [10회]

① A (Activating Event) : 선행사건   ② B (Belief) : 신념
③ C (Consequence) : 결과   ④ D (Dispute) : 논박
⑤ E (Effect) : 효과

해설 논박(Dispute)
내담자가 가지고 있는 비합리적 신념이나 사고에 대해 그것이 사리에 부합하는 것인지 논리성 · 현실성 · 효용성에 비추어 반박하는 것으로서, 내담자의 비합리적 신념체계를 수정하기 위한 것이다. 상담자는 내담자가 가지고 있는 비합리적 사고에 대해 논박함으로써 내담자가 느끼는 장애가 내담자 자신의 지각과 자기진술에 의한 것임을 강조한다. 이러한 비합리적 사고에 대한 논박은 내담자가 자신의 비합리적 사고를 포기할 때까지 또는 그 강도가 약화될 때까지 지속적 · 당위적으로 이루어져야 한다.

16 융(C. Jung)의 분석심리이론에 관한 설명으로 옳지 <u>않은</u> 것은? [15회]

① 자아(Ego) : 의식과 무의식을 결합시키는 원형적인 심상이며, 의식은 자아에 의해 지배된다.

② 페르소나(Persona) : '자아의 가면'이라고 하며 외부와의 적응에서 생긴 기능 콤플렉스이다.

③ 음영/그림자(Shadow) : 자신이 모르는 무의식적 측면에 있는 부정적인 또 다른 나의 모습으로 모순된 행동을 하게 만든다.

④ 집단무의식(Collective Unconscious) : 인류 역사를 통해 조상으로부터 물려받은 정서적 소인으로 개인마다 그 원형은 다르다.

⑤ 개성화(Individuation) : 자기실현이라고도 하며 모든 콤플렉스와 원형을 끌어들여 성격을 조화하고 안정성을 유지하는 것이다.

 ④ 집단무의식은 인류 역사를 통해 조상으로부터 물려받은 본래적인 잠재적 이미지로서, 개인의 지각, 정서, 행동에 영향을 미치는 타고난 정신적 소인이다. 집단무의식을 구성하는 것은 다양한 원형들(Archetypes)로서, 이러한 원형들은 시간, 공간, 문화, 인종의 차이와 관계없이 모든 인간에게 보편적으로 존재하는 인류의 가장 원초적인 행동유형이다.

17 피아제(J. Piaget)의 인지발달이론에서 '구체적 조작기'에 관한 설명으로 옳은 것을 모두 고른 것은? [15회]

> ㄱ. 인지적 능력이 급속도로 발전하는 단계이다.
> ㄴ. 비논리적 사고에서 논리적 사고로 전환된다.
> ㄷ. 분류화, 서열화, 탈중심화, 언어기술을 획득한다.
> ㄹ. 대상의 형태와 위치가 변화하면 그 양적 속성도 바뀐다.

① ㄱ, ㄴ

② ㄱ, ㄷ

③ ㄴ, ㄷ

④ ㄴ, ㄹ

⑤ ㄷ, ㄹ

 ㄷ. 분류화, 서열화, 탈중심화는 구체적 조작기(대략 7~12세)의 특징에 해당하지만, 언어기술의 획득은 전조작기(대략 2~7세)의 특징에 해당한다. 전조작기에 급속히 발달하는 언어능력은 상징의 근원이 되며, 아동의 상징적 활동을 증가시킨다. 이는 아동의 시야를 확장시켜 주며, 과거를 다시 체험될 수 있는 것으로, 미래를 이야기할 수 있는 것으로 만듦으로써 사건을 타인에게 전달할 수 있게 한다. 다만, 전조작기의 언어는 논리성이 결여되어 있다.

ㄹ. 구체적 조작기에는 대상의 형태와 위치가 변하더라도 그 양적 속성으로서 질량이나 무게 등은 변하지 않을 수 있다는 보존개념을 획득하게 된다.

16 ④ 17 ① Answer

18 로저스(C. Rogers)의 이론에 관한 설명으로 옳지 않은 것은? [19회]

① 개입 과정에서 상담가의 진실성 및 일치성을 강조하였다.
② 자아실현을 하는 사람을 완전히 기능하는 인간(Fully Functioning Person)이라는 용어로 정리하였다.
③ 인간이 지닌 보편적 · 객관적 경험을 강조하였다.
④ 무조건적 긍정적 관심과 수용을 강조하였다.
⑤ 인간 본성이 지닌 낙관적이고 긍정적인 측면을 강조하였다.

해설 **현상학적 장(Phenomenal Field)**
- 로저스는 동일한 현상이라도 개인에 따라 다르게 지각하고 경험하기 때문에 이 세상에는 개인적 현실, 즉 '현상학적 장'만이 존재한다고 본다.
- 경험적 세계 또는 주관적 경험으로도 불리는 개념으로, 특정 순간에 개인이 지각하고 경험하는 모든 것을 의미한다.
- 개인의 직접적이면서 주관적인 경험과 가치를 중시하는 이론적 토대가 된다.

19 마샤(J. Marcia)의 자아정체감 유형에 속하지 않는 것은? [18회]

① 정체감 수행(Identity Perfomance)
② 정체감 혼란(Identity Diffusion)
③ 정체감 성취(Identity Achievement)
④ 정체감 유예(Identity Moratorium)
⑤ 정체감 유실(Identity Foreclosure)

해설 **청소년기 자아정체감의 범주(Marcia)**
- 정체감 성취 : 정체성 위기와 함께 정체감 성취에 도달하기 위한 격렬한 결정과정을 경험한다.
- 정체감 유예 : 정체성 위기로 격렬한 불안을 경험하지만 아직 명확한 역할에 전념하지 못한다
- 정체감 유실 : 정체성 위기를 경험하지 않았음에도 사회나 부모의 요구와 결정에 따라 행동한다.
- 정체감 혼란(혼미) : 정체성 위기를 경험하지 않았으며, 명확한 역할에 대한 노력도 없다.

01 로저스(C. Rogers)의 이론에 관한 설명으로 옳은 것을 모두 고른 것은? [20회]

> ㄱ. 인간의 주관적 경험을 강조하였다.
> ㄴ. 공감과 지시적인 상담을 강조하였다.
> ㄷ. 인간을 통합적 존재로 규정하였다.
> ㄹ. 인간의 욕구발달단계를 제시하였다.

① ㄱ
② ㄱ, ㄷ
③ ㄴ, ㄹ
④ ㄴ, ㄷ, ㄹ
⑤ ㄱ, ㄴ, ㄷ, ㄹ

해설 ㄴ. 자기결정권과 비심판적 태도, 비지시적 상담의 중요성을 강조하였다.
ㄹ. 매슬로우(A. Maslow)는 인간의 다양한 욕구체계를 제시하였다.

02 매슬로우(A. Maslow)의 이론에 관한 설명으로 옳은 것은? [20회]

① 대부분의 사람들이 자아실현의 욕구를 달성한다.
② 자존감의 욕구는 소속과 사랑의 욕구보다 상위단계의 욕구이다.
③ 인간본성에 대해 비관적인 태도를 갖고 있다.
④ 인간의 성격은 환경에 의해 수동적으로 결정된다.
⑤ 무조건적인 긍정적 관심을 강조하였다.

해설 ① 매슬로우(Maslow)의 욕구위계 5단계 중 자아실현의 욕구는 최상위의 욕구로서, 이를 성취하는 사람은 극소수에 불과하다.
③·④ 매슬로우의 인본주의이론은 인간본성에 대해 낙관적인 태도를 갖고 있다. 인간은 근본적으로 선하고 잠재력을 실현해 나갈 수 있는 존재라는 것이다.
⑤ 무조건적인 긍정적 관심을 강조한 학자는 로저스(Rogers)이다.

1 ② 2 ② Answer

03 융(C. Jung)의 분석심리이론에 관한 설명으로 옳은 것은? [20회]

① 페르소나(Persona)는 외부의 요구나 기대에 부응하는 과정에서 생긴 자아의 가면이라고 한다.
② 인간을 성(性)적 에너지인 리비도(Libido)에 의해 지배되는 수동적 존재로 보았다.
③ 원형(Archetype)이란 개인의 의식 속에 존재하는 유일한 정신기관이다.
④ 아니무스(Animus)는 남성이 억압시킨 여성성이다.
⑤ 자아의 기능에서 감각(Sensing)과 직관(Intuiting)은 이성을 필요로 하는 합리적 기능이다.

 ② 융은 리비도(Libido)를 인생 전반에 걸쳐 작동하는 생활에너지 또는 정신 작용에 사용되는 창의적인 에너지로 간주하였다.
③ 원형(Archetype)이란 인간의 정신에 존재하는 보편적이고 근원적인 핵으로서, 모든 인류의 공통적 · 원초적인 아이디어이다.
④ 아니무스(Animus)는 여성의 무의식에 존재하는 남성적인 측면을 말한다.
⑤ 감각(Sensing)과 직관(Intuiting)은 이성을 필요로 하지 않는 비이성적 기능이다.

04 피아제(J. Piaget)의 인지발달이론에서 '전조작기'의 발달 특성으로 옳지 않은 것은? [20회]

① 상징놀이를 한다.
② 비가역적 사고를 한다.
③ 물활론적 사고를 한다.
④ 직관에 의존해 판단한다.
⑤ 다중 유목화의 논리를 이해한다.

 ⑤ '구체적 조작기'의 발달 특성에 해당한다. 구체적 조작기에는 대상을 일정한 특징에 따라 다양한 범주들로 구분하는 유목화 또는 분류화(Classification), 대상의 특정 속성을 기준으로 순서를 부여하는 서열화(Seriation)가 가능하다. 참고로 '다중 유목화(Multiple Classification)'는 대상을 두 개 이상의 속성에 따라 분류하는 것이다.

05 아들러(A. Adler)의 개인심리이론에 관한 설명으로 옳지 않은 것은? [20회]

① 지배형 생활양식은 사회적 관심은 낮으나 활동수준이 높은 유형이다.

② 개인이 궁극적으로 추구하는 목적은 가상적 목표이다.

③ 인간은 목적론적 존재이다.

④ 아동에 대한 방임은 병적 열등감을 초래할 수 있다.

⑤ 사회적 관심은 선천적으로 타고나는 것이어서 의식적인 개발과 교육이 필요하지 않다.

> **해설** ⑤ 아들러(Adler)는 사회적 관심을 선천적으로 타고나는 것으로 보았으나, 그와 같은 선천적인 경향성도 저절로 나타나는 것은 아니라고 강조하였다. 우월성의 추구도 사회화되어 의식적인 개발, 교육 및 훈련에 의해 실현되는 것으로 본 것이다.

06 스키너(B. Skinner)의 조작적 조건형성을 위한 강화계획 중 '가변(변동)간격강화'에 해당하는 사례는? [20회]

① 정시 출근한 아르바이트생에게 매주 추가수당을 지급하여 정시 출근을 유도한다.

② 어린이집에서 어린이가 규칙을 지킬 때마다 바로 칭찬해서 규칙을 지키는 행동이 늘어나도록 한다.

③ 수강생이 평균 10회 출석할 경우 상품을 1개 지급하되, 출석 5회 이상 15회 이내에서 무작위로 지급하여 성실한 출석을 유도한다.

④ 영업사원이 판매 목표를 10%씩 초과 달성할 때마다 초과 달성분의 3%를 성과급으로 지급하여 의욕을 고취한다.

⑤ 1년에 6회 자체 소방안전 점검을 하되, 불시에 실시하여 소방안전 관리를 철저히 하도록 장려한다.

> **해설** ⑤ 일정한 시간 간격을 두지 않은 채 평균적으로 확인할 수 있는 시간 간격이 지난 후에 강화를 부여하는 '가변(변동)간격강화'에 해당한다.
> ① 요구되는 행동의 발생빈도에 상관없이 일정한 시간 간격에 따라 강화를 부여하는 '고정간격강화'에 해당한다.
> ② 반응의 횟수나 시간에 상관없이 기대하는 반응이 나타날 때마다 강화를 부여하는 '계속적 강화'에 해당한다.
> ③ 반응행동에 변동적인 비율을 적용하여 불규칙한 횟수의 바람직한 행동이 나타난 후 강화를 부여하는 '가변(변동)비율강화'에 해당한다.
> ④ 일정한 횟수의 바람직한 반응이 나타난 다음에 강화를 부여하는 '고정비율강화'에 해당한다.

5 ⑤ 6 ⑤ Answer

CHAPTER 03

인간의 성장과 발달

⭐ 학습목표
- 우리 사회의 저출산, 고령화 사회로의 변화에 따라 인간발달의 단계에 대한 출제비율이 높아지고 있다.
- 태아기에서부터 노년기에 이르는 여러 단계들이 거의 모두 출제되고 있는 경향이다.
- 인간행동의 이론과 함께 인간발달 단계들에 대한 내용의 복합적인 이해가 필요하다.

제 1 절 태아기 `11회 기출`

1 태아기의 발달 및 성장과정 `7회 기출`

(1) 태아기의 발달

① 수정 후부터 약 280일 동안 태아는 어머니의 태내에서 자라게 된다. 이 기간 동안 태아는 여러 신체기관이 형성되고 기능이 시작되며 기관의 크기와 무게가 급속히 증가하게 된다.

② 개인의 발달에 태내의 환경이 영향을 미치기 전에 관여하는 것이 유전이다. 개인이 가지고 있는 유전정보는 한 개인의 발달을 위한 테두리를 설정해 준다.

(2) 태아기의 과정

① **배포기** : 수정 후 약 2주간을 말하며 수정에서부터 수정체가 나팔관을 거쳐 자궁벽에 착상하기까지의 시기에 해당한다. 수정체가 자궁벽에 착상함으로써 전 태내 발달과정을 통해 지속될 모체와의 의존적 관계가 시작된다.

② **배아기** : 수정 후 2주부터 8주까지의 발달과정을 말한다. 이 기간 동안에는 태아의 신체 계통과 각 기관의 발달이 가장 급속하게 이루어진다. 배아기 동안에 수정체의 내면은 외배엽, 중배엽, 내배엽의 세 개의 층으로 분리되는데, 외배엽으로부터는 머리카락, 손, 발톱, 피부의 외층, 감각세포 및 신경계가 형성된다. 중배엽으로부터는 근육, 골격, 순환계와 피부의 내층이 형성되며, 내배엽으로부터는 장기, 호흡기, 기관지, 폐, 췌장, 간 등의 기관들이 형성된다. 이 시기 말에 형성되는 심장과 뇌 등의 순환계와 신경계가 기능을 시작한다. 이처럼 각 기관이 급속하게 이루어지는 만큼 태내 환경에 각별한 주의가 요구된다.

③ **태아기** : 태내 발달의 마지막 단계로 수정 후 3개월에서 출산까지의 시기에 해당한다. 이 기간 동안 배아기에 형성된 각 기관의 구조는 더욱 정교화되고, 기능이 보다 원활해지는 등 빠른 발달을 보이게 된다. 근육발달도 급격히 이루어지며 출생 후 몇 년이 지나서야 완성되지만 중추신경계도 이 기간 농안에 빨리 발달한다.

(3) 태아의 성장

13, 16회 기출

① 임신 초기(임신 1~3개월)

ㄱ 가장 중요한 시기로 태아의 급속한 세포분열이 일어나므로 임산부의 영양상태, 약물복용에 가장 영향을 받기 쉽다.

ㄴ 임신 1개월에는 원초적인 형태의 심장과 소화기관이 발달하며, 임신 2개월에는 인간의 모습을 갖추기 시작한다. 눈과 귀의 기본적인 형체가 나타나는 것은 임신 3개월(혹은 임신 2개월 말) 무렵이다. 또한, 그 시기에 팔, 다리, 손, 발의 형태도 나타난다.

ㄷ 임신 3개월부터 외부생식기가 형성되기 시작하여 태아의 성별을 식별할 수 있는 초기 징후들이 보인다.

② 임신 중기(임신 4~6개월)

ㄱ 태아의 손가락, 발가락, 피부, 지문, 머리털 등이 형성된다.

ㄴ 심장박동이 규칙적이며 팔과 다리를 움직이기 시작하여 태동을 느낄 수 있다.

③ 임신 말기(임신 7~9개월)

ㄱ 태아의 발달이 완성되어 신체의 내부기관들이 기능하게 된다.

ㄴ 이 시기 이후에는 태아가 모체에서 분리되어도 생존이 가능하다.

2 태내 발달 및 태아 관련 질환

1, 2, 3, 7, 12, 15, 17회 기출

(1) 태내 발달에 영향을 미치는 요인

① 임산부의 영양상태

태아는 수정에서 출산까지 성장에 필요한 모든 영양분을 전적으로 모체가 섭취하는 영양에 의존하므로 어머니의 영양상태는 태아의 발달에 결정적인 영향을 미치는 태내 환경이 된다. 어머니의 영양이 부족하면 유산과 사산의 가능성이 높고, 발육이 늦으며 신체적으로 기형이 될 확률이 크다. 특히 임신 초기의 영양결핍은 뇌와 신경계의 발달에 지장을 초래한다.

② 임산부의 질병

모체의 여러 가지 질병은 태반을 통해 태아에게 전이되거나 출생 시 태아에게 감염된다. 풍진은 태아에게 정신지체, 시각장애, 청각장애, 심장질환을 유발하는 질병이다. 임신 후 1개월 이내에 어머니가 풍진에 걸리면 58%의 신생아가 장애를 보일 정도로 위험하며, 2개월까지도 26~36%의 가능성으로 장애를 보일 수 있고 5개월 이후부터는 영향이 없는 것으로 알려져 있다. 각종 성병이나 소모성 질환 등도 장애아를 출산할 확률이 높으며, 최근에는 AIDS에 감염되어 태어난 영아의 수가 증가하고 있다.

③ 어머니의 정서상태

심한 공포, 불안 등 어머니의 강한 정서적 경험은 아드레날린을 분비하여 혈액을 통해 태반으로 흘러 들어가게 된다. 이는 태아의 발육에 지장을 줄 수 있으며 출생 후 잘 울고, 잘 놀라는 등 정서적 불안정을 보일 수 있다.

④ 어머니의 연령

일반적으로 어머니의 연령이 25~29세 사이에 있을 때 태어나면 성장에 가장 좋은 태내 환경 조건이 이루어지는 것으로 알려져 있으며, 어머니의 연령이 높을수록 태아의 지적 발달장애가 나타날 가능성이 커진다. 반면에 10대의 산모가 출산한 아기 또한 체중미달이나 미숙아가 될 위험이 크다.

⑤ 약물복용

음주, 흡연, 각종 약물복용은 태아의 발달에 큰 지장을 초래할 수 있다. 진정제인 탈리도마이드를 복용한 경우 아기의 사지발달에 결함을 보였고, 마약류의 복용은 신체장애와 지적발달의 지체도 수반된다. 특히, 임신 1~3개월은 태아가 약물에 가장 취약한 시기로 테라토겐(Teratogen)은 기형을 유발하는 물질을 의미한다.

⑥ 알코올

임신 중 알코올 섭취로 인하여 태아에게 영향을 미치는 대표적인 것으로 '태아알코올증후군'이 있는데, 특이한 얼굴과 작은 머리, 작은 몸, 선천적인 심장질환, 정신능력 저하, 그리고 이상한 행동 패턴 등을 보인다.

⑦ 흡 연

많은 연구에서 흡연은 저체중아 출산, 임신기간의 단축, 자연유산의 증가, 임신과 출산에 관련된 문제의 증가, 출생시 사망과 관련이 있다고 본다.

(2) 태아 관련 질환 `7, 9, 11, 13, 14, 18, 19, 20회` 기출

① 태아알코올증후군(Fetal Alchol Syndrome)

임신한 여성의 음주는 그 양과 횟수에 관계없이 음주로 인해 ADH와 ALDH가 생성되어 레티노산(Retinoic acid) 생성이 결핍된다. 이는 태아의 뇌세포 발달과정을 교란시켜 태아의 행동발달, 학습능력을 떨어뜨리고 정신장애를 초래한다.

② 다운증후군(Down Syndrome)

성염색체의 이상 중에서 21번 삼체성이 가장 흔한데 이를 다운증후군, 혹은 몽고증이라고 한다. 즉, 21번째 염색체가 쌍을 이루지 않고 3개가 존재함으로써, 정상일 경우 46개인 염색체가 47개가 된 기형으로 나이가 많은 초산부(약 35세 이상)에게 주로 발생하며 600~700명 중 1명꼴로 있다.

③ 에드워드증후군(Edward Syndrome)

18번 염색체가 3개인 선천적 기형증후군으로 다운증후군 다음으로 흔하며 약 8,000명당 1명의 빈도로 발생한다. 장기의 기형 및 전신지체장애가 발생하며 대부분 출생 후 10주 이내에 사망한다.

④ 클라인펠터증후군(Klineefelter Syndrome)

정상인의 성염색체는 남성 XY, 여성 XX를 나타내지만, 이 증후군에서는 XXY, XXYY, XXXY 등의 여러 가지 이상한 형태를 나타낸다. 남성염색체가 있음에도 불구하고 유방이 발달하는 등 여성의 신체적 특성을 보인다.

⑤ 터너증후군(Turner Syndrome)

성염색체 이상으로 X염색체가 1개이며, 전체 염색체수가 45개로 외견상 여성이지만 2차적 성적발

달이 없고 목이 매우 짧은 것이 특징이다.

⑥ 혈우병(Hemophilia)

혈액이 응고되지 않는 선천적 장애로 성염색체인 X염색체 이상으로 발병하고 질병 저항력이 약하다.

⑦ 크렉 아기(Crack Baby)

크렉(Crack)은 코카인을 정제한 것으로 임산부가 이를 복용할 경우 태아의 인지기능이 심각하게 손상을 입는다. 출생 당시에는 정상으로 보이지만 몸의 크기가 작고 머리둘레도 비정상적으로 작아 지능이 낮을 가능성이 높다.

⑧ 페닐케톤뇨증(Phenylketonuria)

단백질 대사 이상 장애로 음식물에 들어있는 페닐알라닌(Phenylalanine)을 분해하는 효소의 부족으로 인하여 발생한다. 출생 즉시 특수한 식이요법으로 정상생활을 유지할 수 있다.

⑨ X염색체 결함증후군

여성보다 남성에게 많이 나타나는 증상으로 얼굴이 길고 귀가 당나귀 모양이다.

(3) 태아기에 고려할 수 있는 사회복지실천 개입

① 임신 및 출산과 관련된 심리적 문제 상담
② 선천성 장애와 관련한 문제 상담
③ 부모역할 프로그램 제공
④ 가족 내 역할분담 및 합리적인 출산 · 육아정책 제공
⑤ 신체적 보살핌을 위한 재정적 도움

Plus ⊕ one

태아진단검사
- 풍진감염검사 : 임신 진단 직후에 시행하며, 풍진은 발진을 동반하는 바이러스성 전염병을 말한다.
- 초음파검사 : 임신 초기 · 중기 · 후기에 태아진단을 위해 시행하는 가장 일반적 방법으로, 임산부의 임신 주수, 태아의 자세, 체중, 머리 크기 등의 파악이 가능하다.
- 융모생체표본검사(융모막 융모검사) : 일반적으로 임신 9~13주 사이에 시행하며, 태반 조직을 채취하여 태아의 염색체를 분석하거나 기타 태아 관련 질환을 검사하는 방법이다.
- 양수검사 : 일반적으로 임신 15~20주 사이에 시행하며, 양수를 추출하여 태아의 염색체 이상 유무나 선천성 기형을 확인한다.
- 산모혈액검사 : 일반적으로 임신 15~20주 사이에 시행하며, 임산부의 혈액을 통해 다운증후군, 에드워드증후군, 신경관결손증 등을 검사한다.

1 신체 · 운동의 발달

(1) 신체적 특성

① 신생아기(출생~2주 후)의 신장과 체중은 성과 인종에 따라 다소 차이가 있으나 대체로 평균 신장
은 약 50cm, 평균 체중은 3.3kg 정도이다. 남아의 경우 약간 우세한 경향을 보인다.

② 신생아의 신체를 살펴볼 때 가장 두드러진 특징은 가슴둘레보다 머리둘레가 더 크다는 점이다.

③ 성인의 경우 머리 크기는 전체 신장의 약 1/8인데 비하여 신생아 머리 크기는 신체의 약 1/4정도이
다. 이처럼 가슴둘레가 머리둘레보다 작은 현상은 출생 후 1개월이 되면 바뀌기 시작하여 가슴둘
레가 머리둘레보다 점점 더 커진다.

④ 신생아의 골격은 부드럽고 연해서 출생 과정에서 일어날 수 있는 마찰을 방지한다.

⑤ 두개골도 완전한 구조를 형성하지 못하고 있기 때문에 6개의 숫구멍을 가지고 있다.

(2) 주요반사 및 기능　18회 기출

신생아는 출생시에 여러 가지 놀랄만한 운동반응을 보이는데 이런 것들은 선천척이고 반사적인 것이
다. 이러한 반사는 어떤 특정한 자극에 대한 반응으로서 예측이 가능하며 학습된 것은 아니고 자동적
이고 비의도적인 반응이다. 반사기능은 인간의 생존에 필요하며 지속적으로 유지되는 생존반사와 종
특유의 반사기능이면서도 생후 일정기간이 지나면 사라지는 원시반사로 구분된다.

① 생존반사　2, 11회 기출

빨기반사 (Sucking Reflex)	입술을 오므려 젖꼭지를 입안에 넣고 모유가 입안으로 들어갈 수 있도록 하는 반응으로 삼키는 반사(Swallowing Reflex) 및 숨쉬기와 연결된다. 일반적으로 10~20초 동안 20회 정도 젖을 빨고 난 후 4~15초 동안 휴식기간을 갖는다.
젖찾기반사/탐색반사 (Rooting Reflex)	아기의 입 주위나 뺨 등을 손가락 끝으로 가볍게 찌르면 어머니의 젖을 빨 때처럼 입을 움직이는 것이다.
눈 깜박이기 반사 (Blink Reflex)	갑작스러운 자극이나 강한 자극에 대해 눈을 깜박거린다.
동공반사 (Pupillary Reflex)	빛에 대한 동공의 수축현상으로서, 밝은 빛을 받으면 축소되고 어두운 곳에서는 확대된다.

② 원시반사

바빈스키반사 (Babinski Reflex)	신생아의 발바닥을 딱딱한 물건으로 건드리면 발가락을 부챗살처럼 펴는 반사이다. 약 1세까지 나타날 수 있다.
모로반사/경악반사 (Moro Reflex)	신생아가 소리나 빛의 자극이 달리지면 팔과 다리를 뻗쳤다가 다시 오므리는 반사이다. 출생 후 2~3개월 사이에 사라진다.
쥐기반사/파악반사 (Grasping Reflex)	손바닥에 물체를 대면 꼭 쥐는 반사로, 생후 2~3개월에 의도적으로 잡는 행동으로 대체되면서 사라진다.
걷기반사 (Stepping Reflex)	바닥에 아이의 발을 닿게 하여 바른 자세가 갖추어지면 아이는 걷는 것처럼 두 발을 번갈아 떼어 놓는다.

(3) 운동기능

① 신생아의 운동기능은 그다지 발달되어 있지 않다. 머리를 들지 못하며, 보이는 것에 대하여 손을 뻗쳐 닿을 수 있는 눈과 손의 협응이 되지 않는다.

② 몸의 움직임이 많기는 하지만 자기 주변세계를 탐색하려는 것인지 반사작용에 더 가까운 것인지는 알 수 없다.

2 감각의 발달

(1) 신생아가 어떠한 감각기능을 갖고 있는가를 정확히 판단하기는 매우 어렵다. 그러나 연구자들이 여러 가지 방법을 고안하여 신생아의 감각기능에 대해 연구한 결과, 신생아의 감각기능은 미숙하기는 하지만 상당히 잘 발달되어 있음을 밝혀냈다.

(2) 신생아가 사람 목소리 범위 내에 있는 소리를 가장 잘 듣는 것은 사람 목소리에 쉽게 반응함으로써 주위 사람에게서 생존에 필요한 관심을 이끌어 내는 데 효과적이기 때문이다.

(3) 신생아는 8인치 거리에 두 눈의 초점을 잘 맞추는데 이 거리는 바로 젖 먹을 때 아기의 눈과 엄마의 얼굴 사이의 거리이다. 미각과 후각, 통각의 발달도 어느 정도 이루어진 것으로 밝혀졌다.

제**3**절 　영아기　　　　　5, 6, 8, 9, 10, 12, 13, 14, 15, 17회 기출

1 발달 일반

(1) 출생에서 18개월 또는 2세까지 아기를 영아라 한다.

(2) 이 시기는 프로이트의 구강기, 에릭슨의 유아기, 피아제의 감각운동기에 해당한다.

(3) 이 시기의 아기들은 유전적인 요인과 외부의 환경적 요인에 의해 빠르게 성장한다.

(4) 이 시기에는 기본적인 생리적 욕구, 즉 수면, 배설, 섭식 등이 충족되어야 한다.

(5) 모든 영아들의 성장은 일정한 순서를 따라 이루어지나 성장속도는 영아에 따라 큰 차이가 있다.

(6) 영아 초기는 신생아기와 더불어 거의 의존적인 상태이지만 점차 운동능력, 사회성 등이 급격히 발달하고 어머니와의 상호관계를 통해 기본적인 신뢰감이 형성된다. 이는 기본적인 신뢰감의 형성과 인간 상호관계의 기초가 된다.

2 구체적인 발달

(1) 신체 · 운동의 발달

① **신체발달** : 영아기는 신체적 성장이 일생에서 가장 빠른 시기이다. 성장비율은 생후 6개월 동안이 가장 빠르며 그 다음 6개월은 다소 느려진다. 근육의 발달은 좋은 운동기능을 가지게 하여 많은 새로운 활동을 하게 되고, 뇌와 신경계통의 발달은 지능에 큰 영향을 줄 뿐만 아니라 정서적, 사회적 적응에도 많은 영향을 미치게 된다.

> **Plus ⊕ one**
>
> **급격한 성장이 이루어지는 시기**
> • 제1성장급등기 : 영아기
> • 제2성장급등기 : 청소년기(사춘기)

② **신체의 크기** : 영아의 신장 발달은 체중 증가에 비해 아주 늦다. 생후 1년 경에 약 50% 증가하고 출생 후 1년이 되면 출생시 신장의 약 1.5배가 된다. 영아기는 인간의 발달과정에 있어 급속한 성장이 이루어지므로 성장급등기라 부른다. 영아의 성장급등은 주로 다리, 몸통 부분에서 일어난다.

③ **골격 및 근육의 발달** : 영아들의 골격은 성인에 비하여 작을 뿐만 아니라 비율, 형태, 구성 또한 다르다. 뼈의 크기와 수가 증가하여 부드럽던 뼈의 조직도 경화되기 시작한다. 두개골의 뼈가 완전히 연합되지 않아 머리 중심부에 있는 숫구멍은 9~12개월이 되어야 완전히 닫히게 된다. 따라서 이 시기에 외부적 압력이 가해지면 여러 신체의 기형발달로 이어질 수 있다. 근육의 발달은 종류에 따라 성장속도가 다른데 대근육이 소근육보다 일찍 발달하며, 여아가 남아보다 일찍 발달한다.

④ **운동발달** : 영아의 운동발달은 중추신경계, 골격, 근육의 성숙 정도에 따라 영향을 받는다. 운동발달의 속도는 개인차가 있으며, 발달의 전개는 시간적으로나 계통적으로 일정한 순서가 있다. 신체의 대근육이 먼저 발달하고 소근육이 점차 발달한다. 즉, 미분화된 전체운동에서 분화적 특수운동으로 발달하며, 머리에서 시작하여 팔과 다리 등의 발달로 진행된다. 또한 신체의 중앙부분에서 먼저 발달하여 가까운 부분, 즉 팔이나 다리 등의 말초부분으로 발달한다. 운동발달은 크게 이행능력과 조작능력으로 나누어 볼 수 있다.

- ㉠ 이행능력 : 생물체가 자기 몸의 위치를 스스로 움직여서 옮기는 것을 말한다. 발달에 큰 변화를 가져오는 이행능력은 뒤집기, 앉기, 기어다니기, 일어서기, 걷기, 뛰기 등이며 이들의 발달은 일정한 순서대로 진행되고 걸음마기에 들어서면서 이행운동은 급격하게 발달한다.
- ㉡ 조작능력 : 손과 팔은 물체를 쥐거나 조작하는 데 있어서 가장 중요한 부분이다. 영아의 손과 팔의 운동은 눈의 발달과 관련이 있으며 서로 협응이 되어야 물체를 잡을 수 있다. 자신이 의도적으로 물체를 잡을 수 있는 시기는 출생 5개월 이후이다. 즉, 5개월 이후에는 시각적·공간적 지각이 발달하고 엄지손가락을 쓸 수 있게 되며 몸과 손과 팔이 협응하여 손을 물체쪽으로 뻗어 잡으려고 한다.

(2) 인지 · 언어의 발달

① **의의** : 인지란 감각적 자료를 해석하고 이것을 기억해 두었다가 필요할 때 재생시켜 사고, 추리, 문제해결 등에 이용하여 환경과 자신에 대한 지식을 획득해 가는 과정이다. 영아기는 감각을 통해 획득한 정보를 조직하고 환경적 자극에 반응하는 도식을 형성함으로써 인지적 발달이 일어난다. 인지발달은 지능과 이해력, 논리 및 지식의 성장을 의미한다. 인지를 발달단계를 통해 분석한 학자는 '피아제'로 그의 발달단계에 의하면 영아기는 '감각운동기'에 해당한다.

② **감각운동적 사고의 발달** : 아동은 출생 직후부터 끊임없이 환경의 도전을 받는다. 이러한 환경의 도전을 아동이 얼마나 잘 이해하고 극복해 나가느냐 하는 것을 피아제는 인지발달의 과정으로 보았다. 따라서 인지발달은 동화와 조절에 의해 이루어지는 적응과정이다. 피아제는 가장 중요한 첫 단계가 생후 2년간이며 이 시기는 감각운동적 협응을 통해 사고가 이루어진다하여 이 시기를 '감각운동기(출생~2세)'라고 한다.

③ **감각운동기단계**

제1단계 (반사기, 0~1개월)	태어날 때부터 갖고 있는 찾기, 빨기, 쳐다보기 등의 인지구조를 활용하여 모든 도식을 빨기 도식에 동화시켜 보는 것이다.
제2단계 (1차 순환반응기, 1~4개월)	순환반응이란 우연한 경험에 의한 단순행동의 반복반응을 뜻한다. 계속 손가락을 빤다든가 주먹을 쥐었다 폈다 하는 등의 반복행동이 나타나는데 이러한 행동은 목적이나 의도성이 없이 재미로 하는 단순 반복 행동이다.
제3단계 (2차 순환반응기, 4~8개월)	이 단계의 영아는 외부세계나 사건에 대해 반복적인 행위를 한다. 이것은 선천적인 반사가 아니라 영아가 학습을 통해 획득하는 반응이다.
제4단계 (2차 도식협응기, 8~12개월)	영아는 먼저 자신이 원하는 목표를 지각하고 다음에 그것을 어떻게 성취할까를 찾게 되는 명백히 의도적인 행동을 보이게 된다. 이 시기의 영아는 목표가 되는 하나의 도식에 도달하기 위해 수단이 되는 다른 도식을 사용하는 능력을 갖게 된다.
제5단계 (3차 순환반응기, 12~18개월)	적극적인 탐색과 시행착오과정을 통해 새로운 수단과 결과 간의 관계를 탐색하게 된다.
제6단계 (통찰기 또는 사고의 시작, 18개월~2세)	전조작기로 이행하는 중요한 질적인 변화를 겪게 된다. 눈앞에 없는 사물이나 사태를 내재적으로 표상하는 심상을 형성할 수 있다. 표상이 형성됨으로써 모방도 가능해진다.

④ **대상영속성 개념의 발달**

피아제는 출생에서부터 2세 사이에 일어나는 중요한 인지발달과 변화의 하나로서 대상개념의 발달을 들었다. 대상개념 또는 대상영속성 개념은 우리 자신을 포함하는 모든 대상들이 독립적인 실체로서 그 대상이 사라지더라도 다른 장소에 계속해서 존재한다는 사실에 대한 지식을 의미한다. 피아제는 이런 능력들이 감각운동기 동안에 서서히 발달하는 것으로 보았다.

㉠ 1~2단계(0~4개월) : 영아는 대상이 시야에 있는 동안에는 흥미를 가지고 대상을 바라보지만 대상물을 숨겨 시야에서 사라지게 하면 곧 흥미를 잃고 대상을 찾을 생각도 하지 않는다. 따라서 이 시기의 영아는 시야에서 사라진 대상이 존재한다는 사실을 이해하지 못하고 있는 것으로 판단된다.

㉡ 3단계(4~8개월) : 영아가 사라진 대상물을 찾는 행동을 보임으로써 대상영속성 개념이 형성되기 시작하고 있음을 알 수 있지만 시야에서 완전히 보이지 않는 대상은 찾으려 하지 않는다.

㉢ 4단계(8~12개월) : 이 시기의 영아는 완전히 가려졌거나 사라진 대상물을 사라진 자리에서 찾을 수 있게 되는 획기적인 발달을 하게 된다. 그러나 감추어지는 과정을 보았더라도 이들은 그 대상을 이전에 보았던 장소에서 찾으려 한다.

㉣ 5단계(12~18개월) : 영아는 대상물을 어디에 숨기든지 가장 최근에 사라진 곳에서부터 대상을 찾는 능력을 보이게 된다. 그러나 자신이 볼 수 있는 공간에서는 대상영속성이 발휘되나 볼 수 없는 공간의 대상에 대해서는 그 숨겨진 위치를 정신적인 표상만으로 정확하게 추적하는 능력은 갖고 있지 못하다.

㉤ 6단계(18~24개월) : 영아들은 대상이 완전히 숨어버려도 정신적인 표상을 통해 이동과정을 추적하여 대상을 찾아낸다. 따라서 대상영속성과 더불어 자신이 독립된 개체라는 것을 명확하게 깨닫게 된다.

⑤ **언어발달** : 영아기와 걸음마기에 획득되는 가장 큰 능력 중의 하나가 언어능력이다. 출생 후 모든 의사를 울음으로 나타냈던 아기들은 미소를 띠고 옹알이를 하게 되면서부터 점차 분화된 의사표현을 하게 된다. 아기들은 사고의 발달과 더불어 확장된 언어능력을 통해 주위의 환경을 보다 치밀하게 탐색하게 되고 자극에 대한 궁금증도 쉽게 풀 수 있게 된다.

㉠ 언어발달의 이론적 배경
- 촘스키의 생득이론 : 인간의 뇌 속에는 언어의 보편적인 면에 대한 지식이 구축되어 있으므로 모든 언어는 근본적인 구조가 같다고 주장하였으며, 이것을 심층구조라고 표현하였다. 이 구조는 인간이 태어날 때부터 지니고 있는 것으로 추측한다.
- 스키너의 조작이론 : 언어의 획득과정을 자극과 반응의 연합으로 보고 언어의 학습과 발달을 강화의 원리로 설명한다.
- 반두라의 사회학습이론 : 사람은 사회적 상황에서 다른 사람들의 행동을 관찰함으로써 여러 행동을 학습한다고 하였다. 유아의 언어획득은 모델이 보여준 언어행동을 관찰하고 모방한 결과라고 보는 것이다.

ⓛ 언어획득의 과정

  - 전(前)언어시기 : 아기는 태어나면서 울음으로 최초의 발성을 한다. 울음은 의사전달의 수단으로 아기의 요구를 표시할 수 있는 유일한 방법이지만 초기의 울음은 의미가 분화되지 않은 미분화된 울음이다. 이 시기 동안 아기와 함께 하는 주된 양육자와의 언어적 상호작용은 아기의 언어발달에 큰 영향을 미치게 된다.
  - 한 단어 시기(9~15개월) : 아기들은 보통 생후 9개월 정도가 되면 한 마디 말을 사용하기 시작한다. 옹알이 시기 동안 정확한 발음을 내지 못하던 아기들은 이 시기가 되면 몇가지 단어들을 분명히 발음할 수 있다.
  - 두 단어 시기(15개월 이후) : 영아가 15개월이 되면 두 단어를 결합하여 말을 하게 된다. 2세 전후가 되면 250개 이상의 어휘를 획득하게 되며 이 시기를 언어의 폭발적인 팽창기라 한다.

(3) 정서 · 사회성 발달

16회 기출

① 정서의 발달 : 정서란 분노, 공포, 기쁨, 질투, 울음, 웃음, 애정 등 어떤 상황을 맞이하였을 때 유발되는 분화된 감정표현을 말한다. 정서는 초기 2년 동안에 분화되며, 비교적 어린 시기에 발달한다. 대체로 생후 2년이 지나면 성인에게서 볼 수 있는 거의 모든 정서군이 나타난다.

Plus ⊕ one

정서발달

초기정서의 특징 (Hurlock)	• 격렬하다. • 일시적이다. • 지속시간이 짧다.
정서표현의 발달	초기 아동의 정서표현은 미분화된 전체적 반응으로 나타나다가 연령이 증가하면서 점차 분화되기 시작한다. 즉, 언어의 발달로 아기는 행동이 아닌 말이나 기호를 통해서 자신의 감정을 표출할 수 있으며 눈물 흘리기, 웃기, 소리지르기 등 상황에 따라 구체적인 표현을 하게 된다.

② 애착의 형성 : 초기 아동의 사회성 발달은 '애착'의 형성을 통해 설명된다. 생후 6개월이 되면 아기와 엄마 사이에 특별한 관계가 형성된다. 일반적으로 이것을 사랑이라고 부르지만 심리학에서는 애착이라 한다. 애착은 한 개인이 자신과 가장 가까운 사람에 대해서 느끼는 강한 감정적 유대관계를 뜻한다.

ⓙ 애착형성이론

  - 정신분석이론 : 프로이트의 정신분석이론에서는 영아가 빨고자 하는 구강 욕구를 충족 시켜주는 대상과의 사이에서 형성되는 밀접한 관계로 본다. 에릭슨도 영아의 수유 욕구를 만족시키면 안정된 애착관계를 형성할 뿐만 아니라 자신 주변세계에 대한 기본적 신뢰감의 기초가 된다고 하였다.

- 인지발달이론 : 사회적 애착을 형성하는 영아의 능력은 전반적인 인지발달과 밀접하게 관련되어 있다. 안정된 애착관계를 갖기 위해서는 애착대상이 사라져도 어딘가에 존재한다는 것을 아는 대상영속성 개념이 획득되어야 한다. 애착이 보통 7~9개월 사이 대상영속성이 획득되는 시기와 유사한 기간에 형성되는 것은 애착형성이 전반적인 인지발달과정과 밀접하게 관련된다는 사실을 시사하는 것이다.

ⓒ 애착발달과정
- 1단계 : 영아가 다른 대상에 비해 사람을 비롯한 사회적 대상을 선호하면서 특정 대상을 구별하지 않고 모든 대상에게 애착을 보이는 단계로 출생 후부터 2개월까지가 해당된다.
- 2단계 : 어머니와 타인을 구분하면서 시작되며, 본격적 애착이 형성되는 6~8개월까지의 시기에 해당한다. 애착대상과 떨어지는 데 저항이 없으며 친숙한 성인에게 더 미소를 짓고 낯선 사람은 단순히 응시만 한다. 완전한 애착이 형성되지 않은 상태이다.
- 3단계 : 비로소 특정 대상에 대한 강한 집착을 보이며 떨어질 때 격리불안을 나타낸다. 7개월 이후부터 2세 사이에 해당된다. 격리불안과 낯가림도 이 시기에 나타난다.

③ **자율성의 발달**

2살이 되어갈 무렵 영아는 엄마와 늘 붙어 있으려는 욕구가 조금씩 줄어들기 시작하고 놀이와 탐색에 대한 흥미가 증가한다. 잘 걸을 수 있으며, 이행능력의 발달로 인해 아기는 주변환경을 더 많이 탐색할 수 있다. 에릭슨은 걸음마가 시작되면서 독립에 대한 욕구가 증가하는 것을 자율성에 대한 추구로 보았다.

Plus ⊕ one

애착의 유형[아인스워드(Ainsworth)]

안정 애착 (Secure Attachment)	• 유아는 주위를 탐색하기 위해 어머니로부터 쉽게 떨어진다. 낯선 사람보다 어머니에게 더욱 확실한 관심을 보이며, 어머니와 함께 놀 때 밀접한 관계를 유지한다. • 어머니와 분리될 때도 어떤 방법으로든 능동적으로 위안을 찾으면서 다시 탐색 과정으로 돌아간다. 이들은 어머니가 돌아오면 반갑게 맞이하며, 쉽게 편안해진다.
불안정 회피애착 (Avoidant Attachment)	• 유아는 어머니에게 별로 반응을 보이지 않는다. 어머니가 방을 떠나도 울지 않으며, 어머니가 돌아올 때도 무시하거나 회피한다. • 어머니와의 관계에서 친밀감을 추구하지 않으며, 낯선 사람과 어머니에게 유사한 반응을 보인다.
불안정 저항애착 (Resistant Attachment)	• 유아는 어머니가 방을 떠나기 전부터 불안해하며, 어머니 옆에 붙어서 탐색을 별로 하지 않는다. 또한 어머니가 방을 나가면 심한 분리불안을 보인다. • 어머니가 돌아오면 접촉을 시도하지만 어머니가 안아주어도 안정감을 얻지 못하며, 분노를 보이면서 내려달라고 소리를 지르거나 어머니를 밀어내는 양면성을 보인다.
불안정 혼란애착 (Disorganized Attachment)	• 불안정 애착의 가장 심한 형태로 회피애착과 저항애착이 결합된 유형이다. • 어머니와 재결합했을 때 어머니에게 차가운 반응을 보이면서 어머니가 안아줘도 먼 곳을 쳐다본다.

1 개 요　13, 20회 기출

(1) 프로이트의 항문기, 에릭슨의 초기아동기, 피아제의 전조작기 초기에 해당하는 시기이다.

(2) 자아가 발달하지만 자기중심적이다.

(3) 발달이 머리 부분에서 점차 신체의 하부로 확산되며, 걷는 능력이 정교해진다.

(4) 달리기와 뛰기 등 운동능력이 발달하며, 대근육과 소근육 운동의 활동을 한다.

(5) 정신적 표상에 의한 상징놀이가 가능하다.

(6) 유아는 정서적 혹은 주관적으로 지각한다.

(7) 사물의 크고 작음을 지각하지만 방향이나 위치에 대한 지각은 발달하지 않는다.

(8) 언어와 사회적 기준을 배우기 시작하고 괄약근이 발달하여 배변훈련을 통해 대소변을 가리게 된다.

2 신체 · 운동의 발달

(1) 신체의 발달　19회 기출

① 유아기의 신체발달은 영아기에 비해 완만한 발달 경향을 나타내지만 전 생애에 걸쳐 보면 여전히 빠른 속도로 꾸준히 진행되고 있음을 볼 수 있다.

② 머리 크기가 몸 전체에서 차지하는 비율이 점차 줄어든다. 이목구비가 뚜렷해지고 턱과 목이 길어지고 유치 20개가 모두 나며 5세 말에 이갈기가 시작된다.

③ 대근육이나 소근육이 발달한다.

(2) 운동의 발달　14, 16회 기출

① 언어와 사회적 기준을 배우기 시작하고, 괄약근이 발달하여 배변훈련을 통해 대소변을 가리게 된다.

② 영아기 때 운동기술이 발달되지 못하고 운동형태만 발달한 상태라면 유아기에는 새로운 운동 형태와 더불어 걷기, 달리기, 뛰기 등 보다 많은 운동기술을 획득하게 된다.

③ 이 시기에 운동기능을 연습할 기회가 없다거나 부모의 과잉보호로 부상을 두려워하여 못하게 한다든지 아동 자신이 외상경험으로 운동하는 것을 두려워하면 운동발달이 지체된다.

3 인지 · 언어의 발달

(1) 인지의 발달

15회 기출

① **의의** : 인지적 측면에서 놀랄만한 성장을 하게 되며, 이 시기 동안 획득되는 수많은 어휘와 이해력의 발달로 유아기 말이 되면 거의 모든 관계에서 별 무리 없이 의사소통을 할 수 있다.

② **전조작기사고의 발달** : 피아제에 의하면 6~7세 미만의 아동은 정신조작을 할 수 없기 때문에 전조작기라는 용어로 분류되는 시기이다. 아동의 사고는 아직도 지각에 의존하고 있기 때문에 행위를 내적으로 정확하게 표상할 수 있는 능력이 아직 형성되지 않았다. 이때의 사고특성은 상징적 활동의 증가, 직관적 판단, 자기중심성, 물활론적 사고, 꿈의 실재론 등이다. 피아제의 전조작기라 명명한 유아기 아동에 대한 보다 최근의 연구결과들은 이 시기 인지발달의 수준이 그가 생각한 것보다 훨씬 앞서 있다는 사실을 여러 측면에서 입증하고 있다.

> **Plus ⊕ one**
>
> **인지발달 관련 사고**
> • 상징적 사고 : 정신적 표상에 의한 상징놀이가 가능하다.
> • 자기중심적 사고 : 자기중심성으로 인해 다른 사람의 입장에서 볼 수 없다.
> • 물활론적 사고 : 생명이 없는 대상에게 감정과 생명을 불어넣는다.
> • 인공론적 사고 : 자기중심적 사고의 특성으로 인해 사물이나 자연현상이 자신을 위해 존재한다고 생각한다.

③ **지능의 발달** : 이 시기에 지적 능력에서 개인차가 뚜렷해지는데, 보존개념 같은 원리를 빨리 이해하거나 긴 문장을 말할 수 있는 아동이 있는가 하면 전혀 하지 못하는 아동도 있다. 일반적으로 지능발달은 언어발달과 관련이 깊다고 하지만 언어가 발달한 아동이라도 보존개념을 잘 모르거나 그 반대의 경우도 있다. 일반적으로 인간의 인지능력은 지능이란 개념을 통해 평가한다. 한 개인의 지능발달 정도는 지능검사로 측정되어 지능지수로 개념화된다. 유아기에 측정된 지능지수는 아동기 이후 IQ와 상관관계가 높다.

④ **대상영속성의 획득** : 유아기의 시행착오적인 행동에서 점차적으로 벗어나 상황에 대해 사고하기 시작하는 대략 18~24개월에 대상영속성을 획득하게 된다.

(2) 언어의 발달

① 유아들에게 있어서 언어는 여러 가지 현상들을 이해하고 개념화하는 중요한 인지적 수단이며, 또 다른 사람의 생각과 의도를 바르게 이해하고 자신의 생각을 표현할 수 있게 하는 대인관계의 기본 수단이자 자신의 정서를 표출하거나 통제하는 정서적 창구이다.

② 언어는 유아기 발달의 중요한 부분을 차지한다. 이 시기에 언어가 급격히 발달하는 것은 유아기 특성인 끊임없이 말하는 활동, 즉 연습 때문이다.

③ 이 시기 유아는 깨어 있을 때 신체적으로 가만히 있는 상태가 거의 없듯이 말을 하지 않고 조용히 있는 경우는 드물다. 끊임없이 이야기를 해서 부모나 주위 사람들이 인내하고 이야기에 반응을 보여주어야 언어학습의 지름길이 될 수 있다.

○ 문법적 형태소의 획득 : 둘 또는 셋 이상의 단어를 조합할 때 차츰 격조사나 시제와 관련된 어미 등을 문장에 사용함으로써 보다 완성된 문장으로 발달하게 된다.

○ 과잉일반화와 축소화 현상 : 과잉일반화란 한 단어의 의미가 다른 대상으로 적용 확대되는 일반화 과정이다. 축소화 현상은 단어의 적용범위가 축소되는 분화과정이다. 즉, 아동이 자신이 먼저 경험한 것을 토대로 단어의 의미를 구체적인 상황에 한정시키는 경우를 말한다. 이러한 현상은 동시에 진행되다가 유아기 초기가 지나면 어휘력의 증가와 문법의 획득으로 사라지게 된다.

○ 부정문의 형태 : 단어를 결합하기 시작하면서 부정적인 개념을 표현하기 시작하는데 부정적인 진술을 할 때에는 문법이나 문장 형태와 관계없이 '안' 자만을 첨가하게 된다. 유아기 말에 이르러 올바른 형태의 부정문이 나타나게 된다.

○ 의문문 : 의문문과 관련되는 유아기 아동의 언어특성에는 문법의 특성보다 오히려 질문이 많다는 사실이 더 특징이라고 볼 수 있다. 즉, 모든 환경에 대해 탐색을 하며 대상에 대한 호기심을 그냥 넘어가지 않고 반드시 질문을 통해 확인하려는 경향이 강하다. 또한 확인부가의문문 형태의 사용도 나타난다. 유아기 언어발달에 영향을 주는 요인으로는 가정환경, 아동의 지능, 성차, 출생순위와 형제수 등이 있으며, 언어발달에는 개인차가 나타난다.

4 성격 · 사회성의 발달

(1) 성격의 발달

① 프로이트와 에릭슨은 이 시기의 중요한 발달과업이 자율성 확립과 양심의 발달이라고 하였다.

② 유아기는 아동 스스로 바깥세상을 탐험하게 되는 시기로서 친구, 이웃을 만나고 여럿이 어울리는 생활을 경험하면서 사회에서 요구하는 행동패턴이 무엇인지를 깨닫게 되고 이를 수용하거나 거부할 때에 사회가 어떻게 받아들이는가도 알게 된다.

③ 이때 경험하는 사회성 발달은 이후의 성인기까지 영향을 미치는 중요한 과정이다.

(2) 성역할의 발달

① 성에 따라 성역할이 눈에 띄게 달라지는 시기로서 그 전까지는 여아와 남아의 행동상의 구별이 거의 나타나지 않았지만 유아기에 들어오면서부터 점차적으로 나타난다.

② 성의 구별이 생식기능의 차이에 근거하며 자신의 성이 영원히 변화될 수 없는 것이라고 이해하게 되는 것은 이 시기 말에 가능하다. 이를 '성의 항상성'이라 하며, 이것은 발달과정상 획기적인 전환점이다.

③ 동일한 성의 모델을 모방하려는 경향이 급속히 증가하면서 성역할을 학습하게 된다. 성역할 발달에 영향을 주는 모델은 부모, 교사, 이웃, 또래, 책, TV 등 아동이 접하는 모든 환경이 된다. 한쪽의 성에 치우친 고정관념화된 성역할보다 양성적인 성역할을 학습할 수 있도록 하는 것이 바람직하다.

Plus ⊕ one

성역할 고정관념
• 남성 또는 여성에게 속한다고 여겨지는 특성과 역할의 총체로 정의될 수 있다. 남성은 어떤 역할을 해야 하고, 여성은 또 어떤 역할을 해야 한다는 것이다. 이것은 사람들이 각 성에 대해 가지고 있는 비교적 안정된 신념으로, 사실일 수도 또는 사실이 아닐 수도 있는 추상적이지만 일반화된 것이다.
• 일반적으로 3~4세경에 나타나다가 5~6세경에 가장 심해지고 8~9세경부터 감소하기 시작한다.

(3) 놀이발달

① 놀이는 유아의 신체, 운동, 정서, 사회, 인지, 언어 등 모든 면에 영향을 미치는 중요한 학습매체이다. 아동에게 있어서 놀이는 생활 그 자체이며 매우 생산적인 것이다. 왜냐하면 놀이는 아동이 인간에게 필요한 여러 가지 운동기술, 사회적 기술 및 인지적 기술 등을 실습해 보는 과정이기 때문이다.
② 아동이 대인관계를 형성해 나가는 데에도 놀이는 매우 중요한 역할을 한다.
③ 현실세계에서 불가능한 것을 가능하게 하는 환상을 즐길 수 있다. 이를 아동의 정서행동장애를 치료하는 상황에서 사용하는 것이 '놀이치료'이다.

Plus ⊕ one

유아기의 정서 발달
• 경쟁 또는 협동을 한다.
• 다투는 일이 많아지며, 각각의 장면에 어울리는 정서의 표출을 볼 수 있다.
• 정서를 표현하는 단어를 사용하거나 이해능력이 빨리 증가한다.
• 정서의 지속기간이 짧아 정서의 변화가 자주 나타난다.

1 전기아동기(학령전기, 4~6세)   5, 9, 12, 14회 기출

(1) 개 요

① 프로이트의 남근기, 에릭슨의 학령전기, 피아제의 전조작기 중·후기에 해당하는 시기이다.

② 초기적 형태의 양심인 초자아가 발달한다.

③ 부모를 모방하는 동일시를 시작한다.

④ 이성 부모에 대한 애정이 각별해지는 시기이다(오이디푸스 콤플렉스, 엘렉트라 콤플렉스).

⑤ 사물에 대한 호기심이 증가하며, 또래집단과의 상호작용을 통해 사회성을 익히기 시작한다.

⑥ 독립심이 나타나기도 하지만 부모의 긍정적인 도움이 절실히 필요한 시기이기도 하다.

(2) 신체의 발달

① 신체의 양적 성장은 상대적으로 감소하나 지속적으로 이루어진다.

② 걷기·달리기 등의 운동 기능은 더욱 발달한다.

③ 5세경에 신장은 출생기의 약 2배가 되며, 6세경에는 뇌의 무게가 성인의 90~95%에 달한다.

④ 유치가 빠지고 머리 크기는 성인의 크기가 되며 신경계의 전달능력도 향상된다.

(3) 인지의 발달   15, 16회 기출

① **직관적 사고** : 개념적 조작능력이 발달하지 않은 상태이기에 서열화·유목화를 할 수 없다. 판단을 직관에 의존하므로 전체와 부분과의 관계를 정확히 파악하지 못한다.

② **중심화 및 비가역적 사고** : 두 개 이상의 차원을 동시에 고려하지 못하며, 역의 진행과정에 대한 사고도 미비하다.

③ **자아개념 및 자아존중감 형성** : 언어능력의 발달을 통해 외형적인 물리적 자아개념을 형성하며, 운동기술 및 인지기능의 발달을 통해 스스로 일을 해결하는 경험과 함께 자신에 대한 긍정적 가치감을 형성하기 시작한다.

④ **도덕적 사고** : 초자아 형성과 함께 가족과 사회의 규칙을 내면화한다.

(4) 정서의 발달

① 3~4세경이 되면 즐거움·사랑·분노·공포·질투 등을 경험하고 표현하는 방법을 배운다.

② 5~6세경이 되면 자신의 감정을 감추거나 가장하는 방법을 배우게 된다.

③ 성과 관련된 사회적 관심을 나타내며, 자신의 성에 맞게 행동함으로써 성역할을 학습한다.

④ 집단놀이를 통해 사회적 관계를 형성하며, 사회적 기술과 역할을 습득한다.

2 후기아동기(학령기, 6~12세)

(1) 개 요

① 프로이트의 잠복기, 에릭슨의 학령기, 피아제의 구체적 조작기에 해당하는 시기이다.

② 자신감과 독립심이 발달하며, 자신만의 습관과 가치관을 형성한다.

③ 운동과 놀이를 통해 신체의 발달 및 사고력 · 추리력 · 판단력의 발달을 가져온다.

④ 이성 및 동성과의 관계, 또래와의 관계를 통해 사회화를 이룬다.

⑤ 친구와의 관계에서 자기 주체성을 확립하고 주도적으로 무엇인가를 할 수 있는 능력을 발전시킨다.

(2) 신체의 발달

① 10세 이전에는 남아가 여아보다 키와 몸무게에서 우세하지만, 11~12세경에는 여아의 발육이 남아보다 우세해진다.

② 신체 각 부위의 비율이 달라지는데, 얼굴 면적이 전체의 10%로 줄어들고 뇌는 성인의 95% 정도로 발달한다.

③ 뼈가 빠른 속도로 자라서 성장통을 경험하고 2차 성징이 나타나기 시작한다.

(3) 인지의 발달

① 피아제 이론의 구체적 조작기에 해당하여, 전조작기의 논리적 사고를 방해하는 중심화 및 비가역적 사고에서 벗어나 보다 논리적인 사고 수준으로 발달한다.

② 서열화, 유목화, 보존의 개념을 완전히 획득한다.

③ 타인의 시각에서 사물을 보는 능력이 발달하고 다양한 변수를 고려하여 상황과 사건을 파악하고 조사한다.

④ 자신의 특성에 대한 체계적인 인식으로서 자아개념이 발달하게 되며, 학업, 부모 및 또래와의 관계, 자신의 신체와 관련하여 자아존중감을 발달시킨다.

(4) 정서의 발달

① 정서적으로 비교적 안정된 시기로서, 정서적 통제와 분화된 정서 표현이 가능하다.

② 정서의 표현이 좀 더 지속적이면서 간접적인 양상으로 나타난다.

③ 이성친구보다 동성친구와 더 친밀한 관계를 가지려고 한다.

④ 학년이 올라갈수록 급우들과의 관계가 더욱 강화된다. 또한 급우와의 상호작용이 확대됨으로써 성인의 승인보다는 또래의 승인을 받고 싶어 한다.

⑤ 단체놀이를 통해 개인적 목표보다 집단적 목표를 우선시하며, 협동 · 경쟁 · 협상 · 분업의 원리를 체득한다.

⑥ 사회적 규칙이나 압력에 반응하는 방법을 학습한다.

⑦ 학교 교육 및 대중매체에 큰 영향을 받는다.

⑧ 주의력 결핍(부주의), 과잉행동, 충동성으로 인해 학업성취도와 대인관계에 어려움을 초래하는 주의력 결핍 및 과잉행동장애(ADHD) 증상이 7세 이전부터 나타나 후기아동기 및 청소년기에 진단되기도 한다.

3 아동기에 고려할 수 있는 사회복지실천 개입

(1) 지능은 정상이지만 듣기, 말하기, 읽기, 쓰기 등 학습에 어려움을 겪는 학습장애에 대한 치료프로그램 개발

(2) 대인관계 문제로 나타나는 반응성 애착장애에 대한 개별·집단 치료프로그램 개발

(3) 사회적 범죄로서의 아동학대에 대처하기 위한 다각적인 노력

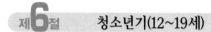

제6절 청소년기(12~19세)   5, 6, 7, 9, 10, 11, 12, 13, 14, 17, 18회 기출

1 청소년기 일반

(1) 청소년기의 의의

① 생물학적으로는 뼈의 성장이 가속화되면서 성적 발달이 시작되는 시기이다.

② 심리적으로는 인지발달이 가속화되고 성격 형성이 어느 정도 완료되는 시기이다.

③ 사회적으로는 젊은 성인기에 맡을 역할에 대한 준비가 강화되는 시기이다.

④ 신체적 사춘기(Puberty)와 심리적 청소년기(Adolescence) 양쪽이 일치하지 않을 때 불균형에 대처하는 것이 스트레스가 된다.

(2) 사춘기

① **2차 성징** : 생식기관의 성숙으로 2차 성징이 나타나게 된다. 소녀는 가슴과 엉덩이가 커지고 소년은 수염이 나고 목소리가 굵어진다. 2차 성징은 여자아이에게 더 빨리 나타나므로 12세경에는 여아가 더 크고 무거운 편이다. 시기가 늦거나 빠른 것, 여드름, 비만, 남자아이의 유방이 커진 것, 여자아이의 유방이 너무 크거나 작은 것 등이 흔하며, 이는 심리적으로 문제가 될 수 있다.

② **발생시기** : 평균 여자 11세, 남자 13세로 여자가 1~1.5년 빠르다.

③ **호르몬의 변화** : 여포성숙호르몬(FSH), 황체호르몬(LH) 등이 여아의 사춘기를 통해 증가하고, 남아의 주 성호르몬인 테스토스테론은 16~17세에 최고에 도달한다. 이는 남성화, 공격성, 충동성, 남자의 성욕과 관련이 있다. 여자의 성욕의 일부는 안드로겐에 영향을 받으나, 큰 부분은 심리적 요인에 의한다.

2 부문별 발달 내용

(1) 신체적 변화

① 청소년기는 신체적 변화가 급격히 이루어지는 사춘기에서부터 시작한다.

② 사춘기의 신체적 변화는 크게 2가지의 특징을 갖는다. 그 하나는 성호르몬의 분비로 인한 남녀의 성차가 뚜렷해지고 생식기능이 발달하는 것이며 또 하나는 남녀 모두 전신이 급격히 성장하는 성장급등(Growth Spurt) 현상이 이루어진다는 것이다. 신체적 변화의 속도와 크기는 성(性)과 인종, 그리고 개인에 따라 많은 차이가 있으며 사회문화적 환경에 의해서도 영향을 받는다.

③ 신체적 변화가 청소년에게 주는 의미는 단순히 하나의 생식체로서 인간을 완성시킨다는 측면만은 아니다. 보다 중요한 것은 신체적 변화가 청소년기의 여러 특징적 행동을 결정짓고 강한 정서적 긴장과 갈등을 경험하게 한다는 데에 있다.

④ 신체적 변화의 경험은 자신에 대한 관심을 증대시켜 이상적 자기와 현실적 자기 사이의 괴리를 인식하게 하며, 성인으로서 자신의 외부모습과 아직도 잔존하고 있는 아동기의 행동양식과 사회적 지위 사이에 갈등을 발생하게 한 것이다. 이러한 긴장과 갈등은 부모나 교사와 같은 기성세대에서 동료집단으로 동일시의 대상을 이전시키게 되고 자신의 용모에 관심을 가지며 이성에 대해 강한 호기심을 보이게 되는 등 청소년기의 여러 가지 행동 특성으로 나타난다. 따라서 자신의 신체적 변화를 수용하고 이에 따른 사회적 기대에 적응해 간다는 것은 모든 청소년기의 발달 과제 달성을 위한 근간이 된다고 할 수 있다.

(2) 인지의 발달

① 형식적 조작기(Formal Operations)에 해당한다.

사고방식의 측면에서 좀 더 추상적이며, 경험해본 적이 없는 사건에 대해서도 인과관계를 추론할 수 있다. 자신의 사고가 옳은지 부적절한지 비판적으로 검토할 수 있고 어떤 현상이 다른 현상에 미치는 영향에 대하여 가설을 세울 수 있다.

② 사고가 보다 추상화·개념화되고 미래지향적으로 바뀐다.

시, 음악, 운동, 미술, 철학, 수학, 관념, 종교 등에 관심을 갖고 특히 일기 쓰기를 즐긴다.

③ 정체감의 확립

개인의 정체성은 청소년기에 정형화된다. 경험과 사고를 실험하고 평가하면서 청소년은 자신이 누구인가에 대한 감각을 형성한다. 따라서 이 시기의 중요한 발달과업 중 하나가 바로 정체감의 확립이다. 에릭슨은 심리발달이론 8단계 중 청소년기를 정체감 대 정체감혼란(역할혼란, Identity vs Role Confusion) 시기로 구분하였다.

Plus ⊕ one

학자별 정체감 관련 이론

- 에릭슨(Erikson)
  - 자기 자신의 독특성에 대한 비교적 안정된 느낌을 갖는 것으로 행동이나 사고 혹은 느낌의 변화에도 불구하고 기본적으로 자신에게 친숙한 것으로서, 내가 누구인가를 아는 것이며 타인이 나를 보는 방식과 일관성이 있어야 한다고 기술한다.
  - 청년기를 정체감을 획득해야만 하는 중요한 시기로 간주하였다. 안정된 정체감을 형성하기 위해서는 신체적 성숙, 성적 성숙, 추상적 사고능력의 발달, 정서적 안정성이 선행되어야 하며 동시에 부모나 친구들의 영향으로부터 어느 정도 자유로울 수 있어야 한다고 하였다.
- 마샤(Marcia)　　　　　　　　　　　　　　　　　　　　　　　　　　　　**12, 16회 기출**
  - 정체감 성취
    - ⓐ 정체성 위기와 함께 정체감 성취에 도달하기 위한 격렬한 결정과정을 경험한다.
    - ⓑ 청소년은 어느 사회에서나 안정된 참여를 할 수 있고, 상황 변화에 따른 동요 없이 성숙한 정체감을 소유할 수 있다.
  - 정체감 유예
    - ⓐ 정체성 위기로 격렬한 불안을 경험하지만 아직 명확한 역할에 전념하지 못한다.
    - ⓑ 청소년은 자신의 능력과 사회적 요구, 부모의 기대 사이에서 고민한다.
  - 정체감 유실
    - ⓐ 정체성 위기를 경험하지 않았음에도 사회나 부모의 요구와 결정에 따라 행동한다.
    - ⓑ 청소년은 외면적으로는 본인의 결단의 지점을 통과한 것처럼 보이지만, 내면적으로는 통과하지 못한 상태이다.
  - 정체감 혼란
    - ⓐ 정체성 위기를 경험하지 않았으며, 명확한 역할에 대한 노력도 없다.
    - ⓑ 청소년은 일을 저지르지도, 책임을 지려하지도, 의심하지도 않으며, 어떻게 살아야 하는지에 대해서도 관심이 없다.

④ 심리사회적 유예

　최종의 정체감을 성취하기 이전의 일정한 자유 시험기간을 의미한다. 이 심리사회적 유예는 젊은 이들에게 가치, 믿음, 역할 등을 시험해볼 자유를 허락하며 각자의 장점을 극대화하여 사회로부터 긍정적인 인정을 획득함으로써 사회에 최상으로 적응할 수 있게 한다.

⑤ 발달과제

　㉠ 정체성(Identity) : 내가 누구이고 어디로 가고 있는가에 대한 자각을 이 시기에 확립하여야 하는데, 자신에 대해 깨닫지 못하면 혼란을 겪을 수 있다. 의존적 위치에서 독립적 위치로의 전환이 이루어지는 시기이다.

　㉡ 거부증(Negativism) : 부모와 세상 사람들에게 자라고 있는 나는 나 자신의 마음을 가지고 있다는 것을 표현하는 것이다. 가족으로부터의 독립을 느끼면서 "나는 누구이며, 어디로 가고 있는가?"라는 물음이 다시 출현하게 된다.

　㉢ 또래집단(Peer Group) : 학교생활이 가족으로부터의 분리를 가속화시키고 강화시킨다. 부모를 낯설게 느끼고, 부모와 공유하지 않는 세계 속에 존재한다. 가정은 단지 바탕일뿐이고, 현실 세상은 학교이며, 가장 중요한 관계는 '같은 연령대의 같은 흥미를 가지고 있는 사람들'과의 관계가 된다. 또래들의 의견에 지나치게 민감하며 끊임없이 자기 자신을 다른 사람들과 비교하고 가상적이건 실제이건 또래집단에서 벗어난 상황은 어떤 것이든 열등의식, 자존심 저하를 초래한다.

ⓔ 양육의 문제 : 부모에게서 자유로워지려고 하면서도, 한편으로 부모에게 애착되어 있는 특징이 있는 시기이다. 청소년의 독립하려는 욕구가 자식을 계속 통제하려는 부모에게는 위협이 될 수 있다. 어떤 부모는 제한선을 설정하지 못하거나 자식을 통해 자신의 상상을 발현하려 한다.

⑥ 상상적 청중, 개인적 우화와 같은 자아중심성이 나타나기도 한다.

　ⓖ 상상적 청중 : 자신이 마치 무대 위의 주인공처럼 다른 사람들로부터 주의와 관심의 대상이 되고 있다고 믿는 것이다.

　ⓛ 개인적 우화 : 자신이 마치 독특한 존재이기라도 한 것처럼 자신의 사고와 감정이 다른 사람과 근본적으로 다르다고 믿는 것이다.

(3) 정서의 발달　[13회 기출]

① 급격한 신체적 · 정서적 · 심리적 · 사회적 변화에 따라 청소년들은 심리적으로 불안하며 행동이 과격하고 극단적일 수 있다. 이는 성적 성숙과 많은 관련성을 지니고 있다.

② 의존과 독립, 무관심과 열정, 쾌락의 추구와 이상주의, 자신감과 소외감, 희망과 절망, 이기주의와 이타주의가 동시에 나타났다가 단시간에 변화하므로 격동의 시기라고 한다. 이는 정상적으로 나타날 수 있으며 무난히 타협을 찾을 수도 있으나, 잘못되면 역할 혼란이 일어나 가출, 범죄, 심한 정신질환까지 유발될 수 있다. 즉, 감정이 격하고 기복이 심하다.

(4) 청소년기에 고려할 수 있는 사회복지실천의 개입　[10회 기출]

① 급격한 신체구조변화로 청소년들은 부정적인 신체 이미지를 형성할 가능성이 크다. 사회복지실천 영역에서는 왜곡된 신체 이미지 형성으로 야기될 수 있는 심리적 문제, 대인관계 문제 등을 다룬다.

② 청소년기의 성에 대한 잘못된 가치관과 지식 부재 등은 미혼부모 문제, 성폭력 문제를 야기한다. 사회복지실천 측면에서 교육, 예방 등의 다양한 접근이 필요하다.

③ 청소년비행은 초기에 적절히 대처하지 못할 경우 비행과 각종 범죄로 이어질 가능성이 높기 때문에 사회복지사는 비행청소년을 돕고 재활하는 프로그램을 실행해야 한다.

④ 자아정체감 형성과 관련된 문제로 심리적 격동기인 청소년기에는 다양한 정신장애를 경험할 가능성이 높기 때문에 정신건강과 건강한 심리적 발달을 위해 스트레스 예방교육, 약물교육, 가족지원 서비스 등이 필요하다.

1 청년기 일반

(1) 청년기(청소년 후기, 성인 초기)의 의의

① 청년기로 들어가는 것은 일생에서 주요한 전환점으로, 청년기 이전이 그 이전의 모든 시기를 준비하는 시기라고 본다면, 청년기 이후는 이제까지 준비해온 것을 실현하고 구체화시키는 시기이다.

② 발달은 인생의 과정에서 생물학적 성숙과 학습을 통해 나타나는 체계적이고 연속적인 변화로 정의된다. 청년기의 발달을 분석해보면 어느 단계보다 크게 변화가 일어난다. 즉, 신체적 특성, 정서적 기능, 사회적 상호작용, 인지적 능력을 포함한 모든 것이 변화한다.

③ 의존적인 것에서 독립적인 것으로 변화가 이루어지는 시기로서 이 과정에서 청년들은 정체성을 확립하며, 수많은 좌절과 실패, 시작과 끝을 경험한다. 이러한 모든 것들은 성장해가는 것을 의미한다. 이와 함께, 청년기는 신체적·심리적인 변화에 적응을 해야만 하는 시기이다. 아동기보다 더욱 발달된 신체를 통하여 청년기의 소년과 소녀들은 인간관계가 더욱 혼란스럽게 된다.

④ 청년들은 자신들을 둘러싸고 있는 사회적·물리적 환경과의 상호작용을 통해서 지속적으로 발달해 나가고 있다. 또한 청년들은 개인의 환경적·심리적 과정뿐만 아니라 사회적·경제적·문화적으로 매우 복잡하게 얽혀 있는 생태학적 체제 내에서 발달하고 있다.

(2) 청년기의 특징

① 개인적 가치와 목적을 설정하고 개인적 정체감을 확립한다.

② 직업과 배우자를 선택하고 자신의 도덕적 가치관과 정치적 이념을 선택한다. 또한 대학에 진학하고 군에 입대하며 취업하는 등 부모를 떠나서 생활하는 일이 많아진다. 이러한 것이 부모와 자녀 모두에게 많은 심리적 영향을 준다.

③ 부모로부터 독립하기 위해 사회에서 요구하는 기본적 기술을 획득하여야 하며, 자율성의 성취는 점진적으로 이루어진다.

④ 신체적 기능이 최고조에 달하는 시기이며, 주요 발달과업은 진로 및 직업선택, 혼인 준비 등이다.

⑤ 개인은 동일한 대상, 동일한 문제 혹은 동일한 사람에 대해 긍정적인 감정과 부정적인 감정을 동시에 경험하는 정서적 상태에 직면한다.

⑥ 가족으로부터의 심리적 독립은 분리와 상실의 느낌을 동시에 받게 되며 자율적 의사결정에 대한 타인의 비판을 극복함으로써 가능해진다.

⑦ 부모들은 자녀가 성장함에 따라 그들에게 부과하던 금지나 제한을 감소시킴으로써 청년기의 자녀들이 독립성을 획득하는 데 기여할 수 있으며 가족의 의사결정시 자녀들을 참여하도록 격려하고 행동의 한계에 대한 설명을 해주면 청년들은 스스로를 독립적인 개체로 지각하고 부모의 가치관을 신뢰하며 문제해결을 위해 기꺼이 부모와 의사소통을 하게 된다.

⑧ 자아개념과 자아존중감은 이 시기의 일반적·심리적 적응을 위한 중요한 요인이며 자신을 수용하는 사람만이 타인을 수용할 수 있다.

⑨ '자아개념'이란 자신을 '나'로서 간주할 수 있는 자신의 특성이며 이에는 개인적 특성, 기술, 가치관, 희망 등이 포함된다. '자아존중감'이란 자아개념에 부여하는 가치로 자기가치감이라고도 할 수 있다.

(3) 청년기의 발달과업　

① 하비거스트(Havighurst)의 발달과업
　ㄱ 자기의 체격을 인정하고 자신의 성역할을 수용
　ㄴ 동성이나 이성의 친구와 새로운 관계 형성
　ㄷ 부모와 다른 성인들로부터의 정서적 독립
　ㄹ 경제적 독립의 필요성 인지
　ㅁ 직업 선택과 준비
　ㅂ 유능한 시민이 갖추어야 할 지적 기능과 개념 획득
　ㅅ 사회적으로 책임 있는 행동을 추구하고 실천
　ㅇ 결혼과 가정생활 준비
　ㅈ 적절한 과학적 세계관에 맞춘 가치체계 형성

② 레빈슨(Levinson)의 발달과업
　ㄱ 현실적이지 못하고 다소 과장된 희망의 명확화
　ㄴ 청년의 목표를 인정해주고 기술이나 지혜를 가르쳐주며, 자신의 경력에서 전진하도록 영향력을 발휘하는 지도자의 발견
　ㄷ 직업의 선택과 경력개발
　ㄹ 친밀한 관계 형성

③ 에릭슨(Erickson)의 발달과업
　ㄱ 친밀감 대 고립감
　　• 친밀감 : 청년기에 경험하는 타인과의 친밀감은 정체감 유실의 두려움 없이 타인과 개방적이고 지지적이며 조화로운 관계를 형성하는 성향이자 능력이다. 친밀감을 형성하기 위해서는 감정이입, 자기통제, 타인의 장단점을 수용하는 능력을 갖추어야 한다.
　　• 고립감 : 청소년기에 긍정적인 자아정체감을 확립한 사람은 좀 더 쉽게 타인과의 친밀한 관계를 형성하지만 그렇지 못한 사람은 자신감을 갖지 못하므로 타인과의 사회적 관계에서 고립감을 느끼게 되어 자기 자신에게만 몰두하게 된다고 하였다.
　ㄴ 자율성의 발달 : 청년기에 부모로부터 독립하여 자립적인 생활을 영위하기 위해서는 먼저 사회적으로 요구되는 기술을 습득하여야 한다. 즉, 일상생활능력, 성숙한 신체관리, 인간관계 능력, 자율적 판단을 내리고 이에 따라 행동할 수 있는 능력의 발달이 선행되어야 한다.

2 | 사회적 발달

(1) 직업의 선택

① 청년기에는 독립적인 생활을 영위하기 위해 직업활동의 수행이 필요한 시기로 직업선택에 있어 여러 가지를 신중히 고려하여야 한다.

㉠ 자신이 원하는 직업이 요구하는 전문성과 자신의 잠재력을 검토해야 한다.

㉡ 직업선택에 대한 다양한 탐색과 준비과정을 거쳐야 한다.

㉢ 원하는 직업에 포함되는 위험요소와 희생의 정도를 파악해야 한다.

㉣ 자신의 흥미와 능력, 자아 기대를 고려한다.

㉤ 원하는 직업에 내포된 인간관계의 수준과 자신의 사회적 욕구와의 상관성을 고려한다.

② 청년기의 직업활동은 개인의 생계수단이며 자아실현의 도구이다. 효율적이지 못한 직업선택과 직업수행은 개인에게 매우 심각한 심리적 · 사회적 타격을 줄 수 있으므로 신중히 선택해야 한다.

(2) 결 혼

① 직업선택과 더불어 청년기의 중요한 사회적 발달과제는 결혼과 가족형성이다.

② 가족은 아동을 양육하고 사회화하는 1차적인 장이다.

③ 배우자와 함께 자신의 생각을 나눔으로써 정서적 안정과 만족을 느낄 수 있으며 삶의 위기를 건설적으로 해결할 수 있다.

Plus ⊕ one

청년기에 고려할 수 있는 사회복지프로그램
- 사회체험교실
- 직장체험교실
- 결혼예비교실
- 예비부모교실

1 중년기의 의의와 특징 11회 기출

(1) 중년기의 의의

① 중년기를 정의하는 기간은 사람에 따라, 개인에 따라 크게 차이가 날 정도로 아주 임의적이지만, 중년 남녀가 겪는 생리적 · 심리적 변화는 매우 현저하다.

② 이 시기의 중기 이후부터는 눈, 치아, 성(性)이 눈에 띌 정도로 노화 현상이 나타나며 흰머리가 나거나 대머리가 된다. 그러나 기본적인 생리 기능은 크게 변하지 않는다. 신경계와 내분비계가 안정감 있게 작동하기 때문이다. 이와 같은 심리적 · 생리적 반응은 신체적이거나 지적인 상실감, 죽음에 대한 자각에서 기인한다.

③ 중년기에는 시간 인식과 기억력이 재조직된다. 미래를 예견하기보다는 과거의 회상이나 기억에 점점 의존하게 된다. 인생의 후반부는 특히 대뇌에 부과되는 역할은 커지나 예전과 같은 의욕은 없어진다고 생각하는 사람들도 있다.

④ 오늘날 중년기의 사람들 중에는 여전히 자신의 계획을 수행하고, 책임을 질만한 신체적 정력이 있다고 느끼는 사람이 많다. 또한 오랜 세월 동안 얻어진 경험과 기술에서 인생의 만족을 느끼는 사람도 많다. 따라서 중년의 문제는 위기로 변하기 전에 충분히 조절할 수 있다. 건설적으로 중년기에 접근해 나간다면, 만족스럽고 생산적인 노년기를 준비할 수 있을 것이기 때문에 노년에 대한 대비는 빠를수록 좋다.

> **Plus ⊕ one**
>
> **성인기의 구분**
> 일부 학자들의 경우 30~40세에 해당하는 시기를 중년기가 아닌 청년기에 포함시키기도 하며, 이때 성인 초기를 중년기로 본다.
> • 성인 초기(30~40세) : 정신적 · 생리적 특성이 절정에 달하는 가장 극적인 시기로 자녀의 부양자인 동시에 부모의 잠재적 부양자이다.
> • 성인 중기(40~60세) : 지혜와 판단력이 절정에 달하며 자신의 꿈과 현실 간의 괴리를 발견하고 자신의 목표를 재평가한다. 노화의 증상과 신체능력의 감소를 확인하게 된다.
> • 성인 후기(60~65세) : 초기 생애구조를 수정 · 종결하고 남은 에너지를 사용할 수 있는 새로운 형태의 놀이를 모색한다.

(2) 중년기의 특징 12, 13, 14회 기출

① 생물학적인 연령으로 30대 중반부터 50대 후반에 이르는 시기를 중년이라고 한다. 이 시기가 되면 그 동안의 치열한 생존경쟁을 거쳐 오면서 어느 정도 자기의 갈 길이 정해지고 안정된 생활을 누리면서 직장이나 가정에서 중요한 역할을 수행하게 된다. 그래서 성공적인 중년의 상은 청소년기나 초기 성인기의 격정적이고 치열한 삶이나 노년의 원숙한 삶과는 다르게 성실하게 자기역할을 수행하면서도 자식과 부모 사이 그리고 가정과 사회 사이에서 고심하는 모습으로 나타나곤 한다.

② 중년의 가장 중요한 과제로 에릭슨은 '생산성(Generativity)'을 들었다. 지금까지 축적해왔던 자신의 능력과 자질을 사회를 위해서 쓰고 후세의 삶의 질을 높이고 기여하는 데 사용한다는 말이다. 이는 그 이전 시기인 초기 성인기의 과제가 결혼을 비롯한 사회에 적응하고 대인관계를 적극적으로 도모하기 위한 친밀감(Intimacy)이었던 것과는 대조적으로 이제는 그것을 바탕으로 사회를 위해 창조적인 일을 할 수 있다는 것을 의미한다. 때문에 인간은 보통 이 시기에 큰 업적을 남기기도 하고 사회적으로 중요한 일들을 한다.

③ 가정주부인 경우에도 자녀를 양육하는 데서 벗어나 취미활동이나 종교, 봉사활동 등 사회적인 일에 관심을 갖기 시작한다. 그러나 이러한 과제를 성공적으로 수행하지 못할 경우 심한 좌절감으로 정체된다. 오로지 자기 자신만을 위해 살아가는 사람들은 늙어가면서 그것이 어렵게 되었을 때 비로소 심한 좌절과 함께 죽음에 대한 두려움으로 여러 가지 정서장애를 겪을 수 있고, 그 이전의 과제를 올바르게 수행하지 못해 자신감이 결여된 사람은 계속 정체된 상태에 머무르게 된다.

④ 인격발달상 중년의 시기는 커다란 전환점이다. 태어나서 중년까지의 전반기 인생이 사회를 배우고 지식을 습득하면서 사회에 적응하는 외향화의 시기라면 중년 이후의 시기는 이전까지의 시기를 거치면서 잃어버렸던 자기 자신을 되찾고 인격을 완성해야 할 내향화의 시기이다. 전반기의 삶은 사회에 자신을 통합하려는 시기이고 후반기의 삶은 자기 자신에 통합하려는 시기라고 말할 수 있다. 중년에게 이러한 내적인 요구는 여러 가지 모습으로 나타날 수 있다. 흔한 예로 정신없이 바쁘게 지내다가 이따금씩 밑도 끝도 없는 불안감에 휩싸이는 경우가 있다. 누가 보아도 불안할 이유가 없는 사회적으로 성공한 사람인데도 스스로는 그런 경험을 할 수 있다. 이것이 바로 자기 자신을 다시 찾으려는 무의식으로부터 나온 존재론적인 요구인 것이다. 이때 필요한 것이 자기 성찰이다. 자신의 삶을 되돌아보고 자신의 내면에서 들려오는 목소리에 귀를 기울여보면 의미를 알 수 있다. 그리고 그 요구를 잘 수행했을 때 비로소 중년의 모습은 원숙해질 수 있다.

⑤ 중년은 우리 사회에서 가장 중추적인 역할을 하고 정력적으로 일하지만 동시에 자기를 잃은 외로운 사람일 수도 있다. 때문에 이 시기는 인격의 완성에 중요한 의미를 갖는다.

Plus ⊕ one

빈둥지증후군(Empty Nest Syndrome)　　　　　　　　　　　　　　　14회
남편은 바깥일에 몰두하고, 자녀들은 진학 · 취직 · 연애 · 결혼으로 각자 독립하면서 중년의 주부가 자기 정체성을 상실하는 현상으로, 여성 갱년기 우울증의 한 양상이다.

2 중년기의 변화와 위기

(1) 중년기의 변화

20회 기출

① 신체적 변화

9, 16회 기출

- ㉠ 신체적 능력과 건강이 감퇴하기 시작한다.
- ㉡ 여성의 경우 40대 후반에서 50대 초반에 여성호르몬인 에스트로겐의 감소와 함께 폐경을 경험한다. 이때 얼굴 홍조현상, 수면장애, 두통, 골다공증의 신체적 변화와 함께 우울증, 무기력감, 정서불안, 분노감을 경험하기도 한다.
- ㉢ 갱년기 현상이 나타나며, 특히 남성의 갱년기는 여성의 갱년기에 비해 늦게 시작되어 서서히 진행된다.
- ㉣ 남성은 테스토스테론의 분비가 감소되며, 성기능 저하 및 성욕감퇴를 경험하지만 생식능력은 있다.
- ㉤ 시력저하, 청각신경세포의 둔화 등 감각기관의 능력이 감소한다.
- ㉥ 급격한 에너지 소모를 필요로 하는 일보다 지구력을 필요로 하는 일에 더 유리하다.
- ㉦ 직업적 스트레스 누적으로 암, 고혈압, 심장질환, 뇌졸중 등의 질병에 걸릴 위험이 매우 높은 시기이다.

② 인지적·성격적 변화

4, 10, 11, 12, 15, 16, 17회 기출

- ㉠ 오랜 경험을 통해 얻은 지혜로 문제해결능력을 높이지만 새로운 것을 학습하는 능력은 떨어진다.
- ㉡ 단기기억력이 장기기억력에 비해 떨어진다.
- ㉢ 통합적인 사고능력이 향상되어 문제해결능력이 정점에 이른다.
- ㉣ 개성화(Individuation)를 통해 자아의 에너지를 외적·물질적인 차원에서 내적·정신적인 차원으로 전환한다.
- ㉤ 유동성 지능은 퇴보하기 시작하는 반면, 결정성 지능은 계속 발달하는 경향이 있다.

(2) 마모어(Marmor)의 중년의 4대 위기

① 신체의 노화
② 사회·문화적 스트레스 증가
③ 경제적 스트레스 증가
④ 이별과 상실감으로 인한 정신적 스트레스 증가

(3) 중년기에 고려할 수 있는 사회복지실천개입

① 중년기에 경험할 수 있는 보편적인 스트레스에 대처할 수 있도록 돕는 심리상담 및 스트레스 대처 프로그램
② 성적 변화에 따른 임상·치료 프로그램
③ 실직 및 구직 상황에 대처할 수 있도록 돕는 재정지원 및 고용관련 서비스
④ 가족해체 및 빈곤에 대처할 수 있도록 돕는 예방프로그램 및 상담프로그램

제9절 노년기(65세 이후)

1 개요

(1) 노년기 일반

① 노년기에 이르면 신체 각 기관의 기능이 저하되고, 정신적 제반 능력도 점차 감퇴한다. 노년기는 '초로기 – 노화기 – 노쇠기'로 나눌 수 있으나 개인차가 크고, 기능이나 기관의 감퇴는 일정하지 않으므로 분명하게 연령적으로 구분하기는 곤란하다. 그러나 대체로 45~50세부터 노화의 과정이 시작되므로 45~55세를 초로기, 65~75세를 노쇠기의 문턱으로 보며, 그 사이를 노화기라고 한다.

② 노년기에 이르면 대부분 본인이 그로 인해 가져온 환경의 습관 형태가 새로운 시기의 습관형태로 바뀌는데 그 때문에 욕구불만에 빠지거나 부적응을 일으키기 쉽다. 그리고 사회적 신분을 상실하거나 경제능력이 저하되기 때문에 열등감을 느끼는 경우도 많다. 또한, 심신의 기능이 쇠퇴하고 건강을 잃기 쉬우며 활동력이 저하되므로 자주성을 잃고, 의존성이 증대한다. 이처럼 노년기는 개인적인 적응이나 사회적인 적응에 많은 문제가 있기 때문에 가정과 사회의 충분한 배려가 있어야 한다.

③ 노년기는 청년기와 마찬가지로 지극히 주관성이 강해지는 시기이다. 청년기의 주관성은 주로 경험 부족에서 오는 경우가 많지만, 노년기의 주관성은 과잉된 경험에서 유래하는 경우가 많다. 지나치게 과거의 경험을 내세우기 때문에 흔히 '노인은 완고하다'라고 말하기도 한다.

④ 노인의 인격구조는 '주관화'한다고 말할 수 있다. 이러한 관점에서 인생의 주관화 시기를 3세 전후의 유아반항기, 청년전기의 사춘기, 갱년기, 노년기의 4시기로 나눌 수 있다. 즉, 각각의 시기에 특유한 인격구조를 가짐과 동시에, 적응행동이 곤란하여 생기는 욕구불만, 특히 정서적ㆍ사회적 스트레스에 의한 욕구불만이 강력한 시기라고 할 수 있으며, 인생에 있어서 위기라고도 말할 수 있다.

⑤ 일반적으로 인생의 변환기에는 인격구조, 생활구조, 태도, 습관의 전환이 강요되는 데서 강력한 저항을 경험하게 되는데, 사춘기는 자아의 발견에 의하여 그것이 가장 강력하게 나타나는 시기이다. 노년기 역시 마찬가지로 불안ㆍ불만ㆍ저항이 현저한 시기라고 할 수 있기 때문에 노인에 대한 심신의 보건ㆍ위생, 생활의 위안ㆍ지도를 통하여 개인적 또는 사회적 요구를 가급적 만족시켜 욕구불만을 최소로 줄이는 것이 새로운 과학으로서의 노인학에 요구되는 실천적인 요청이다.

(2) 노년기의 심리 · 사회적 변화

① 내향성 · 의존성이 증가한다.

② 우울증 경향이 두드러진다.

③ 변화를 두려워하는 보수성 · 경직성 경향이 증가한다.

④ 친근한 사물에 애착을 가지며, 옛것을 회상한다.

⑤ 성역할에 대한 지각이 변화한다.

⑥ 시간에 대한 전망이 변화한다.

⑦ 유산을 남기려는 경향이 증가한다.

⑧ 조부모로서의 새로운 역할을 부여받는다.

(3) 노년기의 발달과제

① **자아통합 대 절망** : 에릭슨이 주장하는 생애의 마지막 단계에서 일어나는 심리적 위기이다.

② **심리적 조절** : 노년기를 의미 있고 즐겁게 만들기 위해서 필요한 것으로 자기분화, 신체에 관한 초월, 자기로부터의 초월이 있다.

③ **생애에 관한 회고** : 과거의 삶과 미래에 대한 평가 위주의 회상을 한다.

④ **하위지위와 연령차별** : 노인의 하위지위는 늙었다는 이유로 부정적인 이미지와 태도를 갖는 연령차별과 밀접하게 연관된다.

Plus ⊕ one

퀴블러-로스(Kübler-Ross)의 죽음의 적응단계   4, 5, 12, 14, 15, 16, 17, 18, 19회 `기출`

• 제1단계 – 부정(Denial) : "그럴 리가 없어"라며, 자신이 곧 죽는다는 사실을 부인한다.

• 제2단계 – 분노(Anger) : "왜 하필이면 나야"라며, 다른 사람들은 멀쩡한데 자신만 죽게 된다는 사실에 대해 분노한다.

• 제3단계 – 타협(Bargaining) : "우리 딸 결혼식 날까지 살 수 있도록 해 주세요"라며, 죽음을 피할 수 없음을 깨달은 채 인생과업을 마칠 때까지 생이 지속되기를 희망한다.

• 제4단계 – 우울(Depression) : 이미 죽음을 실감하기 시작하면서 극심한 우울상태에 빠진다.

• 제5단계 – 수용(Acceptance) : 죽음에 대해 담담하게 생각하고 이를 수용하게 된다.

(4) 성공적인 노화의 조건

① 자아존중감과 자아효능감을 통해 긍정적인 정서와 자신감을 가진다.

② 적절한 통제감을 통해 개인적 자원과 상황적 한계를 조절하며, 이들 간의 균형을 맞춘다.

③ 지혜와 성숙을 통해 발달의 전반이 하나의 차원으로 통합될 수 있도록 한다.

④ 사회적 참여와 활동을 유지하며, 타인과 긍정적이고 안정적인 관계를 유지한다.

⑤ 건강을 통해 독립적인 활동과 경제적인 자립이 이루어지도록 하며, 사회적인 역할 수행을 통해 사회적 통합에 일조한다.

⑥ 심리적인 안녕과 환경에 대한 적응력으로 정신건강을 유지한다.

2 심리사회적 노화이론

분리이론 (사회유리이론)	노인은 젊은이에 비해 건강이 약화되고 죽음에 임하게 될 확률이 높으므로 개인의 입장에서 최적의 만족과 사회체계입장에서 중단 없는 계속을 위해 상호간에 분리되기를 원하며, 이는 정상적이고 피할 수 없는 것이다.
활동이론	노년기의 사회적인 활동과 친교관계의 유지는 노인으로 하여금 자아개념을 강화하는 동시에 건강을 유지하는 데 긍정적인 영향을 미친다. 노인의 활동 참여 정도가 높을수록 노인의 심리적 만족감과 생활 만족도가 높게 나타나며, 신체적·정신적 기능 유지에 도움이 된다.
현대화 이론	생산기술의 발달, 도시화 및 교육의 대중화 등 현대화의 다양한 양상으로 인해 노인들의 지위는 낮아진다. 노인이 독점하던 지식은 젊은 세대에게 이전되고, 전문가로서의 역할 또한 특수 교육을 받은 각 분야의 전문가에게 이전된다.
교환이론	사회적 행동을 적어도 두 사람 사이의 활동의 교환으로 간주할 때, 노인은 대인관계나 보상에서 불균형을 경험할 수밖에 없다. 노인은 젊은이와 상호작용 시 훨씬 적은 권한을 가지고 있으며, 이는 노인이 가지고 있는 자원의 부족(낮은 수입 및 교육 등)에 기인한다.
연령계층화 이론	사회는 연령층으로 구분되어 있으며, 각각의 연령층에 따라 사람들은 동시대의 유사한 경험을 가진다. 따라서 그들의 관념이나 가치, 태도 등은 동일 연령대의 사람들과 거의 흡사하지만, 다른 연령대의 사람들과 사뭇 다르다. 이러한 차이로 인해 각각의 연령층에 부여되는 권리와 특권 또한 다르게 나타난다.
하위문화이론	노인들은 그들의 공통된 특성과 사회·문화적인 요인으로 인해 그들만의 집단을 형성하며, 이러한 집단 내부에서의 상호작용에 의해 노인 특유의 하위문화가 생성된다.
사회적 와해이론	사회적으로 일부 노인들에 대한 부정적인 인식이 전체 노인으로 확산되면서 그들의 사회적 활동은 위축되며, 와해상태에 이르게 된다.

01 태아에게 영향을 주는 어머니의 중요한 요인으로 모두 묶인 것은?

> ㄱ. 어머니의 연령
> ㄴ. 어머니의 건강상태
> ㄷ. 어머니의 약물복용
> ㄹ. 어머니의 교육정도

① ㄱ, ㄴ, ㄷ   ② ㄱ, ㄷ

③ ㄴ, ㄹ   ④ ㄹ

⑤ ㄱ, ㄴ, ㄷ, ㄹ

해설 태아에게 영향을 주는 요인
임산부의 영양상태, 약물복용과 치료, 알코올과 흡연, 임산부의 나이, 기타 사회·경제적 요인, 질병, 임산부의 정서상태 등

02 반사운동 중 '경악반응'이라고도 하는 것으로 갑자기 큰 소리를 듣게 되면 그때마다 자동적으로 팔과 다리를 쫙 펴는 것은 물론 손가락을 펴고 머리를 뒤로 제치는 반응은?

① 탐색반사   ② 모로반사

③ 쥐기반사   ④ 바빈스키반사

⑤ 빨기반사

해설 신생아의 반사운동
• 젖찾기반사(탐색반사) : 아기가 배고파할 때 입 근처에 손을 대면 입을 벌리고 좌우로 입을 움직이면서 먹을 것을 찾는 현상으로 생후 3~4개월경에 사라진다.
• 모로반사(경악반사) : 아기가 갑작스러운 큰 소리를 듣게 될 때 자동적으로 팔과 다리를 쫙 펴는 현상으로 생후 2~3개월경에 사라진다.
• 쥐기반사(파악반사) : 아기에게 무엇을 쥐어주면 빼내기 힘들 정도로 그 물건을 꼭 쥐는 현상으로 생후 2~3개월 후에 사라진다.
• 바빈스키반사 : 아기의 발바닥을 긁어보면 발가락을 쭉 폈다가 다시 오므리는 현상으로 약 1세까지 나타날 수 있다.
• 빨기반사 : 아기가 배고파할 때 입가에 무엇을 갖다 대면 재빨리 이를 물고 빠는 현상으로 생후 2~3개월 후에 사라진다.

03 태아기의 발달장애에 관한 설명으로 옳은 것은? [9회]

① 다운증후군은 23번 염색체가 하나 더 있어 염색체 수가 47개이다.
② 터너증후군은 남성의 정소발달이 불완전하여 생식이 불가능한 증상이다.
③ 클라인펠터증후군에서는 여성의 2차 성 특징이 나타나지 않는다.
④ 페닐케톤 요증은 지방의 분해효소가 결여되어 발생한다.
⑤ 혈우병은 주로 남성에게 발병하며 X염색체의 열성 유전자에 기인한다.

해설🔍 태아 관련 질환

혈우병 (Hemophilia)	X염색체의 유전적 돌연변이에 의한 유전질환으로서 정상적인 혈액에 존재하는 혈액응고인자가 없거나 부족하여 발병하는 출혈성 질환이다. 여성의 경우 유전자 이상이 있더라도 다른 정상 X염색체가 혈액응고인자 생산을 보완하기 때문에 거의 대부분 남성에게서 나타난다.
다운증후군 (Down's Syndrome)	몽고증이라고도 하며, 염색체의 이상으로 발병한다. 대부분(약 95%)은 21번째 염색체가 3개(정상은 2개) 있어서 전체가 47개(정상은 46개)로 되어 있는 기형이다.
터너증후군 (Turner's Syndrome)	성염색체 이상으로 X염색체가 1개이며, 전체 염색체수가 45개로 외견상 여성이지만 2차적 성적 발달이 없고 목이 짧은 것이 특징이다.
클라인펠터증후군 (Klinefelter's Syndrome)	정상인의 성염색체가 남성 XY, 여성 XX를 나타내는 것에 반해 XXY, XXYY, XXXY 등의 여러 가지 이상한 형태를 보인다. 남성염색체가 있음에도 불구하고 유방이 발달하는 등 여성의 신체적 특성을 나타낸다.
페닐케톤뇨증 (Phenylketonuria)	12번 염색체의 이상으로 인해 필수아미노산 중 하나인 '페닐알라닌(Phenylalanine)'을 '타이로신(Tyrosine)'으로 변환하는 효소인 PAH 기능에 이상이 발생하여 페닐알라닌이 체내에 분해되지 못한 채 축적됨으로써 비정상적인 두뇌발달을 초래하는 상염색체성 열성 유전질환이다.

04 유아기(3~6세)의 발달특성에 관한 설명으로 옳지 않은 것은? [17회]

① 피아제(J. Piaget)의 전조작기의 시기로 분리불안이 나타난다.
② 프로이트(S. Freud)의 오이디푸스 콤플렉스 시기로 이성부모에게 관심을 갖게 된다.
③ 콜버그(L. Kohlberg)의 도덕발달단계에서는 보상 또는 처벌회피를 위해 행동한다.
④ 에릭슨(E. Erikson)의 주도성 대 죄의식 단계로 부모와 가족이 가장 큰 영향을 미친다.
⑤ 성적 정체성(Gender Identity)이 발달하는 시기이다.

해설🔍 ① 영아기(0~2세)의 발달특성에 해당한다. 영아는 생후 6개월에서 1년 정도의 기간에 낯가림(Stranger Anxiety)과 분리불안(Separation Anxiety)을 경험하게 된다. 낯가림은 대략 6~8개월경에 나타나기 시작하여 첫돌 전후에 최고조에 달한 후 서서히 사라지게 되며, 분리불안은 대략 9개월~첫돌 무렵에 나타나기 시작하여 20~24개월경에 사라지게 된다.

3 ⑤ 4 ① Answer

05 아동기(7~12세) 인지발달의 특성으로 옳은 것을 모두 고른 것은? [9회]

ㄱ. 유목화 능력 획득	ㄴ. 논리적 사고
ㄷ. 보존개념의 획득	ㄹ. 조합적 사고

① ㄱ, ㄴ, ㄷ   ② ㄱ, ㄷ

③ ㄴ, ㄹ   ④ ㄹ

⑤ ㄱ, ㄴ, ㄷ, ㄹ

해설 조합적 사고는 피아제의 발달단계 중 형식적 조작기(12세 이상)의 특징에 해당한다.

06 아동기(7~12세)의 특징으로 옳지 않은 것은? [9회]

① 지적기능이 분화되어 객관적 지각이 가능해진다.

② 자기중심성이 완화되고 역할수용이 가능한 시기이다.

③ 정서적 통제와 분화된 정서표현이 가능해진다.

④ 사회적 관계의 장이 확대되는 시기이다.

⑤ 제1성장 급등기에 해당하는 시기이다.

해설 제1성장 급등기로서 인간의 일생에서 신체적 성장이 가장 빠른 시기는 영아기(0~2세)이다.

07 청소년기 인지발달의 일반적 특성으로 옳지 않은 것은? [16회]

① 자기개념(Self-concept)의 발달이 시작되고 자기효능감이 급격히 증가한다.

② 구체적인 사물에 한정되지 않고 추상적 개념을 다룰 수 있다.

③ 가설을 세울 수 있고 인과관계를 추론할 수 있는 연역적 사고가 가능해진다.

④ 피아제(J. Piaget)의 이론에 따르면 형식적 조작기에 속한다.

⑤ 자아중심적 사고로 상상적 청중 현상과 개인적 우화 현상을 보인다.

해설 ① 자기개념 또는 자아개념(Self-concept)의 발달은 청소년기 이전 아동기에서 현저히 나타난다. 아동기의 자기개념 발달에는 학교에서의 성공이나 실패경험이 중요한 영향을 미친다. 즉, 학교에서의 성공과 그에 따른 교사, 부모, 친구의 긍정적 평가는 아동의 긍정적 자기상(자아상)과 연결되는 반면, 학교에서의 실패와 그에 따른 부정적 평가는 아동의 부정적 자기상(자아상)과 연결된다.

08 청년기(20~35세)에 관한 설명으로 옳지 않은 것은? [17회]

① 부모로부터의 독립에 대한 양가감정에서 해방된다.
② 직업의 준비와 선택은 주요한 발달과업이다.
③ 사랑하고 보살피는 능력이 심화되는 시기이다.
④ 사회적 성역할 정체감이 확립되는 시기이다.
⑤ 친밀감 형성과 성숙한 사회관계 성취가 중요하다.

해설 ① 청년기에는 부모로부터 분리 및 독립하여 자율성을 찾는 과정에서 양가감정(Ambivalence)을 갖게 된다. 이는 부모로부터의 독립에 대한 갈망과 함께 부모로부터 분리되는 것에 대한 불안감에서 비롯된다.

09 중년기(30~65세)의 발달특성으로 옳지 않은 것은? [14회]

① 성격이 성숙해지고 성정체성이 확립된다.
② 삶의 경험으로 인해 문제해결 능력이 높아질 수 있다.
③ 노화가 점차 진행되며 신체적 능력과 건강이 약해진다.
④ 에릭슨(E. Erikson)의 발달단계에서 생산성 대 침체성에 해당하는 시기이다.
⑤ 호르몬의 변화로 성적 능력이 저하되며 빈둥지증후군(Empty Nest Syndrome)이 나타날 수 있다.

해설 ① 성역할에 대한 정체감이 확고해짐으로써 성적 사회화(Sexual Socialization)가 이루어지는 시기는 청년기 (대략 19~29세)에 해당한다. 성적 사회화는 특정 성에 따른 사회의 역할 기대를 내면화하는 과정을 의미 한다.

10 다음 중 이성교제와 결혼에 끼치는 심리적 요인은?

① 효과성 　　　　　　　　② 접근성
③ 자기주장 　　　　　　　④ 친밀성
⑤ 효율성

해설 인간발달단계 중 청년기(19~29세)와 함께 그에 상응하는 에릭슨의 성격발달단계 중 성인 초기(20~24세)는 친밀감을 통한 성적 · 사회적 관계형성이 중요한 과업에 해당한다. 이 시기에는 이성교제와 결혼이 중요하게 다루어진다. 특히 결혼은 성숙한 사회적 관계의 확립에 의해 배우자를 선택하고 가족을 형성하는 것으로 사 랑의 실현, 정서적 안정, 성적 만족, 자녀 출산 등에 기여한다. 에릭슨은 성인 초기의 심리사회적 위기로서 '친 밀 대 고립'을 제시하였다.

11 중장년기(36~64세)의 특성으로 옳은 것을 모두 고른 것은? [17회]

> ㄱ. 생산성 대 침체성
> ㄴ. 전인습적 도덕기
> ㄷ. 빈둥지 증후군
> ㄹ. 개성화

① ㄱ, ㄹ ② ㄴ, ㄷ
③ ㄱ, ㄷ, ㄹ ④ ㄴ, ㄷ, ㄹ
⑤ ㄱ, ㄴ, ㄷ, ㄹ

 ㄴ. 콜버그(Kohlberg)의 도덕성 발달단계 중 전인습적 도덕기(Preconventional Morality)는 행동에 따르는 보상 및 처벌과 같은 외부적 요인에 의해 행동의 옳고 그름을 판단하는 단계로, 보통 유아기나 아동기의 도덕성 수준에 해당한다.

12 마모어(Marmor)가 제시한 중년기의 위기를 모두 고르면?

> ㄱ. 신체의 노화
> ㄴ. 사회·문화적 스트레스 증가
> ㄷ. 경제적 스트레스 증가
> ㄹ. 정신적 스트레스 증가

① ㄱ, ㄴ, ㄷ ② ㄱ, ㄷ
③ ㄴ, ㄹ ④ ㄹ
⑤ ㄱ, ㄴ, ㄷ, ㄹ

 마모어(Marmor)의 중년의 4대 위기
- 신체의 노화
- 사회·문화적 스트레스 증가
- 경제적 스트레스 증가
- 이별과 상실감으로 인한 정신적 스트레스 증가

13 성공적 노화의 조건으로 옳은 것을 모두 고른 것은? [9회]

> ㄱ. 원숙한 성격
> ㄴ. 신체적 건강
> ㄷ. 경제적 안정
> ㄹ. 사회적 지지

① ㄱ, ㄴ, ㄷ   ② ㄱ, ㄷ
③ ㄴ, ㄹ   ④ ㄹ
⑤ ㄱ, ㄴ, ㄷ, ㄹ

해설 성공적인 노화의 조건
- 자아존중감과 자아효능감을 통해 긍정적인 정서와 자신감을 가진다.
- 적절한 통제감을 통해 개인적 자원과 상황적 한계를 조절하며, 이들 간의 균형을 맞춘다.
- 지혜와 성숙성을 통해 발달의 전반이 하나의 차원으로 통합될 수 있도록 한다.
- 사회적 참여와 활동을 유지하며, 타인과 긍정적이고 안정적인 관계를 유지한다.
- 건강을 통해 독립적인 활동과 경제적인 자립이 이루어지도록 하며, 사회적인 역할 수행을 통해 사회적 통합에 일조한다.
- 심리적인 안녕과 환경에 대한 적응력을 통해 정신건강을 유지한다.

14 아동기(7~12세)의 특징으로 옳은 것은? [12회]

① 성 에너지가 무의식 속으로 잠복하는 시기이다.
② 자기중심적 사고에서 벗어나 추상적 개념을 획득하게 된다.
③ 또래집단과의 상호작용이 줄어들어 혼자 있는 시간들이 늘어난다.
④ 신체적 성장과 발달이 급격하게 진행되어 골격이 완성되는 시기이다.
⑤ 학교에서의 성공이나 실패경험이 아동기 자아발달에 중요한 영향을 주지 않는다.

해설 ① 인간발달단계 중 대략 7~12세에 해당하는 시기는 후기아동기로서, 이는 프로이트(Freud)의 잠복기, 에릭슨(Erikson)의 학령기, 피아제(Piaget)의 구체적 조작기에 해당한다. 프로이트는 이 시기 아동의 경우 성적 관심이 어느 특정 부위에 한정되어 나타나지 않으며, 성 에너지도 잠재되어 있다고 보았다. 이는 원초아가 약해지고 자아와 초자아가 보다 강력해지기 때문이다.
② 아동이 자기중심적 사고(자아중심성)에서 벗어나는 것은 구체적 조작기(7~12세)의 특징에 해당하지만, 추상적 개념을 획득하는 것은 형식적 조작기(12세 이상)의 특징에 해당한다.
③ 이 시기의 아동은 동성친구와 어울리면서 동성친구를 동일시 대상으로 간주한다. 또한 또래와의 관계 및 또래집단과의 상호작용을 매우 중요하게 받아들인다. 특히 또래집단에의 수용이 아동의 자아발달에 지대한 영향을 미친다.
④ 신체적 성장과 발달이 급격하게 진행되어 골격이 완성되는 시기는 제2성장급등기에 해당하는 청소년기(12~19세)이다. 청소년기에는 2차 성징과 함께 생식기관의 성숙이 뚜렷이 나타나며, 남아나 여아 모두 골격이나 체형이 남자답고 여자답게 완성된다.
⑤ 에릭슨(Erikson)은 이 시기 아동의 경우 학교에서 읽기, 쓰기, 셈하기 등의 인지기능과 함께 또래 문화 및 또래 적응방식을 배운다고 보았다. 다만, 이 시기에 학습 및 적응이 순조롭게 이루어지는 경우 근면성과 함께 성취감이 길러지지만, 반대로 학습 및 적응에 실패를 경험하는 경우 좌절감과 열등감을 가지게 된다고 보았다.

13 ⑤ 14 ①   Answer

01 태내기(수정–출산)에 유전적 요인으로 인해 발생할 수 있는 장애에 관한 설명으로 옳은 것은?

[20회]

① 다운증후군은 지능 저하를 동반하지 않는다.
② 헌팅톤병은 열성 유전인자 질병으로서 단백질의 대사장애를 일으킨다.
③ 클라인펠터증후군은 X염색체를 더 많이 가진 남성에게 나타난다.
④ 터너증후군은 Y염색체 하나가 더 있는 남성에게 나타난다.
⑤ 혈우병은 여성에게만 발병한다.

해설
① 다운증후군은 지능 저하와 발달 지연을 동반한다.
② 헌팅톤병은 우성 유전인자 질환으로 인지능력과 기억능력이 점진적으로 감퇴되는 신경계 퇴행성 질환이다.
④ 터너증후군은 X염색체를 하나만 가진 여성에게 나타난다.
⑤ 혈우병은 거의 대부분 남성에게서 발병한다.

02 영아기(0~2세)의 발달특성으로 옳은 것을 모두 고른 것은?

[17회]

ㄱ. 외부자극에 주로 반사운동을 한다.
ㄴ. 주 양육자와 관계를 바탕으로 신뢰감을 형성한다.
ㄷ. 대상영속성이 발달한다.
ㄹ. 서열화 사고의 특징을 나타낸다.

① ㄱ, ㄴ
② ㄷ, ㄹ
③ ㄱ, ㄴ, ㄷ
④ ㄱ, ㄷ, ㄹ
⑤ ㄱ, ㄴ, ㄷ, ㄹ

해설
ㄹ. 서열화 사고의 특징을 나타내는 것은 아동기(7~12세)의 발달특성에 해당한다. 길이, 크기, 무게, 부피, 색의 강도 등에 대한 서열개념의 획득은 사물들 간의 관계를 이해하는 데서 비롯된다.

03 유아기(3~6세)에 관한 설명으로 옳지 않은 것은? [20회]

① 영아기(0~2세)보다 성장속도가 느려진다.
② 성역할의 내면화가 이루어진다.
③ 오로지 자신의 관점에 비추어 타인의 감정이나 사고를 예측하는 경향이 있다.
④ 피아제(J. Piaget)의 형식적 조작기에 해당한다.
⑤ 전환적 추론이 가능하다.

> **해설** ④ 피아제(J. Piaget)의 전조작기에 해당한다.

04 다음이 설명하는 퀴블러-로스(E. Kubler-Ross)의 죽음과 상실에 대한 심리적 단계는? [19회]

> 요양병원에 입원하고 있는 A씨는 간암 말기 진단을 받았다. 그는 자신이 죽는다는 것을 인정하고, 가족들이 받게 될 충격을 최소화하기 위해 만남과 헤어짐, 죽음, 추억 등의 이야기를 나누며 시간을 보내고 있다.

① 부정(Denial)
② 분노(Rage and Anger)
③ 타협(Bargaining)
④ 우울(Depression)
⑤ 수용(Acceptance)

> **해설** 퀴블러-로스(Kübler-Ross)의 죽음의 직면(적응)단계
> • 부정(Denial) : "그럴 리가 없어"라며, 자신이 곧 죽는다는 사실을 부인한다.
> • 분노(Anger) : "왜 하필이면 나야"라며, 다른 사람들은 멀쩡한데 자신만 죽게 된다는 사실에 대해 분노한다.
> • 타협(Bargaining) : "우리 딸 결혼식 날까지 살 수 있도록 해 주세요"라며, 죽음을 피할 수 없음을 깨달은 채 인생과업을 마칠 때까지 생이 지속되기를 희망한다.
> • 우울(Depression) : 병의 진행에 의한 절망감과 함께 세상의 모든 것들과의 결별에서 오는 상실감을 토로한다. 이미 죽음을 실감하기 시작하면서 극심한 우울상태에 빠진다.
> • 수용(Acceptance) : 죽음에 대해 담담하게 생각하고 이를 수용하게 된다. 세상으로부터 초연해지면서 마치 마음의 평화를 회복한 듯한 모습을 보인다.

142 | 제1영역 인간행동과 사회환경

3 ④ 4 ⑤ Answer

05 태내기(Prenatal Period)의 발달에 관한 설명으로 옳지 않은 것은? [18회]

① 환경호르몬, 방사능 등 외부환경과 임신부의 건강상태, 정서상태, 생활습관 등이 태아의 발달에 영향을 미친다.

② 터너(Turner)증후군은 남아가 XXY, XXXY 등의 성염색체를 가져 외모는 남성이지만 사춘기에 여성적인 2차 성징이 나타난다.

③ 양수검사는 임신초기에 할 경우 자연유산의 위험성이 있으므로 임신중기에 실시하는 것이 좋다.

④ 융모막검사는 정확도가 양수검사에 비해 떨어지고 유산의 위험성이나 사지 기형의 가능성이 있어 염색체 이상이나 노산일 경우에 제한적으로 실시하는 것이 좋다.

⑤ 다운증후군은 23쌍의 염색체 중 21번 염색체가 하나 더 존재해서 유발된다.

해설 태아 관련 질환

다운증후군 (Down's Syndrome)	'몽고증'이라고도 하며, 대부분(약 95%)은 21번째 염색체가 3개(정상은 2개) 있어서 전체가 47개(정상은 46개)로 되어 있는 기형이다. 나이가 많은 초산부(35세 이상)의 태아에게서 잘 발생하며, 600~700명 중 1명꼴로 있다.
에드워드증후군 (Edward's Syndrome)	18번 염색체가 3개로 선천적 기형증후군이다. 다운증후군 다음으로 흔하여 약 8,000명 당 1명의 빈도로 발생한다. 장기의 기형 및 정신지체장애가 생기며, 대부분 출생 후 10주 이내에 사망한다.
클라인펠터증후군 (Klinefelter's Syndrome)	정상인의 성염색체는 남성 XY, 여성 XX를 나타내지만, 이 증후군에서는 XXY, XXYY, XXXY 등의 여러 가지 이상한 형태를 나타낸다. 남성염색체가 있음에도 불구하고 유방이 발달하는 등 여성의 신체적 특성을 보인다.
터너증후군 (Turner's Syndrome)	성염색체 이상으로 X염색체가 1개이며, 전체 염색체 수가 45개로 외견상 여성이지만 2차적 성적 발달이 없고 목이 짧은 것이 특징이다.
혈우병 (Hemophilia)	X염색체의 유전적 돌연변이에 의한 유전질환으로서, 정상적인 혈액에 존재하는 혈액응고인자가 없거나 부족하여 발병하는 출혈성 질환이다. 거의 대부분 남성에게서 발병한다.
페닐케톤뇨증 (Phenylketonuria)	단백질 대사 이상 장애로 음식물에 들어 있는 필수 아미노산의 일종인 페닐알라닌(Phenylalanine)을 분해하는 효소가 부족하여 발생한다. 출생 즉시 특수한 식이요법으로 정상생활을 유지할 수 있다.

06 청소년기(13~19세)에 관한 설명으로 옳지 않은 것은? [18회]

① 신체적 성장이 급속히 이루어진다는 점에서 제2의 성장급등기라고 한다.
② 어린이도 성인도 아니라는 점에서 주변인이라고 불린다.
③ 상상적 청중과 개인적 우화는 청소년기에 타인을 배려하는 사고가 반영된 예이다.
④ 피아제(J. Piaget)의 인지발달과정 중 형식적 조작기에 해당된다.
⑤ 정서적 변화가 급격히 일어난다는 점에서 질풍노도의 시기라고 한다.

해설 ③ 자아중심적 사고로 상상적 청중 현상과 개인적 우화 현상을 보인다.

07 청년기(20~35세)에 관한 설명으로 옳지 않은 것은? [20회]

① 자기 부양 능력을 갖추어야 하는 시기이다.
② 자아정체감 형성이 주요 발달 과제인 시기이다.
③ 부모로부터 심리적, 경제적으로 독립하여 자율성을 성취하는 시기이다.
④ 개인적 욕구와 사회적 욕구 사이에 균형을 찾아 직업을 선택하는 시기이다.
⑤ 타인과의 관계에서 친밀감을 형성하면서 결혼과 부모됨을 고려하는 시기이다.

해설 ② 자아정체감 형성이 주요 발달 과제인 시기는 청소년기이다.

08 중년기(40~64세)에 관한 설명으로 옳은 것은? [20회]

① 펙(R. Peck)은 신체중시로부터 신체초월을 중년기의 중요한 발달과제로 보았다.
② 결정성(Crystallized) 지능은 감소하고 유동성(Fluid) 지능은 증가한다.
③ 융(C. Jung)에 따르면, 외부세계에 쏟았던 에너지를 자신의 내부에 초점을 두며 개성화의 과정을 경험한다.
④ 여성은 에스트로겐의 분비가 감소되고 남성은 테스토스테론의 분비가 증가된다.
⑤ 갱년기는 여성만이 경험하는 것으로 신체적 변화와 동시에 우울, 무기력감 등 심리적 증상을 동반한다.

해설 ① 펙(R. Peck)은 에릭슨(E. Erickson)의 7단계(중년기)와 8단계(노년기)를 통합하여 자아분화, 신체초월, 자아초월 등을 노년기의 중요한 발달과제로 보았다.
② 유동성(Fluid) 지능은 퇴보하기 시작하는 반면, 결정성(Crystallized) 지능은 계속 발달하는 경향이 있다.
④ 여성은 에스트로겐의 분비가 감소되고 남성은 테스토스테론의 분비가 감소된다.
⑤ 갱년기는 남성과 여성 모두에게 나타나며, 특히 남성의 갱년기는 여성의 갱년기에 비해 늦게 시작되어 서서히 진행된다.

6 ③ 7 ② 8 ③   Answer

09 노년기(성인후기, 65세 이상)에 관한 설명으로 옳지 않은 것은? [18회]

① 시각, 청각, 미각 등의 감각기능이 약화되고, 생식기능 또한 점차 약화된다.
② 퀴블러-로스(E. Kübler-Ross)는 인간이 죽음에 적응하는 5단계 중 마지막 단계를 타협단계라고 하였다.
③ 신체변화에 대한 적응, 인생에 대한 평가, 역할 재조정, 죽음에 대한 대비 등이 주요 발달과업이다.
④ 에릭슨(E. Erikson)은 자아통합을 이루지 못하면 절망감을 느낀다고 보았다.
⑤ 신장기능이 저하되어 신장질환에 걸릴 가능성이 증가하고, 방광이나 요도기능의 저하로 야간에 소변보는 횟수가 증가한다.

해설 퀴블러-로스(Kübler-Ross)의 죽음의 직면(적응)단계

부정(Denial)	• "그럴 리가 없어"라며, 자신이 곧 죽는다는 사실을 부인한다. • 이와 같은 반응은 갑작스런 심리적 충격에 대한 완충작용을 한다.
분노(Anger)	• "왜 하필이면 나야"라며, 다른 사람들은 멀쩡한데 자신만 죽게 된다는 사실에 대해 분노한다. • 이와 같은 분노의 감정은 치료진이나 가족에게 투사된다.
타협(Bargaining)	• "우리 딸 결혼식 날까지 살 수 있도록 해 주세요"라며, 죽음을 피할 수 없음을 깨달은 채 인생과업을 마칠 때까지 생이 지속되기를 희망한다. • 절대적인 존재나 초자연적인 힘에 의지하기도 하며, 치료진이나 가족에게 협력적인 태도를 보이기도 한다.
우울(Depression)	• 병의 진행에 의한 절망감과 함께 세상의 모든 것들과의 결별에서 오는 상실감을 토로한다. • 이미 죽음을 실감하기 시작하면서 극심한 우울상태에 빠진다.
수용(Acceptance)	• 죽음에 대해 담담하게 생각하고 이를 수용하게 된다. • 세상으로부터 초연해지면서 마치 마음의 평화를 회복한 듯한 모습을 보인다.

사회환경에 대한 이해

★ 학습목표　가족이나 집단, 지역사회에 대한 체계적 관점을 제시하는 '사회환경에 대한 이해' 부분은 다른 영역들(사회복지 실천론, 사회복지실천기술론, 지역사회복지론 등)을 통해서도 제시되므로 복합적인 이해가 필요하다.

제 1 절　사회체계이론

1 체계이론 일반

(1) 체계이론의 의의　　　　　　　　　　　　　　　　　　　　　　　　14, 17회 기출

① 다양한 체계들 간의 상호작용을 강조하는 개념이다.

② 광범위한 상징의 의미를 포괄하며 개인, 집단, 조직, 지역사회간의 관계를 강조한다.

③ 인간행동 문제에 대해 보다 전체적인 시각을 제시하여 문제를 개인과 사회 및 환경이 상호작용하는 총체로 보게 하여 문제사정과 개입체계를 명확하게 해주는 유용한 이론이다.

④ 체계는 상호작용하는 단위들, 그 자체의 각 부분들 그리고 보다 큰 전체의 부분이 되고 있는 각 단위로 구성된다. 즉, 부분들의 연합과 통합으로 이루어진 구조, 작용, 개념, 기능에 있어서 유기체와 환경의 전체적인 복합체이다. 환경은 유기체에 영향을 미치는 요인들로 형성되며 그 요인들은 유기체의 행동변화에 영향을 미친다.

⑤ 체계이론에 의하면 체계란 독특한 방식으로 상호작용하고 지속적으로 존재하는 구성요소들을 포함한 조직화된 전체이다. 체계의 한 부분에 미치는 영향은 체계를 구성하는 다른 요소에 전해지며, 반대로 체계의 다른 구성요소에 미치는 영향이 체계의 한 부분에 영향을 미치기도 한다. 이러한 체계는 스스로 규정한 안정 상태를 유지하려는 경향을 가지며 이것을 항상성이라고 한다. 따라서 체계는 외부 혹은 내적인 영향에 대해 적응적인 방법 또는 비적응적인 방법으로 안정 상태를 회복하려는 항상성의 원리에 의해 작용한다.

⑥ 인간을 통합된 하나의 체계로 간주하는 전체적인 인간관을 가지고 있다. 따라서 인간의 신체, 심리, 사회적 부분은 분리된 존재가 아니라 하나로 통합된 전체로 기능한다고 보기 때문에 한 영역의 변화는 전체 인간의 사회적 기능에도 영향을 미칠 수 있다고 보며, 체계이론은 이러한 관점을 통해 부적응을 보이는 한 개인의 문제에 대해서 그 원인이 그를 둘러싸고 있는 사회체계와의 역기능적 상호작용에 있다고 본다.

(2) 체계이론의 개념

4, 8, 12회 기출

① 체계는 상호의존적이고 상호작용하는 부분들이 관계를 맺고 있는 일련의 단위들이다.

② 인간행동 문제에 대해 보다 전체적인 시각을 제시하여 문제를 개인과 사회 및 환경이 상호작용하는 총체로 보게 한다. 그리하여 문제사정과 개입체계를 명확하게 해준다.

③ 광범위한 상징의 의미를 포괄하며 개인, 집단, 조직, 지역사회 간의 관계를 강조한다.

④ 체계의 한 부분에 미치는 영향은 체계를 구성하는 다른 요소에 전해지며, 반대로 체계의 다른 구성요소에 미치는 영향이 체계의 한 부분에 영향을 미치기도 한다.

⑤ 세상을 이해하는 데 필요한 폭넓은 시각을 제공하여 다양한 현장에 적용이 가능하다.

⑥ 인간을 통합된 하나의 체계로 간주하는 전체적인 인간관을 가지고 있으므로 부적응을 보이는 한 개인의 문제의 원인이 그를 둘러싸고 있는 사회체계와의 역기능적 상호작용에 있다고 본다.

Plus ⊕ one

사회체계의 특성 10회 기출

• 조직화를 통해 체계의 각 부분이 서로 긴밀하게 연결된다.
• 상호작용하는 동시에 상호의존적인 경향을 보인다.
• 외부환경과 지속적인 교류를 하며, 다양한 수준에 걸쳐 존재한다.
• 시간의 흐름에 따라 역동적인 특성을 보이면서 동시에 안정된 구조를 유지한다.
• 체계와 환경을 구분하는 경계가 존재하며, 이러한 경계는 물리적인 구조가 아닌 사회적인 구조로서 행동을 통해 드러난다.

파슨스의 사회체계의 4가지 기능

적응기능	체계가 외부환경으로부터 입수한 자원을 적절히 분배·보존한다.
목표달성기능	상위체계의 기대를 달성하기 위해 노력한다.
통합기능	하위체계들을 유지·조정하여 조화로운 상태를 만든다.
형태유지기능	체계 내부에서 발생하는 다양한 변화에 대해 기본골격을 유지하려 한다.

---

(3) 체계이론과 사회복지

16회 기출

① 사회사업은 사정·개입·평가·종결의 과정을 갖는다. 체계이론은 사정의 과정에서부터 그 유용성을 갖기 때문에 한 개인의 문제와 증상을 개인에 국한된 것이 아닌 체계와의 상호작용에 기인한 것으로 본다. 따라서 개인과 환경 사이의 매우 복잡한 상호작용적 현상을 분석하여 증상의 원인을 찾으려고 한다.

② 이러한 개념에 의해 사정된 문제에 대한 개입단계에서는 문제나 증상을 일으키는 원인을 제거하는 데 초점을 두기보다는 체계 내부의 부분들 간의 상호작용이나 체계와 환경 사이의 관계를 변화시킴으로써 증상을 제거하는 데 초점을 둔다. 따라서 체계의 역기능적인 구조적 속성, 역동 및 진화적 속성, 그리고 과정적 속성의 변화를 통하여 증상이 유발되고 유지되는 기본적인 환경을 제거함으로써 그 결과로 문제나 증상을 해결하는 데 목적을 두고 진행한다.

③ 전체 체계를 곧바로 기능적 체계로 변화시키는 것은 불가능하므로 중간단계에서 일시적인 역기능적 체계를 만들어낸 후 이를 다시 기능적 체계로 변화시킴으로써 문제나 증상을 제거하는 단계적 목표성취방법을 활용한다. 이러한 개입목적의 달성을 위해 체계론적 관점에서는 과거보다 현재 체계 내의 역기능적 상호작용 유형에 개입 초점을 둔다. 체계적 접근 방법의 기본적 개입단위는 개인이 아니라 그 개인이 맺고 있는 체계 모두를 포함한다. 여기에는 공식적인 지원체계뿐만 아니라 비공식적 지원체계도 고려된다. 사회사업가는 체계적 접근에 있어 변화대리인으로서 기능하는 것이다.

2 일반체계이론과 생태체계이론

(1) 일반체계이론

① 생물학자인 베르탈란피(Ludwig von Bertalanffy)에 의해 1940년대에 처음으로 제시된 이후 1960년대부터 주목을 받게 되었다. 그는 일반체계이론은 이론이 아니고 현상을 설명하고, 예측·통제할 수 있는 이론적 모형을 제시해 주는 기능을 하는 작업가설이라고 하였으며, 체계를 구성하는 요소들의 속성과 이들 간의 상호작용의 속성을 이해하기 위하여 일반체계이론을 개발하였다.

② 일반체계이론의 영향으로 사회복지에서는 'X는 Y를 일으킨다'는 직선적 원인론에 입각한 의료적 모형에서 벗어나 여러 가지 원인에 의하여 행동이 일어난다고 보는 순환적 원인론으로 전환할 수 있게 되었다.

③ 일반체계이론의 영향으로 사회복지실천에서는 개인의 행동에 초점을 두던 것에서 벗어나 체계 성원들 간의 역동적 상호작용에 다시 초점을 두게 되었다.

④ 바이크(Weick)는 사회복지전문직에서 일반체계이론을 통하여 개인과 사회체계 사이의 새로운 관계, 즉 나누어진 개인과 환경을 새롭게 융합할 수 있는 이론적 기반을 구축할 수 있게 되었다고 하였다.

⑤ 일반체계이론의 영향으로 사회복지실천의 사정에서는 내담자에 국한되지 않고 관련 체계의 영향력을 사정에 포함시키게 되었으며, 문제나 욕구를 보다 상황적이고 환경적인 맥락에서 이해하려는 경향을 부활시켰다. 특히 일반체계이론은 사회체계 내부 및 체계들 간의 안정성과 변화를 설명할 수 있는 수단을 제공해주기 때문에 사회복지실천에 매우 유용하다.

⑥ 인간과 집단에 관한 자료의 조직을 위한 준거틀로, 문제해결에 보다 도움이 되는 질문과 접근방법을 찾는 데 유용하다. 사회복지실천의 관심의 초점이 되는 '총체성'은 부문 변수들의 합계 이상인 것이다. '이상'은 그 목적(목적지향적 행동)과 상호작용의 복합성 내에서 발견될 수 있다.

⑦ 일반체계이론적 접근은 문제에 대한 보다 전체적인 시각을 제시하여 문제를 개인과 사회 및 환경이 상호작용하는 총체로 보게 한다. 따라서 우리는 부분의 본질적인 성질보다는 상호작용과 상호교류의 법칙에 관심을 갖는다.

(2) 생태체계이론

5, 7, 9, 16, 17회 기출

① 일반체계이론의 주요 개념들을 그대로 받아들이면서, 일반체계이론이 가지는 한계점을 극복하기 위해 생태학적 관점을 도입한 통합적 이론이다.

② 인간과 환경의 상호작용에 대한 실천가(사회복지사)의 관점을 중시한다. 그러므로 생태체계이론의 근간이 되는 일반체계이론과 생태학이론에 대한 이해 없이는 생태체계이론을 제대로 이해하기는 어렵다.

③ 인간과 환경 간의 복잡한 상호보완성을 설명하는 데 역점을 둔다.

④ 사회체계이론이 다방면의 포괄적인 시각을 갖는 반면 생태체계이론은 가족체계를 강조하는 경향이 있다.

⑤ 인간발달단계에 대해 거시적인 접근을 하며, 환경 속의 인간이라는 사회복지실천의 기본관념을 반영한다.

(3) 생태체계적 관점

9, 16회 기출

① 인간과 환경의 특정 문화와 역사적 맥락에서 서로 끊임없이 영향을 미치는 점을 생각해 인간과 환경을 하나의 체계라고 보고, 문화적·경제적·정치적인 요인 사이의 복합적인 상호작용의 결과로 나타나는 요인들과 상호작용하면서 일생을 통해 인간 활동에 영향을 미친다. 생태체계적 관점은 클라이언트 체계가 대처하고 생존하며, 필요한 자원을 위한 경쟁을 위해 변화하는 환경에 적응하는 다양한 방법을 이해할 수 있도록 도와준다. 상황적·환경적 맥락에서 클라이언트 체계를 보기 때문에 사정과 계획 단계에서 유용하게 활용될 수 있다.

② 생태체계적 관점의 유용성

    ㉠ 과거의 어떤 실천모델보다도 넓은 관점과 관심영역을 포괄하여 문제에 대한 총체적인 이해를 가능하게 한다. 문제를 사정할 때 문제와 관련된 거의 모든 체계와 접촉하여 정보를 얻어 내므로, 개인으로부터의 정보에만 의존했던 과거의 방법보다 훨씬 풍부하고 객관적인 정보의 획득이 용이하기 때문에 보다 정확하고 깊이 있는 사정과 평가를 가능하게 해준다.

    ㉡ 개인, 집단, 공동체를 망라한 모든 크기의 사회체계에 적용되는 관점으로 대상집단에 구애받지 않고 적용할 수 있다. 즉, 보다 넓고 통일된 관심단위를 제공해 주며, 인간과 사회문화적 환경을 총체적으로 이해할 수 있는 접근법이다.

    ㉢ 생태체계학적 관점은 사정의 도구로서 직접적인 유용성을 갖는다. 생태체계적인 관점은 특정 체계의 속성과 체계 간의 상호연관성을 평가함에 있어서 각 체계들 간의 일관성과 상호성, 갈등 등의 정도와 상태를 규명할 수 있는 개념기준을 제공하고 있다(Siporin, 1980).

    ㉣ 문제를 전체 체계의 총체성으로 이해하므로 개입 시 어느 한 부분만이 아니라 전체 관련체계에 개입하여 체계적인 변화를 일으킨다. 따라서 개입이 종료되었을 때에도 이미 일어난 체계의 변화는 체계 자체의 적응기능에 의해 지속되는 성질이 있으므로 그 효과가 지속적이다.

(4) 생태학적 관점

① 인간이 접하는 환경에 관심을 두고 인간은 환경과 분리된 것이 아니라 지속적인 상호작용 안에서 존재하는 하나의 체계로 본다.

② 단순한 인과관계를 설명하는 것이 아니라 인간과 환경 간의 복잡한 상호관계를 규명하고자 한다.

③ 포괄적 관점인 체계이론에 반해 생태적 관점은 개인과 가족체계를 더 강조하는 경향이 있다.

      ㉠ 사회환경 : 인간을 둘러싸고 있는 조건, 상황, 대인적 상호작용 등을 포함

      ㉡ 상호작용 : 인간이 환경 속의 다른 사람들과 의사소통하고 관계를 맺는 것

Plus ⊕ one

사회체계이론 · 생태학적 관점 · 생태체계이론의 구분

사회체계이론	다양한 체계들 간의 상호작용을 강조하는 개념으로 광범위한 상징의 의미를 포괄하고 개인 · 가족 · 집단 · 조직 · 문화 · 지역사회간의 관계를 강조한다.
생태학적 관점	개인과 환경 간의 적합성과 상호교류, 그리고 적응을 지지하거나 방해하는 요소를 중요하게 여기며, 체계이론의 파생개념이다.
생태체계이론	생태학에서 강조하는 자연환경의 영향과 사회체계이론에서 강조하는 환경의 체계수준이 함께 고려된 통합된 관점이다. 생태체계이론은 체계이론과 생태학적 관점을 합한 것으로 인간은 환경의 다양한 체계들과 지속적으로 상호작용한다고 주장한다.

(5) 주요 개념

① 체 계

      ㉠ 상호의존적이며 상호작용하는 부분들로 구성된 전체로 체계의 여러 구성요소들의 상호작용은 총체적인 특성을 갖는다. 따라서 여러 구성요소들의 상호관계는 부분들의 집합 이상인 하나의 전체를 창조한다.

      ㉡ 사회체계는 내부적으로는 하위체계를 가지고 또한 외부적으로도 상위체계를 가지고 있다. 이러한 체계들은 각각의 다른 기능을 발휘하면서 상호의존적 관계를 가지며, 어느 한 수준의 체계나 같은 수준의 다른 체계가 변하면 다른 체계에도 영향을 미치게 된다.

      ㉢ 체계는 자체적으로 다른 체계와 구분되는 경계를 가지지만 상호 간의 교환과 침투가 이루어지며, 어떤 한 체계의 변화와 문제는 다른 체계의 변화와 문제로 나타날 수 있고 또한 다른 체계에도 영향을 주기 때문에, 체계 간에는 일방적이 아니라 쌍방적 인과관계가 나타나는 경향이 있다.

      ㉣ 사회체계는 상호 간의 개방과 폐쇄의 계속선상에서 경계와 상호작용을 하면서 안정의 틀을 깨지 않는 변화를 추구하고 있다. 일반 체계이론에서 체계는 기능하고, 성장하고, 발달하고, 다른 체계와 상호작용한다는 원칙을 설명하고 있다. 이 원칙들은 생물학적 · 사회적 체계의 행동을 예측하는 데 활용되기도 하고 체계를 변화시키기 위한 전략을 구성하는 데도 사용된다.

② 환경 속의 인간

      ㉠ 인간은 사고, 감정, 관찰 가능한 행동을 가진 생물학적 · 심리적 · 정신적 · 사회적 · 문화적 존재이다. 인간은 환경에 대한 반응자일 뿐 아니라 환경의 자극제이기도 하다.

ⓛ 생태체계관점은 인간이 의식적·의도적으로 반응하는 동시에 무의식적·자동적으로 반응한다는 것을 인식한다. 인간으로서 우리는 변화하는 환경에 적극적으로 적응하고 있으며, 우리를 형성하는 강력하거나 무력한 존재도 아니다. 대신에 인간은 우리 자신의 삶을 형성하는 사건을 창출하는 데 적극적인 역할을 수행한다.

③ 경 계

체계의 외부와 내부 또는 한 체계와 다른 체계를 구분 짓는 구획, 선 혹은 침투성을 지닌 테두리로, 경계선은 체계 내부로의 에너지 흐름과 외부로의 에너지 유출을 규제한다.

④ 개방체계와 폐쇄체계

㉠ 개방체계 : 경계의 반투과성을 지닌 체계

특 징	• 체계는 환경과의 상호작용 투입 – 변환 – 산출의 역동적 작용을 수행한다. • 체계는 내면적으로 역동적인 자동조절작용 혹은 균형상태를 유지한다. • 체계는 역엔트로피를 갖는다. • 체계는 분화기능을 갖는다.
기 능	• 적응기능 : 환경으로부터 자원을 얻어 그것을 체계를 통하여 배분하는 기능을 말한다. • 목표달성기능 : 체계의 공통된 가치의 틀 체계가 성취하고자 하는 목표를 설정하고 목표 간의 상대적 우선순위를 정하며, 그것을 수행하기 위하여 시간과 노력을 경주하는 것을 말한다. • 통합기능 : 체계를 구성하는 각 부분 및 하위체계들의 활동을 조정 및 조절하는 기능을 말한다. • 잠재적 유형유지 및 긴장관리기능 : 체계가 자신의 기본적인 유형을 유지하고 자신의 가치와 규범을 재생산해 가는 것을 말한다.

㉡ 폐쇄체계 : 환경과의 에너지 교환이 거의 없는 체계로서, 투입을 받아들이지 않고, 산출도 생산하지 않는다. 따라서 목적지향성이 낮고, 행동을 수정할 수 있는 능력도 낮다.

⑤ 대상체계·상위체계·하위체계

㉠ 대상체계 : 분석대상이 되는 체계

㉡ 상위체계 : 대상체계 외부에 있으면서 그 체계에 기능적으로 영향을 미치는 사회 단위

㉢ 하위체계 : 종속적인 체계로 큰 체계 속에 있는 더 작은 체계

⑥ 공유영역

두 개의 체계가 함께 공존하는 곳으로 체계 간의 교류가 일어나는 곳이다. 즉, 어떤 대상체계가 상위체계나 하위체계와 교류하면서 만들어지는 독특한 상호작용의 유형 혹은 공유된 경계이다.

⑦ 균 형 `11회 기출`

폐쇄체계적인 속성으로서 외부환경과의 에너지 소통없이 현상을 유지하려는 상태를 말한다.

⑧ 항상성 `16회 기출`

개방체계적인 속성으로서 환경과 지속적으로 소통하면서 역동적인 균형을 이루는 상태를 말한다. 이는 환경과 지속적으로 상호작용하면서 정적인 균형보다 역동적인 균형을 이루고 있는 상태이다. 이때 체계의 구조는 크게 달라지지 않는다.

⑨ 안정상태

개방체계적인 속성으로서 부분들 간에 관계를 유지하면서 체계가 붕괴되지 않도록 에너지를 계속 사용하는 상태를 말한다. 즉, 체계의 건강한 상태 혹은 안녕상태를 의미한다.

⑩ 엔트로피 · 역엔트로피 〔11, 20회 기출〕

  ㉠ 엔트로피(Entropy) : 폐쇄체계적인 속성으로 체계 내부의 에너지만 소모함으로써 유용한 에너지가 감소하는 상태를 말한다. 즉, 체계 내에 질서, 형태, 분화가 없는 무질서한 상태로서 폐쇄체계의 특징과 관련이 있다. 엔트로피는 체계가 서서히 무질서와 혼돈의 상태로 향해 나아가는 것 또는 체계 내에 유용하지 않은 에너지의 정도를 나타낸다.

  ㉡ 역엔트로피 또는 네겐트로피(Negentropy) : 개방체계적인 속성으로 체계 외부로부터 에너지가 유입됨으로써 체계 내부의 불필요한 에너지가 감소하는 상태를 말한다. 이는 부정적인 의미가 아니라 체계 외부로부터 에너지를 유입함으로써 체계 내부에 유용하지 않은 에너지가 감소하는 것을 말한다. 역엔트로피가 증가하면 체계 내에 질서와 법칙이 유지되며 정보의 필요성이 높아진다.

⑪ 투입 – 전환 – 산출 – 환류

  ㉠ 투입 : 환경에서 체계로 에너지나 정보가 유입되는 것

  ㉡ 전환 : 유입된 에너지나 정보를 처리하는 과정

  ㉢ 산출 : 전환과정을 거쳐 배출된 결과물

  ㉣ 환류 : 체계가 자신의 수행에 대한 정보를 받아들이는 것

⑫ 호혜성

한 체계에서 일부가 변화하면, 그 변화가 다른 모든 부분들과 상호작용하여 나머지 부분들도 변화하게 되는 것을 말한다.

⑬ 다중종결성 · 동등종결성 〔9회 기출〕

  ㉠ 다중종결성 : 체계를 구성하는 요소들의 상호작용 성격에 따라 유사한 조건이라도 각기 다른 결과를 초래하는 경우

  ㉡ 동등종결성 : 서로 다른 조건이라도 유사한 결과를 초래하는 경우

⑭ 시너지 〔18회 기출〕

개방체계적인 속성으로서 체계 구성요소들 사이에 상호작용이 증가하면서 체계 내에 유용한 에너지가 증가하는 것을 말한다.

⑮ 적합성 〔16, 20회 기출〕

개인과 환경이 지속적으로 상호작용하는 적응(Adaptation)의 과정을 통해 획득되는 것이다. 즉, 적합성은 개인의 적응적 욕구와 환경의 질이 어느 정도 부합되는가와 연관된 개념이다.

(6) 사회체계의 수준

① 미시체계 〔20회 기출〕

개인을 의미하는 것으로 가족과 같은 직접적인 환경 내에서의 활동, 역할 그리고 대인관계유형 등으로 성장하면서 변화한다. 미시체계는 개인의 특성과 성장 시기에 따라 달라지며, 상호호혜성에

기반을 두는 체계이다. 대부분의 사람들이 성장과정에서 경험하게 되는 미시체계는 집과 가족, 놀이터, 학교, 동아리, 운동 팀, 또래친구, 교회친구, 학교교사, 종교단체나 다른 사회집단에서 만나는 사람들, 이웃사람 등이다.

② **중간체계**

가족, 직장, 여러 사교집단 등 소집단 혹은 가족과 같은 개인을 둘러싼 두 가지 이상의 환경에서 일어나는 과정과 연결상의 의미이다. 중간체계에서 주목할 점은 각각의 미시체계에 존재하는 발달을 촉진하거나 저해하는 특징과 미시체계 환경에서 일어나는 과정들이 서로 작용하면서 만들어 내는 상승효과에 초점을 맞추는 것이다.

③ **거시체계**　　　　　　　　　　　　　　　　　　　　　　　　16, 20회 기출

소집단보다 큰 체계로 개인에게 영향을 미치는 환경요소로서 국가, 문화, 지역사회, 제도, 조직 등을 들 수 있다. 하위문화나 문화 전반에 존재하거나 또는 존재할 수 있는 하위체계 형식과 내용의 일관성을 의미한다.

제2절　가족과 집단

1 가족　　　　　　　　　　　　　　　　　　　　　　　　　　　　　　9회 기출

(1) 가족의 의의

① 인간이 변화·발전시켜 온 가장 오래된 기본적인 사회제도로서 개인의 행동과 발달에 영향을 미치는 친밀하고 영향력 있는 1차적인 사회환경이다.

② 가족은 일반적으로 동일한 주거공간에서 공동으로 거주하면서 소비생활을 영위하는 친족 공동체이다.

③ 체계로서의 가족은 항상 동적이어서 변화하고 성장하며 항상성을 유지하려는 속성을 지니고 있다.

(2) 가족의 특성

① 가족은 각 부분의 특성을 합한 것 이상의 특성을 지닌 체계이며, 이러한 체계의 움직임은 어떤 일반적인 규칙에 의하여 지배되고 있다. 따라서 체계의 한 부분의 변화는 가족체계 전체의 변화를 초래할 수 있다.

② 모든 체계는 경계를 가지고 있으며, 경계의 특성은 체계가 어떻게 가능한가를 이해하는 데 중요하다.

③ 체계 한 부분의 변화는 가족체계 전체의 변화를 초래할 수 있다.

④ 가족체계는 완전하지 않기 때문에 항상 안정된 상태를 유지하려는 경향이 있으므로, 성장이 가능하다. 따라서 여러 가지 방법으로 변화를 일으키거나 촉진시킬 수 있다.

⑤ 체계기능 중 체계 간의 의사소통이나 피드백 기능이 중요하다.

⑥ 가족 내에서 개인의 행동은 어떤 원인이 될 수 있다는 순환적 인과관계로 보는 것이 이해하기 쉽다.

⑦ 다른 개방체계와 마찬가지로 가족체계는 목적을 추구한다.

⑧ 체계는 하위체계에 의해서 성립되며, 그 체계는 보다 큰 상위체계의 일부분이다.

Plus ⊕ one

역기능적 가족의 특성
- 가족체계가 외부와 폐쇄적이며 정형화된 역할
- 융통성이 없어 경직되고 위협적인 가족규칙
- 서로 지나치게 집착하거나 지나치게 무관심
- 가족의 발달과업 수행 시 경직된 태도와 혼란스럽고 모호한 의사소통

(3) 가족의 기능

① 머독(Murdock)이 제시한 가족의 4가지 기능

성적 기능	가족은 남녀의 사랑을 기초로 이루어지며 부부 간의 성적 욕구를 충족시키는 기능을 한다.
재생산 기능	성생활의 결과로 자녀를 출산하는 기능으로서, 가족만의 고유한 기능인만큼 가장 중요한 기능이기도 하다.
경제적 기능	생산기능과 소비기능으로 구분된다. 가족원은 산업사회에 노동력을 제공하고 그 대가로 임금을 받으며, 그것으로 필요한 물자를 구입한다.
사회화 기능	가족은 자녀가 사회에 잘 적응하고 바람직한 인격을 형성하도록 돕는다.

② 스타크는 머독이 제시한 가족의 4가지 기능에 가족의 정서를 더하여 강조했다.

(4) 가족의 형태

① 확대가족

핵가족이 종적 혹은 횡적으로 연결되어 형성된다. 자녀가 결혼 후에도 그들의 부모와 동거하는 가족형태로 점차 감소하고 있다.

② 핵가족

부부와 그들의 미혼인 직계자녀로 구성된 2세대 가족으로 자녀들은 결혼하면 분가하는 것이 원칙이다. 현대 산업사회의 사회경제적 구조에 적합한 가족형태이다.

③ 노인가족

고령화 사회와 더불어 자녀와의 동거를 원치 않는 노인 및 부모와의 동거를 원치 않는 자녀의 증가 등의 이유로 점차 증가하고 있다.

④ 한부모가족

별거·사별·이혼·미혼모 등의 사유로 인하여 부모 중 한쪽만 있거나, 법적 또는 현실적 여건으로 부모의 역할을 다하지 못하여 발생되는 가족형태이다.

⑤ 재혼가족(계부모가족)

재혼 등으로 인하여 구성된 가족이다.

⑥ 혼합가족

인척이나 혹은 인척이 아닌 사람들이 함께 동거하면서 전통적인 가족 역할을 수행하는 가족형태이다.

⑦ 다문화가족

국제결혼이나 입양 등에 의해 가족 구성원 간에 여러 문화가 존재하는 가족형태이다.

(5) 가족체계의 외부와의 경계

10, 15, 18회 기출

폐쇄형	• 가족성원들의 외부와의 상호작용과 출입을 엄격히 제한한다. • 가족 안의 권위자가 가족공간에 명확한 경계를 설정하여 이웃 및 지역사회와의 소통을 통제한다. • 부모의 자녀에 대한 감시, 대중매체의 통제, 높은 담장과 굳게 닫힌 문 등의 모습으로 나타난다.
개방형	• 가족성원들의 행위를 제한하는 규칙이 집단의 합의과정에서 도출된다. • 가족 내 경계는 유동적이며, 가족 외부와의 경계는 분명하면서도 침투력이 있다. • 대중매체에 대한 최소한의 검열, 외부활동에의 참여, 지역사회와의 교류 확대, 손님의 빈번한 방문 등의 모습으로 나타난다.
임의형	• 가족성원들은 각자 자신의 영역과 가족의 영역을 확보하면서 개별적인 패턴을 만들어간다. • 가족경계선을 중요하게 생각지 않으며, 외부와의 교류를 제한하지 않는다. • 외부활동에의 무제한적 참여, 집안 내 갈등의 외부로의 표출, 제3자의 집안출입 권리 확대 등의 모습으로 나타난다.

(6) 뉴가튼(Neugarten)이 제시한 조부모의 역할

4회 기출

공식적 유형	가장 보편적인 유형으로, 손자녀에게 관심을 가지고 때때로 필요할 때 돌봐주기도 하지만 자녀양육문제에 간섭하는 것을 삼간다.
즐거움을 추구하는 유형	손자녀와 비공식적이고 재미있는 상호작용을 유지한다.
대리부모형	부모가 모두 직업을 가진 경우 아이의 양육을 대신 책임진다.
가족의 지혜 원천	조부모, 특히 조부가 지혜·기술·자원을 베풀고 부모 및 손자녀는 이에 복종하는 다소 권위적인 관계이다.
원거리형	생일 또는 명절 때나 방문하며, 보통 손자녀와 거의 접촉이 없는 유형이다.

2 집 단

(1) 집단의 의의

14회 기출

① 서로 관련되어 있는 사람들의 집합으로서 개인들의 단순한 집합이 아니라 그 안에 있는 사람들의 관계가 구조화되고 유형화되어 있는 조직체계를 말한다.

② 사회가 형성될 수 있는 공식적 또는 비공식적 구조를 제공해 주는 사회의 기본적 구성단위이며 의미 있는 타인과의 관계를 형성하고 유지할 수 있는 수단을 제공한다.

③ 개인은 가족, 또래집단 등과 관계를 형성함으로써 바람직한 사회행동의 규범을 학습하고 사회적 관계를 유지할 수 있으며, 개인이 성취하고자 하는 목적을 확인할 수 있을 뿐 아니라 고통스러울 때 지지를 받을 수 있다.

④ 인간은 일생동안 집단을 떠나서는 생존할 수 없으며 집단생활을 통하여 발달·성장해 나간다고 볼 수 있다.

⑤ 현대사회의 산업화, 도시화, 정보화, 가족구조와 기능의 변화, 개인주의와 물질주의 등의 특성으로 인하여 현대인들은 친밀한 대인관계의 형성이 어려워지고 있으며, 다양한 가족생활상의 문제와 정신적인 문제를 경험할 가능성이 높아지고 있다.

⑥ 노동의 기계화·비인격화는 의미 있는 집단경험의 기회를 제한하게 되었으며, 이로 인해 퇴직 후의 여가시간과 새로운 환경에 적응하는 개인의 힘은 약화되었다.

⑦ 현대를 살아가는 개인들은 이와 같은 사회적 현상으로 인한 문제나 역기능을 해결하고 사회생활에 적응하기 위해 의미 있는 집단경험과 활동이 필수적이다.

⑧ 집단의 활동기능에는 목적 달성의 기능, 집단 유지의 기능, 개인적 기능이 있다.

(2) 집단의 성립 요건

① 두 사람 혹은 그 이상의 사람들로 이루어진 집합체

② 소속에 의한 집단의식과 소속감

③ 공동의 목적이나 관심사

④ 지속적인 상호작용

(3) 집단의 유형

① 1차 집단과 2차 집단(쿨리의 분류)

한 집단은 1차 집단과 2차 집단의 성격을 모두 가질 수 있으나, 집단에 따라서 어느 한쪽의 성격이 강한 경우가 일반적이다.

㉠ 1차 집단 : 구성원들이 장기적으로 친밀하게 전인격적인 관계를 가지고 상호작용하는 집단으로, 가족이 대표적이다. 가족과 같은 1차 집단에서는 인간관계가 지속적이고, 전인격적이며, 소수이다. 또한 의사소통이 매우 심층적이고 친밀하다.

ⓛ 2차 집단 : 구성원들이 부분적인 인격관계를 가지며, 상호작용이 일시적이고 사무적인 집단으로 회사가 대표적이다. 회사와 같은 2차 집단에서는 인간관계가 일시적이고, 필요한 부분만 관계를 가지며, 다수가 관계를 갖는다. 구성원의 중요성은 그가 수행하는 기능에 달려 있고, 다른 사람으로 용이하게 대치할 수 있다.

② 이익사회와 공동사회(퇴니스의 분류)

ⓧ 공동사회(Gemeinschaft)는 인간의 자연적 의지에 의하여, 이익사회(Gesellschaft)는 합리적 의지에 의하여 결합된 것이다.

ⓛ 자연적 의지는 사랑과 같이 자연적으로 발생한 것인 데 비해 합리적 의지는 이익을 위한 것처럼 특수한 목적을 달성하려고 하는 것이다.

ⓒ 공동사회는 감정적이고, 전통과 관습에 의해 행동하며, 전인적인 관계가 형성되는 비공식적 집단인 데 비해 이익사회는 인간관계가 수단적이고 일시적이며, 공식적이다.

ⓡ 가족, 학교, 친구관계 등은 원래 공동사회적인 성격이 강했으나, 최근에는 이익사회적인 성격이 생겨나면서 비인간화 현상을 초래하고 있다.

③ 자연집단과 형성집단 16회 기출

ⓧ 자연집단 : 자연발생적으로 일어난 사건, 대인관계상의 매력 또는 구성원의 상호 욕구 등에 근거하여 자연발생적으로 구성된 집단으로 공식적인 후원체계가 없는 것이 특징이다.

　예 가족집단, 친구집단, 갱 집단 등

ⓛ 형성집단 : 외부의 영향력이나 전문가의 개입을 통하여 특별한 목적을 위해 소집·구성되는 집단으로 후원이나 외부의 협력 없이는 구성될 수 없는 집단이다.

　예 치료집단, 학급, 위원회, 클럽, 팀 등

Plus ⊕ one

퇴니스와 쿨리 집단의 구분

퇴니스(Tonies)	• 공동사회 – 게마인샤프트(Gemeinschaft) • 이익사회 – 게젤샤프트(Gesellschaft)
쿨리(Cooley)	• 일차집단 – 자연적 형성집단 • 이차집단 – 인위적 형성집단

---

(4) 집단지도

① 개 념

ⓧ 집단지도는 사회사업방법론 중의 하나이다.

ⓛ 집단지도는 목표지향적이다.

ⓒ 주로 소집단을 활용하며, 개인뿐만 아니라 건강한 개인들로 구성된 집단을 대상으로 한다.

ⓡ 프로그램이 집단경험을 구성하며 개인과 집단의 필요와 능력, 발달단계 등을 기초로 의도적 계획에 의해 준비되고 실행된다.

ⓙ 집단지도는 전문가의 지도와 원조하에 이루어진다.

② 모 형

　㉠ 사회목표형

　　• 초기 사회사업이 이루어진 기관인 인보관(Settlement house), 청소년연합(YMCA) 등은 선량한 시민의 양성에 목적을 두었다. 이들 기관은 불량주택의 개량, 이주민의 지역이나 이웃에 대한 동화 등에 초점을 두고 있었으므로 집단을 통해 개인들이 새로운 체계에 적응할 수 있는 원조체계로 집단 활동을 전개하였다.

　　• 집단은 지역사회와 개인 사이의 연결고리 역할을 하고 공장 노동조건의 개선, 정치적 과정의 개선 및 더 큰 사회체계의 변화를 위하여 사회행동을 하기도 하였다. 그러므로 시민교육과 사회개혁은 인보관운동의 주요 활동 결과였다.

　　• 초기 집단지도는 사회적 목표를 성취하는 데 그 목적을 두게 되었으며 초기 집단지도 이론가인 Konopka, Coyle, Wilson 등은 집단사회복지사의 역할을 교사, 조력가, 역할모델이라고 보았다.

　㉡ 치료모형

　　• 집단을 개인의 치료를 위한 수단으로 보고 개별성원의 치료에 강조점을 두고 있다. 레들(Redl)은 시설보호아동에 대한 집단치료의 효시이며, 빈터(Vinter)는 이 모형의 이론적 기반을 구축하였다.

　　• 중요한 것은 성원의 개인적 욕구와 집단사회복지사의 허용과 제한이 균형을 이루는 것이다. 사회복지사는 문제해결 접근방법을 사용하고 지시적이며 권위를 가지지만 반드시 집단성원의 욕구에 적응하여야 한다.

　　• 권위를 가지면서 사회복지사는 '클라이언트를 위해, 클라이언트와 함께' 할 수 있는 개입을 하며 집단의 자율성 정립과 상호지원체계의 영속성을 유지하는 데 관심을 가져야 한다.

　　• 개인에 강조점을 두기 때문에 집단사회복지사는 개인의 심리와 치료에 대한 지식을 갖추고 진단과 평가를 해야 하며 계획된 치료목적을 중요시해야 한다.

　㉢ 상호작용모형 : 슈와르츠(Schwarts)는 집단과 개별성원의 상호관계에 초점을 두는 모형을 중재모형이라고 하였으며, 개인과 집단이 상호의존적이며 집단은 집단사회복지사와 모든 집단성원을 포함한 체계로 본다. 집단사회복지사는 개인과 집단, 소집단과 지역사회 사이의 중재역할을 수행한다는 이론에 근거를 두고 있으며, 클라이언트는 개인, 집단, 사회도 아니며 이들 간에 일어나는 상호작용이라고 본다. 슈와르츠는 개인과 지지집단은 공생적 관계를 갖는다고 보고, 사회복지사는 개인이나 환경 어느 특정 영역에 초점을 두어서는 안 되며 이들 간의 상호작용과 욕구에 초점을 두어야 한다고 하였다.

(5) 집단의 역동성　3, 5, 6회 기출

　사회체계로서의 집단은 부분, 즉 성원들과 성원들 간의 상호작용으로 구성되어 있다. 이러한 상호작용이 바로 집단과정이며, 집단과정은 개별성원뿐 아니라 전체로서의 집단에 영향을 미치는 독특한 힘을 만들어낸다. 이 힘이 바로 집단역동(Group Dynamics)이다.

(6) 집단의 분류

① 치료 · 과업 · 자조집단의 비교

9, 15, 18회 기출

치료집단	집단성원의 교육 · 성장 · 행동변화 또는 사회화에 대한 욕구를 충족시키기 위해 구성된 집단으로, 주요 목적은 교육 · 성장 · 치유 · 사회화 등이다. • 지지집단 : 성원들이 현재의 생활사건에 대처하고, 앞으로의 생활사건에 효과적으로 대처할 수 있는 대처능력을 향상시키기 위해 지지개입전략을 사용한다. 예 이혼가정의 취학아동모임 • 교육집단 : 집단성원에게 기술과 정보를 제공하는 것으로 주로 전문가의 강의와 교육이 중심이고 교육의 효과를 강화하기 위해 집단 토론의 기회를 제공한다. 예 청소년 성교육집단, 위탁부모집단 • 성장집단 : 성원들의 자기인식을 증진시키고 자신의 사고를 변화시키는 것으로 사회정서적 질병의 치료보다는 사회정서적 건강 증진에 초점을 둔다. 예 청소년 대상의 가치명료화집단 • 치유집단 : 성원들의 행동변화, 개인적 문제의 완화나 제거, 재활을 원조하는 것이다. 예 공황장애 치료를 받는 외래환자로 구성된 집단 • 사회화집단 : 성원들이 사회적 기술을 습득하고, 사회적으로 수용되는 행동유형을 학습함으로써 지역사회 생활에서 효과적으로 기능할 수 있도록 원조하는 데 일차적인 목적이 있다. 예 정신장애인 사회복귀집단
과업집단	의무사항의 이행, 조직 또는 집단의 과업성취를 위해 구성된 집단이다. • 조직욕구 해결집단 : 위원회, 행정집단, 협의체 등 • 성원욕구 해결집단 : 팀, 치료회의, 사회행동집단 등
자조집단	비전문가들이 이끌어간다는 점에서 치료집단과 구분되며, 핵심적인 공동의 관심사가 있다는 점에서 과업집단과도 구분된다. 예 단주모임

② 주요사항

㉠ 의사소통과 상호작용 : 언어적 · 비언어적 의사소통은 상호작용의 구성요소이며 상대방에게 의미를 전달하기 위해 상징을 사용하는 과정이다. 사회적 상호작용은 힘의 역동적 교환행동으로 이 과정에 참여한 사람들 간의 접촉을 통해 참여자의 행동이나 태도를 변화시키는 결과를 낳는 것을 의미한다.

㉡ 집단의 응집력 : 성원들이 집단을 '우리'로 부르며 동료에 대한 친밀감과 공동의 목적을 위해 협력하고 책임감을 가지고 서로를 보호하면서 외부의 비판과 공격에 대해 맞서는 데서 시작된다. 응집력의 변수는 성원 개개인, 집단활동내용, 분위기, 집단크기, 집단목표, 지도력과 결정과정, 갈등의 정도이며 집단의 유지, 상호작용의 질과 양, 집단 내 사회관계, 목표달성에 영향을 미친다. 그러므로 집단사회복지사는 집단의 응집력을 발달시키기 위해 노력해야 한다.

㉢ 사회적 통제 : 전체로서의 집단이 이전의 방식대로 기능하기 위하여 성원을 순응 · 복종하게 하는 과정을 말한다. 일탈성원의 순응을 얻어내기 위해 집단사회복지사는 물론 성원들도 사회적 통제를 가할 수 있다. 만약 적절하게 순응이 이루어지지 않는다면 집단은 기능할 수 없다. 그러나 사회적 통제가 너무 강하면 집단매력이 줄어들고 집단 내에 갈등과 불만을 야기시키게 된다. 사회통제는 집단 내에서 발달한 규범 그리고 개별성원의 지위와 역할과 같은 다양한 요인들이 상호작용하는 과정에서 만들어진다.

1 조 직

(1) 조직의 의의

① 폐쇄체계

ㄱ 합리적 체제로서의 조직 : 주어진 특정한 공식적 목표를 달성하기 위한 하나의 집합체로 보는 것으로, 이러한 조직에는 달성할 목표가 존재하고 그 목표달성에 적합하도록 여러 인적·물적·수단들이 논리적이며 체계적으로 연결되고 조정될 것이 기대된다. 목표 – 수단이 논리적·체계적으로 연결된다는 것은 일종의 기능적 합리성이 이루어짐을 의미하는 것이다.

ㄴ 자연적 체제로서의 조직 : 특정한 공식적인 목표를 내세우고 그 달성을 추구하는 체제이긴 하지만, 조직은 그것만을 수행하는 체제가 아니며, 더군다나 그 구성원들의 행태는 반드시 그 목표에 따라서만 규정되고 인도되는 것이 아니고 목표에 의해서 조직의 행태를 쉽게 예측하기도 어렵다는 것이다. 자연적 체제의 입장에서는 조직을 어디까지나 자연적 전체로서 보며, 그 성격은 유기적인 것으로 규정한다. 즉, 조직은 살아 있는 자연적 전체체제로서 무엇보다도 그 생존과 유지를 추구하는 유기체라고 보는 것이다. 이러한 의미의 조직에서의 그 구성원은 조직의 공식적인 구조나 목표보다는 그 조직체제의 생존에 대하여 공통의 이해관계를 공유하며, 비공식적으로 구조화된 집단활동에 종사하는 하나의 집합체를 이루는 것이 중요시된다.

② 개방체계

ㄱ 조직은 그 자체가 하나의 체제인 동시에 외부의 여러 환경(거시적·매개적·미시적 환경)들과 상호의존하고 상호작용하는 실체이기도 하다. 즉, 조직은 환경으로부터 인력, 물자 및 에너지를 받아들이고 그것을 특정한 생산물이나 서비스로 변형하여 환경에 산출하는 개방적 체제이다.

ㄴ 개방적 체제로서의 조직은 외부환경과 경쟁, 연합 및 협상을 전개하면서 목표를 세우고 바꾸기도 하며 그 구체적인 관리작용을 추구하는 것이다. 조직의 적응, 환경적합, 자원투입 및 산출에 특히 관심을 갖는다.

(2) 조직의 성격

① 사회적 실체 : 조직은 인간의 구성체이다. 이 가운데 가장 기초가 되는 단위는 개인이며, 이보다 큰 단위가 집단이다. 조직은 개인과 집단을 포괄하는 조직체계로서 이보다 큰 사회체계의 일원으로 활약하고 있다. 조직성원은 조직의 본질적 기능을 수행하기 위해서 상호작용한다. 성원의 협조와 참여가 필요한 것은 바로 이 때문이다. 또한, 조직은 사회적 실체로서 다른 체계와 연관관계를 가지고 있다.

② **목적지향성 실체** : 조직은 목적을 지향한다. 조직의 형태에 따라서, 또는 조직이 처한 상황에 따라서 목적은 달라질 수 있다. 그것이 이윤추구라는 경제적 목표일 수도 있고, 교육이나 자선 등 문화적 목표일 수도 있으며, 질서를 유지하기 위한 목표일 수도 있다. 조직마다 다양한 종류의 목적을 가지고 있지만, 확실한 것은 어떤 조직이든 추구하는 목적이 명백히 있으며 그 목적을 능률적 · 효과적으로 달성하고자 한다는 점이다.

③ **구조적 측면의 실체** : 우리가 구조라고 할 때 흔히 권한 및 직위의 서열적 할당이나 관리기능의 배분을 나타내는 조직기구표만을 생각하기 쉬우나 이것이 구조의 전부는 아니다. 구조란 간단히 말하여 조직의 목표를 달성하는 데 필요한 전문화된 활동들을 결정하고 이 활동들을 어떤 논리적인 유형에 따라 집단화시키고, 이런 집단화된 활동을 어떤 직위나 개인의 책임하에 할당하는 것을 포함한다. 따라서 구조는 조직구성원의 유형화된 상호작용을 의미하는 것으로서 비교적 안정적이고 지속적인 형태를 지니는 것이다. 이와 같은 구조중심의 조직을 이해하기 위해서는 구조를 형성하는 데 필요한 기초적인 요인, 조직의 특성을 나타내는 구조적 변수, 그 형성과정에 영향을 미치는 상황적 변수들을 잘 알고 있어야 한다.

④ **관리측면의 실체** : 조직이 그 목표를 달성하기 위해서는 최선의 방법을 모색할 필요가 있고, 이 필요를 충족시키기 위해 관리는 매우 중요한 역할을 담당하고 있다. 조직의 규모가 커지고 환경이 복잡해짐에 따라 조직의 목표달성과 조직의 효율적인 관리를 위한 기법과 수단의 개발이 더욱 중요하게 요구되고 있다. 관리활동은 기본적으로 계획을 그 출발점으로 하며 조직의 여러 요소들을 상호조정하는 통제와 조직의 모든 요소들을 전체로 연결시키는 의사결정, 그리고 조직에서의 정보전달과정인 의사소통에 필요한 여러 관리기법들을 개발하는 것까지 포함하는 계획된 활동이다.

⑤ **계속성** : 조직의 장기적 속성을 나타내며, 성원이 비록 바뀐다고 해도 조직은 적정 성원을 계속 유지하면서 조직의 목표를 수행해 나간다. 조직의 계속성에서 무엇보다 중요한 것은 사람이 바뀌어도 조직은 살아 있다는 점이다.

⑥ **인간적 측면** : 초기의 경영학자들은 조직을 연구하는 데 있어서 사람을 거의 염두에 두지 않고 구조를 설계하거나 조직을 관리하는 데 초점을 두어왔다. 그러나 오늘날에는 어떠한 형태의 조직에 있어서도 조직의 유효성을 결정하는 데 인간의 행동이 가장 중요하다는 신념을 가지게 되었다. 개인이 조직에 참여하는 것은 조직이 개인의 욕구를 어느 정도 충족시켜 주리라는 기대가 있기 때문이다. 개인은 조직을 통하여 입고 먹는 것과 같은 1차적인 욕구뿐만 아니라, 동료들과 함께 일할 수 있고 존경을 받을 수 있으며 어떤 일을 스스로 성취했다는 기쁨을 맛볼 수 있는 사회적인 욕구를 충족하게 된다. 이러한 만족을 얻기 위해서 개인은 기꺼이 시간과 노력을 조직에 투입하는 것이다.

⑦ **경계구분 및 외부환경과의 상호작용** : 조직은 내부에 조직성원, 구조, 관리 등 여러 자체 요인들을 가짐으로써 조직 외부와의 경계가 구분되어 있다. 그렇다고 조직이 외부환경과 단절되어 있는 것은 결코 아니다. 과거 생산자 위주의 시대에는 환경에 대한 고려가 크게 문제되지 않았지만 지금은 외부환경과의 합리적이고 능동적인 상호작용 없이 조직의 존속 · 성장 · 발전을 기대할 수 없다. 조직이 닫힌 체계가 아니라 열린 체계로 전환되어야 한다는 요구가 높아지는 것은 바로 이 때문이며, 조직을 하나의 사회체계 안에서의 부문체계로 이해하고 부문체계들 사이의 상호작용 및 부문체계와 사회체계 사이의 연관성을 강조하는 것도 이러한 움직임에 해당된다.

(3) 조직의 특성

① **역동성** : 조직은 개인과 집단, 직무와 테크놀로지, 조직설계, 경영관리, 조직과정, 외적 환경 모두를 통합하여 개인적 성과와 만족, 집단의 효과, 그리고 궁극적으로는 조직의 목적달성이라는 결과를 얻는다. 이러한 모든 움직임을 한마디로 조직의 역동성이라 부른다.

② **체계성과 총체성** : 조직은 부분의 합이기는 하지만 그 이상의 의미를 갖는다. 조직이론은 부분체계의 역할이 전체체계에 유익을 가져다주고 전체체계가 부분체계에 도움을 줄 수 있는데 관심을 가지고 있다.

(4) 조직구조

① **의의** : 조직의 구조란 조직을 구성하는 부문 간의 확립된 관계의 유형이라고 할 수 있다.

② **기본변수**

㉠ **복잡성** : 조직의 분화 정도를 따진다는 점에 그 특성이 있다. 분화란 조직이 하위단위로 세분화되는 과정이나 상태를 가리키는 말로 여기에서는 조직활동의 분화와 함께 전문화, 부문화 등이 발생한다는 것을 전제하고 있다.

㉡ **공식화** : 조직 내의 직무가 표준화되어 있는 정도를 가리키는 말로서, 조직성원 및 조직 관련자들이 언제, 무엇을, 어떻게 해야 하는가를 규정하고 명시한다. 공식화는 조직에 참여하는 사람들의 행위와 태도를 규제한다. 따라서 직무가 고도로 공식화되어 있다면 그것은 직무수행자가 직무수행에서 이미 정형화된 규정에 따라 업무를 수행해야 하므로 재량권이 아주 낮음을 의미한다. 반면에 공식화 정도가 낮으면 사전에 규정된 절차나 규칙이 적어 구성원들이 재량권을 상당히 발휘할 수 있다.

㉢ **집권화** : 조직 내에서 의사결정이 어느 위치에서 이루어지는가에 초점을 맞춘 것으로, 조직에 관한 주요 의사결정이 최고경영층에 의해 내려질 경우 집권화에 속하고, 하위계층의 관리자에게 의사결정의 재량권이 주어질 경우 분권화에 속한다.

㉣ **통합** : 조직의 과업을 수행함에 있어서 여러 다른 하위체계 사이의 노력을 통일시키는 과정으로서 조직목표와 연관되어 수행되는 의식적인 과정이다. 조직에서의 통합은 분화된 활동을 조직의 목표수행에 적합하도록 통합하고 조정할 필요에 따라 제기된 것이다. 통합을 조정(Coordination)의 메커니즘으로 보는 것은 이 때문이다. 통합은 분화된 직무활동을 조정하는 것뿐 아니라 조직의 계획, 통제, 의사결정, 의사소통 등 여러 과정과도 밀접한 관계를 가지고 있다. 통합과 조정은 분화된 직무 활동들을 서로 연결시킨다는 점에서 같은 기능을 수행하는 개념에 속한다.

(5) 조직구조의 관련 개념

① **직위와 지위** : 직위란 사회체제나 조직, 어떤 개인이 담당해야 할 직무와 책임이 관련된 자리를 말한다. 그러나 지위란 위와 같은 자리에 계층서열적인 가치를 부여한 것을 말한다. 그러므로 직위라는 개념에는 조직 속의 분업의 의미가 함축되며, 지위에는 서열의식이 포함된다. 조직구조는 사람들이 차지하는 직위와 지위들의 관계로 이루어진다.

② **역할관계(Role Relationship)** : 조직 내의 일정한 직위와 지위를 가지고 있는 사람들이 그 조직 내에서 어떤 일을 해 줄 것으로 기대되는 내용을 역할이라 한다. 조직을 구성하는 모든 단위나 구성원들은 서로 그와 같은 역할관계로 얽혀 있으며 그것은 조직구조의 한 측면을 이룬다.

③ **권력과 권위** : 권력이란 어떤 행위자 자신이 지지하는 지시나 규범을 실행하기 위하여 타행위자를 유도하고 그에게 영향을 미치는 능력을 말한다. 즉, 그것은 타인의 의지에 관계없이 타인의 행동에 자신의 의지를 부여하는 능력을 의미한다. 이에 비하여 권위란 정당한 권력의 행사, 즉 조직화된 사회구조 내에서의 그의 지위와 역할로 인하여 특정한 사람이 갖는 권력을 말한다. 권위는 어떤 사람의 지위에 따라 정당하게 무엇인가를 할 수 있는 권리임에 반해 권력은 무엇인가를 할 수 있는 능력, 즉 사실상의 영향력을 말한다.

(6) 조직의 유형

① **사회적 기능에 따른 분류(Parsons)**
　㉠ 생산조직 : 경제적 활동
　㉡ 정치조직 : 사회적 목표 달성
　㉢ 통합조직 : 사회질서 유지
　㉣ 유형유지조직 : 사회화 담당

② **수혜자의 종류에 따른 분류(Blau & Scott)**
　㉠ 호혜조직 : 조직구성원 모두 이익을 얻는 조직
　㉡ 기업조직 : 조직의 소유자 또는 경영권자가 주수혜자가 되는 조직
　㉢ 봉사조직 : 조직의 이용자가 주수혜자가 되는 조직
　㉣ 공익조직 : 일반대중이 수혜자가 되는 조직

③ **지배 · 복종 관계에 따른 분류(Etzioni)**
　㉠ 강제적 조직 : 강제수용소, 형무소, 정신병원 등
　㉡ 공리적 조직 : 산업조직(기업) 등
　㉢ 규범적 조직 : 종교조직, 정치조직, 학교, 병원, 사회복지조직 등

④ **업무의 통제성에 따른 분류(Smith)** 　3, 6회 기출
　㉠ 관료조직 : 공식적 규정, 위계적 권위구조를 특징으로 하는 조직
　㉡ 일선조직 : 조직의 주도권이 일선업무단위에 있어 직접적 · 일률적인 통제가 어려운 조직
　㉢ 전면통제조직 : 교도소나 정신병원과 같이 관리자가 수용자에 대해 강한 통제권을 행사하는 조직
　㉣ 투과성조직 : 자원봉사조직과 같이 구성원의 자발적인 참여에 의한 조직

(1) 지역사회의 의의와 기능

① **지역사회의 의의**

ㄱ 일정한 지역적 범위에 형성된 사람들의 사회생활 동아리로서, 지역사회의 범위는 거주의 장, 소비의 장(場)인 가족집단을 중심으로 한 근린관계와 생산노동의 장인 기업체·사무소, 여가활동의 장인 번화가 등을 생각할 수 있다.

ㄴ 예전의 인간생활처럼 소비생활·생산노동·여가활동 등을 영위하는 것이 가족이나 촌락사회의 사람들과 같은 지역에서 이루어졌을 때에는 이들 활동의 장이 겹쳐져 있었다. 점차 생산노동과 여가활동의 장이 가족이나 촌락사회로부터 떨어져서 다른 장소, 다른 사회관계가 이루어지게 되면서 지역사회의 이해나 파악에서도 소비생활면에 역점을 두는 것과 생산노동·여가 활동면에 역점을 두는 것으로 나뉘었다.

ㄷ 지역사회는 자연발생적·자생적인 지역적 동아리이기보다는, 공통된 목표나 관심을 가진 사람들이 의식적·계획적으로 만들어 나가는 기능적 사회이다.

② **지역사회의 기능(Gilbert & Specht)**　　　　10, 14회 기출

ㄱ 생산·분배·소비 기능(경제제도) : 지역사회 구성원들이 상품과 서비스를 생산하고 분배하며 소비하는 과정과 연관된다.

ㄴ 사회화 기능(가족제도) : 가족과 사회가 구성원들에게 일반적인 지식, 사회적 가치, 행동양식을 전달하는 기능이다.

ㄷ 사회통제 기능(정치제도) : 지역사회가 구성원들에게 사회규범에 순응하도록 행동을 규제하는 기능이다.

ㄹ 사회통합의 기능(종교제도) : 지역사회 구성원들이 지역사회의 다양한 활동에 자발적으로 참여하도록 유도하는 기능이다.

ㅁ 상부상조의 기능(사회복지제도) : 지역사회 구성원들이 상부상조를 통해 욕구충족에 어려움을 겪는 구성원을 돕는 기능이다.

③ **지역사회의 특성**

ㄱ 역동성을 띠며, 상황에 따라 적절한 서비스를 요구한다.

ㄴ 지역사회의 규격화되지 않은 상태를 강조하였다(존슨).

ㄷ 시민의 변화를 위한 개입활동과 적합한 규모의 공간이다.

ㄹ 정지된 채로 남아있거나 변화가 없는 지역사회는 존재하지 않으며, 끊임없이 변화를 거듭한다.

(2) 지역사회의 유형 비교

① **지역사회의 활동목표**

ㄱ 지역사회개발 : 지역사회의 기능적 통합, 자조적으로 문제해결에 참여, 민주적인 절차를 이용하도록 하는 능력의 향상, 과거지향적

ㄴ 사회계획 : 실제적 지역사회의 문제해결, 과업지향적

ⓒ 사회행동 : 근본적인 제도의 변혁, 과업·과정의 병행

② **지역사회 구조·문제에 대한 가정**

  ㉠ 지역사회개발 : 지역사회의 아노미 상태, 제 관계의 결핍과 민주적 해결능력의 결여, 정적이며 전통적인 지역사회

  ㉡ 사회계획 : 지역사회가 실제적인 사회문제를 안고 있음, 정신적·육체적 건강문제, 주택·레크리에이션 문제 등

  ⓒ 사회행동 : 지역사회가 혜택과 권한의 분배에 따른 계층 유지, 불리한 상황에 있는 인구집단, 사회적 불공평, 박탈, 불평등

③ **공익에 대한 개념**

  ㉠ 지역사회개발

   • 합리주의적·중앙집권적 : 협동적인 결정과정을 이용하여 주민의 일반적인 복지를 위해 여러 지역사회집단의 이익 반영

   • 목적과 의사주체의 단일성

  ㉡ 사회계획

   • 합리주의적·중앙집권적 : 계획전문가는 사회과학자들과 협의를 통해 지식, 사실, 이론에 입각해서 공익을 대변하며, 개인의 정치적 이익이나 일반의 인기에 좌우되지 않음

   • 목적과 의사주체의 단일성

  ⓒ 사회행동

   • 현실주의적·개인주의적 : 공공의 이익은 경쟁하는 수많은 이익집단이나 갈등상태에 있는 주민들 간의 힘의 균형을 반영한 것이고 이들 집단 간의 갈등을 해소함으로써 나타나는 과도적인 타협으로서만 존재

   • 목적과 의사주체의 다양성

3 문화

(1) 문화의 의의와 특징   11, 12, 14, 15회 기출

① **문화의 의의**

  ㉠ 인간이 자연 상태에서 벗어나 일정한 목적 또는 생활 이상을 실현하려는 활동 과정 및 그 과정에서 이룩한 물질적·정신적 소득의 총칭, 특히 학문·예술·종교·도덕 등 인간의 내적 정신활동의 소산을 가리킨다.

  ㉡ 사회과학의 여러 분야에서는 생활양식이라는 의미에서 문화라는 개념을 사용하는 것이 보통이지만, 이런 의미에서의 문화에 관해서도 정의는 다양하며 그에 따른 시대적 변화도 엿볼 수 있다.

  ⓒ 문화는 사회 속에 존재하는 개인, 집단, 조직에 영향을 미치는 거시체계로서, 상호 긴밀한 관계를 유지하면서 하나의 전체를 이루는 통합체이다.

② **문화의 특징** 10, 11, 12, 17, 20회 기출

　㉠ **공유성** : 사회구성원들에 의해 공유되는 것

　㉡ **학습성** : 선천적으로 소유하는 것이 아닌 후천적인 습득 과정을 통해 획득

　㉢ **축적성** : 한 세대에서 다음 세대로 전승

　㉣ **가변성(역동성)** : 시대적 환경에 따라 끊임없이 변화

　㉤ **상징성** : 외형으로 드러나는 것 외에 내적인 의미로도 파악

　㉥ **보편성** : 모든 사회에는 공통적인 문화형태가 존재

　㉦ **다양성** : 국가나 지역에 따라 구조적인 유사성을 보이는 동시에 다양한 양상으로 나타남

(2) 주요개념
20회 기출

① **문화마찰** : 서로 다른 문화가 접촉하면 사람들은 저마다 자기 문화의 기준으로 상대를 헤아리므로 서로 오해와 마찰이 생겨나는 일이 많다. 이러한 마찰과 갈등을 문화마찰이라고 하며, 국제 간의 무역마찰도 이러한 문화마찰과 관련된 것이 많다.

② **문화변용** : 외적 요인에 의한 문화변화의 하나로 '독립된 문화를 지닌 둘 이상의 사회가 오랫동안에 걸친 직접적인 접촉에 의해 한쪽 또는 양쪽의 문화체계에 변화가 일어나는 현상'을 말한다. 문화변용은 서구의 식민지였던 지역에서 원주민과 유럽 사람들의 직접접촉을 통하여 특히 원주민 쪽에 나타났다.

③ **문화변화** : 원시와 문명을 불문하고 모든 문화는 변화한다. 문화변화란 사회와 문화체계가 변화하는 일이며, 여기에는 내부적 요인과 외부적 요인이 있다. 내부적 요인에는 자연환경의 변화(집단의 이동에 의한 것, 환경의 변화에 의한 것), 경제적 요인(채집수렵경제에서 식료품 생산경제로의 변화, 기술상의 변화 등), 인구요인(인구수의 증가, 성별 및 연령별 구성의 변화) 등이 있다. 외부적 요인은 다른 문화요소의 전파에 의한 변화요인이 있다.

④ **문화상대주의** : 특히 고전적인 문화진화주의에 대한 비판의 하나로서 일어난 것으로, 어떤 문화든 저마다 독자적인 발전을 이루어 왔으며, 이러한 문화에 대하여 특정한 입장에서 다른 문화의 '우열'을 결정하는 것은 올바르지 않다고 주장하는 견해이다. 현대의 문화(사회) 인류학자 대부분이 지지하는 입장으로, 이것과 대조적인 견해는 자신이 소속하는 민족의 관점에서 다른 민족의 가치관 · 문화 일반의 일들을 받아들이는 '자민족중심주의(Ethnocentrism)'이다.

⑤ **문화영역** : 주민이 같은 계통의 언어 · 생리학적 조건(자연환경) · 경제 · 종교 등의 많은 것을 공유하는 경우, 그 지역을 가리켜 문화영역이라 한다.

⑥ **문화유형** : 베네딕트(Benedict)는 문화접촉을 특정한 문화에 공유되는 속성으로서 문화의 특색을 나타내는 개념으로 사용하였다. 그리하여 어떤 문화유형을 디오니소스형, 다른 것을 파라노이드형이라고 부르기도 했는데, 나중에 이러한 견해에 보이는 심리학적 방법은 비판을 받았다. 클랙혼(Claghorn)은 문화유형을 의례나 인사방법에 보이는 것과 같이 인간을 질서 있게 하는 행동의 연속성을 나타내는 데 사용했다.

⑦ **문화접촉** : 다른 문화를 지닌 사람들의 접촉에 의한 경우와, 직접적인 인간의 접촉 없이 전파에 의해 접촉하는 경우가 있는데, 앞서 설명한 문화변용을 일으키는 것과 같이 다른 문화를 지닌 복수 집단의 오랫동안에 걸친 접촉을 가리키는 일이 많다.

⑧ **문화사대주의** : 다른 사회권의 문화가 자신이 속한 문화보다 우월하다고 믿고 자신의 문화를 업신여기는 양상을 말한다.

(3) 기능

① **사회화의 기능** : 개인에게 다양한 생활양식을 내면화하도록 함으로써 사회화를 유도한다.

② **욕구충족의 기능** : 개인이 다양한 생활양식을 통해 기본적인 욕구를 비롯한 사회·문화적인 욕구를 충족시킨다.

③ **사회통제의 기능** : 사회규범이나 관습을 통해 개인의 행동을 적절히 규제함으로써 사회악을 해소한다.

④ **사회존속의 기능** : 사회구성원들이 생활양식을 전승하도록 하여 사회를 존속시킨다.

(4) 거시체계로서의 문화(Culture)

① 문화는 개인이 사회성원으로서 사고하고 행동하며 소유할 수 있는 복합체로서 관념(Ideas), 규범(Norms), 물질(Things) 등으로 구성된다.

② 물질문화에는 개인이 생활하는 데 필요한 각종 생활용품들이나 기술들이 포함된다.

③ 비물질문화에는 관념문화와 규범문화가 포함된다.

관념문화	과학적 진리, 종교적 신념, 신화, 전설, 문학, 미신 등
규범문화	법, 관습, 민습, 유형 등

④ 최근 인류학이나 사회학에서는 문화에서 물질적 측면, 즉 도구문화를 제외한 비물질적 문화만을 문화로 인정하려는 경향이 있다.

Plus ⊕ one

문화변용의 양상(Berry)

13회 기출

차 원		고유문화의 정체감 및 특성유지	
		예	아니오
주류문화의 유입 및 관계유지	예	통합(Integration)	동화(Assimilation)
	아니오	분리(Separation)	주변화(Marginalization)

01 생태체계적 관점에 관한 설명으로 옳지 않은 것은? [9회]

① 문제의 원인을 단선적인 인과관계로 파악하는 데 유용한 틀을 제공한다.
② 문제해결을 위한 적절한 모델을 선택할 수 있게 한다.
③ 인간과 사회환경 사이의 관계를 이해하는 준거틀을 제시하고 있다.
④ 구체적인 인간발달단계를 제시하지 않는다.
⑤ 개인, 집단, 지역사회 등 다양한 체계에 적용이 가능하다.

> **해설** 생태체계적 관점은 환경 속의 인간이라는 기본관점을 토대로 문제의 원인을 단선적인 인과관계로 파악하는 것이 아닌 인간과 환경 간의 복잡하고 다변화하는 상호연관성에 초점을 둔다.

02 아동의 문제를 해결하기 위하여 부모와 학교가 서로 정보를 교류하는 체계는? [7회]

① 내부체계
② 중간체계
③ 외부체계
④ 거시체계
⑤ 미시체계

> **해설** 브론펜브레너의 사회체계 구분
> • 중간체계 : 두 가지 이상 미시체계 간의 상호작용 담당
> • 미시체계 : 개인 혹은 인간이 속한 가장 직접적인 사회적 · 물리적 환경
> • 외부체계 : 개인과 직접 상호작용하지는 않지만 미시체계에 영향을 주는 사회적 환경
> • 거시체계 : 개인이 속한 사회의 이념, 제도, 문화적 환경
> • 시간체계 : 전 생애에 걸쳐 일어나는 변화를 비롯하여 사회역사적인 환경 포함

1 ① 2 ② Answer

03 사회체계로서 문화에 관한 설명으로 옳은 것은? [17회]

① 미시체계에 해당된다.
② 후천적으로 습득되기보다는 타고 나는 것이다.
③ 구성원 간 공유되는 생활양식으로 다른 사회 구성원과 구별된다.
④ 규범적 문화는 종교적 신념, 신화, 사상 등으로 구성된다.
⑤ 문화는 외부의 요구와 무관하게 고정되어 있다.

 ③ 특정 사회의 문화를 공유한 사람들은 개인적인 차이에도 불구하고 공통된 문화의 영향으로 인해 유사한 성격을 지니게 되며, 이는 동일 문화권에 속하는 구성원 대다수가 갖는 성격구조로서 사회적 성격으로 나타난다.
① 문화는 거시체계에 해당된다.
② 문화는 선천적으로 소유하는 것이 아닌 후천적인 습득의 과정을 통해 얻어진다.
④ 종교적 신념, 신화, 사상 등은 관념문화에 해당한다. 반면, 규범문화에는 법, 관습, 민습 등이 있다.
⑤ 문화는 고정되어 있지 않으며, 새로운 문화 특성이 추가되는 등 시대적 환경에 따라 끊임없이 변화한다.

04 문화와 관련된 내용으로 옳은 것은? [16회]

① 관념문화에는 법과 관습이 포함된다.
② 물질문화에는 신화와 전설이 포함된다.
③ 문화는 중간체계로서 개인에게 영향을 미친다.
④ 비물질문화에는 관념문화와 규범문화가 포함된다.
⑤ 규범문화에는 종교적 신념과 과학적 진리가 포함된다.

 거시체계로서 문화(Culture)
• 문화는 개인이 사회성원으로서 사고하고 행동하며 소유할 수 있는 복합체로서 관념(Ideas), 규범(Norms), 물질(Things) 등으로 구성된다.
• 물질문화에는 개인이 생활하는 데 필요한 각종 생활용품들이나 기술들이 포함된다.
• 비물질문화에는 관념문화와 규범문화가 포함된다.

관념문화	과학적 진리, 종교적 신념, 신화, 전설, 문학, 미신 등
규범문화	법, 관습, 민습, 유형 등

• 최근 인류학이나 사회학에서는 분화에서 불실석 측면, 즉 도구문화를 제외한 비물질적 문화만을 문회로 인정하려는 경향이 있다.

05 체계이론의 개념에 관한 설명으로 옳은 것을 모두 고른 것은? [19회]

> ㄱ. 균형(Equilibrium) : 환경과 상호작용하기 위하여 체계의 구조를 변화시키는 과정 또는 상태
> ㄴ. 넥엔트로피(Negentropy) : 체계내부의 유용하지 않은 에너지가 감소되는 상태
> ㄷ. 공유영역(Interface) : 두 개 이상의 체계가 공존하는 부분으로 체계 간의 교류가 일어나는 장소
> ㄹ. 홀론(Holon) : 외부와의 상호작용으로 체계내의 에너지가 증가하는 현상 또는 상태

① ㄱ
② ㄱ, ㄹ
③ ㄴ, ㄷ
④ ㄴ, ㄷ, ㄹ
⑤ ㄱ, ㄴ, ㄷ, ㄹ

해설 🔍
ㄱ. 안정상태(Steady State)의 내용에 해당한다. 참고로 균형(Equilibrium)은 외부환경으로부터 새로운 에너지의 투입 없이 현상을 유지하려는 속성을 말한다. 주로 외부환경과 수평적 상호작용으로 내부균형만 이루는 폐쇄체계에서 나타난다.
ㄹ. 시너지(Synergy)의 내용에 해당한다. 참고로 홀론(Holon)은 전체와 부분을 별개로 나눌 수 없다는 사실을 전제로, 작은 체계들 속에서 그들을 둘러싼 큰 체계의 특성이 발견되기도 하고 작은 체계들이 큰 체계에 동화되기도 하는 체계의 이중적 성격을 나타낸다.

06 가족에 관한 설명으로 옳지 않은 것은? [9회]

① 물리적 또는 지리적 특성에 근거한 하나의 사회체계이다.
② 사회통제와 사회화의 기능을 가진다.
③ 상호의존성이 강한 구조적 특성을 지니고 있다.
④ 아동의 성격발달에 1차적인 영향력을 지닌다.
⑤ 경계선의 침투성 정도가 구성원의 성격과 행동에 영향을 미친다.

해설 🔍
물리적인 지리성과 지리적인 경계를 가지는 사회체계는 지역사회에 해당한다. 지역사회의 이러한 특징은 다른 지역과의 분리성과 특수성으로 나타난다.

가족의 기능(양옥경, 2005)
출산 및 양육 기능, 경제적 기능, 교육 및 사회화 기능, 성적 기능, 사회통제 기능, 사회보장 기능, 지위 계승 기능, 정서적 · 애정적 기능, 문화활동 기능

07 폐쇄형 가족체계의 설명으로 옳은 것을 모두 고른 것은? [10회]

> ㄱ. 외부체계의 간섭을 허용한다.
> ㄴ. 경계가 자유롭고 유동적이다.
> ㄷ. 지역사회와의 교류가 확대된다.
> ㄹ. 외부와의 상호작용을 제한한다.

① ㄱ, ㄴ, ㄷ

② ㄱ, ㄷ

③ ㄴ, ㄹ

④ ㄹ

⑤ ㄱ, ㄴ, ㄷ, ㄹ

해설 가족체계의 외부와의 경계

폐쇄형	• 가족성원들의 외부와의 상호작용과 출입을 엄격히 제한한다. • 가족 안의 권위자가 가족공간에 명확한 경계를 설정하여 이웃 및 지역사회와의 소통을 통제한다. • 부모의 자녀에 대한 감시, 대중매체의 통제, 높은 담장과 굳게 닫힌 문 등의 모습으로 나타난다.
개방형	• 가족성원들의 행위를 제한하는 규칙이 집단의 합의과정에서 도출된다. • 가족 내 경계는 유동적이며, 가족 외부와의 경계는 분명하면서도 침투력이 있다. • 대중매체에 대한 최소한의 검열, 외부활동에의 참여, 지역사회와의 교류 확대, 손님의 빈번한 방문 등의 모습으로 나타난다.
임의형	• 가족성원들은 각자 자신의 영역과 가족의 영역을 확보하면서 개별적인 패턴을 만들어간다. • 가족경계선을 중요하게 생각지 않으며, 외부와의 교류를 제한하지 않는다. • 외부활동에의 무제한적 참여, 집안 내 갈등의 외부로의 표출, 제3자의 집안 출입권리 확대 등의 모습으로 나타난다.

08 집단에 관한 설명으로 옳지 않은 것은? [14회]

① 역할분화가 이루어진다.

② 사회화의 기능을 수행한다.

③ 구성원들이 감정을 공유하며 규범과 목표를 수립한다.

④ 구성원들 간의 관계를 형성하며 상호작용을 통해 성장한다.

⑤ 구성원들을 지지하고 자극하는 힘을 가지기 때문에 긍정적 기능만을 수행한다.

 ④ · ⑤ 집단은 개인적 목표와 집합적 목표를 달성하도록 구성원들을 지지하고 자극하는 힘을 가지고 강력하게 성장을 촉진하는 사회환경이 됨으로써 대인관계 및 목표추구의 장이 되며, 이를 통해 다양한 인간욕구를 충족시킬 수 있게 된다. 그러나 집단은 구성원들에게 아무런 영향력을 미치지 못할 수도, 오히려 구성원들이나 사회에 파괴적인 강력한 영향력을 행사할 수도, 대인 간 갈등을 야기하거나 부적절한 지도자를 선발할 수도 있는 등 유해한 사회환경이 되기도 한다.

09 사회체계이론의 개념 중 체계 내부 간 또는 체계 외부와의 상호작용이 증가함으로써 체계 내의 에너지양이 증가하는 것을 의미하는 것은? [18회]

① 엔트로피(Entropy)

② 시너지(Synergy)

③ 항상성(Homeostasis)

④ 넥엔트로피(Negentropy)

⑤ 홀론(Holon)

 ① 폐쇄체계적인 속성을 가지며, 체계 내부의 에너지만 소모함으로써 유용한 에너지가 감소하는 상태를 말한다. 체계가 소멸해 가거나, 무질서해지고 비조직화 되는 과정을 의미한다.

③ 개방체계적인 속성으로서, 환경과 지속적으로 소통하면서 역동적인 균형을 이루는 상태를 말한다.

④ 개방체계적인 속성을 가지며, 체계 외부로부터 에너지가 유입됨으로써 체계 내부의 불필요한 에너지가 감소하는 상태를 말한다. 체계 내에 질서, 형태, 분화가 있는 상태를 의미한다.

⑤ 전체와 부분을 별개로 나눌 수 없다는 사실을 전제로, 작은 체계들 속에서 그들을 둘러싼 큰 체계의 특성이 발견되기도 하고 작은 체계들이 큰 체계에 동화되기도 하는 체계의 이중적 성격을 나타낸다.

01 생태체계이론에 관한 설명으로 옳은 것을 모두 고른 것은? [16회]

> ㄱ. 체계이론과 생태학적 관점을 통합한다.
> ㄴ. 인간과 환경은 분리할 수 없으며 동시에 고려해야 한다.
> ㄷ. 적합성(Goodness-of-fit)이란 체계가 균형을 위협받았을 때 이를 회복하려는 경향을 말한다.
> ㄹ. 실천과정의 사정(Assessment) 단계에 유용하게 활용된다.

① ㄱ, ㄷ ② ㄴ, ㄷ

③ ㄷ, ㄹ ④ ㄱ, ㄴ, ㄹ

⑤ ㄱ, ㄴ, ㄷ, ㄹ

해설 ㄷ. 체계가 균형을 위협받았을 때 이를 회복하려는 경향은 항상성(Homeostasis)에 해당한다. 반면, 적합성
(Goodness-of-fit)은 개인과 환경이 지속적으로 상호작용하는 적응(Adaptation)의 과정을 통해 획득되는
것이다. 즉, 적합성은 개인의 적응적 욕구와 환경의 질이 어느 정도 부합되는가와 연관된 개념이다.

02 사회체계이론의 주요 개념에 관한 설명으로 옳지 않은 것은? [20회]

① 넥엔트로피(Negentropy)는 폐쇄체계가 지속되면 나타나는 현상이다.

② 항상성(Homeostasis)은 비교적 안정적이며 지속적인 균형상태를 유지하기 위한 체계의 경향
을 말한다.

③ 시너지(Synergy)는 체계 내부 간 혹은 외부와의 상호작용이 증가함으로써 체계 내에서 유용한
에너지양이 증가하는 현상이다.

④ 경계(Boundary)란 체계와 환경 혹은 체계와 체계 간을 구분하는 일종의 테두리를 의미한다.

⑤ 균형(Equilibrium)은 외부체계로부터의 투입이 없어 체계의 구조변화가 거의 없이 고정된 평
형상태를 의미한다.

해설 ① 넥엔트로피는 개방체계적인 속성을 가지며, 체계 외부로부터 에너지가 유입됨으로써 체계 내부의 불필요
한 에너지가 감소하는 상태를 말한다. 참고로 폐쇄체계가 지속되면 엔트로피 속성이 나타난다.

03 브론펜브레너(U. Bronfenbrenner)의 미시체계(Micro System)에 관한 설명으로 옳은 것은?

[20회]]

① 개인의 생활에 직접적으로 개입하지 않는다.
② 조직수준에서 영향을 미칠 수 있는 체계이다.
③ 개인의 성장 시기에 따라 달라지며 상호호혜성에 기반을 두는 체계이다.
④ 개인의 발달에 영향을 미치는 부모의 직업, 자녀의 학교 등을 중시한다.
⑤ 개인이 사회관습과 유행을 통해 자신의 가치관을 표현한다.

> **해설** ③ 미시체계는 상호호혜성에 기반을 둔다. 예를 들어, 부모–자녀의 의사소통 패턴에서 부모는 자녀의 합리적인 요청을 들어주고, 자녀는 부모의 합리적인 요청을 존중하는 방식으로 서로에게 화답한다.
> ① 미시체계는 유기체가 직접 접하고 속해 있는 인접 환경들의 관계 복합체로서, 개인을 둘러싼 직접적인 환경 내의 활동, 역할, 대인관계 유형이다.
> ② 미시체계는 가족, 학교, 친구 등이 영향을 미칠 수 있는 체계이다.
> ④ 외체계(외부체계)에 대한 설명이다. 예를 들어, 부모의 직업환경은 자녀양육에도 강력한 영향력을 갖는다.
> ⑤ 거시체계에 대한 설명이다. 거시체계는 사회습관과 유행으로 스스로의 가치관을 만들어 낸다.

04 문화에 관한 설명으로 옳은 것은?

[15회]

① 동화(Assimilation)는 원문화의 가치를 유지하면서 주류사회의 문화에 소극적으로 참여하는 유형이다.
② 인간행동에 영향을 주는 미시체계이다.
③ 개인의 생리적 욕구와 심리적 욕구 충족에 영향을 준다.
④ 예술, 도덕, 제도 등이 각기 독립적으로 존재하며, 서로 영향을 주지 않는다.
⑤ 지속적으로 누적되기 때문에 항상 같은 형태를 지닌다.

> **해설** ① 동화(Assimilation)는 원문화(고유문화)의 정체감 및 특성을 유지하지 않은 채 새로 접한 문화에 녹아들어가는 현상으로서, 주류사회의 문화에 지속적으로 다가가 흡수되려는 경향을 말한다.
> ② 문화는 인간행동에 영향을 주는 거시체계이다.
> ④ 문화는 지식, 신앙, 예술, 도덕, 법률, 관습 그리고 사회구성원으로서 인간이 습득한 모든 능력과 습성의 복합적인 총체이다.
> ⑤ 문화는 시대적 환경에 따라 끊임없이 변화하는 역동성(가변성)을 특징으로 한다.

05 집단의 구성 동기에 따른 유형과 그 예가 올바르게 연결된 것을 모두 고른 것은? [16회]

> ㄱ. 자연집단(Natural Group) – 또래집단
> ㄴ. 1차 집단(Primary Group) – 과업집단
> ㄷ. 형성집단(Formed Group) – 치료집단
> ㄹ. 2차 집단(Secondary Group) – 이웃

① ㄱ, ㄹ   ② ㄱ, ㄷ
③ ㄴ, ㄹ   ④ ㄴ, ㄷ, ㄹ
⑤ ㄱ, ㄴ, ㄷ, ㄹ

해설 집단의 구성 동기에 따른 집단의 유형 분류

자연집단 (Natural Group)	• 자연발생적으로 만들어진 집단으로서, 1차 집단과 유사한 속성을 가진다. • 공식적인 지원체계가 없는 것이 특징이다. 예 또래집단, 갱집단 등
형성집단 (Formed Group)	• 특정 위원회나 팀처럼 일정한 목적을 갖는 집단으로서, 2차 집단과 유사한 속성을 가진다. • 보통 공식적인 규칙과 일련의 과업을 가진다. 예 치료집단, 과업집단 등

06 문화에 관한 설명으로 옳지 않은 것은? [20회]

① 사회체계로서 중간체계에 해당된다.
② 사회구성원들 간에 공유된다.
③ 문화변용은 둘 이상의 문화가 지속적으로 접촉하여 한쪽이나 양쪽에 변화가 일어나는 현상이다.
④ 세대 간에 전승되며 축적된다.
⑤ 사회화에 대한 지침을 제공한다.

해설 ① 문화는 사회체계로서 거시체계에 해당한다. 거시체계는 개인이 속한 사회의 이념(신념)이나 제도, 즉 정치, 경제, 문화 등의 광범위한 사회적 맥락을 의미한다.

07 거시체계에 관한 설명으로 옳은 것은? [16회]

① 개인을 의미한다.
② 가족, 소집단, 이웃이 포함된다.
③ 국가, 사회제도가 포함된다.
④ 미시체계 간의 연결망을 의미한다.
⑤ 인간의 삶과 행동에 일방적인 영향을 미친다.

해설 사회환경과 사회체계(Zastrow & Kirst-Ashman)
• 사회환경(Social Environment)이란 인간의 삶과 행동에 직접적 혹은 간접적인 영향을 미치는 조건, 상황 그리고 인간 존재 간의 상호관계를 의미한다.
• 사회환경은 미시체계(Micro System)로서 개인, 중간체계(Mezzo System)로서 개인이 접촉하는 타인, 가족, 이웃, 집단, 조직, 그리고 거시체계(Macro System)로서 국가, 문화, 사회제도 등을 포함한다.
• 개인을 둘러싸고 있는 사회환경으로서 다양한 수준의 사회체계는 인간의 삶과 행동에 직접적 혹은 간접적인 영향을 미치며, 인간으로부터 영향을 받기도 한다.

08 브론펜브레너(U. Bronfenbrenner)의 중간체계(Meso-system)에 관한 설명으로 옳지 않은 것은? [17회]

① 미시체계 간의 상호작용으로 구성된다.
② 개인이 새로운 환경으로 이동할 때마다 형성되거나 변화된다.
③ 개인이 다양한 역할을 동시에 수행한다는 의미가 내포된다.
④ 신념, 태도, 문화를 통해 인간에게 간접적으로 강력한 영향력을 행사한다.
⑤ 여러 미시체계가 각기 다른 가치관을 표방할 때 잠재적 갈등의 위험이 따른다.

해설 ④ 개인이 속한 사회의 이념(신념)이나 제도, 즉 정치, 경제, 문화 등의 광범위한 사회적 맥락으로서, 개인의 생활에 직접적으로 개입하지는 않지만 간접적으로 영향력을 행사하며, 하위체계에 지지기반과 가치준거를 제공하는 것은 거시체계(Macro-system)에 해당한다.

09 다양한 사회체계에 관한 설명으로 옳은 것은?   [17회]

① 조직의 경계 속성은 조직의 유지 및 변화와 관련이 없다.
② 가족체계 내 반복적 상호작용은 구성원들의 행동에 영향을 미치지 않는다.
③ 집단체계의 전체는 하위체계인 개개인의 고유한 특성의 총합과 동일하다.
④ 지역사회는 완전개방체계의 속성을 유지한다.
⑤ 가상공간은 시공을 초월하여 새로운 공동체 형성을 가능하게 한다.

> **해설** ⑤ 가상공간(Cyberspace)은 통신망으로 연결된 컴퓨터를 이용하여 상호 간에 정보나 메시지 등을 주고받는 눈에 보이지 않는 활동 공간을 의미하는 것으로서, 최근에는 커뮤니티와 동호회 등 인간의 관계적 욕구 실현을 위한 가상공동체로도 나타나고 있다.

10 집단에 관한 설명으로 옳은 것은?   [18회]

① 1차 집단(Primary Group)은 목적달성을 위해 인위적으로 만들어진 집단이다.
② 2차 집단(Secondary Group)은 혈연이나 지연을 바탕으로 자연발생적으로 이루어진 집단이다.
③ 자연집단(Natural Group)은 특정 위원회나 팀처럼 일정한 목적을 갖는 것이 특징이다.
④ 자조집단(Self-help Group)은 유사한 어려움과 관심사를 가진 구성원들의 경험을 나누며 바람직한 변화를 추구한다.
⑤ 개방집단(Open-end Group)은 집단이 진행되는 동안 새로운 구성원의 입회가 불가능하다.

> **해설** 집단의 유형
> • 1차 집단 : 혈연과 지연 등의 요인을 바탕으로 형성된 집단이다. 가정 또는 어린 시절의 또래집단 등을 들 수 있다. 직접적인 대면 접촉, 친밀감, 집단의 소규모성, 관계의 지속성 등이 1차 집단 형성의 기본 조건이며, 개인의 인성이나 가치관을 형성하는 데 영향을 줄 수 있다.
> • 2차 집단 : 집단 구성원 간의 간접적인 접촉과 특정한 목적 달성을 위한 수단적인 만남을 바탕으로 인위적으로 결합된 집단을 2차 집단이라고 한다. 회사, 정당 등이 2차 집단에 속한다.
> • 자연집단 : 이미 존재하고 있는 집단을 의미한다. 대표적으로 학급집단을 예로 들 수 있으며, 여기서는 학생 개개인을 독립적인 존재로 보기보다는 기존 학급내 집단의 일원으로 취급한다.
> • 자조집단 : 인간집단은 심리적 건강의 회복을 향해 상호지원을 한다. 자조집단은 일반적인 집단치료운동의 하나로서, 집단의 지도자를 필수적이라고 보지는 않지만 대체적으로 지도자를 가지고 있다. 공통의 경험과 현재의 감정을 강조한다. 거식증이나 알콜중독 등의 집단에 해당한다.
> • 개방집단 : 집단이 유지되는 동안 새로운 구성원의 입회가 가능한 집단을 의미한다.
> • 폐쇄집단 : 구성원의 사격을 설성하고, 십단구성원들이 동시에 참여한 후 해당 집단이 운영되는 동안 새로운 구성원의 유입 없이 운영되는 집단이며, 응집력이 높은 편이다.

합격의 공식
온라인 강의

잠깐!

혼자 공부하기 힘드시다면 방법이 있습니다.
SD에듀의 동영상강의를 이용하시면 됩니다.
www.sdedu.co.kr → 회원가입(로그인) → 강의 살펴보기

2영역

사회복지조사론

빨리보는 간단한 키워드

꼭 알아야 할
기출 키워드

최근 7년간 실제 시험(2022년 제20회~2016년 제14회)에 출제된 키워드를 간략히 정리하였습니다. 본격적인 학습 전후, 꼼꼼히 정리한 꼭 알아야 하는 '정답 키워드'를 통해 최신 출제경향을 빠르게 파악하고, 스스로의 실력을 점검해 봅시다.

2 영역 · 사회복지조사론

 2022년 제20회

문제 키워드	정답 키워드		
과학철학 중 논리적 경험주의	관찰이 과학의 출발점임을 인정하면서도, 유일한 관찰에 의해서는 완전한 진리를 규명할 수 없다는 견해에 따라 '진리의 입증' 대신 '진리의 확인'의 개념으로 전환		
종단조사의 주요 유형	경향분석 (추세연구)	• 일정한 기간 동안 전체 모집단 내의 변화 연구 • 일정 주기별 인구변화에 대한 조사에 해당 • 어떤 광범위한 연구대상의 특정 속성을 여러 시기를 두고 관찰·비교하는 방법	
	코호트 조사 (동년배 연구)	• 동기생·동시경험집단 연구 • 일정한 기간 동안 어떤 한정된 부분 모집단의 변화 연구	
	패널조사 (패널연구)	• 동일집단 반복연구 • '패널'이라 불리는 특정 응답자 집단을 정해 놓고 그들로부터 상당히 긴 시간 동안 지속적으로 연구자가 필요로 하는 정보를 획득하는 방법	
통제변수	• 독립변수와 종속변수 간의 관계를 명확히 파악하기 위해 그 관계에 영향을 미칠 수 있는 제3의 변수를 통제하는 변수 • 독립변수로 작용하여 종속변수에 영향을 미칠 수는 있지만 조사설계의 독립변수에 포함되지 않는 변수들이 있는데, 이들 제3의 변수를 통제할 경우 이를 '통제변수'라 함		
서스톤 척도와 리커트 척도	• 서스톤 척도의 개발과정은 리커트 척도에 비해 비교적 많은 시간과 노력이 소요됨. 평가하기 위한 문항의 수가 많아야 하고, 평가자도 많아야 하기 때문 • 문항 수가 많으면 문항의 선정이 정확해지는 반면, 그에 대한 응답을 분석하는 데 많은 시간과 노력이 소요됨 • 서스톤 척도는 다수 평가자들의 경험이나 지식이 일정하지 않고 평가에 편견이 개입될 수 있으며, 문항에 대한 지식이 부족할 수 있는 문제점도 가지고 있음		

체계적 오류와 비체계적 오류	체계적 오류	변수에 일정하게 또는 체계적으로 영향을 주어 측정결과가 항상 일정한 방향으로 편향되는 오류로, 특히 측정의 타당도와 관련됨
	비체계적 오류	측정자, 측정대상자, 측정과정, 측정수단 등에 일관성이 없이 영향을 미침으로써 발생되는 오류를 말하는 것으로, 특히 측정의 신뢰도와 관련됨
신뢰도를 높이는 방법		• 측정도구를 명확하게 구성하여 모호성 제거 • 측정 항목 수를 충분히 늘리고 항목의 선택범위(값)를 넓힘 • 조사대상자가 알지 못하는 내용에 대해서는 측정하지 않거나 이해할 수 있는 형태로 바꾸어야 함 • 면접자들이 조사대상자를 대할 때 일관성을 유지해야 함
설문조사 결과 해석 시 유의사항		• 표집방법이 확률표집인가 비확률표집인가? • 표본이 대표적이라면 오차의 폭과 신뢰수준은 적절한가? • 표본은 편향 없이 추출되었는가? • 표본의 크기는 모집단을 대표하기에 적절한가? • 조사대상자의 응답률은 55% 이상인가? • 설문조사는 언제 이루어졌는가? • 설문은 직설적이고 명확한가 아니면 모호하고 유도적인가? • 측정도구가 신뢰할 만한 것인가?
무작위할당과 매칭	무작위할당 (Random Assignment)	• 연구대상을 실험집단과 통제집단으로 무작위로 배치함으로써 두 집단이 동질적이 되도록 함 • 통제할 변수들을 명확히 모르거나 그 수가 너무 많을 때 무작위의 방법을 선택할 수밖에 없음
	배합 또는 매칭 (Matching)	• 연구주제에 영향을 미칠 수 있는 주요 변수들을 미리 알아내어 이를 실험집단과 통제집단에 동일하게 분포되도록 함 • 배합(매칭)을 사용하려면 어떤 변수들이 외부적인 설명의 가능성이 있는지를 사전에 모두 파악해야 함
외생변수의 통제		독립변수와 종속변수 간 인과관계가 성립되기 위해서는 원인으로 작용하는 독립변수가 종속변수의 결과를 일으키나 종속변수의 결과는 독립변수 이외에는 일어나지 않아야 함. 즉, 순수한 인과관계를 밝히기 위해서는 종속변수에 영향을 미칠 수 있는 제3의 변수로서 외생변수의 영향을 제거한 상태에서 검증이 이루어져야 함

제2영역

안심Touch

근거이론의 분석방법으로서 축코딩(Axial Coding)	• 수집된 자료에서 나타난 범주들 간의 관계를 파악하기 위해 범주들을 특정한 구조적 틀에 맞추어 연결하는 과정 • 중심현상을 설명하는 전략들, 전략을 형성하는 맥락과 중재조건, 그리고 전략을 수행한 결과를 설정하여 찾아내는 과정 • 연구자는 현상에 내재되어 있는 환경으로서 조건(Condition), 이러한 조건에서 발생한 사건에 대한 개인의 반응으로서 작용/상호작용(Action/Interaction), 그리고 그 결과(Consequence)를 확인함으로써 어떤 조건에서 현상이 왜 일어났는지, 어떠한 결과가 있었는지를 설명할 수 있음 • 인과적 조건(Casual Condition) : 어떤 현상이 발생하거나 현상에 영향을 미치는 사건이나 일 • 맥락적 조건(Contextual Condition) : 어떤 현상에 영향을 미치는 상황이나 문제가 발생하도록 하는 구조적 조건들 • 중재적 조건(Intervening Condition) : 중심현상을 매개하거나 변화시키는 조건들 • 작용/상호작용(Action/Interaction) : 어떠한 현상, 문제, 상황을 일상적으로 혹은 전략적으로 다루고, 조절하고, 반응하는 것 • 결과(Consequence) : 작용/상호작용의 산물로서 결과적으로 무엇이 일어났는가에 관한 것

● 2021년 제19회

문제 키워드	정답 키워드
조사연구의 과정	연구문제 설정(조사문제 형성) → 가설 설정(가설 형성) → 조사설계 → 자료의 수집 → 자료의 분석 → 보고서 작성
종단조사의 주요 유형	• 경향조사(추세조사) : 일정한 기간 동안 전체 모집단 내의 변화를 연구하는 것으로, 일정 주기별 인구변화에 대한 조사에 해당 • 코호트 조사(동년배 조사) : 일정한 기간 동안 어떤 한정된 부분 모집단의 변화를 연구하는 것으로, 특정 경험을 같이 하는 사람들이 가지는 특성들에 대해 두 번 이상의 다른 시기에 걸쳐서 비교 · 연구하는 방법 • 패널조사 : '패널(Panel)'이라 불리는 특정응답자 집단을 정해 놓고 그들로부터 상당히 긴 시간 동안 지속적으로 연구자가 필요로 하는 정보를 획득하는 방법
내적 타당도와 외적 타당도	• 내적 타당도(Internal Validity) : 원인변수로서 독립변수의 조작이 결과변수로서 종속변수의 변화를 초래한 원인이 된 정도를 의미. 독립변수 이외에 다른 외생변수에 의해서도 종속변수에 변화가 나타날 수 있는데, 이러한 외생변수를 통제하지 못할 경우 내적 타당도는 저해됨 • 외적 타당도(External Validity) : 변수들 간의 인과관계에 대한 조사결과를 일반화시킬 수 있는 정도. 외적 타당도를 높이기 위해서는 표본추출이 중요한데, 광범위한 대상으로부터 표본이 추출될 경우 조사결과를 일반화시킬 수 있는 가능성이 높아짐
측 정	• 일정한 규칙에 따라 측정대상에 값을 부여하는 과정 • 이론적 모델과 사건이나 현상을 연결하는 방법 • 사건이나 현상을 세분화하고 통계적 분석에 활용할 수 있는 정보를 제공 • 측정의 수준에 따라 명목, 서열, 등간, 비율의 4가지 유형으로 분류 • 측정도구의 신뢰도를 높이기 위해서는 설문문항 수가 많을수록 좋음. 다만, 설문문항 수가 무조건 많다고 해서 신뢰도가 정비례하여 커지는 것은 아님

리커트 척도 (Likert Scale)	서열척도의 대표적인 유형에 해당. 측정이 비교적 단순하여 양적 조사에서 보편적으로 사용되는 것으로, 척도의 신뢰도와 타당도를 높이기 위해 일련의 수 개 문항들을 하나의 척도로 사용
타당도	• 판별타당도(변별타당도) : 검사 결과가 이론적으로 해당 속성과 관련 없는 변수들과 어느 정도 낮은 상관관계를 가지고 있는지를 측정 • 동시타당도(공인타당도) : 새로운 검사를 제작했을 때 새로 제작한 검사의 타당도를 위해 기존에 타당도를 보장받고 있는 검사와의 유사성 혹은 연관성에 의해 타당도를 검증하는 방법 • 내용타당도 : 측정항목이 연구자가 의도한 내용대로 실제로 측정되고 있는가 하는 문제와 연관 • 수렴타당도(집중타당도) : 검사 결과가 이론적으로 해당 속성과 관련 있는 변수들과 어느 정도 높은 상관관계를 가지고 있는지를 측정 • 예측타당도(예언타당도) : 어떠한 행위가 일어날 것이라고 예측한 것과 실제 대상자 또는 집단이 나타낸 행위 간의 관계를 측정
신뢰도 측정의 주요 방법	• 재검사법(검사-재검사 신뢰도) : 동일한 대상에 동일한 측정도구를 서로 상이한 시간에 두 번 측정한 다음 그 결과를 비교하는 방법 • 대안법(동형검사 신뢰도) : 동등한 것으로 추정되는 2개의 측정도구를 사용하여 동일한 표본에 적용한 결과를 서로 비교하여 신뢰도를 측정하는 방법 • 반분법(반분신뢰도) : 전체 문항 수를 반으로 나눈 다음 상관계수를 이용하여 두 부분이 모두 같은 개념을 측정하는지 일치성 또는 동질성 정도를 비교하는 방법 • 내적 일관성 분석법(문항내적합치도) : 단일의 신뢰도 계수를 계산할 수 없는 반분법의 문제점을 고려하여, 가능한 한 모든 반분신뢰도를 구한 다음 그 평균값을 신뢰도로 추정하는 방법
어의적 분화척도 (의의차별척도, 의미분화척도)	• 어떤 대상이 개인에게 주는 주관적인 의미를 측정하는 방법. 즉, 하나의 개념을 주고 응답자가 여러 가지 의미의 차원에서 이 개념을 평가 • 척도의 양 극점에 서로 상반되는 형용사나 표현을 제시하여 정도의 차이에 의한 일련의 형용사 쌍을 만들며, 응답자의 주관적인 판단이나 느낌을 반영 • 보통 5~7점 척도가 사용됨
표본오차 또는 표집오차 (Sampling Error)	• 표본을 추출하는 과정에서 발생하는 오차로서, 모수(모수치)와 표본의 통계치 간의 차이, 즉 표본의 대표성으로부터의 이탈 정도를 의미 • 동일한 조건이라면 표본의 크기가 커질수록 표집오차가 감소. 다만, 표본의 크기가 커질수록 작아지던 오차는 일정 수준에 도달하게 되면 더 이상 줄어들지 않음
질적 조사에서의 표본추출방법	• 이론적 표집(Theoretical Sampling) : 연구자의 개인적 자질에서 비롯되는 이론적 민감성(Theoretical Sensitivity)과 관련하여 연구자의 연구문제나 이론적 입장, 분석틀 및 분석방법 등을 염두에 두고 대상 집단의 범주를 선택하는 질적 연구에서의 표집방법 • 눈덩이표집 또는 누적표집(Snowball Sampling) : 처음에 소수의 인원을 표본으로 추출하여 그들을 조사한 다음, 그 소수인원을 조사원으로 활용하여 그 조사원의 주위 사람들을 조사하는 방법 • 극단적(예외적) 사례표집(Extreme Case Sampling) : 판단표집(유의표집)에 포함되는 것으로서, 특이하고 예외적인 사례를 표본으로 추출하는 방법 • 최대변이표집 또는 변이극대화표집(Maximum Variation Sampling) : 판단표집(유의표집)에 포함되는 것으로서, 모집단으로부터 매우 다양한 특성을 가진 이질적인 표본을 추출하는 방법
내용분석	• 기록된 자료에만 의존해야 하며, 자료의 입수가 제한되어 있는 경우도 적지 않음 • 연구자는 자신의 능력이나 주의부족 등으로 자신이 쉽게 접근할 수 있는 일정 크기의 표본만을 대상으로 연구를 하고자 하는 유혹에 빠질 수 있음 • 비관여적 접근을 통해 연구대상자 혹은 정보제공자의 반응성을 유발하지 않음 • 양적인 분석방법과 질적인 분석방법 모두를 사용하며, 일정한 연구가설을 경험적으로 검증하는 것을 목적으로 함

제2영역

안심Touch

문서화된 자료를 분석하는 코딩기법	• 개방코딩(Open Coding) : 연구자가 인터뷰, 관찰, 각종 문서 등의 자료를 토대로 밝히고자 하는 어떠한 현상에 대해 최초로 범주화를 시키는 과정. 특정 현상에 대해 개념을 명확히 하고, 그 속성과 수준을 자료 내에서 형성 • 축코딩(Axial Coding) : 개방코딩을 하는 과정에서 해체되고 분해된 원자료를 재조합하는 과정. 개방코딩에서 생겨난 범주들을 패러다임이라는 구조적 틀에 맞게 연결 • 선택코딩(Selective Coding) : 핵심범주를 선택하며, 선택한 핵심범주를 다른 범주들과 연관지어 이들 간의 관련성을 확인하고 범주들을 연결시키는 과정. 이론을 통합시키고 정교화하는 과정으로, 이론적 포화(Theoretical Saturation)와 변화범위(Range of Variability)에 대한 작업을 진행
할당 표본추출 (할당표집)	전체 모집단에서 직접 표본을 추출하는 것이 아닌, 모집단을 일정한 카테고리로 나눈 다음, 이들 카테고리에서 정해진 요소 수를 작위적으로 추출하는 방법
질적 조사의 엄격성 (Rigor)을 높이는 주요 전략	• 장기적 관여 혹은 관찰(Prolonged Engagement)을 위한 노력 • 동료 보고와 지원(동료집단의 조언 및 지지) • 연구자의 원주민화(Going Native)를 경계하는 노력 • 해석에 적합하지 않은 부정적인 사례(Negative Cases) 찾기 • 삼각측정 또는 교차검증(Triangulation) • 감사(Auditing) 등
초점집단 조사	• 집단을 활용한 자료수집방법 • 욕구조사에서 활용됨 • 직접적인 자료수집방법 • 연구자의 개입에 의해 편향이 발생할 수 있음
다항선택식 질문	다항선택식 질문은 여러 개의 응답범주를 나열해 놓고 그중에서 하나 또는 그 이상을 선택하도록 하는 방법. 특히 나열된 응답범주의 특성에 따라 태도연속선상에 있는 것과 태도연속선상에 있지 않은 것으로 구분

● 2020년 제18회

문제 키워드	정답 키워드
조사설계 (Research Design)	• 연구문제의 이론 명제나 가설 혹은 단순한 의문을 경험적으로 검증해 보기 위한 일종의 조사 틀을 짜는 작업 • 조사대상 변수들 사이의 논리적 구조를 설정하고 가설설정에서 일반화에 이르기까지 필요한 제반활동에 대하여 계획을 세우는 과정 • 넓은 의미의 조사설계는 연구디자인은 물론 주요 변수의 개념정의와 측정방법, 표집방법, 자료수집방법, 자료분석방법 등에 대한 결정을 모두 포함
영가설 (Null Hypothesis)	영가설은 변수 간 관계가 우연에서 비롯될 수 있는 확률, 즉 영가설이 참일 수 있는 확률을 의미. 우연이란 연구결과에 대한 설명이 될 수 있는 여러 가지 대립가설들 가운데 하나의 것에 불과함
내용분석법	내용분석법은 비관여적 방법으로, 관여적 조사의 반응성 문제를 해결하기 위해 기존의 통계자료나 문헌, 기록물이나 역사자료, 물리적 흔적 등을 분석함으로써 관찰대상(연구대상)과 아무런 상호작용 없이 비관여적으로 자료를 수집

조사연구의 주요 유형	• 탐색적 연구 : 예비조사(Pilot Study)라고도 하며, 연구문제에 대한 사전지식이 결여된 경우 문제영역을 결정하기 위해 예비적으로 실시 • 기술적 연구 : 특정 현상을 사실적으로 묘사하려는 조사로, 현상이나 주제를 정확하게 기술(Description)하는 것을 주목적으로 함 • 설명적 연구 : 변수 간의 인과관계를 규명하려는 조사, 즉 특정 변수에 영향을 미치는 요인에 대한 조사
통제집단 사후 검사설계 (통제집단 후 비교설계)	통제집단 사후 검사설계는 통제집단 사전사후 검사설계(통제집단 전후 비교설계)의 단점을 보완하기 위해 실험대상자를 무작위할당하고 사전조사 없이 실험집단에 대해서는 조작을 가하고 통제집단에 대해서는 아무런 조작을 가하지 않은 채 그 결과를 서로 비교하는 방법
종단연구 (Longitudinal Study)	• 시간 흐름에 따른 조사대상의 변화를 측정하는 연구 • 패널연구(Panel Study)는 조사대상의 추적과 관리 때문에 가장 많은 비용이 듦 • 경향연구(Trend Study)는 일정 주기별 인구변화에 대한 조사임 • 동년배집단연구는 언제나 동일한 대상을 조사하지는 않음
가 설	• 가설은 이론과 논리적으로 연관되어야 함. 이론적 배경은 연구목적을 수행하기 위해 설정한 가설이 연구자의 주관적인 생각이나 판단에 의한 것이 아닌 선행연구에서 검증을 거친 과학적 근거 하에 설정된 것임을 나타내기 위함 • 가설은 둘 이상의 변수들 간의 관계를 예측하는 진술. 좋은 가설은 그와 같은 변수들이 어떤 형태로 서로 관련되어 있는지를 명확하게 서술함 • 연구문제가 변수들 간의 관계에 대한 의문을 제기하는 것이라면, 가설은 그와 같은 의문에 대한 가정적인 해답을 제시하는 것 • 한 가설에는 두 개 정도의 변수 간의 관계만을 간결하게 설명해야 함. 만약 한 가설에 다수의 변수들 간의 관계에 대한 내용이 포함되어 있는 경우 측정상의 문제가 발생함
단일사례설계의 개입효과를 평가할 때 고려해야 할 기준	변화의 파동	• 표적행동이 시간의 경과에 따라 파동을 일으키면서 변화하는 정도 • 특히 파동이 심한 경우 관찰횟수가 많아야 변화의 일정한 유형을 파악할 수 있음
	변화의 경향	• 기초선 단계 변화의 경향을 개입 단계 변화의 경향과 연결시켜서 검토하는 것 • 두 단계의 경향의 방향이 일치하면 개입의 효과를 판단하기 어려운 반면, 서로 상방되면 개입의 효과를 판단하기 쉬움
	변화의 수준	• 표적행동의 점수 • 기초선 단계의 점수와 개입 단계의 점수 간 차이가 클수록 개입의 효과에 대해 확신할 수 있음
실험설계의 내적 타당도와 외적 타당도	• 내적 타당도 : 연구과정 중 종속변수에서 나타나는 변화가 독립변수의 변화에 의한 것임을 확신할 수 있는 정도. 즉 인과관계에 대한 확신의 정도 • 외적 타당도 : 연구결과에 의해 기술된 인과관계가 연구대상 이외의 경우로 확대·일반화될 수 있는 정도

제2영역

혼합연구방법 (Mixed Methodology) 의 설계유형	삼각화 설계 (Triangulation Design)	• 정성적 자료와 정량적 자료가 대등한 위상을 가지는 설계방식 • 정성적 및 정량적 분석결과를 직접 대조시켜 각각의 결과의 유효성을 재차 검증하거나 정성적 방법을 정량적 방법으로 변환시키기 위해 사용됨
	내재적 설계 (Embedded Design)	• 한쪽의 자료유형이 다른 쪽의 자료유형에 포섭된 설계방식 • 포섭하는 자료유형이 일차적인 역할을 수행하는 반면, 포섭된 자료유형은 이차적인 역할을 수행
	설명적 설계 (Explanatory Design)	• 정량적 분석결과를 설명하기 위해 정성적 분석이 추가되는 설계방식 • 정량적 조사로 일반적인 논리와 이해를 얻은 후 정성적 조사를 통해 통계적 결과에 대한 분석을 수정하고 정량적 조사로 발견하지 못한 현상을 발견할 수 있음
	탐색적 설계 (Exploratory Design)	• 첫 번째 분석이 완료된 후 다른 분석을 시작하는 2단계 설계방식 • 설명적 설계와 달리 정성적 분석이 완료된 후 정량적 분석이 이루어지는 경우가 대부분임
질적 연구		질적 연구는 서로 다른 연구자들의 연구에 의해 동일한 결과가 재연될 수 있는가에 대한 신뢰성이 문제시됨. 이와 관련하여 질적 연구자들은 관찰결과의 일관성이 아닌 연구자가 기록하는 내용과 실제로 일어나는 상황 간의 일치성 정도를 신뢰성으로 간주하는 경향이 있음
내용분석		내용분석은 장기간에 걸쳐 일어난 과정을 조사할 수 있으므로 역사적 분석과 같은 시계열 분석도 적용 가능하며, 시간과 비용 면에서도 경제적
표집방법		• 의도적 표집(Purposive Sampling) : 비확률표집방법으로서, 조사자의 직관적 판단에 기초하여 관찰표본을 선정하는 방법 • 층화표집(Stratified Sampling) : 확률표집방법으로서, 모집단을 보다 동질적인 몇 개의 층(Strata)으로 나눈 후, 이러한 각 층으로부터 단순무작위 표집을 하는 방법 • 할당표집(Quota Sampling) : 비확률표집방법으로서, 모집단을 일정한 카테고리로 나눈 다음, 이들 카테고리에서 정해진 요소 수를 작위적으로 추출하는 방법 • 우발적 표집(Accidental Sampling) : 비확률표집방법으로서, 시간과 공간을 정해 두고 표본을 우발적으로 선택하는 방법 • 체계적 표집(Systematic Sampling) : 확률표집방법으로서, 모집단 목록에서 구성요소에 대해 일정한 순서에 따라 매 K번째 요소를 추출하는 방법
측정수준에 따른 변수의 유형		• 명목변수(Nominal Variable) : 어떤 대상의 속성을 질적인 특성에 의해 상호배타적인 몇 개의 카테고리로 나눌 수 있을 뿐, 그 카테고리를 서열이나 수치로 나타낼 수 없는 변수 • 서열변수(Ordinal Variable) : 어떤 대상의 속성을 상호배타적인 몇 개의 카테고리로 나눌 수 있고, 카테고리 간의 서열을 측정할 수 있는 변수. 다만, 각 카테고리에 부여된 수치는 단순히 서열만을 나타낼 뿐 카테고리 간의 차이를 나타내지는 않음 • 등간변수(Interval Variable) : 카테고리 간의 서열은 물론 카테고리 간의 간격을 측정할 수 있는 변수. 등간변수는 각 카테고리 간에 동등한 간격을 가지고 있음 • 비율변수(Ratio Variable) : 카테고리 간의 간격이 등간격일뿐만 아니라 카테고리 간에 몇 배나 큰가 혹은 몇 배나 작은가를 측정할 수 있는 변수. 등간변수의 모든 특성과 함께 절대영점(True Zero)을 가지고 있음

타당도	• 구성타당도(Construct Validity) : 측정도구가 실제로 측정하고자 하는 개념을 측정하는지를 이론적인 틀 내에서 경험적으로 검증하는 방법 • 액면타당도(Face Validity) : 내용타당도와 마찬가지로 측정항목이 연구자가 의도한 내용대로 실제로 측정하고 있는가 하는 것으로서, 내용타당도가 전문가의 평가 및 판단에 근거한 반면, 안면타당도는 전문가가 아닌 일반인의 일반적인 상식에 준하여 분석 • 기준타당도(Criterion Validity) : 이미 전문가가 만들어놓은 신뢰도와 타당도가 검증된 측정도구에 의한 측정결과를 기준으로, 사용하고 있는 측정도구의 측정값과 기준이 되는 측정도구의 측정값 간의 상관관계를 검증하는 방법 • 동시타당도(Concurrent Validity) : 기준타당도의 한 유형으로서, 새로운 검사를 제작했을 때 새로 제작한 검사의 타당도를 위해 기존에 타당도를 보장받고 있는 검사와의 유사성 혹은 연관성에 의해 타당도를 검증하는 방법 • 예측타당도 또는 예언타당도(Predictive Validity) : 어떠한 행위가 일어날 것이라고 예측한 것과 실제 대상자 또는 집단이 나타낸 행위 간의 관계를 측정하는 것
확률표집방법 (Probability Sampling)	• 모집단의 각 표집단위가 모두 추출의 기회를 가지고 있으며, 각 표집단위가 추출될 확률을 정확히 알고 있는 가운데 표집을 하는 방법 • 양적 연구에 빈번히 활용되는 방법으로, 모집단에 대한 정보와 그 정보가 수록된 표집틀을 확보할 수 있을 때만 이용 가능한 방법
비확률표집방법 (Nonprobability Sampling)	• 모집단 구성요소가 표본으로 추출될 확률을 사전에 알 수 없으므로 표본이 모집단을 어떻게 대표하는지 또한 알 수 없는 방법 • 질적 연구에 빈번히 활용되는 방법으로, 연구자의 편견이 개입될 수 있기 때문에 연구결과의 일반화에 한계가 있음
질적 연구방법	• 참여행동연구(Participatory Action Research) : 사회변화(Social Change)와 임파워먼트(Empowerment)를 목적으로, 단순히 개인이나 지역사회의 문제를 밝히는 데 그치지 않고 급진적인 변화를 시도하는 질적 연구방법. 참여, 권력 및 권한 강화, 평가와 행동을 핵심요소로 하며, 사회적 약자나 소수집단을 대상으로 집합적인 교육, 분석, 조사, 행동을 전개함 • 현상학적 연구(Phenomenological Study) : 어떤 현상에 대한 사람들의 주관적인 경험의 의미를 탐구하고 해석하는 질적 연구방법. 하나의 개념이나 현상에 대한 여러 개인들의 체험의 의미를 기술하는 방식으로 이루어지며, 연구자는 그 본질이나 경험의 중심적인 기저 의미를 탐색 • 근거이론연구(Grounded Theory Study) : 사람이나 현상에 대한 이론을 귀납적으로 구성하는 데 중점을 두는 질적 연구방법. 새로운 표본으로부터 자료를 수집하여 앞선 조사에서 얻어진 개념과 지속적으로 비교하는 방식으로 그 개념의 적합성 내지 정확성을 수정·보완 • 생애사 연구(Life History Study) : 연구대상자의 자기반성적 이야기를 토대로 구성되는 것으로, 특히 과거 경험에 대한 연구대상자의 주관적인 의미 부여와 해석에 중점을 두는 질적 연구방법. 생애사 연구에서 연구자는 연구대상자의 인생사를 통해 드러나는 주관적인 의미세계를 재해석함

● 2019년 제17회

문제 키워드	정답 키워드
인과관계를 성립시키기 위한 요건	• 공변성 : 한 변수가 변화할 때 그와 관련이 있다고 믿어지는 변수도 따라서 변화해야 함 • 시간적 우선성 : 한 변수가 원인이고 다른 변수가 결과이기 위해서는 원인이 되는 변수가 결과가 되는 변수보다 시간적으로 앞서야 함 • 통제성 : 인과관계의 증명을 위해서는 외부의 영향력을 배제한 상태에서 순수하게 두 변수만의 공변성과 시간적 우선성을 볼 수 있어야 함
외적 타당도와 내적 타당도	• 상충관계(Trade-off)를 가지므로, 두 유형의 타당도를 동시에 높일 수는 없음 • 내적 타당도를 높이려면 외적 타당도가 낮아질 수밖에 없고, 반대로 외적 타당도를 높이려면 내적 타당도에 문제가 있을 수 있음
통제변수	• 독립변수와 종속변수 간의 관계를 명확히 파악하기 위해 그 관계에 영향을 미칠 수 있는 제3의 변수를 통제하는 변수 • 실험연구에서 독립변수와 종속변수 간의 허위적 관계를 밝히는 데 활용
서스톤 척도	• 등간-비율척도의 일종으로서, 어떤 사실에 대하여 가장 긍정적인 태도와 가장 부정적인 태도를 나타내는 양극단을 등간적으로 구분하여 수치를 부여함으로써 등간척도를 구성하는 방법 • 리커트 척도를 구성하는 문항들의 간격이 동일하지 않다는 문제점을 보완하기 위한 것으로 중요성이 있는 항목에 가중치를 부여 • 다양한 평가자들의 의견 가운데 극단적인 의견을 배제함으로써 공정성을 보완
질적 조사의 자료수집	• 언어, 몸짓, 행동 등 상황과 환경적 요인들을 조사하는 방법 • 조사자의 개인적인 준거를 사용하여 비교적 주관적인 조사를 수행 • 귀납법에 기초하며 조사결과의 일반화에 어려움 • 과정지향적, 총체론적 • 타당성이 있는 실질적이고 풍부하며 깊이 있는 자료의 특징 • 동태적인 현상을 가정 • 현지조사, 사례연구 등이 해당
신뢰도(Reliability)	일관성 또는 안정성으로 표현될 수 있는 개념으로, 측정도구가 측정하고자 하는 현상을 일관성 있게 측정하는 능력에 관한 것
가설(Hypothesis)	• 둘 이상의 변수들로 이루어지는데, 이러한 변수들이 어떤 형태로 서로 관련되어 있는지를 명확히 서술해야 함(예 여성의 노동참여율 ↑, 출산율 ↓) • 변수들 간의 관계는 경험적인 검증이 필요하므로, 가설에 포함된 변수들은 실제로든 혹은 잠정적으로든 측정 가능한 것으로 서술되어야 함(예 통계자료의 활용 등)
비동일 통제집단 (비교집단)설계	• 임의적인 방법으로 양 집단을 선정하고 사전·사후 검사를 실시하여 종속변수의 변화 비교 • 통제집단 사전사후 검사설계(통제집단 전후 비교설계)와 유사하지만 무작위할당에 의해 실험집단과 통제집단이 선택되지 않는다는 점이 다름 • 외부요인을 통제하기 위해 대상집단에 대한 연구자의 직관적인 지식과 체계적인 이해를 전제로 함 • 임의적 할당에 의한 선택의 편의가 발생할 수 있으며, 실험집단의 결과가 통제집단으로 모방되는 것을 차단하기 어려움

내용분석의 표본추출방법	• 내용분석에서의 표본추출방법은 일반적인 표본추출방법과 동일하며, 무작위표본추출, 층화표본추출, 체계적 표본추출, 군집(집락)표본추출 등의 방법들을 활용할 수 있음 • 국내 일간지의 사설을 내용분석할 경우 국내의 모든 일간지를 배포지역, 배포되는 지역사회의 크기, 발행부수, 평균 구독자 수 등에 따라 우선 분류한 후 어떤 일간지를 표본으로 선정할지 결정할 수 있음 • 일간지의 특정 사설 내용과 관련하여 언제 나온 자료를 표본으로 추출할 것인지 그 기간도 결정하며, 신문의 전체 면(영역)을 분석 대상으로 할 것인지 혹은 특정 면(영역)을 분석 대상으로 할 것인지도 결정
단일집단 사전사후 검사설계(단일집단 전후 비교설계)	• 조사대상에 대해 사전검사를 한 다음 독립변수를 도입하며, 이후 사후검사를 하여 인과관계를 추정하는 방법 • 실험조치의 전후에 걸친 일정 기간의 측정상 차이를 실험에 의한 영향으로 확신하기 어려움 • 역사요인, 성숙요인 등의 외생변수를 통제할 수 없음
외생변수의 통제	• 독립변수와 종속변수 간 인과관계가 성립되기 위해서는 원인으로 작용하는 독립변수가 종속변수의 결과를 일으키나 종속변수의 결과는 독립변수 이외에는 일어나지 않아야 함 • 순수한 인과관계를 밝히기 위해서는 종속변수에 영향을 미칠 수 있는 제3의 변수로서 외생변수의 영향을 제거한 상태에서 검증이 이루어져야 함
솔로몬 4집단설계	• 연구대상을 4개의 집단으로 무작위할당한 것으로, 통제집단 사전사후 검사설계와 통제집단 사후 검사설계를 혼합해 놓은 방법 • 사전검사의 영향을 제거하여 내적 타당도를 높일 수 있는 동시에, 사전검사와 실험처치의 상호작용의 영향을 배제하여 외적 타당도를 높일 수 있음
기준타당도 (Criterion Validity)	• 경험적 근거에 의해 타당도를 확인하는 방법 • 이미 전문가가 만들어놓은 신뢰도와 타당도가 검증된 측정도구에 의한 측정결과를 기준으로 함 • 통계적으로 타당도를 평가하는 것으로서, 사용하고 있는 측정도구의 측정값과 기준이 되는 측정도구의 측정값 간의 상관관계에 관심을 둠 • 연구하려는 속성을 측정해 줄 것으로 알려진 외적변수(기준)와 측정도구의 측정결과(척도의 점수) 간의 관계를 비교함으로써 타당도를 파악함 • '동시적 타당도'와 '예측적 타당도'로 구분됨
다중기초선설계	• 특정 개입방법을 여러 사례, 여러 클라이언트, 여러 표적행동, 여러 다른 상황에 적용 • 개입의 시점을 달리함으로써 우연한 사건 등 내적 타당도 저해요인을 통제할 수 있음 • 개입을 중단하는 데 따른 윤리적인 문제가 없음
조사연구의 과정	• 연구문제 설정(조사문제 형성) : 조사의 주제, 이론적 배경, 중요성 등을 파악하고 이를 체계적으로 정립하는 과정으로, 조사에서 핵심적인 부분. 비용, 시간, 윤리성 등이 종합적으로 고려됨 • 가설 설정(가설 형성) : 선정된 조사문제를 조사가 가능하고 실증적으로 검증이 가능하도록 구체화하는 과정으로, 이때 가설은 연구문제와 그 이론에 따라 구성되는 것이 바람직함 • 조사설계 : 조사연구를 효과적·효율적·객관적으로 수행하기 위한 논리적·계획적인 전략으로서, 자료수집방법, 연구모집단 및 표본 수, 표본추출방법, 분석 시 사용할 통계기법 등을 결정하며, 조사도구(설문지) 작성 후 그 신뢰도 및 타당도 검증 • 자료의 수집 : 자료는 관찰, 면접, 설문지 등 여러 가지 방법을 통해 수집되는데, 과학적 조사자료는 조사자가 직접 수집하는 1차 자료와 함께 다른 주체에 의해 이미 수집·공개된 2차 자료로 구분 • 자료의 분석 : 수집된 자료의 편집과 코딩과정이 끝나면 통계기법을 이용하여 자료의 분석 • 보고서 작성 : 연구결과를 객관적으로 증명하고 경험적으로 일반화하기 위해 일정한 형식으로 기술하여 타인에게 전달하기 위한 보고서 작성

제2영역

할당표집 (Quota Sampling)	• 모집단을 일정한 카테고리로 나눈 다음, 이들 카테고리에서 정해진 요소 수를 작위적으로 추출하는 방법으로, 모집단이 갖는 특성의 비율에 맞추어 표본을 추출 • 연구자의 모집단에 대한 사전지식에 기초한다는 점에서 층화표집과 매우 유사하나, 층화 표집이 무작위적인 데 반해 할당표집은 작위적이라는 점에서 차이가 있음
동일확률선정법	• 확률표본추출에 필요한 기본요건으로서, 모집단의 모든 개별요소들이 표본으로 추출될 확 률을 동일하게 가진 상태에서 표본추출이 이루어지는 것 • 표본추출의 경우 의도적이거나 비의도적인 편향성 문제가 개입되는 것을 방지하여 다른 표본추출방법보다 표본의 정확성과 대표성이 더 높게 나타나며, 그와 같은 표본의 정확성 과 대표성을 추정할 수 있는 수치적인 근거를 계산해 낼 수 있음 • 적용한 표본추출도 모집단을 완전하게 대표하는 경우는 거의 없음
변 수	• 둘 이상의 값이나 범주로 경험적으로 분류 및 측정할 수 있는 개념 • 연구대상의 경험적 속성을 나타내는 동시에 그 속성에 계량적 수치, 계량적 가치를 부여할 수 있는 개념 • 조작적 정의의 결과물로서, 조작화하지 않아도 변수가 되는 개념이 있는 반면, 반드시 조 작화를 거쳐야만 변수가 되는 개념도 있음 • 모든 개념이 변수가 되는 것은 아니지만, 모든 변수는 개념
실험설계	• 실험설계란 실험을 통하여 자료를 수집하고 분석하는 연구 • 실험은 다른 변수를 통제하면서 독립변수가 종속변수에 미치는 효과를 측정 • 인과관계의 규명을 통해 미래의 사건을 예측
비율척도(Ratio Scale)	• 척도를 나타내는 수가 등간일 뿐만 아니라 의미 있는 절대영점을 가지고 있는 경우 이용 • 연령, 무게, 키, 수입, 출생률, 사망률, 이혼율, 교육년수(정규교육을 받은 기간), 가족 수 등 • 사칙연산이 자유로우며, (=, <, >)도 가능
표본추출(표집)의 과정	모집단 확정 → 표집틀 선정 → 표집방법(표본추출방법) 결정 → 표집크기(표본크기) 결정 → 표본 추출

● 2018년 제16회 ☰

문제 키워드	정답 키워드
사회과학의 패러다임	• 비판사회과학적 패러다임 : 억압받는 집단의 권한을 강화하는 데 관심 • 포스트모더니즘적 패러다임 : 객관적 실재의 개념을 불신하고 진리에 대한 객관적 기준을 거부 • 해석주의적 패러다임 : 삶에 대한 주관적 의미에 대해 깊이 있게 탐구 • 실증주의적 패러다임 : 경험적 관찰의 중요성 강조 • 후기실증주의적 패러다임 : 인간의 행위를 합리적으로 설명하는 데 관심
요인설계 (Factorial Design)	• 순수실험설계의 일종으로 독립변수가 복수인 경우 적용하며, 실험집단에 둘 이상의 프로그 램을 실시. 실험집단과 통제집단을 설정한 후 개별 독립변수와 종속변수, 복수의 독립변수 와 종속변수의 인과관계를 검증함으로써, 둘 이상의 독립변수가 상호작용에 의해 종속변수 에 미치는 영향을 파악 가능 • 실험 결과의 외적 타당도는 높으나, 독립변수가 많은 경우 시간과 비용이 많이 소요되는 단점이 있음
가설과 변수	가설은 둘 이상의 변수들 간의 관계를 예측하는 진술로, 좋은 가설은 그와 같은 변수들이 어 떤 형태로 서로 관련되어 있는지를 명확하게 서술함

사회복지 조사연구 문제	사회복지와 같은 응용사회과학에서는 직접적으로 실천현장에서 나타나는 의문들을 다루며, 조사연구의 결과는 실용적인 성격의 답을 제시. 일반적으로 사회복지 조사연구의 보편적인 관심은 기초지식에 대한 연구보다 실천현장에서의 의문과 필요성에 좀 더 치우쳐 있음
쿤(T. Kuhn)의 과학적 패러다임	패러다임의 변화를 반복적, 누적적, 점진적인 것이 아닌 혁신적인 것으로 보았으며, 기존의 패러다임을 부정하고 새롭게 출발할 때 과학은 혁명적으로 발전한다고 주장
사회과학의 연구윤리	연구의 진실성과 사회적 책임이 연구윤리의 기준. 연구를 통해 증진시키는 이익은 공익의 기준에 부합해야 함
척도 수준 (Level of Measurement)	• 명목척도(Nominal Scale) : 단순한 분류의 목적을 위해 측정대상의 속성에 수치를 부여하는 것. 성별, 인종, 종교, 결혼여부, 직업, 출신 지역, 계절 등의 구별 • 서열척도(Ordinal Scale) : 일종의 순위척도로, 그 측정대상을 속성에 따라서 서열이나 순위를 매길 수 있도록 수치를 부여한 척도. 사회계층, 선호도, 교육 수준(중졸 이하/고졸/대졸 이상), 수여 받은 학위(학사/석사/박사), 변화에 대한 평가, 서비스 효율성 평가, 사회복지사 자격등급 등의 측정에 이용 • 등간척도(Interval Scale) : 측정하고자 하는 사물이나 현상을 분류하고 서열을 정할 수 있을 뿐만 아니라 이들 분류된 범주 간의 간격까지도 측정. 지능(IQ), 온도, 시험점수, 물가지수, 사회지표 등 • 비율척도(Ratio Scale) : 척도를 나타내는 수가 등간일 뿐만 아니라 의미 있는 절대영점을 가지고 있는 경우 이용. 연령, 무게, 키, 수입, 출생률, 사망률, 이혼율, 교육년수(정규교육을 받은 기간), 가족 수, 사회복지학과 졸업생 수 등
표집오차(Sampling Error)와 표준오차 (Standard Error)	• 표집오차 : 모집단의 모수와 표본의 통계치 간의 차이 • 표준오차 : 추출된 표본들의 평균이 실제 모집단의 평균과 어느 정도 떨어져서 분포되어 있는지를 나타낸 것으로, 표집분포의 표준편차에 해당
개념화와 조작화	개념화(Conceptualization)는 어떤 변수에 대해 개념적 정의를 내리는 과정인 반면, 조작화(Operationalization)는 어떤 변수에 대해 조작적 정의를 내리는 과정임. 둘 다 변수의 성격과 변수를 구성하는 속성들을 구체화하는 작업이라는 점에서 공통적이지만, 개념화가 추상적인 상태의 구체화인 반면, 조작화는 경험적 차원에서의 구체화라는 점에서 차이가 있음

변수의 측정 종류	명목측정	일반적으로 변수의 속성에서 그 차이점 및 유사점에 따라 범주화하는 것으로, 어떤 일정한 순서 없이 포괄적이고 상호배타적으로 범주화 예 성별(남성/여성), 계절(봄/여름/가을/겨울) 등
	서열측정	측정하고자 하는 변수의 속성들 간에 서열을 매길 수 있으나, 그 서열 간의 간격은 동일하지 않음 예 학력(중졸 이하, 고졸, 대졸 이상), 서비스 만족도 평가(A, B, C, D) 등
	등간측정	서열뿐만 아니라 속성 사이의 거리에 대해 측정이 가능하며, 속성 간 간격이 동일 예 지능지수(…80 …100 …120 …), 온도(…−20℃ …0℃ …20℃ …40℃ …) 등
	비율측정	측정 중 가장 높은 수준의 등급으로, 등간측정의 모든 특성에 절대영(Zero) 값이 추가됨 예 연령(0세 …20세 …40세 …), 교육연수 기간(0개월 …3개월 …6개월 …) 등

선택(Selective)코딩	• 핵심범주를 선택하며, 선택한 핵심범주를 다른 범주들과 연관지어 이들 간의 관련성을 확인하고 범주들을 연결시키는 과정 • 이론을 통합시키고 정교화하는 과정으로, 이론적 포화(Theoretical Saturation)와 변화범위(Range of Variability)에 대한 작업을 진행함
신뢰도 (Reliability)	측정도구가 측정하고자 하는 현상을 일관성 있게 측정하는 능력에 관한 것으로서, 측정을 반복했을 때 동일한 결과를 얻게 되는 정도를 말함
경험적 측정 항목	체계적 오류(Systematic Error), 타당도(Validity), 구성타당도(Construct Validity)

설문지 작성	신뢰도 측정을 위해 짝(Pair)으로 된 문항들은 가급적 떨어지게 배치
우편설문(우편조사법)의 장점	시간과 공간의 제약에 크게 구애받지 않은 채 최소의 노력과 경비로 광범위한 지역과 대상을 표본으로 삼을 수 있으므로, 동일 표집조건 시 비용이 절감됨
관찰법	• 행위가 일어나는 현장에서 즉시 자료수집 가능 • 관찰자의 주관성이 개입될 수 있음 • 비언어적 상황에 대한 자료수집 가능 • 서베이에 비해 자료의 계량화가 힘듦 • 질적연구나 탐색적 연구에 사용하기 용이
내용분석 (Content Analysis)	여러 가지 문서화된 매체들을 중심으로 연구대상에 필요한 자료들을 수집하는 방법. 문헌연구의 일종으로서, 인간의 의사소통의 기록을 객관적 · 체계적 · 수량적으로 기술함
네트워크 분석	네트워크 자료는 속성형 변수가 아닌 관계형 변수로 구성되며, 네트워크 구조분석에는 이와 같은 관계형 변수를 주로 사용. 이때 속성은 개체들의 내재된 특성을 의미하는 반면, 관계는 개체 간의 연결 특성을 의미함
패널조사	패널이라 불리는 특정 조사대상자들을 선정해 놓고 반복적으로 조사를 실시하는 조사방법으로 대상자들로부터 상당히 긴 시간동안 지속적으로 연구자가 필요로 하는 정보를 획득하는 방법
선정편향 또는 선별 편향성 (Selection Bias)	• 내적 타당도를 저해하는 요인으로서, 선택의 편의, 선정상의 편견에서 비롯됨 • 실험 실행 이전에 실험집단과 통제집단을 나눌 때 문제시되는 요인으로서, 조사대상을 두 집단으로 나누는 과정에서 종속변수에 영향을 미칠 수 있는 요인이 어느 한 집단으로 편향되는 경우(예 실험집단에 프로그램 신청자를 배치하고 통제집단에 프로그램 비신청자를 배치하는 경우, 실험집단은 이미 변화에 대한 의지나 적극성을 가진 사람들로 편향되어 있을 수 있음)
신뢰수준 (Confidence Levels)	표본의 결과를 통해 추정하려는 모수가 어느 정도 신뢰성을 갖는지, 즉 모수가 특정 구간(→ 신뢰구간) 내에 있을 확률을 의미
할당표집 (Quota Sampling)	모집단을 일정한 카테고리로 나눈 다음, 이들 카테고리에서 정해진 요소 수를 작위적으로 추출하는 방법
혼합연구 방법론 (Mixed Methodology)	양적 연구와 질적 연구의 제한점을 상호 보완하기 위한 것으로서, 서로 다른 양상을 보이는 양적 자료와 질적 자료원의 통합을 통해 연구대상에 대한 보다 심층적인 이해를 도모하려는 시도
단일사례설계	반복적이고 연속적으로 자료를 수집하므로 개입으로 인한 표적행동의 변화 양상을 주기적으로 파악할 수 있는 것은 물론, 조사가 진행되는 도중에 도출되는 정보를 토대로 새로운 개입방법을 수립하거나 기존의 개입방법을 수정함으로써 개입의 효과성을 높일 수 있음

문제 키워드	정답 키워드
체계적 표집	집단 목록에서 구성요소에 대해 일정한 순서에 따라 매 k번째 요소를 추출하는 방법
측정의 신뢰도와 타당도	만약 체중계를 이용하여 몸무게를 측정했을 때 항상 일정 수치만큼 더 무겁게 혹은 더 가볍게 측정되었다면, 이는 신뢰도는 높지만 타당도는 낮은 것으로 볼 수 있음
프로그램 평가연구에서의 '프로그램'	연구자에 의해 조작되는 실험변수로서 독립변수에 해당
통계적 가설 검정(검증)과 유의수준	유의수준을 낮출 경우 옳은 영가설을 기각하는 제1종 오류의 확률은 줄어드는 반면, 틀린 영가설을 수용하는 제2종 오류의 확률은 증가하게 됨
양적 연구와 비교한 질적 연구의 특성	• 연구자의 역할이 더 중요함 • 소수의 사례를 깊이 있게 관찰할 수 있음 • 비교적 신뢰도와 연구결과의 일반화 가능성이 낮음 • 귀납적 추론의 경향이 더욱 강함
분석단위 (Unit of Analysis)	궁극적으로 분석되는 단위, 즉 최종적인 분석대상을 말하는 것 예 개인, 집단 및 조직체, 사회적 가공물 등
조사 관련 용어	• 개념화(Conceptualization) : 어떤 변수에 대해 개념적 정의를 내리는 과정 • 개념(Concept) : 어떤 현상이나 사물의 의미를 추상적인 용어를 사용하여 관념적으로 구성한 것 • 가설(Hypothesis) : 둘 또는 그 이상의 변수들 간의 관계에 대해 진술한 검증되기 이전의 가정적인 명제
동료집단의 조언 및 지지	연구자가 편견에 빠지지 않게 동료집단이 감시기제로서의 역할을 하는 것
내적 타당도의 저해 요인	• 역사요인 또는 우연한 사건 • 성숙 또는 시간의 경과 • 중도탈락 또는 실험대상의 탈락

제2영역

전화조사와 면접조사의 장단점	구 분	전화조사	면접조사
	장 점	• 자료수집의 신속성 • 저비용 • 익명성 보장 • 광범위한 접근 가능	• 높은 융통성 • 높은 응답률 • 복잡한 질문, 다량의 질문 가능 • 시청각자료 사용 가능
	단 점	• 응답의 신뢰성 부족 • 응답자 제한 • 질문 수 제한 • 시청각자료 사용 불능	• 조사자의 편견 개입 • 고비용 • 낮은 익명성 • 응답자의 비협조

문제 키워드	정답 키워드
동시타당도 (Concurrent Validity)	새로운 검사를 제작했을 때 새로 제작한 검사의 타당도를 위해 기존에 타당도를 보장받고 있는 검사와의 유사성 혹은 연관성 정도
신뢰수준과 표본오차	표본오차(표집오차)는 신뢰수준과 표준오차에 비례
측정의 오류	• 체계적 오류(Systematic Error) : 변수에 일정하게 또는 체계적으로 영향을 주어 측정결과가 항상 일정한 방향으로 편향되는 오류 • 무작위 오류(Random Error) : 측정자, 측정대상자, 측정과정, 측정수단 등에 일관성이 없어 생기는 오류

델파이기법	전문가 패널의 의견을 수렴하는 방법으로 활용하는 기법
단일사례설계의 자료 분석 방법	• 시각적 분석 • 통계학적 분석 • 실용적 분석(임상적 분석)
가설의 방향성	가설은 방향성을 나타낼 수 있으나, 방향성이 가설의 전제조건은 아님
비동일 통제집단설계의 단점	임의적 할당에 의한 선택의 편의가 발생할 수 있으며, 실험집단의 결과가 통제집단으로 모방되는 것을 차단하기 어려움
패널조사	'패널(Panel)'이라 불리는 특정응답자 집단을 정해 놓고 그들로부터 상당히 긴 시간 동안 지속적으로 연구자가 필요로 하는 정보를 획득하는 조사
생태학적 오류	분석단위를 집단에 두고 얻어진 연구결과를 개인에 동일하게 적용함으로써 발생하는 오류
2차 자료 분석	관찰대상에 대한 연구자의 영향력이 미치지 않는 비관여적 방법
과학적 방법의 전제	• 모든 것을 잠정적으로 알 수 있음 • 과학적 지식의 속성상 미래의 언젠가는 다른 연구에 의해 현재 우리가 가지고 있는 지식이 변경될 수 있음
변수의 측정수준	• 성별, 인종, 종교 – 명목척도 • 석차로 평가된 성적, 5점 척도로 측정된 서비스만족도 – 서열척도 • IQ, 온도 – 등간척도
사회복지조사의 연구윤리	• 연구대상을 관찰하기에 앞서 그들의 동의를 구해야 함 • 연구대상자가 연구로부터 얻을 수 있는 혜택이나 사회적 이익이 연구로 인해 생길 불이익보다 커야 함 • 조사과정에서 드러난 문제점과 실패도 모두 보고해야 함 • 익명성과 비밀성은 별개의 것으로, 익명성의 보장은 응답자와 비응답자의 구분을 어렵게 하는 반면, 비밀성의 보장은 자료의 신뢰성 여부를 둘러싼 공방을 야기할 수 있음
지식 습득 과정에서의 오류	• 부정확한 관찰 : 보통의 일상적인 관찰이 무의식적이고 부주의하게 이루어지는 경우가 많으므로, 그로 인해 부정확한 지식이 산출되는 오류 • 과도한 일반화 : 관찰된 소수의 사건이나 경험을 근거로 현상의 규칙성을 일반화시키는 것 • 선별적 관찰 : 특정 양식이 존재한다고 결론짓고 이를 일반화하는 경우 미래 사건과 상황에서 그에 부합하는 것에 주의를 기울이는 반면, 부합하지 않는 것은 무시할 가능성이 있음 • 꾸며진 지식 : 자신의 일반화된 지식과 정면으로 위배되면서 회피할 수 없는 사실에 직면하게 될 때, 자신의 일반화된 관점을 유지하기 위해 스스로 사실이 아닌 정보를 만들어 내는 것 • 자아개입 : 관찰자의 자아특성이 현상을 이해하는 데 영향을 미치는 것

● 2016년 제14회

문제 키워드	정답 키워드
폐쇄형 질문의 구조적 필요조건	응답 범주는 총망라적(Exhaustive), 상호배타적(Mutually Exclusive)이어야 함
외적 타당도 (External Validity)	연구의 결과에 의해 기술된 인과관계가 연구대상 이외의 경우로 확대·일반화될 수 있는가, 즉 종속변수의 변화가 상이한 대상이나 상이한 상황에서도 나타날 수 있는가에 관한 문제
패러다임(Paradigm)	패러다임의 우열을 비교할 수 있는 객관적인 기준은 존재하지 않음
선별 편향성 (Selection Bias)	내적 타당도를 저해하는 요인으로서, 선택의 편의, 선정상의 편견에서 비롯됨
연구윤리	연구조사는 연구참여자의 사생활을 보호하고 익명성을 보장해야 함. 그러나 조사연구자가 연구참여자의 아동학대행위나 생명위협행위 등을 알게 된 경우 이를 관계기관에 알리는 등의 조치 필요
사회복지사에게 과학적 조사방법론이 필요한 이유	• 실천현장에서 수행하는 업무의 조사 관련 지식이 필요함 • 서비스의 질을 높일 수 있는 실천기술 개발을 위해 필요함 • 지역주민의 욕구조사를 위해 필요함 • 사회복지사가 제공하는 서비스에 대한 평가를 위해 필요함
매개변수 (Intervening Variable)	• 독립변수와 종속변수 간에 직접적인 관련이 없으나 두 변수의 중간에서 매개자 역할을 하여 두 변수 간에 간접적인 관계를 맺도록 하는 변수 • 실험연구에서 매개변수는 독립변수의 영향을 종속변수에 전달하는 역할, 시간적으로 독립변수의 다음에 위치하면서 종속변수를 좀 더 설명해 주는 역할을 함
무작위 오류 (Random Error)	체계적 오류와 달리 일정한 양태나 일관성을 가지지 않는 오류로서, 특히 신뢰도를 낮추는 주요 원인
질적 연구의 엄격성 (Rigor) 제고 전략	• 장기적 관여를 위한 노력 • 연구자의 원주민화를 경계하는 노력 • 해석에 적합하지 않은 부정적인 사례 찾기
연구문제의 서술	연구의 관심이나 의문의 대상이 서술되어야 함
대립가설	• 영가설에 대립되는 가설로서, 영가설이 거짓일 때 채택하기 위해 설정하는 가설. 즉, 영가설이 기각되는 경우 대립가설이 채택되는 반면, 채택되는 경우 대립가설이 기각됨 • 연구자가 주장하고자 하는 가설, 즉 연구자가 참으로 증명되기를 기대하는 가설로서 종종 연구가설과 동일시됨 • 보통 "~의 관계(차이)가 있을 것이다"라고 기술하는 명제를 말함
유사(준)실험설계	• 실험설계의 실험적 조건에 해당하는 무작위할당, 독립변수의 조작, 통제집단, 사전·사후검사 중 한두 가지가 결여된 설계유형 • 무작위할당 등에 의해 실험집단과 통제집단을 동등하게 할 수 없는 경우, 무작위할당 대신 실험집단과 유사한 비교집단을 구성 • 순수실험설계에 비해 내적 타당도가 낮지만, 현실적으로 실험설계에 있어서 인위적인 통제가 어렵다는 점을 감안할 때 실제 연구에서 더 많이 적용됨
가설 중 변수 구분	"청소년이 제공받은 전문가 지지(조절변수)는 외상경험(독립변수)이 정신건강(종속변수)에 미치는 부정적 영향을 완화시켜 줄 것이다."
우연한 사건(역시요인)	조사기간 중에 연구자가 의도와는 상관없이 일어난 통제 불가능한 사건으로서, 결과변수에 영향을 미칠 수 있는 외생변수

제2영역

기준타당도	• 경험적 근거에 의해 타당도를 확인하는 방법 • 이미 전문가가 만들어놓은 신뢰도와 타당도가 검증된 측정도구에 의한 측정결과를 기준으로 함 • 통계적으로 타당도를 평가하는 것으로서, 사용하고 있는 측정도구의 측정값과 기준이 되는 측정도구의 측정값 간의 상관관계에 관심을 둠 • 연구하려는 속성을 측정해 줄 것으로 알려진 외적변수(기준)와 측정도구의 측정결과(척도의 점수) 간의 관계를 비교함으로써 타당도를 파악함 • '동시적 타당도(Concurrent Validity)'와 '예측적 타당도(Predictive Validity)'로 구분됨
표본의 대표성과 표본오차	표본의 대표성과 적합성이 인정되기 위해서는 가급적 표본오차가 작아야 함
동형검사 신뢰도 (Equivalent-form Reliability)	• 두 개 이상의 유사한 측정도구, 즉 동등한 것으로 추정되는 1개의 측정도구를 사용하여 동일한 표본에 적용한 결과를 서로 비교하여 신뢰도를 측정하는 방법 • '복수양식법, 유사양식법, 평행양식법'이라고도 함 • 검사-재검사 신뢰도의 변형이라고 할 수 있음 • 동일한 조작적 정의 또는 지표들에 대한 측정도구를 두 종류씩 만들어 동일한 측정대상에게 각각 응답하도록 하는 방법
내용분석 (Content Analysis)	문헌연구의 일종으로서, 인간의 의사소통의 기록을 객관적 · 체계적 · 수량적으로 기술
비관여적 연구의 예	• 한부모 관련 기존통계(Existing Statistics)의 분석연구 • 아동학대 관련 사례파일의 분석연구 • 물리적 흔적을 분석한 박물관 전시 공간 재배치 연구
서베이(Survey) 조사	한 개인이나 집단, 혹은 프로그램이라는 단일한 사례를 대상으로 질적이고 심층적인 분석을 필요로 하는 주제에는 적합하지 않음
델파이 집단의 주요 구조적 특성	참가자의 익명성 보장, 정보 흐름의 구조화, 규칙적인 피드백
순수실험설계	무작위할당, 독립변수의 조작, 통제집단, 사전 · 사후 검사 등 실험설계의 실험적 조건에 해당하는 기본요소를 모두 갖춘 설계유형
개념의 구체화 과정	• 개 념 • 개념적 정의(개념화) • 조작적 정의(조작화) • 현실세계(변수의 측정)

MEMO

I wish you the best of luck!

www.SDEDU.co.kr

합격의 공식
온라인 강의

잠깐!

혼자 공부하기 힘드시다면 방법이 있습니다.
SD에듀의 동영상강의를 이용하시면 됩니다.
www.sdedu.co.kr ➔ 회원가입(로그인) ➔ 강의 살펴보기

제 **2** 영역

사회복지조사론

혼자 공부하기 힘드시다면 방법이 있습니다.
SD에듀의 동영상강의를 이용하시면 됩니다.
www.sdedu.co.kr → 회원가입(로그인) → 강의 살펴보기

과학적 방법으로서의 사회복지

🔹 학습목표　■ 최근 출제경향인 과학적·사회과학적 논리의 이해가 우선적으로 학습되어야 하는 부분이다.
　　　　　　　■ 연역적 방법과 귀납적 방법은 반복 출제되는 부분이므로 반드시 학습해야 한다.

제 1 절　지식, 가치, 기술

1 지식

(1) 지식의 의의

① 지식이란 확실하고 근거가 있는 인식으로 단순한 신념과 구별한다. 지식의 성립근거를 밝혀내는 것은 인식론의 주요 업무이지만, 일반적으로 지식이 지식으로서 성립되기 위해서는 확실한 진리를 전제로 하고 거기에서 타당한 절차를 거쳐서 지식에 도달할 수 있어야 한다. 뿐만 아니라 전제의 존재를 부정하는 데서 회의론이 발생한다.

② 일반적으로 이성론은 전제가 되는 확실한 진리가 이성에 의해서 제시된다고 보고, 마치 이것을 공리로 해서 다른 여러 지식이 정리처럼 도출된다고 보는 데 비해, 경험론은 최초의 전제로서 감각적 경험만을 인정하고 통상의 모든 지식은 모두 그 위에 구축된다고 한다. 그러나 감각적 경험은 단지 신념만을 줄 뿐이며, 본래의 확실한 지식은 이것과는 별도의 원천을 가진다고 하는 견해도 플라톤을 비롯하여 철학사에서 널리 찾아볼 수 있다.

(2) 칸트와 헤겔

① 칸트는 감성의 형식과 오성의 범주에서 선천성을 인정함으로써, 경험과 함께 시작하지만 경험에서 생기는 것이 아닌 지식의 객관성과 보편타당성의 기초를 다지려고 하였다.

② 헤겔은 감각적 확신, 지각, 오성 등은 각기 지양해야 할 모순을 포함한 변증법적 여러 단계이며, 최종적으로는 절대지(Absolutes Wissen)에서 종합되어야 한다고 보았다. 이와 같은 변증법적 견지는 지식을 외적 실재의 모사 및 반영이라고 보는 변증법적 유물론자에게도 이어졌다고 볼 수 있다.

(3) 현대에 와서는 논리, 언어, 정보, 개념 등의 과학적 정밀화가 이루어지고 이에 수반해서 지식의 문제에도 새로운 접근이 시도되고 있으나, 여러 형태로 고전적인 문제가 부활되고 있다.

2 가 치

(1) 가치란 인간의 욕구, 특히 지적·감정적·의지적 욕구를 만족시키는 것을 가리킨다. 가치의 발생에는 대상과 그 대상에 관계하는 주체가 있어야 하며, 가치는 대상과 주체, 즉 인간과의 관계에서 발생하는 것이다. 대상에 대한 주체의 관계는 평가작용을 전제로 하며, 그 평가작용을 하는 주체의 성격에 따라 가치 자체도 개인적·사회적·자연적·이상적인 것 등으로 구별된다.

(2) 철학에서는 진선미의 보편적인 가치를 추구하며, 특히 이런 문제를 다루는 분야를 가치론이라고 한다. 예술에 있어서 미적 가치를 판단하는 능력을 미적 판단력이라고 한다.

(3) 실존주의에서는 가치의 상대성과 가치의 전환을 솔직하게 긍정한다. 인간은 실존이 본질에 의하여 규정되지 않는 것과 같이 고정된 가치체계로 규정할 수 없기 때문이다. 초월적인 가치가 존재하여 그것이 우리를 형성하는 것이 아니라, 가치를 가치가 되도록 하고, 또 가치로 하여금 가치가 아닌 것으로 만들 수 있기 때문이다. 인간이 실존하고 있는 한 항상 가치의 상대성을 체험하고 가치의 전환을 시도한다.

3 과 학

(1) 과학의 의의

과학이란 지각적 작용에 의해 사물 및 현상의 구조와 성질을 관찰하고, 기술적 실험조사를 통해 사실을 증명하며, 이론적인 설명과정을 통해 객관적인 법칙을 탐구하는 체계적 지식활동이다.

(2) 과학의 목적

① **변수들에 대한 인과관계 기술** : 과학은 대상 및 현상에 대한 실험과 체계적인 이해를 통해 그 원인과 결과를 설명한다.

② **일반화** : 반복실험 및 검증과정을 통해 규칙을 발견하고, 이를 일반화하여 이론으로 정립한다.

③ **예측 및 통제** : 정립된 이론을 통해 새로운 대상 및 현상을 분석하고, 미래에 대해 예측하고 체계화하여 적절히 통제한다.

4 기 술

(1) 과학을 실제로 응용하여 자연의 사물을 변경·가공하고 인간생활에 이용하는 재주로 '기술'이라는 용어가 가장 많이 사용되며, 수법 또는 수단이라는 말로도 대치하여 자주 사용한다. 그 예로 정치기술, 광고기술, 경영기술, 교육기술, 스포츠기술 등이 있다.

(2) 기술은 또한 '과학기술'과 같이 '과학'과 나란히 사용되는 일이 많아지고 있다. 이것은 과학적인 기술이라는 뜻으로 쓰기보다는 과학과 그것을 응용하는 기술을 포괄하여 쓰는 용어이다.

(3) 과학은 기술과 확실히 접근하여 현대에는 과학과 기술을 계획적으로 결합하는 것이 가능해지고 있어, 앞으로 더욱 '과학기술'이라는 용어가 널리 보급될 것이다. 그러나 '기술'은 '과학'보다 일찍 발생하여, 인류 탄생 이래의 오랜 역사를 가지고 있다. '과학'과의 접근은 1870년대 선진국에서 대기업이 물리학자와 화학자를 고용하고, 정부가 군비와 산업진흥을 위하여 연구소를 설치하게 되면서부터였다.

5 과학과 가치, 윤리와의 관계

(1) 과학과 가치

① 사회과학에서 가치가 중요시되는 것은 가치 자체가 사회과학의 주요 연구대상이 되고 있다는 것과 과학자에게 내재화되어 있는 가치가 조사활동에 있어 객관성을 저해하는 중요한 요인이 되고 있다는 점이다.

② 사회과학자들이 가치에 대해 내린 많은 정의들을 살펴보면 그들은 공통적으로 가치를 사회행위의 궁극적인 목표나 의도로 이해하고 있다. 가치란 존재에 대치되는 당위에 관한 것, 즉 도덕적 요청의 표현이다. 사회학의 연구대상이 사회관계라고 본다면 사람이 또 다른 사람이나 자연 또는 사회활동에 대해 갖는 가치태도를 조사함으로써 그의 행위에 대한 설명이나 예측이 가능할 것이다.

③ 과학의 연구대상 선정에는 이미 가치판단이 개입되어 있고, 또한 과학은 연구대상으로서 가치문제를 다루고 있으며 접근이 가능한 연구자료에도 이미 가치판단이 개입되어 있는 경우가 존재한다.

(2) 과학과 윤리

① **연구내용상의 윤리문제** : 과학자의 연구대상은 사회적 통념이 허용하는 범위 내의 것이어야 하며, 인간생활에 해를 주기보다는 이익을 주어야 한다.

② **연구과정상의 윤리문제** : 좀 더 타당한 결과를 얻어내기 위하여 연구대상을 조작해야 하는 경우 과학자는 어떻게 해야 하는가 혹은 연구활동 중 습득한 사실에 대한 자료원을 숨길 수 있는가 하는 등의 문제에 관한 것이다.

③ **연구결과의 발표과정에서의 윤리문제**

㉠ 개인의 신분 노출문제 : 개인에 대한 이해 여부를 논할 것도 없이 프라이버시를 보장하기 위해서 개인의 신분을 밝혀서는 아니 된다.

㉡ 다른 목적을 위한 자료의 사용문제 : 자료를 다른 목적에 사용하는 예로 그 자료가 자신의 것인 양 다른 보고서나 저서에 활용하는 경우 등을 들 수 있으며, 이는 연구계약 시 관련사항을 사전에 명기할 필요가 있다.

ⓒ 책임문제 : 연구결과에서 오는 명성이나 비난이 누구에게 귀속되어야 하는지에 대한 문제로서 연구결과에 대한 책임이나 이익은 단독연구인 경우에는 책임자가, 공동연구인 경우에는 나누어 가져야 한다.

제2절 지식의 형성방법

1 과학적 지식탐구

(1) 과학적 방법의 의의   11회 기출
과학적 방법이란 '현상 → 개념 → 가설 → 검증'의 과정을 거쳐 이론을 도출해 내는 것을 말한다. 즉, 종합체계적인 실험활동을 통하여 일반적인 원칙을 밝혀내는 것이다.

(2) 과학적 지식의 특징   10회 기출
① 재생가능성(Reproducibility) : 과학적 지식의 재생가능성이란 일정한 절차와 방법을 되풀이했을 때 누구나 같은 결론을 내릴 수 있는 가능성을 말한다. 이러한 재생가능성은 과정 및 절차에 관한 것과 결과에 대한 것 두 가지로 나눌 수 있다. 전자를 입증가능성(타당성)이라 하며, 후자를 신뢰성이라 한다. 이러한 과학적 지식의 특성으로서 재생가능성은 과학과 예술을 뚜렷하게 구분하여 주는 지침이 된다. 또한 이러한 재생가능성은 과학적 조사에서 조사방법 자체의 표준화를 중시하도록 해준다.

② 경험성(Empiricism) : 과학적 지식의 경험성이란 연구대상이 궁극적으로 인간의 감각에 의하여 지각될 수 있는 것이어야 한다는 뜻이다. 그런데 이러한 경험성은 인간의 감각기관에 대한 신뢰의 문제와 추상적 용어에 대한 감각기관의 지각가능성 문제가 대두된다. 전자에 대하여는 객관성의 문제가 제기되기도 하지만 궁극적으로 인간의 어떤 사실에 대한 인식의 출발점은 지각이라는 점과, 과학적 지식은 곧 그것이 인간의 감각기관에 의해 포착될 수 있는 것이라는 점이 강조된다.

③ 객관성(Objective) : 과학적 지식의 객관성이란 건전한 감각기관을 가진 여러 사람이 같은 대상을 인식하고 그로부터 얻은 인상이 일치하는 것을 말한다. 따라서 누구에게나 동일하게 인식되는 사상은 객관성이 있다고 말할 수 있다.

④ 간주관성(Intersubjective) : '상호주관성'이라고도 하며 과학적 지식은 다른 연구자들에게도 연구과정과 결과가 이해되어야 한다는 것이다. 비록 연구자들이 주관을 달리 할지라도 같은 방법을 사용했을 경우 같은 해석 또는 설명에 도달할 수 있어야 한다.

⑤ **체계성(Systematic)** : 과학적 연구가 내용의 전개과정이나 조사과정에서 일정한 틀, 순서, 원칙에 입각하여 진행되어야 한다는 것이다. 이러한 체계성을 통해 과거로부터의 업적들을 지속적으로 축적함으로써 확고한 이론을 정립하는 것이 가능해진다.

⑥ **변화가능성(Changeable)** : 기존의 신념이나 연구결과가 새로운 것에 의해 언제든지 비판되고 수정될 수 있다는 것이다. 과학적 지식의 속성상 미래의 언젠가는 다른 연구가 현재 우리가 가지고 있는 지식을 바꾸어 놓을 가능성이 높다.

(3) 과학적 조사 연구의 특징

 4, 5, 9, 11, 15회 기출

① 논리적 · 체계적이며, 철학이나 신념보다는 이론에 기반한다.

② 일정한 규칙과 절차를 통해 이루어진다.

③ 확률에 의한 인과성이 있다.

④ 일시적 · 잠정적인 결론이다.

⑤ 일반화를 통해 보편적인 것을 지향한다.

⑥ 간결화를 통해 최소한의 설명변수로 최대의 설명력을 유도한다.

⑦ 구체화를 통해 검증하고자 하는 개념을 정확히 측정한다.

⑧ 간주관성(상호주관성)에 의해 서로 다른 동기에도 불구하고 동일한 결과가 나타난다.

⑨ 관찰로부터 수집된 자료를 토대로 한다.

⑩ 경험적인 검증 가능성에 의해 이론의 유용성이 인정된다.

⑪ 새로운 이론에 의해 언제든 수정이 가능하다.

⑫ 허위화(Falsification)의 가능성에 대해 개방적이어야 한다.

(4) 과학적 조사의 논리전개방식

 2, 3, 4, 6, 10, 11회 기출

① **연역법**

㉠ 가설설정 → 조작화 → 관찰 · 경험 → 검증

㉡ 이미 참으로 인정된 보편적 원리를 가지고 현상에 연역시켜 설명하는 방법이다. 법칙과 이론으로부터 어떤 현상에 대한 설명과 예측을 도출하는 방법으로 이해할 수 있다.

　예 모든 사람은 죽는다. – A는 사람이다. – 그러므로 A는 죽는다.

㉢ 일반법칙을 전제로 해서 개별적인 명제를 성립시키는 논증을 귀납(歸納)과 대비하여 연역이라 할 때가 많이 있지만, 협의로는 1개 또는 2개의 명제를 전제로 한 다음 다른 명제를 성립시키는 논리적인 방법을 말한다.

㉣ 이론으로부터 가설을 설정하고 가설의 내용을 현실세계에서 관찰한 다음, 관찰에서 얻은 자료가 어느 정도 가설에 부합되는가를 판단하여 가설의 채택여부를 결정짓는 방법이다.

　예 가설검증

② **귀납법**

㉠ 주제선정 → 관찰 → 유형의 발견(경험적 일반화) → 임시결론(이론)

ⓛ 확률에 근거한 설명으로 과학은 관찰과 경험으로부터 시작한다고 보는 견해에서 비롯된다. 관찰과 자료의 수집을 통해서 보편성과 일반성을 가지는 하나의 결론을 내린다.

   예 "까마귀 1은 검다." – "까마귀 2는 검다." – "……" – "까마귀 9999는 검다."– "그러므로 모든 까마귀는 검을 것이다."

ⓒ 주로 탐색적 연구에 사용된다.

ⓔ 특수한 사실을 전제로 하여 일반적인 진리 또는 원리로서 결론을 내리는 방법을 말한다.

ⓜ 과학자가 관찰한 사실을 설명하기 위해 이론을 형성해 가는 과정을 말한다.

Plus ⊕ one

연역법과 귀납법의 관계
- 연역법과 귀납법은 상호보완적인 관계를 형성한다.
- 연역법은 구체적인 대상이나 현상에 대한 관찰에 일정한 지침을 제공하고, 귀납법은 경험적인 관찰을 통해 기존의 이론을 보충 또는 수정한다.

2 비과학적 지식탐구

(1) 관습에 의한 방법

어떠한 명제나 주장을 관철시키기 위하여 단순히 선례나 관습 또는 습성을 그 근거로 제시하거나 준용하는 것으로, 진정한 학문발전에는 방해가 된다. 이러한 관습에 의한 방법은 그 시대나 사회에 따라 일정한 문화형태를 형성시켜주지만, 반드시 옳은 것은 아니며 보통 전통과 인습으로 구분된다.

(2) 권위에 의한 방법

자신의 주장의 타당성과 설득력을 높이기 위하여 인품이 뛰어나거나 전문기술을 갖고 있는 사람 또는 사회적 지위가 높은 사람의 말을 인용할 때 흔히 볼 수 있다. 또한 믿을 만한 정보 출처를 댄다든지 신뢰도가 높은 공공기관의 유권해석을 요구하는 경우에도 이와 같은 방법이 동원되며, 일상적으로 접하는 정치 · 경제 · 사회적인 문제가 권위에 의한 방법으로 결정된다.

(3) 직관에 의한 방법

확고한 신념을 얻기 위하여 시도하는 또 하나의 방법으로, 스스로 분명한 명제에 호소하는 방법이 있다. 이 명제는 너무나 명백한 사실에 속하므로 그 뜻을 이해하는 사람이면 누구나 진실이라는 확신을 갖게 된다. 그러나 이 방법은 당시의 유행이나 어릴 때 교육에 의해 조성되는 경우가 많으므로 항상 자명성을 가지고 있는 것은 아니다. 따라서 의심을 품어보는 것, 즉 직관은 항상 시험되어야 한다.

1 과학철학의 이론

(1) 연역주의

① 르네상스 시대의 지적 위기, 즉 중세까지 아리스토텔레스 일색이던 학계에 고대의 갖가지 학설과 극단적 회의론들이 16세기경에 난무하며 지적권위의 부재현상이 심화된 상황에서 등장하였다.

② 데카르트는 논리적 추론과 일반화를 통한 연역주의를 주창하였다.

③ 일반적인 원리나 법칙을 통한 가설 설정과 함께 경험적 관찰에 의한 가설 검증을 강조한다.

④ 일반화한 이론을 통해 모든 구체적인 사례들을 설명하는 과정에서 문제가 발생할 수 있다.

(2) 귀납주의

① 15~16세기경 경제활동과 부의 증대로 인해 실제적 지식의 중요성이 부각되면서 경험적인 연구의 중요성에 대한 인식의 증가와 자연과학의 발달, 실험과학의 극적인 성취 등이 나타났다.

② 베이컨은 연역주의 및 합리주의를 거부하고, 관찰과 실험을 통한 귀납주의를 주창하였다.

③ 현상에 대한 구체적이고 객관적인 관찰 및 실험을 강조한다.

④ 상대적으로 소수인 사례를 통해 전체를 일반화하는 과정에서 문제가 발생할 수 있다.

(3) 논리적 경험주의

① 과학이론들은 확률적으로 검증되는 관찰에 의해서만 정당화될 수 있으며, 연속적인 경험적 검증 과정을 거쳐 진리로 발전된다고 주장한다.

② 논리적 실증주의의 유일한 관찰에 의해 진술과 명제를 규명하기 어려운 점을 보완하여 '진리의 검증' 대신 '진리의 확인'의 개념을 보다 널리 사용한다. 즉, 경험을 토대로 구축된 가설이 추가적인 관찰에 의해 실증적으로 검증됨으로써 진리로 확인된다는 것이다.

③ 논리적 실증주의와 마찬가지로 소수의 관찰에 의해서 논리적 판단을 행하는 것은 문제가 있으며, 관찰 수행자의 주관에 의한 측정의 오류를 배제할 수 없는 한계가 있다.

(4) 논리적 실증주의

① 논리성을 강조한 스펜서 및 베이컨의 주장이 논리실증주의로 발전된 형태이다.

② 일반적인 진실과 명제는 경험적으로 검증될 때 의미가 있다고 주장한다.

③ 한정된 수의 경험적 증명만이 일반적 진리라고 주장하는 귀납적 추론으로는 진리를 주장하는데 무리가 있다(관찰자의 주관이나 편견 개입 가능성).

(5) 반증주의

① 과학은 기존의 이론과 상충되는 현상을 관찰하는 데서 출발하여 기존의 이론에 엄격한 검증을 한다.

② 연역적 이론이 확증될 수는 없지만 예측의 실패에 의해 명백히 반증될 수 있다고 보며 논리적으로 연역법에 의존한다.

(6) 과학적 혁명과 패러다임(T. S. Kuhn)

① 기존의 패러다임을 부정하고 새롭게 출발할 때 과학은 혁명적으로 발전한다고 주장한다.

② 패러다임(Paradigm)이란 각 학문과의 이론과 법칙, 일반화와 연구방법, 그리고 평가·측정·관찰에 사용되는 도구로 과학적 혁명기간 동안 끊임없이 변화하고 발전한다.

③ 패러다임은 각 학문분과에서 대상을 바라보는 세계관의 구조와 결합하며, 과학적 연구 및 이론 형성에 있어 일관성의 효과를 유도한다.

④ 일반적으로 한 시기에 여러 개의 패러다임이 공존하나 그 우열을 가릴 객관적 기준은 존재하지 않는다.

⑤ 자연과학에서는 위기와 혁명으로 그것이 다른 것으로 대체될 때까지 한 가지 패러다임이 지배하는 반면, 사회과학에서는 다중 패러다임이 공존한다.

⑥ 사회과학의 패러다임들은 다양한 관점을 제시하면서 한쪽에서 무시한 사회생활의 관점을 다른 한쪽에서 밝혀내는 한편, 다른 쪽에서 결여된 통찰력을 제시하기도 한다.

⑦ 궁극적으로 패러다임 자체는 참 혹은 거짓이 아니라, 관점에 따른 유용함의 정도가 다를 뿐이다.

(7) 해석주의 10, 11, 13회 기출

① 질적 연구방법의 철학적 배경이 된 후기실증주의(Post-positivism)의 방법론적 유형 중 하나로, 해석학·현상학·사회언어학·근거이론·상징적 상호작용주의와 밀접하게 연관된다.

② 딜타이(Dilthey)는 역사의 본질이나 그 연구에 대해 자연과학의 방법론을 그대로 적용하기 어렵다고 보았다. 즉, 역사학과 같은 정신과학은 추체험(Nacherleben, 다른 사람 또는 이전의 체험을 자기의 체험이나 다시 체험하는 것처럼 느낌)을 통한 '이해(Verstehen)'에 의해 연구되어야 한다는 것이다.

③ 인간에 대한 이해는 자연과학의 정태적인 범주로는 포착할 수 없는 인간 존재의 역동성 및 역사성에 대한 인식의 회복에서 비롯된다. 즉, 자연과학과 같이 현상의 원인을 과학적·객관적으로 측정하는 것이 아닌 개인의 다양한 경험과 사회적 행위의 주관적 의미에 대한 해석과 이해를 통해 사회적 현상을 설명하고자 한다.

④ 개인의 정체성, 세계관을 비롯하여 다양한 인지적 요인들은 그 사회의 문화에 의해 영향을 받으며, 이러한 문화적 산물들이 개인의 지각과 이해를 형성하게 된다.

⑤ 인간 행위의 동기나 의도를 문화적인 코드 또는 사회의 복잡한 규범들의 맥락 속에서 파악하고자 한다. 따라서 주로 언어를 분석 대상으로 활용한다.

2 │ 사회과학과 자연과학방법론의 비교

사회과학	자연과학
• 자연과학에 비해 일반화가 용이하지 않다. • 사고의 가능성이 제한되고 명확한 결론을 내리기 어렵다. • 인간의 형태와 사고를 대상으로 한다. • 사고의 도식화에 관한 타당성에 의문을 제기하고 사회문화적 특성에 영향을 받는다. • 새로운 이론이라도 기존의 이론과는 단절되지 않은 성격을 가진다. • 누적적이 아닌, 독창적이고 유일한 성격의 학문이다. • 연구자 개인의 심리상태, 개성, 가치관, 세계관 등에 의해 영향을 받는다.	• 사회과학에 비해 비교적 일반화가 용이하다. • 사고의 가능성이 무한정하고, 명확한 결론을 얻을 수 있다. • 동식물이나 자연현상 등을 대상으로 한다. • 수학의 공식과 같은 분석방법에 의한 사고의 도식화를 강조하고, 사회문화적인 특성에 의해 영향을 거의 받지 않는다. • 기존의 이론과는 전혀 다른 새로운 이론이 빈번히 대두된다. • 누적적인 성격을 가진 학문이다. • 연구자의 개성이나 사회적 지위에 의해 영향을 받지 않는다.

제4절 사회복지조사연구의 이해

1 │ 사회복지조사의 의의

특정의 사회현상을 설명하는 방법으로서 과학적 조사를 통해서 질문에 대한 해답을 구하는 표준화된 절차를 말한다. 기존의 지식에 첨가하려는 의도에서 전달 및 입증될 수 있는 방식으로 체계적 발견을 하는 것이다. 사회복지조사는 오늘날 사회복지를 사회과학적 토대에서 연구하는데 필수적인 도구이다.

2 │ 사회복지조사 연구방법

(1) 연구방법론

① 연구방법론의 특성

　㉠ 경험주의적 접근 방법을 사용한다.

　㉡ 구체적이며 객관적인 접근 방법을 사용한다.

　㉢ 다양한 이론들에 의한 종합과학적 접근방법을 사용한다.

　㉣ 인간행동과 사회환경에 대한 법칙을 모색한다.

　㉤ 인간의 합리적인 사고 작용을 토대로 한다.

② **연구방법론의 목적** 1회 기출

  ㉠ 보고 : 연구결과를 추론이나 결론을 내리지 않고 간단한 자료로써 발표한다.

  ㉡ 기술 : 인간의 행동이나 사회현상을 기술한다.

  ㉢ 설명 : 기술된 현상의 발생 원인을 설명함으로써 사회현상과 인과관계를 설명한다.

  ㉣ 예측 : 이론의 기초적인 명제로부터 보다 복잡한 명제를 추론한다.

(2) 사회복지조사 20회 기출

① **사회복지조사의 목적**

  ㉠ 사회적 욕구를 이해한다.

  ㉡ 사회복지 실천방법의 기초를 구성한다.

  ㉢ 사회복지 실천효과를 측정한다.

  ㉣ 사회복지 이론과 실천의 과학화를 도모한다.

  ㉤ 사회개량을 통해 사회적 약자를 보호한다.

② **사회복지조사의 필요성** 9, 10, 14, 16회 기출

  ㉠ 개인 및 지역주민의 복지욕구를 충족시키고 사회적 문제의 해결방안을 찾기 위해 관련 자료를 수집한다.

  ㉡ 과학적 방법을 활용하여 클라이언트에 관한 자료를 체계적으로 수집·기술·분석·해석함으로써 클라이언트의 문제 해결을 위한 유효한 정보를 제공한다.

  ㉢ 전문직 활동으로서 사회복지활동에 대한 사회적 책임성을 구현한다.

  ㉣ 사회복지 조사 과정에서 나타날 수 있는 조사 대상에 대한 비윤리적인 행위를 예방한다.

  ㉤ 과학적이고 객관적인 방법을 통해 서비스 프로그램의 효과성 및 효율성을 평가·검증한다.

③ **사회복지조사의 특징** 2회 기출

  ㉠ 응용조사로서의 성격이 강하다.

  ㉡ 사회개량적 특성을 가지고 있다.

  ㉢ 사회복지서비스의 계획적인 제공이 이루어지도록 돕는다.

  ㉣ 사회복지 프로그램 및 정책적 대안의 개입효과를 평가한다.

  ㉤ 사회복지 프로그램 및 정책적 대안의 적합성 여부를 간접적으로 시험한다.

  ㉥ 문제의 개량화, 통계적 검증 등 과학적·객관적 연구를 지향한다.

  ㉦ 연구의 전 과정에서 결정주의적 성향을 지양해야 한다.

④ **사회복지조사의 한계** 5회 기출

  ㉠ 경험적 인식의 제한 : 인간의 경험적 인식의 범위에는 한계가 있다.

  ㉡ 시간적·지리적 제한 : 사회복지조사는 일정 기간, 일정 지역에 한해 수행된다.

  ㉢ 비용적 제한 : 조사요원의 투입, 조사대상의 확대 등으로 인해 초과비용이 발생한다.

  ㉣ 조사자의 주관적인 가치로 인한 제한 : 조사자의 개인적인 가치가 조사의 결과에 영향을 미친다.

  ㉤ 정치적·사회적·문화적 요인에 의한 제한 : 사회적인 이슈나 정치문제 등이 조사과정에 개입될 수 있다.

⑤ 사회복지조사의 윤리성 문제 3, 6, 9, 11, 12, 13, 15, 16회 기출

㉠ 조사대상자의 사생활을 보호하고 익명성을 보장해야 한다.

㉡ 조사대상자에게 조사의 목적 및 내용, 조사의 범위와 절차, 조사의 혜택과 위험성, 조사결과의 활용 계획, 개인정보보호 등에 관한 내용을 사전에 충분히 알려주어야 한다.

㉢ 조사대상자의 자발적인 참여와 동의를 이끌어내야 하며, 조사 과정 중 본인이 원하면 언제라도 중단할 수 있음을 알려주어야 한다.

㉣ 조사대상자에게 직간접적인 피해를 주지 않도록 해야 한다.

㉤ 조사 대상자를 속이거나 특정 답변을 유도해서는 안 된다.

㉥ 조사연구에 있어서 인간을 수단으로 이용해서는 안 된다.

㉦ 동료조사자들에 대한 정보 개방을 통해 조사의 효율성을 기해야 한다.

㉧ 조사과정에서 드러난 문제점과 실패도 모두 보고해야 한다.

01 과학적 조사 연구에 관한 설명으로 옳지 않은 것은? [11회]

① 잠정적이지 않은 지식을 추구한다.
② 경험적 증거에 기반하여 지식을 탐구한다.
③ 체계적이고 포괄적인 방법에 의존한다.
④ 객관성의 추구를 강조한다.
⑤ 재현과 반복의 가능성이 높다.

해설 과학적 조사방법은 연구결과에 대해 일시적·잠정적이다.

02 인식론에 관한 설명으로 옳지 않은 것은? [13회]

① 실증주의는 경험적 관찰을 통해 이론을 재검증한다.
② 해석주의는 사회적 행위의 주관적 의미에 대한 이해를 강조한다.
③ 실증주의는 적은 수의 표본으로 결과를 일반화하는 것은 무리라고 주장한다.
④ 해석주의는 주로 언어를 분석 대상으로 활용한다.
⑤ 실증주의는 연구자의 가치나 태도 활용을 강조한다.

해설 ⑤ 실증주의는 연구자와 연구대상을 분리하고 가치중립성을 확보함으로써 사회적 실재를 파악할 수 있다고 본다. 그러나 해석주의는 연구자가 가치중립성을 띠기 어려우며, 오히려 사회적 실재의 구성원리를 연구자의 해석과 이해로써 설명 가능한 수준으로 끌어올리는 것이 바람직하다고 주장한다. 다시 말해 해석주의는 측정 가능한 실험과 관찰을 통해 원인을 고립시켜 객관적으로 측정하거나 일반화를 이끌어 내는 데 초점을 둔 실증주의와 달리, 개인의 일상 경험, 깊은 의미와 느낌, 개별화된 행동의 특유한 이유 등을 설명하려 하면서 사람들이 마음속으로 어떻게 느끼는지에 대한 감정이입적 이해를 얻고자 한다. 따라서 해석주의적 연구자는 내적·주관적 토대에서 사람들이 어떻게 세상을 인지하고 경험하는지를 발견하고 이해하는 데 관심을 가진다.

1 ① 2 ⑤   Answer

03 다음 중 조사연구의 특징에 해당하지 않는 것은? [4회]

① 상징성   ② 객관성
③ 합리성   ④ 과학성
⑤ 경험적 검증 가능성

 조사연구의 특징
- 과학성 · 객관성
- 논리성 · 체계성
- 구체성 · 간결성
- 합리성 · 간주관성
- 경험적 검증 가능성
- 확률에 의한 인과성
- 일정한 규칙과 절차
- 일시적 · 잠정적 결론
- 보편적인 것의 지향
- 관찰에 의한 자료수집
- 새로운 이론에 의한 수정 가능성

04 사회복지조사의 연구윤리에 관한 설명으로 옳은 것을 모두 고른 것은? [15회]

> ㄱ. 연구대상을 관찰하기에 앞서 그들의 동의를 구해야 한다.
> ㄴ. 연구로부터 얻을 수 있는 사회적 이익이 비용을 초과해야만 한다.
> ㄷ. 조사과정에서 드러난 문제점과 실패도 모두 보고해야 한다.
> ㄹ. 비밀성이 보장되면 익명성도 보장된다.

① ㄱ   ② ㄴ
③ ㄱ, ㄷ   ④ ㄱ, ㄷ, ㄹ
⑤ ㄱ, ㄴ, ㄷ, ㄹ

해설   ㄴ. 사회복지조사가 연구대상자에게 피해를 주는 것이어서는 안 되겠지만, 이를 너무 엄격하게 규제하는 경우 사회현상에 대한 연구 자체가 어려울 수 있다. 이에 대한 기준으로는 연구대상자가 연구로부터 얻을 수 있는 혜택이나 사회적 이익이 연구로 인해 생길 불이익보다 커야 한다는 것이다.
     ㄹ. 연구자는 일차적으로 익명성과 비밀성을 지켜야 한다. 익명성(Anonymity)은 응답자들이 자신의 신원을 밝히지 않고 응답할 수 있도록 하는 것인 반면, 비밀성(Confidentiality)은 연구자가 응답자에 대해 알고는 있으나 이를 공개하지 않고 지킨다는 것이다. 익명성과 비밀성은 별개의 것으로, 익명성의 보장은 응답자와 비응답자의 구분을 어렵게 하는 반면, 비밀성의 보장은 자료의 신뢰성 여부를 둘러싼 공방을 야기할 수 있다.

Answer   3 ①   4 ③

05 이론에 기초하여 가설을 도출하고 실증적 자료를 이용하여 가설을 검증하는 연구방법은?

[3회]

① 연역법
② 귀납법
③ 일치법
④ 공변법
⑤ 소거법

> **해설** 연역법과 귀납법
> 연역법은 이미 참으로 인정된 보편적 원리를 가지고 현상에 연역시켜 설명하는 방법으로서, 법칙과 이론으로부터 어떤 현상에 대한 설명과 예측을 도출하는 방법에 해당한다. 이에 반해 귀납법은 관찰과 자료의 수집을 통해 보편성과 일반성을 가지는 하나의 결론을 도출하는 방법이다. 이러한 연역법과 귀납법은 상호보완적인 관계를 형성하며, 연역법이 구체적인 대상이나 현상에 대한 관찰에 일정한 지침을 제공한다면, 귀납법은 경험적인 관찰을 통해 기존의 이론을 보충 또는 수정하는 역할을 한다.

06 다음 중 연역법과 귀납법에 대한 설명으로 옳지 않은 것은?

[4회]

① 연역법과 귀납법은 상호배타적이다.
② 연역법은 '가설 → 조작화 → 관찰 → 검증'의 절차를 거친다.
③ 귀납법은 관찰로부터 시작하여 이론을 확정하거나 수정한다.
④ 귀납법은 특수한 사실로부터 일반적인 원리를 찾아낸다.
⑤ 귀납법은 '주제선정 → 관찰 → 경험적 일반화 → 이론'의 절차를 거친다.

> **해설** 연역법과 귀납법은 상호보완적인 관계를 형성한다.

07 논리적 실증주의에 대한 설명 중 가장 거리가 먼 것은?

[3회]

① 조작적 정의
② 연역적 논리의 사용
③ 단일한 실재
④ 구성주의적 접근
⑤ 경험적 자료의 검증

> **해설** 논리적 실증주의는 행동주의와 인지주의를 모두 포함하며, 이러한 행동주의와 인지주의는 지식을 학습자가 습득해야 할 객관적인 실체로 가정한다. 이에 반해 구성주의는 지식을 객관적인 실체가 아닌 학습자의 주관적인 구성에 의해 이루어지는 것으로 본다. 특히 구성주의를 이용하여 인간의 인지발달이론을 정립한 대표적인 학자로 피아제(J. Piaget)가 있다.

08 사회복지조사의 필요성에 관한 설명으로 옳은 것을 모두 고른 것은?

> ㄱ. 개입의 효과성 증진
> ㄴ. 실천과정에서 적용한 이론 검증
> ㄷ. 서비스 이용자에 대한 책임성 제고
> ㄹ. 실천지식과 기술의 과학적 발전

① ㄱ, ㄴ, ㄷ   ② ㄱ, ㄷ

③ ㄴ, ㄹ   ④ ㄹ

⑤ ㄱ, ㄴ, ㄷ, ㄹ

해설 사회복지조사의 필요성
- 복지욕구 충족 및 사회적 문제 해결을 위한 자료수집
- 사회복지활동에 대한 사회적 책임성 구현
- 조사 과정에서의 비윤리적 행위 예방
- 개입의 효과성 및 효율성 평가·검증 및 기준 제시
- 체계적인 업무수행, 사회복지실천 능력 제고
- 사회복지의 일반적 지식 확대에의 공헌 등

09 사회복지사에게 과학적 조사방법론이 필요한 이유를 모두 고른 것은?   [14회]

> ㄱ. 실천현장에서 수행하는 업무에 조사 관련 지식이 필요하다.
> ㄴ. 서비스의 질을 높일 수 있는 실천기술 개발을 위해 필요하다.
> ㄷ. 지역주민의 욕구조사를 위해 필요하다.
> ㄹ. 사회복지사가 제공하는 서비스에 대한 평가를 위해 필요하다.

① ㄱ, ㄴ, ㄷ   ② ㄱ, ㄷ

③ ㄴ, ㄹ   ④ ㄹ

⑤ ㄱ, ㄴ, ㄷ, ㄹ

해설 ㄱ. 사회복지조사는 사회복지의 불완전한 지식을 실천현장에서 보충할 수 있도록 해 준다.
　　ㄴ. 사회복지조사는 사회복지 관련 현상에 관한 체계적인 지식을 제공하는 것은 물론 이를 토대로 서비스의 질을 높일 수 있는 실천기술을 개발하는 데 유용하다.
　　ㄷ. 사회복지조사의 하나인 욕구조사는 대상자 선정 및 욕구의 종류와 수준을 파악함으로써 사회복지서비스를 계획적으로 제공할 수 있도록 해 준다.
　　ㄹ. 사회복지조사는 과학적이고 객관적인 방법을 통해 서비스 프로그램의 효과성 및 효율성을 평가·검증할 수 있도록 한다.

01 과학적 조사 연구에 관한 설명으로 옳지 않은 것은? [15회]

① 잠정적이지 않은 지식을 추구한다.
② 철학이나 신념보다는 이론에 기반한다.
③ 경험적인 증거에 기반하여 지식을 탐구한다.
④ 현상의 규칙성에 대한 관심이 높다.
⑤ 허위화(Falsification)의 가능성에 대해 개방적이어야 한다.

> **해설** 과학적 방법은 모든 것을 잠정적으로 알 수 있다는 것을 전제로 하고 있다. 이는 과학적 지식의 속성상 미래
> 의 언젠가는 다른 연구에 의해 현재 우리가 가지고 있는 지식이 변경될 수 있다는 의미이다.

02 사회과학의 패러다임에 관한 설명으로 옳지 않은 것은? [16회]

① 비판사회과학적 패러다임은 억압받는 집단의 권한을 강화하는 데에 관심을 둔다.
② 실증주의적 패러다임은 경험적 관찰의 중요성을 강조한다.
③ 해석주의적 패러다임은 삶에 대한 주관적 의미에 관해 깊이 있게 탐구한다.
④ 포스트모더니즘적 패러다임은 객관적 실재라는 개념을 신뢰한다.
⑤ 후기실증주의적 패러다임은 인간의 비합리적 행위도 합리적으로 설명할 수 있다고 본다.

> **해설** ④ 포스트모더니즘적 패러다임은 이성적 주체로서의 인간관과 주체의 인식에 의해 파악되는 객관적 실재로
> 서의 지식관을 특징으로 한 모더니즘을 비판하면서, 객관적 실재의 개념을 불신하고 진리에 대한 객관적
> 기준을 거부한다.
> ① 비판사회과학적 패러다임(갈등 패러다임)은 억압에 초점을 맞추며, 억압받는 집단의 권한을 강화하기 위
> 해 연구 절차를 활용한다. 실증주의와 후기실증주의 연구자들이 연구결과를 해석하는 데 있어서 정치적
> 혹은 이념적 가치의 영향을 최소화하고 중립성에 입각하여 연구결과를 해석하려는 데 반해, 비판사회과학
> 적 패러다임의 연구자들은 임파워먼트와 옹호의 목적을 토대로 연구결과를 해석한다.
> ② 실증주의적 패러다임은 객관적 실재가 독립적으로 존재한다고 보면서, 경험적 관찰을 통해 이론을 재검증
> 하고자 한다. 특히 양적 연구방법을 사용하는 경향이 있으며, 양적 자료의 수집과 통계분석을 활용한다.
> ③ 해석주의적 패러다임은 현상의 원인을 과학적·객관적으로 측정하는 것이 아닌 개인의 다양한 경험과 사
> 회적 행위의 주관적 의미에 대한 해석과 이해를 통해 설명하고자 한다.
> ⑤ 후기실증주의적 패러다임은 객관성, 정확성, 일반 법칙화를 강조하면서도 관찰과 측정이 순수히 객관적일
> 수 없음을 인정한다. 다만, 잠재적인 비객관적 영향의 충격을 최소화시키려고 노력하면서, 인간의 비합리
> 적 행위도 합리적으로 설명하기 위해 보다 확률에 근거한 논리적인 절차를 사용한다. 특히 실증주의 연구
> 자들과 같이 양적 연구방법에 의존하기보다는 질적 연구방법도 활용한다.

03 쿤(T. Kuhn)의 과학적 패러다임에 관한 설명으로 옳지 않은 것은? [16회]

① 현상에 대한 우리의 관점을 조직하는 근본적인 도식을 패러다임이라 한다.
② 과학은 지식의 누적에 의해 점진적으로 진보한다고 본다.
③ 학문 공동체의 사회적 성격이 과학이론 선택에 중요한 역할을 한다.
④ 상이한 과학적 패러다임은 실재의 본질에 대한 다른 입장을 반영한다.
⑤ 기존 패러다임의 위기가 명백해지면 새로운 패러다임으로 전환된다.

 ② 쿤(Kuhn)은 패러다임의 변화를 점진적인 것이 아닌 혁신적인 것으로 보았으며, 기존의 패러다임을 부정하고 새롭게 출발할 때 과학은 혁명적으로 발전한다고 주장하였다. 즉, 종래의 과학은 관찰, 가설 설정, 가설 검증, 이론 구축의 반복적ㆍ누적적인 과정을 통해 궁극적으로 진리를 향해 나아간다고 주장하지만, 쿤은 그와 같은 누적적 프로세스에 의한 진보의 과학관이 아닌 비누적적 프로세스에 의한 과학혁명(Scientific Revolutions)을 제시하였다.

04 사회복지조사에 관한 설명으로 옳은 것을 모두 고른 것은? [20회]]

> ㄱ. 사회복지관련 이론 개발에 사용된다.
> ㄴ. 여론조사나 인구센서스 조사는 전형적인 탐색 목적의 조사연구이다.
> ㄷ. 연구의 전 과정에서 결정주의적 성향을 지양해야 한다.
> ㄹ. 조사범위에 따라 횡단연구와 종단연구로 나뉘어진다.

① ㄱ, ㄷ
② ㄴ, ㄹ
③ ㄱ, ㄴ, ㄷ
④ ㄴ, ㄷ, ㄹ
⑤ ㄱ, ㄴ, ㄷ, ㄹ

 ㄴ. 여론조사나 인구센서스 조사는 전형적인 기술(Description) 목적의 조사연구이다. 기술적 조사는 특정 현상을 사실적으로 묘사하려는 조사로, 현상이나 주제를 정확하게 기술하는 것을 주목적으로 한다. 참고로 탐색적 조사로 문헌조사, 경험자조사, 특례조사(특례뷰석) 등이 있다.
ㄹ. 시간적 차원(조사 시점 및 기간)에 따라 횡단연구와 종단연구로 나뉘어진다. 참고로 조사대상의 범위 혹은 표본추출의 여부에 따라 전수조사와 표본조사로 분류된다.

05 실증주의에 관한 설명으로 옳지 않은 것은? [17회]

① 인간행위를 예측할 수 있는 확률적 법칙을 강조한다.
② 과학과 비과학을 철저히 구분하려 한다.
③ 관찰결과의 일반화 가능성을 강조한다.
④ 연구결과를 잠정적인 지식으로 간주한다.
⑤ 사회적 행동을 행위자의 입장에서 이해하려 한다.

> **해설** ⑤ 실증주의는 과학적으로 검증된 지식만이 타당하다고 주장한다. 물리적 세상이 물리적 법칙을 따르듯 사회도 마찬가지로 눈에 보이는 법칙에 따라 운영되며, 행위자의 주관적인 자기 성찰이나 직관을 통해서가 아닌 객관적인 과학적 연구에 의해 사회적 지식을 습득할 수 있다는 것이다.

06 과학철학에 관한 설명으로 옳은 것은? [20회]

① 논리적 실증주의에 가장 큰 영향을 미친 사람은 영국의 철학자 흄(D. Hume)이다.
② 상대론적인 입장에서는 경험에 의한 지식의 객관성을 추구한다.
③ 쿤(T. Kuhn)에 의하면 과학은 기존의 이론과 상충되는 현상을 관찰하는 데서 출발하여 기존의 이론에 엄격한 검증을 행한다.
④ 반증주의는 누적적인 진보를 부정하면서 역사적 사실들과 더 잘 부합하는 새로운 패러다임을 제시하였다.
⑤ 논리적 경험주의는 과학의 이론들이 확률적으로 검증되는 관찰에 의해서만 정당화될 수 있다고 주장한다.

> **해설** ① 논리적 실증주의에 가장 큰 영향을 미친 학자로 19C 실증주의를 대표하는 콩트(Comte)를 들 수 있다. 콩트는 사회과학도 자연과학과 같이 실험과 관찰을 통해 검증된 것만을 지식으로 받아들일 수 있다고 주장하였다.
> ② 상대론적 입장은 지식 추구에 있어서 주관성의 개입을 필연적인 것으로 보고, 사회구성원들의 과학적 신념과의 관계에서 지식을 파악해야 한다고 주장한다.
> ③ 쿤(Kuhn)은 연구자 개인의 주관적 결정이 관찰 법칙에 타당성을 부여할 수 없으며, 이론을 선택하는 객관적인 준거도 없다고 주장하면서, 고정된 이론체계가 아니라 끊임없이 변화하는 체계로서 패러다임(Paradigm)을 제안하였다.
> ④ 반증주의는 기존의 이론을 부정하는 관찰을 통해 과학의 발전이 이루어진다는 가정하에 문제해결을 위해 제시된 이론에 대한 엄격한 경험적 검증을 강조한다.

5 ⑤ 6 ⑤　Answer

과학적 연구요소

🔆 **학습목표**　■ 개념, 변수, 이론, 가설, 사실 등에 대한 정확하고 명확한 개념정리가 필요하다.
　　　　　　　■ 가설에 나타난 주요 변수와 변수의 속성들을 구분할 수 있어야 한다.

제 **1** 절　개 념　

1 개념의 의의

(1) 인간과 더불어 존재하는 일정한 현상들을 보다 일반화함으로써 그들을 대표하는 추상화된 용어라고 할 수 있다.

(2) 한 현상 또는 사실의 존재가 전제되는 것이고, 이러한 것을 나타내려는 어떤 일반화·추상화된 용어 또는 제목으로 나타내려는 명명(命名)이라고 볼 수 있다.

　① C. Selltiz의 정의 : 개념은 일정한 관찰된 사실에 대한 추상적 표현이다.

　② F. Kerlinger의 정의 : 개념은 특정한 제 현상들을 일반화함으로써 나타난 추상적 용어이다.

　③ B. S. Phillips의 정의 : 개념이란 현상을 설정·예측하기 위한 명제나 이론의 전개에 있어서 그 밑바탕을 이루는 역할을 하는 추상적 표현이다.

2 개념의 구비조건

(1) 한정성

　① 개념의 명확성이라고도 하며, 어느 개념이라도 그것이 사실 또는 현상을 명확하고 한정적으로 나타내야 한다는 것을 의미한다.

　② 경계가 막연해서는 각각의 사실의 특징을 나타낼 수 없기 때문에 개념의 존재이유가 없게 되는 것이다.

(2) 통일성

　① 일정한 현상을 나타내는 한 개념은 누구에게나 통일적으로 사용되어야 한다.

② 개념에 대한 의사소통상의 문제이므로 사용자가 각각 다르다고 하여 각자가 동일한 하나의 현상을 놓고 각기 다른 개념을 쓰는 경우 많은 혼란을 일으키게 된다.

③ 일반적으로 사회과학에 있어서 개념적 통일을 하지 못한 것이 아직도 상당히 많기 때문에 이의 개선을 위한 연구가 지속되어야 할 것이다.

(3) 범위의 고려

① 개념의 추상화 정도의 문제로서 한 개념이 나타내는 범위가 넓으면 넓을수록 실제의 사실이나 현상에서 멀어져 이들에 대한 측정이 곤란해지므로 적절한 범위를 정할 수 있어야 한다.

② 추상의 정도가 낮으면 보다 현상에 직접적일 수 있으나, 일반화 정도가 낮아 이론형성에 있어 개념은 제한을 받게 되므로 범위와 개념의 한정성은 밀접한 관계가 있다고 할 수 있다.

(4) 체계적 의미

개념이 그것의 부분으로 대표되어 있는 명제 및 이론에 있어서 구체화되어 있는 정도를 말하는 것으로 개념은 이론과 명제에서 분리되어 취급되어서는 안 된다는 것이다.

3 개념의 기능

(1) 개념은 감각에 의하여 감지될 수 있는 것은 물론, 직접 감지될 수 없는 추상적인 어떤 현상도 이해할 수 있는 방법을 제시해 준다.

(2) 실제 연구에 있어서 포함되는 주요개념은 그 연구의 출발점과 앞으로의 연구방향을 제시해준다.

(3) 개념은 그것을 조작화함으로써 연구문제에 대한 범위는 물론, 그 연구에 대한 주요변수를 제시해 줌으로써 기본 연구대상을 가시적이고 측정 가능하게 한다.

(4) 개념은 연역적 결과를 가져온다. 어떤 이론을 구성하고 있는 여러 개념 간의 관계는 과거의 사실에 대한 체계적인 이해를 가능하게 할 뿐만 아니라 미래에 대한 예측도 가능하게 한다.

4 정확한 개념전달을 저해하는 요인

(1) 공통된 경험에 참여한 사람만이 알 수 있는 전문화된 용어가 산재하는 경우 그 이해가 어렵다.

(2) 하나의 용어가 두 가지 이상의 사실을 의미하는 경우, 즉 용어가 중의성을 지닐 경우 정확한 개념전달이 어렵다.

(3) 용어에 대해 각 개인이 받아들이는 능력이나 관점이 다를 경우 이해가 어렵다.

(4) 용어의 뜻이 그것을 사용하는 사람이나 시간, 장소에 따라 변화하는 경우 의미전달이 어렵다.

(5) 두 개 이상의 용어가 하나의 현상이나 사실을 지시하는 경우 그 이해가 어렵다.

(6) 실제화의 오류로서 가끔 개념이 감각인상, 지각 또는 비교적 복잡한 경험으로부터 창조된 논리적 구성물이라는 것을 망각할 경우 의미전달이 어렵다.

(7) 사회과학에 있어서 아직까지 표준화되지 않은 용어가 많다. 이는 사회현상을 연구함에 있어서 사용되는 용어의 대부분이 상식상 경험에서 도출된 막연하고 불분명한 일상적 용어이기 때문이다.

5 개념적 정의와 조작적 정의 · 6, 7, 8, 11, 16회 기출

(1) 개념적 정의

① 연구의 대상 또는 현상 등을 보다 명확하고 정확하게 표현하기 위해 개념적으로 정의하는 것이다.

② 상징적인 것으로서 의사소통을 가능하게 한다.

③ 문제의 개념적 정의화는 사전적으로 정의를 내리는 것을 의미하므로 추상적 · 주관적인 양상을 보인다.

④ 어떤 변수에 대해 개념적 정의를 내리는 과정을 '개념화(Conceptualization)'라 한다.

⑤ 개념의 구체화 과정 : 개념 → 개념적 정의(개념화) → 조작적 정의(조작화) → 현실세계(변수의 측정)

(2) 조작적 정의 · 6, 12회 기출

① 개념이 추상적이어서 직접 조사하기 어려운 것을 측정 가능한 형태로 정의 또는 대체하거나 지수로 정립하는 것이다.

② 추상적인 개념적 정의를 실증적 · 경험적으로 측정이 가능하도록 구체화하여 정의내리는 것이다.

③ 조작적 정의의 최종 산물은 수량화(계량화)이며, 이는 양적조사에서 중요한 과정에 해당한다.

④ 어떤 변수에 대해 조작적 정의를 내리는 과정을 '조작화(Operationalization)'라 한다.

⑤ 개념에 대한 경험적 해석이 가능해야 하며 경험적 과학의 용어는 그것이 관찰 또는 경험의 절차에 적용될 수 있는 기준이 되도록 정의해야 한다.

　　예 성별 – 남녀, 신앙심 – 종교의식 참여 횟수, 서비스 만족도 – 재이용 의사 유무, 소득 – 월 급여

⑥ 조작적 정의에 대한 비판

　　㉠ 사회과학에서 취급하는 사회현상을 규명하고자 하는 경우 보여지는 사회적 현상 중에는 인간의 주관적 · 심리적 현상이 많다. 그런데 완전무결하게 측정하고자 하는 것을 측정하게끔 해줄 수 있는가 하는 문제점과 사회과학에서 사용되는 대부분의 용어 자체가 여러 가지 객관적 측정도구를 용이하게 사용할 수 없으며 동시에 표준화된 성격을 갖고 있지 않다는 문제점을 가지고 있다.

ⓛ 지나치게 객관성 또는 관찰가능성을 중시하기 때문에 보이지 않는 것을 못 보게 하는 이론적 유기성을 결여하며 조작적 정의 결과는 그 용어 자체가 가지고 있는 개념의 한정을 가져옴으로써 개념 자체의 의미를 퇴화시킨다는 비판이 있다.

6 재개념화

(1) 재개념화의 의미

실제 연구문제를 당면하게 되면 그 문제의 합리적인 설정뿐만 아니라 그 문제를 구성하는 기본개념을 올바르게 설정하는 것이 중요하다. 그러나 필요한 개념의 설정이 쉽게 이루어질 수 있는 것이 아니고 설령 그것이 설정되었다고 하더라도 그 개념에 대한 내용을 다시 명백히 밝히는 과정이 필요하다. 즉, 개념을 보다 명백히 재규정하는 과정을 재개념화라고 한다.

Plus ⊕ one

개념과 구별되는 요소
- **개념과 구성** : 구성은 하나의 개념이지만 특별한 과학적인 목적을 위해 의식적으로 만들어진 용어로서 개념보다 부가된 뜻을 가진다. 즉, 구성은 일반적으로 개념보다 고차원적으로 추상화된 개념이라고 인정된다.
- **개념과 이론** : 과학에 있어서 개념형성과 이론형성은 상호 불가분의 관계에 있다. 개념화의 과정 자체는 어떤 실제적인 현상에 대한 관찰에만 의하지 않는다고 하면, 흔히 기존 이론으로부터 연역되는 새로운 현상에 접합함으로써 시작된다. 현상관찰에 의한다고 하여도 그 개념화 과정은 항상 어떤 이론적 준거를 떠나서 이루어질 수는 없다.
- **개념과 현상과 사실** : 개념은 그것이 나타내는 경험적 사실 또는 경험적 현상 자체는 아니다. 즉, 개념은 일정한 현상에 대한 인간이 갖는 인상과 인지 또는 복잡한 경험으로부터 만들어진 논리적 결과 또는 구성이기 때문에 그 현상 자체와는 구별된다.

---

(2) 재개념화를 위한 과정

① 연구문제를 예비적으로 설정한 후에 연구자는 그 기술된 문제로부터 모든 주요개념의 목록을 작성한다.
② 주요개념이 가지고 있는 제 요소를 분석·해명한다.
③ 개념이 명백히 규정되어 있지 않은 경우에는 그 개념이 우선 어떻게 적용되고 있는가를 발견해야 하는데 이를 위해서는 관계문헌을 조사하거나 재검토하는 것이 필요하다.
④ 개념의 명확화를 위해서는 그 개념이 대상으로 하는 형상을 달리 기술되고 있는 유사한 현상과 또는 다른 분야의 유사현상과 관련을 지어 보는 것이 필요하다.
⑤ 개념에 대한 이론적인 효율성을 기하기 위해 그 개념의 일반화 수준을 고려해 보는 것이 좋다.

제2절 변수

1 변수의 의의

15, 16, 17회 기출

(1) 일정한 경험적 속성을 대표하는 것으로 한 연속선상에서 하나 이상의 값을 가지는 개념을 말한다.

(2) 각기 특성을 지니고 있으며, 그 특징적 속성은 일정한 측정단위에 의한 계량화가 가능하다.

> **Plus ⊕ one**
>
> **학자별 변수에 대한 정리**
> • B. S. Phillips : 변수는 둘 이상의 계량적 수치를 포함한 개념이다.
> • J. Galtung : 변수는 분류될 수 있는 일반의 수치이다. 그러한 수치는 한 개의 단위가 갖는 어떤 것이라고 규정한다.
> • Nachmias : 변수는 두 가지 또는 그 이상의 값으로 경험적으로 분류할 수 있는 개념이라고 규정한다.

2 변수의 종류

(1) 각 변수 간의 기능적 관계를 중심으로 한 분류

2, 4, 5, 7, 8, 9, 10, 11, 12, 13, 14, 15, 16, 17, 18, 19, 20회 기출

① 독립변수
  ㉠ 원인적 변수 또는 가설적 변수라고도 한다.
  ㉡ 일정하게 전제된 원인을 가져다주는 기능을 하는 변수이다.
  ㉢ 실험연구에서 연구자에 의해 조작된 변수라고 할 수 있는 것으로, 여기에는 모든 형태의 척도 (명목, 서열, 등간, 비율)가 활용될 수 있다.
  예 복지정책이 소득수준 향상의 원인일 때 해당 복지정책은 독립변수에 해당한다.
② 종속변수
  ㉠ 결과변수라고도 한다.
  ㉡ 독립변수의 원인을 받아 일정하게 전제된 결과를 나타내는 기능을 하는 변수이다.
  ㉢ 실험적 연구에 있어서 종속변수는 독립변수의 변이 또는 변화에 따라 자연히 변하는 것으로 결과적인 예측변수라고 할 수 있다.
  예 소득수준 향상이 경제발전의 결과일 때 소득수준은 종속변수에 해당한다.
③ 매개변수 14회 기출
  ㉠ 두 개의 변수 간에 직접적인 관련이 없으나 제3의 변수가 두 변수의 중간에서 매개자 역할을 하여 간접적인 관계를 맺게 한다.

ⓛ 독립변수의 결과인 동시에 종속변수의 원인이 된다. 즉, 시간적으로 독립변수의 다음에 위치하면서 종속변수를 좀 더 설명해 주는 역할을 한다. 또한 독립변수와 종속변수 간 관계를 분석할 때 유용하다.

㉘ 사회복지시설 종사자의 업무 자율성이 자아실현 충족 수준을 높이고, 이와 같이 높아진 자아실현 충족 수준이 업무 능률을 향상시킨다고 할 때, 자아실현 충족 수준(매개변수)은 종사자의 업무 자율성(독립변수)의 영향을 받아 업무 능률(종속변수)에 영향을 전달한 것이다.

④ 통제변수　　　　　　　　　　　　　　　　　　　　　　　　　　　　　**20회 기출**

㉠ 독립변수와 종속변수 간의 관계를 명확히 파악하기 위해 그 관계에 영향을 미칠 수 있는 제3의 변수를 통제하는 변수이다.

ⓛ 실험연구에서 독립변수와 종속변수 간의 허위적 관계를 밝히는 데 활용된다.

㉘ "키가 작을수록 오래 산다"는 키와 수명 간의 관계에 대한 연구에서 남녀 성별을 통제하지 않는 경우 성별에 따른 신장의 차이를 간과할 수 있다. 이는 성별이 평균 수명과 관련이 있으므로, 이를 적절히 통제해야 함을 말한다.

⑤ 외생변수　　　　　　　　　　　　　　　　　　　　　　　　　　　　　**17회 기출**

㉠ 두 개의 변수 간에 상관관계가 있는 것처럼 보이지만 실제로는 가식적인 관계에 불과한 경우 그와 같은 가식적인 관계를 만드는 제3의 변수를 말한다.

ⓛ 실험연구에서 외생변수를 제거하는 경우 독립변수와 종속변수의 관계는 사라져버린다.

㉘ 질병의 심각도는 환자의 입원기간과 함께 평균수명에도 영향을 미친다. 그러나 질병의 심각도(외생변수)를 제외한 채 환자의 입원기간(독립변수)이 길수록 평균수명(종속변수)이 짧아진다고 단정할 수는 없다. 이는 환자의 입원기간과 평균수명이 가식적인 관계에 놓였기 때문이다.

⑥ 왜곡변수

두 개의 변수 간의 관계를 정반대의 관계로 나타나게 하는 제3의 변수를 말한다.

㉘ 기혼자의 자살률이 미혼자의 자살률보다 높다고 알려져 있었으나, 연령이라는 변수를 통제해 보니 오히려 그 반대의 결과, 즉 동일 연령대에서 미혼자의 자살률이 높은 것으로 나타났다고 하자. 이때 연령(왜곡변수)은 실제적인 관계가 표면적인 관계와는 정반대임을 밝혀준다.

⑦ 억압변수

두 개의 변수 간에 상관관계가 있으나 그와 같은 관계가 없는 것처럼 보이게 하는 제3의 변수를 말한다.

㉘ 교육 수준과 소득 수준의 두 가지 변수 간에는 인과관계가 없는 것처럼 보일 수 있다. 그러나 연령(억압변수)을 통제하는 경우 교육 수준과 소득 수준에 인과관계가 나타난다.

⑧ 조절변수

독립변수와 종속변수 사이의 관계를 체계적으로 변화시키는 일종의 독립변수로서, 종속변수에 영향을 미치는 독립변수의 인과관계를 조절할 수 있는 또 다른 독립변인을 말한다.

예 소득이 삶의 만족도에 미치는 영향은 성별에 따라 다르다. 이때 '소득'은 일종의 원인으로, '삶의 만족도'는 결과로 간주할 수 있다. 그리고 '성별'은 결과에 대한 영향력을 조절하는 기능을 하는 것으로 볼 수 있다.

(2) 변수가 갖는 속성의 정도를 중심으로 한 분류

① **이산변수** : 명목척도와 서열척도로 측정되는 변수로서, 값과 값 사이가 서로 분리되어 그 사이의 값이 아무 의미가 없다. '0'과 1'의 값만 가지는 더미변수는 이산변수의 대표적인 예에 해당한다.
② **연속변수** : 등간척도와 비율척도로 측정되는 변수로서, 값과 값 사이가 서로 연결되어 있어 그 사이의 값이 의미가 있다. 연속변수는 척도 간의 간격이 동일하므로 수치의 가감승제가 가능하다.

3 변수의 수준 · 선정 · 정리

(1) 변수의 수준

① 변수도 일정한 확률이론이 전개되고 있는 개체 또는 사례와 그 모집단의 경우와 같이 나름대로의 일정한 모집단과 표본이라는 관계를 전제로 고려할 수 있다.
② 자료수집의 경우와 동일하게 확률이론에 적용될 수는 없다고 하지만 변수도 일정한 현상을 대표하는 전체적인 여러 변수를 나타내는 변수의 모집단이 있을 수 있고 이 변수의 모집단은 그것을 구성하는 개개의 변수로 세분될 수 있다.
③ 하나의 현상을 대표할 수 있는 변수의 수는 무한하다.

(2) 변수의 선정

① 하나의 현상을 대표할 수 있는 변수의 수가 무한히 많다고 할 때 어떻게 하면 본래의 현상을 대표하는 주요변수를 가장 합리적으로 선정하는가에 대한 문제가 대두된다.
② 확률론에서와 같이 표본추출의 구체적인 방법이 제시된 것도 없고 현상을 적절히 대표하는 타당한 변수들을 택할 수 있는 표준화된 기준도 제시된 바 없기 때문에 어려움을 겪는다.

(3) 변수의 정리

① 변수가 일단 선정되면 이 변수들의 객관화 및 연구자 간의 의사소통을 위해 일정하게 정리해 놓는 것이 필요하다.
② 각 변수는 그 변수에 대한 정의를 내려야 하고 계량화의 방법 및 단위를 밝혀야 한다. 또한, 자료의 근원과 수집방법 및 연대를 밝혀 놓는 것이 필요하다.
③ 다른 연구와의 비교뿐만 아니라 반복적 연구가 가능하다.

제3절   이 론

1 이론의 의의와 개념

(1) 의 의

① F. Kerlinger의 정의

이론은 현상에 대한 설명과 예측을 목적으로 변수 간의 관계를 밝힘으로써 그 현상에 대한 체계적인 견해를 제공하는 일련의 상호 연결된 개념 및 정의 또는 명제이다.

② R. K. Merton의 정의

이론은 경험적 통일성을 가지고 논리적으로 상호 연결된 일련의 관계이다.

③ R. S. Rudner의 정의

이론은 경험적으로 검증이 가능하고 어느 정도의 법칙적인 일반성을 포함하는 체계적으로 연관성을 가진 일련의 진술이다.

④ O. Benson의 정의

이론이란 관찰된 데이터에서 변수들 간의 관계에 대한 확률적 진술, 즉 가설을 도출하여 이를 검증한 것이다.

(2) 개 념

① 검증된 가설이다.

② 어떤 특정 현상을 논리적으로 설명·예측한다.

③ 일반화된 규칙성을 포함한다.

④ 하나의 진술로 구성되기도 하나 보통은 두 개 이상의 진술로 구성된다.

⑤ 연구방향의 지침이 된다.

⑥ 이론은 새로운 연구결과에 의해 수정될 수 있다.

2 이론의 속성

(1) 이론적 연관성

① **연역적 방법** : 일정한 이론적 전제를 수립해 놓고 그에 따라 구체적인 사실을 수집하여 검증함으로써 다시 이론적 결론을 유도하는 것이다. 즉, 연역적 방법은 이론적 전제인 공리로부터 논리적 분석을 통하여 가설을 정립하고 이를 경험의 세계에 투사하여 검증하는 방법이라고 할 수 있다.

② **귀납적 방법** : 구체적인 사실로부터 일반 원리를 도출해 내는 것을 말한다. 주의할 것은 귀납적 방법이나 연역적 방법 모두 완벽한 것은 아니며, 장단점을 가지고 있으므로 두 가지를 잘 조화시켜 상호 보완적으로 활용될 수 있도록 하여야 한다는 점이다.

③ **경험적 검증** : 과학적 방법의 한 과정으로서 이론이 객관성을 가지기 위해서 필수불가결한 요소이다. 특히 공리나 이로부터 도출한 가설에서 논리를 전개해 나가는 연역적 방법에 있어서는 경험적 내용이 담겨 있지 않으므로 경험적 검증이 반드시 필요하다고 할 수 있다.

(2) 이론의 역할

① 이론은 과학적인 조사연구에 대한 기본적인 토대를 제공해 준다.
② 과학적 지식을 간단명료하게 표현해 주고 과학적 지식의 근원인 불확실한 명제, 가설 등에 대한 판단의 기준이 되기도 하며 개념 간의 적절한 관련을 알려줌으로써 연구자료의 성격을 분명하게 해준다.
③ 조사하고 있는 현상을 설명해 주며 또한 새로운 사실을 예측하게 해준다.
④ 기존 지식 간의 간격을 메워주는 역할을 하고 또 다른 경험적 연구를 하지 않고서도 관련된 새로운 다른 이론의 도출을 가능하게 한다.

3 이론과 관련되는 개념들

(1) 명 제

① 실세계에 대한 하나의 진술을 말하는 데 경험적 근거가 확인된 가설이라고 할 수 있다.
② 항상 두 개 또는 두 개 이상의 개념을 포함하는 것으로 개념 간의 관계에 의해서 실세계를 나타낼 수 있어야 한다.
③ 명제는 옳고 그름을 판단할 수 있게 해야 하며 또한 관찰가능한 현상에 속하고 있는 것이 무엇인지를 알려줄 수 있어야 한다. '이론'은 몇 가지의 명제로 이루어져 있는 것을 말한다.

(2) 가 설

① 일반적으로 둘 이상의 변수 또는 현상 간의 관계를 설명하는 검증되지 않은 명제라고 정의한다.
② 연구의 문제에 관해 검증할 수 있도록 기술된 잠정적인 응답이라고 할 수 있다.
③ 경험적으로 입증이 가능한 명제를 지칭한다고 할 수 있다.

(3) 정 리

일반적으로 명제와 동일어로 사용하며, 이것은 사회과학에서는 별로 사용되지 않고 수학이나 논리학에서 사용되는 개념으로서 함축성을 가진 말이다.

(4) 법 칙

① 보다 넓은 범위로 그리고 보다 높은 수준으로 확증을 얻은 명제를 말하며, 종종 이론과 동일하게 사용되기도 한다.
② 진실로 보편적이어야만 한다. 즉, 어떤 구체적인 사실들의 집합 가운데서 찾을 수 있는 우연한 패턴이어서는 안 된다.

(5) 사 실

철학자들에게 사실은 현실이라는 개념만큼이나 복잡하다. 그러나 사회과학연구의 맥락에서는 관찰된 어떤 현상을 의미하는 데 사용된다.

(6) 개 념

현상들을 보다 일반화함으로써 그들을 대표할 수 있는 추상화된 표현 또는 용어라고 할 수 있다.

제4절   가 설

1 가설의 의의

9, 15, 17회 기출

(1) 둘 이상의 변수 또는 현상 간의 관계를 설명하는 검증되지 않은 명제라고 정의하거나 연구의 문제에 관해 검증할 수 있도록 기술된 잠정적인 응답이라고 정의할 수 있다.

(2) 일반적으로 잠정적인 추측이라고도 불리는데, 이는 가설에 대한 지위의 여부는 실제적으로 검증된 이후에 평가할 수 있기 때문이다.

2 가설의 특징

4, 15, 16, 18회 기출

(1) 가설의 주목적은 문제의 해결이다.

(2) 변수가 2개 이상으로 구성될 경우에는 변수들 간의 관계를 나타내고 있어야 한다.

(3) 경험적으로 검증하기 위해 변수의 조작적 정의가 필요하다.

(4) 가설 내용의 명확성은 연구과정과 결과에 영향을 미친다.

(5) 가설은 아직 진실 여부가 확인되지 않은 사실이므로 확률적으로 표현된다.

(6) 가설은 측정 가능한 변수 간의 관계를 나타내기 때문에 구체적이어야 한다.

(7) 과학의 법칙도 처음에는 가설이었던 것이 많은 실험과 증명을 통해 근거가 뒷받침됨에 따라 점차 법칙이 된 것이 많다.

(8) 가설은 방향성을 가질 수 있으나, 방향성이 가설의 전제조건은 아니다.

(9) 가설은 이론적 배경을 가져야 한다.

(1) 명료성

① 가설 속의 모든 용어들의 의미가 명백하거나 또는 적어도 이들 용어들을 조작적으로 정의하는 데 큰 어려움이 없어야 한다는 것을 의미한다.

② 가설 속의 변수들을 포함한 모든 용어들에 대한 조작적 정의가 가능할 때 가설을 실증적으로 검증할 수 있으므로, 명료성은 가설의 가장 중요한 조건들 중 하나이다.

③ 가설을 명확하게 구성하고 정의하기 위해서는 관련 분야의 문헌을 검토하거나 전문가에게 견해를 물어보는 것이 도움이 된다.

(2) 한정성

① 연구자는 가설을 수립할 경우 먼저 둘 또는 셋 이상 변수들의 상관관계의 방향, 즉 긍정적 또는 부정적 관계에 관해서 한정적으로 정확히 밝혀야 할 필요가 있다.

② 상관관계의 방향과 함께 상관관계가 성립하는 조건에 관해서도 명시할 필요가 있다.

(3) 가치중립성

① 가설은 단지 잠정적이고 입증되지 않은 진술일 뿐 소망적 사고나 가치에 대한 진술은 분명히 아니다. 특히 연구조사의 결과는 과학적 이론의 수립으로 이어진다는 점에서 연구자의 가치, 편견 그리고 주관적 견해 등을 가설 속에서 배제해야 하며, 나아가서는 전반적인 조사과정에서 배제해야 할 것이다.

② 가설이나 연구조사과정에서 연구자의 가치, 편견 또는 주관적 견해를 완전히 배제시킨다는 것은 거의 불가능하다. 따라서 연구자는 이들의 개입을 최소화하는 방향에서 최선을 다해야 한다.

(4) 검증가능성

① 가설이 명료하고 가치중립적이며 한정적이라고 해도 이를 검증할 조사도구가 발달되어 있지 못하거나, 발달되어 있는 경우라도 사용이 가능하지 못하다면 이 가설에 대한 연구는 불가능할 것이다.

② 가설을 검증할 수 있는 도구의 존재야말로 가설을 평가하는 중요한 요소가 된다.

4 **가설의 유형** 2, 4, 10, 14회 기출

(1) 연구가설

연구문제에 대한 잠정적인 대답으로 연구자가 제시하며, 과학적 가설 · 실험가설 · 작업가설이라고도 한다. "A는 B보다 ~이다"라고 잠정적으로 기술하는 명제를 말한다.

예 남녀 간 월 평균소득은 차이가 있다.

(2) 영가설(귀무가설)

10, 14, 16, 18회 기출

① 연구가설과 논리적으로 반대의 입장을 취하며 처음부터 버릴 것을 예상하는 가설이다.

② 연구가설은 가설이 직접 채택될 수 없을 때 자동적으로 받아들여지는 가설로서 직접 검증할 필요가 없는 반면, 가설은 직접 검증을 거쳐야 하는 가설이다.

③ 가설 검증 시 일반적으로 연구가설을 직접 증명하기보다는 반대되는 의미를 가진 가설을 설정한 후 해당 가설이 기각되는 경우 연구가설을 채택한다. 따라서 가설은 연구가설을 반증하기 위해 사용되는 가설로 볼 수 있다.

④ 변수 간 관계가 우연임을 말하는 가설이다.

⑤ 보통 "~의 차이(관계)가 없을 것이다"는 식으로 표현된다.

예 남녀 간 월 평균소득은 차이가 없을 것이다.

Plus ⊕ one

가설검증 관련 오류   15, 16회 기출
- 제1종 오류 : 귀무가설이 참인데도 이를 기각하는 오류로 신뢰수준을 높이거나 수준을 낮추면 제1종 오류를 줄일 수 있다.
- 제2종 오류 : 귀무가설이 거짓인데도 이를 채택하는 오류로 제2종 오류가 증가하면 통계적 검증력이 감소한다.

---

(3) 대립가설(대안가설)

① 영가설에 대립되는 가설로서, 가설이 거짓일 때 채택하기 위해 설정하는 가설이다. 영가설이 기각되는 경우 대립가설이 채택되는 반면, 채택되는 경우 대립가설이 기각된다.

② 연구자가 주장하고자 하는 가설, 즉 연구자가 참으로 증명되기를 기대하는 가설로서 종종 연구가설과 동일시된다.

③ 보통 "~의 차이(관계)가 있을 것이다"라고 기술하는 명제를 말한다.

예 남녀 간 월 평균소득은 차이가 있을 것이다.

---

5 가설의 검증방법

(1) 직접 검증방법

조건에 따라 발생한 결과를 직접 확인하는 방법으로 앞의 사실에 따라 뒤의 사실인 독립적인 학습태도가 존재하는지 여부를 관찰하는 것이다.

(2) 간접 검증방법

전제된 조건의 가설을 통한 결과의 존재를 간접적으로 확인하는 방법을 말한다.

제5절 사 실

1 사실의 의의

(1) 어떤 사물의 크기, 형태, 색깔, 성질 등과 어떤 현상의 상태가 어떠한가를 감지하는 것이다. 그 자체에서 그것을 끄집어내는 입장, 즉 사실을 배경으로 하는 이론적 준거체계에 따라 그 내용이 달라진다.

(2) 현상 자체와는 다른 것이며 일반적으로 사실을 이해한다는 것은 어떤 사물 또는 현상을 객관적으로 이해한다는 것을 의미한다.

(3) 사실은 각종 문자나 기호, 특히 언어를 통하여 전달되고 이해된다.

(4) 사실은 현상을 상징하는 개념들에 의해서 논리적으로 구성되어 있다.

2 사실의 역할

(1) 이론의 형성

사실은 이론을 형성하게 해 준다. 즉, 사실을 나타내는 개념의 조합을 통하여 사실에 내재해 있는 공통성을 찾아내어 이를 일반화한다든가 그 관계를 규명하여 이론을 직접 구성하거나 또는 사실의 세계에 내재하는 일반 원리를 추구하는 가설을 세워 이를 검증함으로써 이론을 형성한다. 따라서 사실은 이론을 형성할 수 있는 바탕이라고 할 수 있다.

(2) 현존하는 이론의 거부 또는 재정립

사실은 현존하는 이론을 거부하거나 재정립하게 한다. 현존하는 이론이 과학적 방법에 의해 구성되었어도, 실질적으로 이에 배치되는 새로운 사실이 나타나는 경우 현존하는 이론으로는 새로운 사실을 충분히 설명하지 못하게 된다.

(3) 이론의 재규정 또는 기존 이론의 명확화

사실은 이론을 재규정하거나 기존 이론을 명확하게 해 준다. 이것은 이론이 항상 사실에서 출발해서 궁극적인 타당성을 사실에서 확인하기 때문이다. 즉, 사실은 이론의 증거인 것이다.

01 다음 중 조작적 정의가 뜻하는 것과 가장 거리가 먼 것은? [6회]

① 성별 – 남녀
② 신앙심 – 종교의식 참여 횟수
③ 서비스만족도 – 재이용 의사유무
④ 빈곤 – 물질적인 결핍 상태
⑤ 소득 – 월 ○○○만원

해설 조작적 정의는 개념이 추상적이어서 직접 조사하기 어려운 경우 그것을 측정 가능한 형태로 대체하거나 지수로 정립하는 것이다. 예를 들어, 지능이라는 추상적인 개념을 조작적 정의인 IQ 테스트를 통해 이론 수준의 지능을 경험적으로 지표화된 지능지수로 전환할 수 있다.

02 다음 중 개념의 조건으로 적절한 것을 모두 고르면?

> ㄱ. 통일성
> ㄴ. 한정성
> ㄷ. 범위의 구분
> ㄹ. 복잡성

① ㄱ, ㄴ, ㄷ
② ㄱ, ㄷ
③ ㄴ, ㄹ
④ ㄹ
⑤ ㄱ, ㄴ, ㄷ, ㄹ

해설 개념의 조건에는 한정성(명확성), 통일성, 범위의 구분, 체계적 의미 등이 있다.

1 ④ 2 ① Answer

03 다음 내용과 관련하여 A사회복지사가 간과하고 있는 인과관계의 조건은?

> 아동보호전문기관의 A사회복지사는 지역사회의 아동학대 발생을 줄이기 위해 예방 프로그램을
> 실시하였다. 프로그램을 시행한 후 지역사회의 아동학대 발생 비율을 조사한 결과, 그 비율이 줄
> 어들었음을 발견하고 예방 프로그램이 효과적이라고 판단하였다.

① 공변성
② 논리성
③ 간결성
④ 통제성
⑤ 시간적 우선성

해설 아동학대 발생률 감소의 효과는 아동학대 예방 프로그램에 의한 것일 수도 있으나, 이 기간 동안 우연하게 발
생된 사건이나 정부차원의 캠페인 등 다른 요인에 의한 것일 수도 있다. 이 경우 아동학대 예방 프로그램은
독립변수, 아동학대 발생 비율은 종속변수, 우연한 사건 등의 다른 요인은 제3의 변수에 해당한다. 이와 같은
제3의 변수의 개입은 실험과정에서 통제성이 결여된 경우 나타나며, 그로 인해 실험 결과가 왜곡될 수 있다.

04 변수에 관한 설명으로 옳지 않은 것은? [10회]

① 외생(Extaneous)변수는 독립변수와 종속변수 간의 관계를 대안적으로 설명할 수 있다.
② 통제변수는 독립변수와 종속변수 간의 허위적 관계를 밝히는 데 활용된다.
③ 매개변수와 통제변수는 같은 의미이다.
④ 종속변수는 결과변수로서 독립변수에 의해 변이값을 가진다.
⑤ 변수는 최소한 둘 이상의 변수값으로 구성된 변량이 있어야 한다.

해설 매개변수는 독립변수와 종속변수 간에 직접적인 관련이 없으나 제3의 변수가 두 변수의 중간에서 매개자 역
할을 하여 두 변수 간에 간접적인 관계를 맺도록 하는 변수이다. 반면, 통제변수는 독립변수와 종속변수 간의
관계를 명확히 파악하기 위해 그 관계에 영향을 미칠 수 있는 제3의 변수를 통제하는 변수이다. 실험과정에
서 한 변수에 대해 통제한다는 것은 그 통제변수의 각 수준을 따로 취해 독립변수와 종속변수의 본래 관계가
통제변수의 각 수준에서 어떻게 변하는지를 살펴본다는 것을 의미한다. 따라서 독립변수와 종속변수 간의 가식
적인 관계를 보이도록 하는 외생변수(외재변수)나 이들 변수 간의 '가식적 영 관계(Spurious Zero Relationship)'
를 형성하는 억압변수(억제변수)는 독립변수와 종속변수 간의 인과관계에 영향을 미치는 제3의 변수라는 점
에서 공통적이나, 이러한 변수들은 설계에서 고려되어 통제되는 경우에 비로소 통제변수가 된다.

05 다음 가설에서 사용된 변수의 종류를 바르게 나열한 것은?

> ㉠ 교사의 지지가 높으면 ㉡ 집단따돌림이 ㉢ 아동의 자아존중감에 미치는 영향을 감소시킬 것이다.

	㉠	㉡	㉢
①	선행변수	종속변수	독립변수
②	독립변수	매개변수	종속변수
③	통제변수	독립변수	종속변수
④	조절변수	독립변수	종속변수
⑤	독립변수	종속변수	매개변수

해설 독립변수는 원인을 가져다주는 기능을 하는 변수인 반면, 종속변수는 결과를 나타내는 기능을 하는 변수이다. 조절변수는 종속변수에 영향을 미치는 독립변수의 인과관계를 조절할 수 있는 또 다른 변수로서, 강하면서 불확정적인 효과를 통해 독립변수와 종속변수 간의 이론적인 관계를 성립하도록 유도하는 변수이다. 보기에서 집단따돌림은 일종의 원인으로, 아동의 자아존중감에 미치는 영향은 결과로 간주할 수 있다. 교사의 지지는 결과에 대한 영향력을 조절하는 기능을 하는 것으로 볼 수 있다.

06 다음 변수의 측정수준을 고려하여 변수의 유형을 순서대로 나열한 것은? [18회]

> • 장애 유형 – 정신장애, 지체장애 등
> • 장애 등록 후 기간 – 개월 수
> • 장애 등록 연령 – 나이
> • 장애인의 건강 정도 – 상, 중, 하

① 비율변수, 비율변수, 서열변수, 명목변수
② 명목변수, 비율변수, 비율변수, 서열변수
③ 명목변수, 등간변수, 명목변수, 서열변수
④ 등간변수, 비율변수, 서열변수, 비율변수
⑤ 명목변수, 비율변수, 비율변수, 명목변수

측정수준에 따른 변수의 유형

명목변수	어떤 대상의 속성을 질적인 특성에 의해 상호배타적인 몇 개의 카테고리로 나눌 수 있을 뿐, 그 카테고리를 서열이나 수치로 나타낼 수 없는 변수이다.
서열변수	어떤 대상의 속성을 상호배타적인 몇 개의 카테고리로 나눌 수 있고, 카테고리 간의 서열을 측정할 수 있는 변수이다. 다만, 각 카테고리에 부여된 수치는 단순히 서열만을 나타낼 뿐 카테고리 간의 차이를 나타내지는 않는다.
등간변수	카테고리 간의 서열은 물론 카테고리 간의 간격을 측정할 수 있는 변수이다. 등간변수는 각 카테고리 간에 동등한 간격을 가지고 있다.
비율변수	카테고리 간의 간격이 등간격일 뿐만 아니라 카테고리 간에 몇 배나 큰가 혹은 몇 배나 작은가를 측정할 수 있는 변수이다. 등간변수의 모든 특성과 함께 절대영점(True Zero)을 가지고 있다.

07 성별에 관한 소득 차이 연구에 있어서 '남녀 간 월 평균소득은 차이가 있을 것이다'라는 가설은 연구과정에 따른 가설의 유형 중 무엇에 해당하는가?

① 연구가설 ② 일치가설
③ 귀무가설 ④ 대립가설
⑤ 병행가설

 가설의 유형

연구가설	• 연구문제에 대한 잠정적 대답으로서, 연구자가 제시한 작업가설에 해당한다. • 경험적으로 검증 가능하도록 진술한 가설로서 흔히 '실험적 가설 혹은 과학적 가설'이라고도 한다. • 보통 "A는 B보다 ～이다." 또는 "A는 B와 관계(차이)가 있다."는 식으로 표현된다. 예 "남녀 간 월 평균소득은 차이가 있다."
영가설(귀무가설)	• 연구가설과 논리적으로 반대의 입장을 취하는 가설이다. • 처음부터 버릴 것을 예상하는 가설로서, 차이나 관계가 없거나 의미 있는 차이나 관계가 없는 경우의 가설에 해당한다. • 연구가설은 영가설이 직접 채택될 수 없을 때 자동적으로 받아들여지는 가설로서 직접 검증할 필요가 없는 반면, 영가설은 직접 검증을 거쳐야 하는 가설이다. • 보통 "A는 B와 관계(차이)가 없다."는 식으로 표현된다. 예 "남녀 간 월 평균소득은 차이가 없다."
대립가설	• 영가설에 대립되는 가설로서, 영가설이 거짓일 때 채택하기 위해 설정하는 가설이다. • 연구자가 주장하고자 하는 가설로서, 종종 연구가설과 동일시된다. • 보통 "~의 관계(차이)가 있을 것이다."라고 기술하는 명제를 말한다. 예 "남녀 간 월 평균소득은 차이가 있을 것이다."

08 가설에 관한 설명으로 옳은 것을 모두 고른 것은?

> ㄱ. 이론적 배경을 가져야 한다.
> ㄴ. 변수 간 관계를 가정한 문장이다.
> ㄷ. 가설구성을 통해 연구문제가 도출된다.
> ㄹ. 창의적 해석이 가능하도록 개방적으로 구성되어야 한다.

① ㄱ, ㄴ
② ㄱ, ㄷ
③ ㄱ, ㄴ, ㄹ
④ ㄴ, ㄷ, ㄹ
⑤ ㄱ, ㄴ, ㄷ, ㄹ

해설

ㄱ. 가설은 이론과 논리적으로 연관되어야 한다. 이론적 배경은 연구목적을 수행하기 위해 설정한 가설이 연구자의 주관적인 생각이나 판단에 의한 것이 아닌 선행연구에서 검증을 거친 과학적 근거 하에 설정된 것임을 나타내기 위함이다.

ㄴ. 가설은 둘 이상의 변수들 간의 관계를 예측하는 진술이다. 좋은 가설은 그와 같은 변수들이 어떤 형태로 서로 관련되어 있는지를 명확하게 서술한다.

ㄷ. 연구문제가 변수들 간의 관계에 대한 의문을 제기하는 것이라면, 가설은 그와 같은 의문에 대한 가정적인 해답을 제시하는 것이다.

ㄹ. 한 가설에는 두 개 정도의 변수 간의 관계만을 간결하게 설명해야 한다. 만약 한 가설에 다수의 변수들 간의 관계에 대한 내용이 포함되어 있는 경우 측정상의 문제가 발생하게 된다.

09 변수에 관한 설명으로 옳은 것은? [12회]

① 독립변수는 모든 형태의 척도(명목, 서열, 등간, 비율)가 활용될 수 있다.
② 매개변수는 독립변수와 종속변수에게 영향을 미친다.
③ 통제변수는 종속변수와 관련성이 없어야 한다.
④ 조절변수는 독립변수에게 영향을 미친다.
⑤ 종속변수의 수는 외생변수의 수에 따라 결정된다.

해설

② 매개변수는 독립변수와 종속변수 간에 직접적인 관련이 없으나 두 변수의 중간에서 매개자 역할을 하여 두 변수 간에 간접적인 관계를 맺도록 하는 변수이다.

③ 통제변수는 독립변수와 종속변수 간의 관계를 명확히 파악하기 위해 그 관계에 영향을 미칠 수 있는 제3의 변수를 통제하는 변수이다.

④ 조절변수는 독립변수와 종속변수 사이의 관계를 체계적으로 변화시키는 일종의 독립변수이다.

⑤ 외생변수는 독립변수와 종속변수 간에 마치 인과관계가 있는 것처럼 가식적인 관계를 만드는 역할을 하는 제3의 변수일 뿐, 종속변수의 수를 직접적으로 결정하는 것은 아니다.

01 다음 조합된 단어들과 동일한 논리적 구성을 가진 것은? [15회]

> 개념화 : 개념 : 명제

① 이론화 : 개념 : 가설 ② 이론화 : 가설 : 개념

③ 조작화 : 변수 : 가설 ④ 조작화 : 가설 : 변수

⑤ 조작화 : 개념 : 가설

- 개념화(Conceptualization)는 어떤 변수에 대해 개념적 정의를 내리는 과정인 반면, 조작화(Operationalization)는 어떤 변수에 대해 조작적 정의를 내리는 과정이다. 개념적 정의는 사전적·추상적·주관적인 양상을 보이므로, 이를 실증적·경험적으로 측정이 가능하도록 조작적 정의를 내리게 된다.
- 개념(Concept)은 어떤 현상이나 사물의 의미를 추상적인 용어를 사용하여 관념적으로 구성한 것이다. 반면, 변수(Variable)는 조작화된 개념으로서, 성이나 연령, 교육수준과 같이 둘 이상의 값(Value)이나 범주(Category)를 갖는 개념을 말한다.
- 가설(Hypothesis)은 둘 또는 그 이상의 변수들 간의 관계에 대해 진술한 검증되기 이전의 가정적인 명제이다. 반면, 명제(Proposition)는 협의의 의미로 검증된 가설을 의미하나, 광의의 의미로 하나 또는 그 이상의 개념이나 변수에 대한 진술로서 명제의 범위에 가설이 포함된다.

02 인과관계를 성립시키기 위한 요건에 해당하는 것을 모두 고른 것은? [17회]

> ㄱ. 독립변수가 종속변수를 시간적으로 앞서야 한다.
> ㄴ. 독립변수와 종속변수가 일정한 방식으로 같이 변해야 한다.
> ㄷ. 독립변수와 종속변수의 관계가 허위적 관계이어야 한다.

① ㄱ ② ㄱ, ㄴ

③ ㄱ, ㄷ ④ ㄴ, ㄷ

⑤ ㄱ, ㄴ, ㄷ

인과관계를 성립시키기 위한 요건

- 공변성 : 한 변수가 변화할 때 그와 관련이 있다고 믿어지는 변수도 따라서 변화해야 한다.
- 시간적 우선성 : 한 변수가 원인이고 다른 변수가 결과이기 위해서는 원인이 되는 변수가 결과가 되는 변수보다 시간적으로 앞서야 한다.
- 통제성 : 인과관계의 증명을 위해서는 외부의 영향력을 배제한 상태에서 순수하게 두 변수만의 공변성과 시간적 우선성을 볼 수 있어야 한다.

제2영역

안심Touch

03 다음 사례에서 부모의 재산은 어떤 변수인가? [20회]

한 연구에서 부모의 학력이 자녀의 대학 진학률에 영향을 미치는 것으로 나타났다. 그러나 부모의 재산이 비슷한 조사 대상에 한정하여 다시 분석해 본 결과, 부모의 학력과 자녀의 대학 진학률 사이에는 통계적으로 유의미한 관계가 없는 것으로 나타났다.

① 독립변수
② 종속변수
③ 조절변수
④ 억제변수
⑤ 통제변수

해설 통제변수(Control Variable)

- 독립변수와 종속변수 간의 관계를 명확히 파악하기 위해 그 관계에 영향을 미칠 수 있는 제3의 변수를 통제하는 변수로, 실험연구에서 독립변수와 종속변수 간의 허위적 관계를 밝히는 데 활용된다.
- 예를 들어, 한 연구에서 부모의 학력과 자녀의 대학 진학률 간에 정(+)의 상관관계가 있는 것으로 나타났다고 하자. 그런데 제3의 변수인 부모의 재산을 통제해서 부모의 학력과 자녀의 대학 진학률 간의 관계를 파악했더니 이들 간에 통계적으로 유의미한 관계가 없는 것으로 나타났다. 그렇다면 이는 제3의 변수가 독립변수와 종속변수 간의 인과관계에 영향을 미친 것으로 볼 수 있다.
- 이와 같이 독립변수로 작용하여 종속변수에 영향을 미칠 수는 있지만 조사설계의 독립변수에 포함되지 않는 변수들이 있는데, 이들 제3의 변수를 통제할 경우 이를 '통제변수'라 한다.

04 변수와 가설에 관한 설명으로 옳은 것을 모두 고른 것은? [16회]

ㄱ. 가설은 검증이 가능해야 한다.
ㄴ. 가설은 변수 간의 관계를 가정하는 문장이다.
ㄷ. 모든 변수는 개념이 아니지만 모든 개념은 변수다.
ㄹ. 영가설은 독립변수가 종속변수에 영향을 미치지 않는다고 가정한다.

① ㄱ, ㄴ
② ㄱ, ㄹ
③ ㄱ, ㄴ, ㄹ
④ ㄴ, ㄷ, ㄹ
⑤ ㄱ, ㄴ, ㄷ, ㄹ

해설 ㄷ. 모든 개념이 변수가 되는 것은 아니지만, 모든 변수는 개념이 된다. 즉, 변수는 개념의 한 특수한 형태를 지칭하는 것으로 볼 수 있다. 사회과학이론을 구성하는 대부분의 개념들은 변수의 성격을 띤다.

3 ⑤ 4 ③ Answer

05 영가설(Null Hypothesis)에 관한 설명으로 옳은 것은? [18회]

① 변수 간의 관계가 존재한다는 가설이다.
② 변수 간 관계없음이 검증된 가설이다.
③ 조사자가 검증하고자 하는 가설이다.
④ 영가설에 대한 반증가설이 연구가설이다.
⑤ 변수 간 관계가 우연임을 말하는 가설이다.

해설 ⑤ 영가설은 변수 간 관계가 우연에서 비롯될 수 있는 확률. 즉 영가설이 참일 수 있는 확률을 의미한다. 우연
이란 연구결과에 대한 설명이 될 수 있는 여러 가지 대립가설들 가운데 하나의 것에 불과하다.
① 변수 간의 관계가 존재한다는 가설은 대립가설이다.
② 영가설은 검증된 가설이 아닌 처음부터 버릴 것을 예상하는 가설이다.
③ 조사자가 검증하고자 하는 가설은 연구가설(혹은 대립가설)이다.
④ 영가설은 연구가설을 반증하기 위해 사용되는 가설이다.

06 다음 (   )에 알맞은 내용으로 옳은 것은? [19회]

• 독립변수 앞에서 독립변수에 영향을 주는 변수를 (ㄱ)라고 한다.
• 독립변수의 결과인 동시에 종속변수의 원인이 되는 변수를 (ㄴ)라고 한다.
• 다른 변수에 의존하지만 다른 변수에 영향을 미칠 수 없는 변수를 (ㄷ)라고 한다.
• 독립변수와 종속변수 모두에 영향을 미치는 제3의 변수를 (ㄹ)라고 한다.

① ㄱ : 외생변수, ㄴ : 더미변수, ㄷ : 종속변수, ㄹ : 조절변수
② ㄱ : 외생변수, ㄴ : 매개변수, ㄷ : 종속변수, ㄹ : 더미변수
③ ㄱ : 선행변수, ㄴ : 조절변수, ㄷ : 종속변수, ㄹ : 외생변수
④ ㄱ : 선행변수, ㄴ : 매개변수, ㄷ : 외생변수, ㄹ : 조절변수
⑤ ㄱ : 선행변수, ㄴ : 매개변수, ㄷ : 종속변수, ㄹ : 외생변수

해설 ㄱ. 선행변수는 인과관계에서 독립변수에 앞서면서 독립변수에 유효한 영향력을 행사하는 변수를 말한다. 선
행변수를 통제해도 독립변수와 종속변수 간의 관계는 유지된다.
ㄴ. 매개변수는 독립변수와 종속변수 간에 직접적인 관련이 없으나 두 변수의 중간에서 매개자 역할을 하여
두 변수 간에 간접적인 관계를 맺도록 하는 변수이다.
ㄷ. 종속변수는 독립변수의 원인을 받아 일정하게 전제된 결과를 나타내는 기능을 하는 변수로서 '결과변수'
라고도 부른다.
ㄹ. 외생변수는 두 개의 변수 간에 상관관계가 있는 것처럼 보이지만 실제로는 가식적인 관계에 불과한 경우
그와 같은 가식적인 관계를 만드는 제3의 변수를 말한다. 외생변수를 제거하는 경우 독립변수와 종속변
수의 관계는 사라져버린다.

조사연구의 유형

★ 학습목표   ■ 조사연구의 기본적인 분류를 정확히 이해하고 대응되는 분류관계의 비교내용을 숙지하고 있으면 기본적인
　　　　　　　문제해결은 충분하다.
　　　　　　■ 연구목적에 따른 분류와 조사시점에 따른 분류를 중심적으로 학습하자!

제 1 절　조사연구의 과정　　　　　　　　　　　　13, 14, 17, 19회

1 연구문제의 정립(연구주제 선정)

(1) 의 의

① 연구자가 그 연구에 대해 연구조사의 주제, 이론적 배경, 중요성 등을 파악하고 이를 체계적으로
　정립하는 과정이다. 특히 연구의 관심이나 의문의 대상이 서술되어야 한다.

② 문제의 정립을 보다 명확하게 하기 위해 관련된 문헌을 조사하고 해당분야의 전문가들과 토의하여
　의견을 참고하거나 예비조사를 실시할 수도 있다. 주의할 것은 모든 문제가 전부다 과학적으로 응
　답될 수 있는 것은 아니라는 점이다.

(2) 연구영역의 선정

① 구체적인 문제를 해결하려면 우선 연구하고자 하는 연구 분야를 결정해야 한다.

② 연구영역은 특정한 이론의 개발과 검정, 이해관계, 흥미, 위신, 친숙도 등을 포함하는 개인적인 동
　기와 학문적 유행과 상호경쟁적 요인, 연구비의 지급과 계약체결 등에 따라 결정된다.

(3) 구체적 문제의 설정

① 연구영역이 결정되면 그 영역에서 어떤 구체적인 문제를 결정할 것인가의 문제가 대두된다.

② 여기에서 여러 가지 다양한 문제를 놓고 의사결정을 하는 과정을 거쳐 최종적인 한 가지 문제를 선
　택하게 되는 것이다.

(4) 문제에 대한 이론적 준거의 설정

① 문제가 설정되면 그 문제와 관련된 기존의 이론은 물론 이미 연구된 경험적인 연구들에 대해서도
　면밀하게 검토해 보아야 한다.

② 적합한 기존이론을 골라 연구를 위한 이론적 준거를 설정하거나 기존이론과 문제의 성격을 고려하
　여 독자적인 이론적 준거를 만들 수도 있다.

설정된 연구문제의 적정성 판단기준
· 문제의 설정 시 두 개 이상의 변수들 간의 관계를 서술해야 한다.
· 문제는 가능한 한 명백하고 확실한 것이어야 한다.
· 문제의 설정은 실증적 연구를 통하여 해결될 수 있도록 작성되어야 한다.

2 가설의 설정(가설구성)

(1) 의 의

① 선정된 조사문제를 조사가 가능하고 실증적으로 검증이 가능하도록 구체화하는 과정이다.
② 독립변수와 종속변수의 관계로 표명되는 것이 보통이다.

(2) 문제설정과 가설구성의 차이점

① 문제설정은 변수들 간의 관계에 대하여 의문을 제기하는 것이고, 가설은 그 의문에 대한 잠정적 · 가정적 해답을 제시하는 것이다.
② 문제설정은 실증적 연구를 통해 의문이 해결될 수 있도록 서술되어야 하지만 가설에서처럼 연구를 위한 명확한 방향이나 지침을 제시하지 않는다.

(3) 가설의 평가기준

① 가설에서 나타난 모든 변수는 실증적 연구의 대상이 될 수 있어야 한다.
② 가설은 문제의 설정에서 제기된 의문에 대하여 하나의 가정적 해답을 제시하는 것이어야 한다.
③ 가설은 현재 알려져 있는 사실의 설명뿐만 아니라 장래의 사실도 추측할 수 있어야 한다.
④ 가설은 가능한 한 단순한 것이어야 한다.

3 연구조사 설계

(1) 의 의

① 조사연구를 효과적 · 효율적 · 객관적으로 수행하기 위한 논리적 · 계획적인 전략이다.
② 연구자가 실증적으로 검증할 수 있는 가설을 설정하고 나면 가설에 설정된 여러 변수 간의 관계를 정확히 검증하기 위하여 연구설계를 하여야 한다.
③ 연구설계란 연구문제에 대한 해답을 얻기 위하여 연구를 실시하려는 계획이며, 가설에 규정된 변수관계를 오차 없이 분석하기 위하여 외부변수의 영향을 효과적으로 통제하려는 방안이다.

(2) 연구설계 시 연구자가 고려해야 할 사항

① 연구대상이 되고 있는 현상에 관한 지금까지의 연구가 어느 정도로 이루어지고 있고, 그 연구들의 유형에는 어떤 것들이 있는가를 고려한다.
② 연구를 실시하는 데 활용가능한 자원에는 어떤 것들이 있는가를 고려한다.
③ 연구의 결과가 조직관리자들에게 어느 정도로 수용되어 활용될 수 있을 것인가를 고려한다.

4 자료의 수집

(1) 의 의

① 가설을 검증하고 오류를 피하기 위해 다각적인 자료의 수집이 요구된다.
② 자료는 관찰, 면접, 설문지 등 여러 가지 방법을 통해 수집되는데, 과학적 조사자료는 조사자가 직접 수집하는 1차 자료와 다른 주체에 의해 이미 수집·공개된 2차 자료로 구분된다.

(2) 자료 수집 과정

① **자료수집방법의 검토** : 본격적인 연구 자료를 수집하기 이전에 자료 수집을 위해 고안된 자료 수집 도구 또는 방법에 따라 예비 자료수집을 해야 한다. 예비조사는 자료수집도구의 타당성 여부와 신뢰성 여부를 검사해 볼 수 있도록 할 뿐만 아니라 연구설계 자체까지도 점검해 볼 수 있기 때문이다. 그리고 전체 연구를 위한 시간과 금전 및 인력의 소요를 평가할 수 있게 만든다. 특히 질문지법과 면담방법 등을 사용하는 경우에는 불가결의 과정이다.
② **자료의 수집** : 계획된 자료 수집 방법에 따라 본격적이고 전면적인 자료수집이 수행된다. 자료 수집방법은 질문지, 면담, 참여관찰 등의 방법이 있는가 하면, 기존의 문서 또는 대중통신자료, 총합자료를 수집하는 방법도 많이 사용되고 있다.
③ **수집된 자료의 정리와 조정** : 수집된 자료는 분석에 앞서 용이하게 분석할 수 있도록 일정하게 정리되고 또 계획된 분석방법에 자료가 잘 부합하도록 조정 및 변환되어야 한다. 자료의 정리는 주로 그 자료의 편집과 분류 및 코딩처리 등을 뜻하고, 조정은 오차처리와 누락자료 처리를 뜻한다. 변환은 자료의 정규분포로의 전환을 가리킨다. 이와 같은 자료의 정리 및 조정 등은 자료의 예비적 분석으로서 중요한 단계를 이룬다.

5 자료의 분석(해석)

(1) 연구에 의하여 수집된 자료가 설정된 가설을 어느 정도로 지지하고 있는가를 평가하는 단계이다.
(2) 자료의 분석방법은 실제로 여러 가지가 있는데 연구가설, 연구설계, 변수 간의 관계 및 그 변수의 수, 자료의 성격 등에 따라 미리 결정되는 것이 보통이다.
(3) 수집된 자료의 편집과 코딩 과정이 끝나면 통계기법을 이용하여 자료의 분석이 이루어진다.

6 보고서의 작성

(1) 보고서 작성의 의의

연구의 마지막 단계로서 연구결과를 객관적으로 증명하고 경험적으로 일반화하기 위해 일정한 형식으로 기술하여 타인에게 전달하기 위한 보고서를 작성한다.

(2) 분석결과의 해석과 이론의 형성

해석은 분석의 결과를 다시 이론으로 환원시키는 과정이다. 가설들이 검증되면 이것들은 곧 명제가 되고, 명제가 고도의 정확한 경험적 근거를 가지면 공리가 되는 것이다. 또 상호 관련된 명제들을 이론적으로 일정하게 연결시킴으로써 정리 등이 도출된다. 이를 통해 점차 일반화된 이론으로 발전하게 된다.

(3) 보고서의 작성과 발표

연구결과를 연구자의 목적과 발표를 요구하는 측의 요청 형식에 따라 보고서를 작성한다. 특히 전문지에 발표하기 위한 연구결과는 간결하게 정리하고, 그 전문지의 요청에 따른 논문 형식과 체제를 구비하도록 하여야 한다.

제2절 과학적 조사연구의 유형

1 연구목적 또는 이유에 따른 분류   2, 6, 12회 기출

(1) 탐색적 조사   4, 7, 12회 기출

① 탐색적 조사의 의의
  ㉠ 사회조사의 초기 단계에서 조사에 대한 아이디어와 통찰력을 얻기 위한 기초조사로, 연구문제의 발견, 변수의 규명, 가설의 도출을 위해서 실시한다. 주로 연구문제에 대한 사전지식이 가장 낮은 경우에 실시하는, 본 조사를 위한 예비적 조사의 성격을 갖기 때문에 예비조사, 형식적 조사라고도 한다.
  ㉡ 일반적 개념을 보다 구체적이고 측정할 수 있는 변수 · 질문 · 가설로 발전시키기 위해 사용된다.
  ㉢ 미개척 분야에서 개체의 도구로 많이 이용되며, 가설이 이미 정립된 경우에도 조사에 충실을 기하기 위해 필요한 정보를 파악할 때 사용된다.

② 탐색적 조사의 목적

      ㉠ 개념을 보다 명확히 하고, 다음 연구의 우선순위를 정한다.

      ㉡ 상황에 따른 변수들 사이의 관계에 대한 통찰력을 제고한다.

      ㉢ 최종적인 조사를 시행하는 데 필요한 관련정보의 입수와 조사를 위한 절차와 행위를 구체화
한다.

③ 탐색적 조사의 종류

      ㉠ 문헌조사

- 문제를 규명하고 가설을 설정하기 위해 기존에 발간되어 있는 문헌을 이용하는 방법이다(2차
적 방법).
- 연구의 대상이나 분야에 대해 잘 모르는 경우에 행하는 최초의 연구로서 가장 경제적이고 신
속한 방법이다.
- 연구초점의 명백화, 연구에 대한 이론적 연구경향, 자료수집 및 분석법에 이르기까지 포괄적
인 지식을 얻고자 하는데 목적이 있다.

      ㉡ 경험자조사(전문가 의견조사)

- 주어진 문제에 대한 전문적인 지식과 경험을 가진 전문가들로부터 정보를 얻어내는 방법 이
다.
- 주로 문헌조사에 대한 보완적 수단으로 이용된다.

      ㉢ 특례분석(특례조사)

- 연구문제의 설정이 빈약하거나 기존의 연구 자료가 부족할 경우 사용되는 사례조사의 하나이
다.
- 본 조사의 상황과 유사한 일부의 상황을 찾아내어 분석함으로써 현 상황에 대해 논리적으로
유추하는 분석방법이다.

(2) 기술적 조사

① 현상을 정확하게 기술하는 것을 주목적으로 한다.

② 실업자 수, 빈곤가구 수 등 사회복지 문제에 대하여 정확하게 실태 파악을 하여 정책적 대안을 마
련하기 위한 목적에서 실시한다.

③ 연구단위는 개인, 집단, 가족, 조직, 지역사회, 국가 등으로 다양하며 기술대상도 단순한 것에서
복잡한 것에 이르기까지 다루는 범위가 넓다.

④ 횡단조사와 종단조사로 분류된다.

⑤ 탐색적 조사와 달리 연구문제와 가설을 설정한 후 실시될 때도 있다.

(3) 설명적 조사

9회 기출

① 기술적 조사 또는 그 결과의 축적 등을 토대로 하여 어떠한 사실과의 인과관계를 규명하거나 미래
를 예측하는 조사이다.

② '왜(Why)'에 대한 대답을 제공하는 조사이다.

③ 현상에 대한 단순한 기술이 아닌 인과론적 설명을 전개한다는 점에서 기술적 조사와 다르다.

④ 설명적 조사의 기술대상인 인과관계는 사회사업에 있어서 표적문제의 원인판단, 사회체계의 역동성 이해, 개입의 영향 사정 등의 부분에서 중요한 지식의 핵이 된다.

⑤ 사회적 문제의 발생 원인을 밝히고, 이를 해결하기 위한 정책대안을 마련하기 위해 널리 활용된다.

2 | 조사 시점(시간적 차원)에 따른 분류 1, 5, 6, 8, 11, 13회 기출

(1) 횡단조사

① 횡단조사의 개념

ㄱ 어느 한 시점에서 다수의 분석단위(연령, 인종, 종교, 소득수준 등)에 대한 자료를 수집하는 연구로, 가장 보편적이고 널리 이용되는 조사방법이다. 연구대상이 되는 모집단에서 표본을 추출하는 표본조사로 측정은 단 한 번만 이루어진다.

ㄴ 일정시점에 나타나는 현상의 단면을 분석하므로 정태적인 속성을 보인다.

ㄷ 조사대상의 특성에 따라 집단을 분류하여 비교분석하므로 표본의 크기가 크다.

ㄹ 횡단조사는 탐색, 기술 또는 설명적 목적을 가질 수 있다.

ㅁ 종단조사에 비해 간단하고 비용이 덜 들지만, 시간적 흐름에 따른 현상의 변화 및 진행과정을 파악하는 데 어려움이 있다.

ㅂ 연구대상이 지리적으로 넓게 분포되어 있고 연구대상의 수가 많으며, 많은 변수에 대한 자료를 수집해야 하는 경우 유리하다.

② 횡단조사의 종류

ㄱ 현황조사(Status Survey)

• 어떤 사건과 관련된 상태나 상황을 정확하게 파악하여 기술하는 것을 주목적으로 한다.

• 자료는 질문지·면접을 통해 수집하는 서베이나 각종 통계연감에서 자료를 수집하는 2차 자료 연구를 통해 수집하기도 한다.

• 현황조사에 대한 인식 부족으로 특정 현상에 대한 기술 및 해석의 결과를 접한 사람들이 이를 연구자의 의견 표명으로 오인하는 문제가 발생할 수 있다.

• 대표적인 현황조사로 언론기관의 여론조사나 인구·주택 센서스 조사 등이 있다.

ㄴ 상관적 연구

• 어떤 변수와 다른 변수와의 관련성을 파악하기 위한 연구이다.

• 둘 또는 그 이상의 변수들 간의 관계 또는 연관성을 상관계수의 계산을 통해 확인한다.

• 연구자가 독립변수의 발생을 통제·조작할 수 없으며, 변수 간의 인과관계를 증명할 수 없다.

(2) 종단조사

1, 7, 9, 10, 12, 14, 15회 기출

① 종단조사의 개념

ㄱ 장기간에 걸쳐 동일한 연구문제에 대해 조사를 반복하여 실시하여 결과를 측정하는 조사방법이다. 시간의 간격을 두고 한 번 이상 측정하기 때문에 시간의 변화에 따른 반응을 보는 것이 중요하다.

ㄴ 현장조사로 반복적인 측정이 이루어지므로 동태적인 속성을 보인다.

ㄷ 유형에 따라 서로 다른 시점에서 동일 대상사를 추적하여 조사해야 하므로 표본의 크기가 작을수록 좋다.

ㄹ 횡단조사에 비해 복잡하고 비용이 많이 든다.

ㅁ 종단조사는 질적 연구로도 이루어진다. 이는 특히 양적 연구의 한계를 극복하기 위한 것으로서, 계량적 분석으로 생산되는 수많은 통계 수치에 대해 풍부한 설명과 해석을 가능하게 한다.

② 종단조사의 종류

ㄱ 패널조사(Panel Study)

16, 19회 기출

패널의 유형	
지속적 패널	정기적으로 패널 구성원들에게 정보를 얻을 수 있다.
임시적 패널	특정한 목적을 위해 매우 짧은 기간 동안만 유지된다.
순수패널 (고정패널)	동일한 변수에 대해서 반복적으로 응답하는 전통적 개념의 패널로, 패널 구성원에게 한 가지 주제에 대해서만 일정한 시간 간격을 두고 여러 차례 질문하는 방법이다. 시계열 분석이라고도 하며, 특정한 변수에 대하여 시간이 경과함에 따라 동일한 조사대상자가 어떻게 반응하는지를 측정하는 것이다.

- 패널이라 불리는 특정 조사대상자들을 선정해 놓고 반복적으로 조사를 실시하는 조사방법으로 대상자들로부터 상당히 긴 시간동안 지속적으로 연구자가 필요로 하는 정보를 획득하는 방법이다.
- 시계열적 자료의 획득이 어려운 서베이나 리서치의 단점을 보완하기 위해 개발되었다.
- 사건에 대한 변화분석이 가능하고 추가적인 자료 획득이 용이하며, 정확한 정보획득으로 인과관계를 명백히 할 수 있다.
- 초기비용은 다소 많이 들지만 장기적인 관점에서는 독립적인 여러 번의 조사보다 경제적이다.
- 패널조건화(Panel Conditioning) 현상으로 연구결과의 정확성이 떨어질 수 있다.
- 패널의 대표성 확보의 어려움, 부정확한 자료의 제공 가능성, 장기적인 패널 관리의 어려움, 정보의 유연성 부족 등을 단점으로 들 수 있다.

ㄴ 경향분석 또는 추세조사(Trend Study)

19회 기출

- 일정한 기간 동안 전체 모집단 내의 변화를 관찰하는 연구로, 시간의 흐름에 따라 어떤 변수가 변화하는가를 식별하는 데 목표를 둔다.
- 어떤 광범위한 연구대상의 특정 속성을 여러 시기를 두고 관찰·비교하는 것으로서, 인구 센서스, 물가경향조사, 선거기간 동안의 여론조사 등을 예로 들 수 있다.

- 추세연장기법에 의한 미래예측
    - 과거와 현재의 역사적 자료를 토대로 하여 미래의 사회적 변화를 투사, 즉 미래의 변화량과 변화율을 측정한다.
    - 기본가정 : 지속성, 규칙성, 자료의 신뢰성과 타당성이 전제되어야 한다.
- 질적 방법에 의한 미래예측
    - 브레인스토밍 : 문제 해결을 고민하는 과정에서 창의성을 향상시키기 위한 방법으로 브레인스토밍 집단을 구성하여 아이디어를 개발하고 평가하여 문제해결이나 미래예측을 하는 방법이다.
    - 델파이기법 : 집단토론에서 나타나는 여러 가지 왜곡된 의사전달의 원천을 제거하기 위하여 개발한 것이다. 특징으로는 익명성, 반복성, 통제된 확률, 응답의 통계처리 등이 있다.
    - 정책델파이기법 : 초기에는 익명성을 보장하고 주장이 표면화된 후 공개적 토론을 하는 미래예측기법으로, 델파이기법의 한계를 보완하기 위해 고안되었다.
ⓒ 동년배조사(코호트조사 : Cohort Study)
- 동기생 · 동시경험집단 연구에 해당한다.
- 일정기간 동안 어떤 한정된 부분 모집단의 변화를 연구하는 것으로서, 특정 경험을 같이 하는 사람들이 가지는 특성들에 대해 두 번 이상의 다른 시기에 걸쳐서 비교 · 연구하는 방법이다.
- 1930년대 경제 공황기에 태어난 사람들에 대한 경제적 태도의 변화를 연구하기 위해 10년마다 서베이를 실시하는 경우를 예로 들 수 있다.

Plus ⊕ one

종단조사의 주요 유형

20회 기출

경향분석 (추세연구)	• 일정한 기간 동안 전체 모집단 내의 변화를 연구하는 것으로, 일정 주기별 인구변화에 대한 조사에 해당한다. • 어떤 광범위한 연구대상의 특정 속성을 여러 시기를 두고 관찰 · 비교하는 방법이다.
코호트 조사 (동년배 연구)	• 동기생 · 동시경험집단 연구에 해당한다. • 일정한 기간 동안 어떤 한정된 부분 모집단의 변화를 연구하는 것으로, 특정 경험을 같이 하는 사람들이 가지는 특성들에 대해 두 번 이상의 다른 시기에 걸쳐서 비교 · 연구하는 방법이다.
패널조사 (패널연구)	• 동일집단 반복연구에 해당한다. • '패널(Panel)'이라 불리는 특정응답자 집단을 정해 놓고 그들로부터 상당히 긴 시간 동안 지속적으로 연구자가 필요로 하는 정보를 획득하는 방법이다.

Plus ⊕ one

횡단조사와 종단조사의 비교

횡단조사	종단조사
표본조사이다.	현장조사이다.
모집단을 대표할 수 있는 자료를 제공한다.	조사마다 새롭게 표집된 표본에 관한 자료를 제공한다.
측정이 단 한 번 이루어진다.	반복적으로 측정이 이루어진다.
정태적 조사이다.	동태적 조사이다.
일정 시점의 특정 표본이 가지고 있는 특성을 파악한다.	일정 기간 변화하는 상황에 대한 조사를 한다.
조사대상의 특성에 따라 집단을 분류하여 비교 분석하므로 표본의 크기가 클수록 좋다.	유형에 따라 서로 다른 시점에서 동일 대상자를 추적해 조사해야 하므로 표본의 크기가 작을수록 좋다.

(3) 유사종단적 조사

① 반복적으로 조사연구를 하기 어려운 경우 횡단적 조사를 통해 종단적인 결과를 얻기 위한 조사 방법이다.

② 예를 들어 아동의 발달에 관한 조사를 하는 경우, 각 연령대별로 수년간 표본추출을 한 후 그 대상에 대한 연구 자료를 종합하여 장기적인 변화를 파악하는 방법이다.

제3절 기타 과학적 조사연구 유형

1 용도에 따른 분류

(1) 순수조사

① 순수하게 사회적 현상에 대한 지적인 이해와 지식의 습득 자체에만 목적을 둔 조사이다.

② 조사자의 지적호기심을 충족하려는 동기에서 시작되었다.

③ 현장응용도가 낮은 조사이다.

(2) 응용조사

① 조사결과를 직·간접적으로 사회적 현상에 응용함으로써 문제의 해결이나 개선을 위해서 수행하는 조사를 의미한다.

② 조사결과를 활용하기 위해서 사용된다.

③ 현장응용도가 높은 조사이다.

(3) 평가조사

① 사회복지정책이나 프로그램의 효과성을 평가하기 위해 실시되는 조사이다.

② 조사의 목적은 지식의 획득이 아니라 프로그램의 지속 및 중단 등의 여부를 평가하는 것이다.

③ 응용조사 분류의 하나로서 최근 사회복지분야에서 책임성 요구와 관련하여 중요시되고 있다.

2 조사대상 범위에 따른 분류

(1) 전수조사

① 정밀도를 요하는 경우에 사용되는 것으로, 연구대상이 되는 모집단 전체를 조사하는 방법이다.

② 표본조사에 대한 전문지식이 없을 때 사용한다.

③ 모집단이 비교적 작은 경우에는 추정의 정도를 높이기 위해 사용하거나, 오차가 전혀 없거나 오차를 최소한도로 줄인 숫자가 필요할 때 사용한다.

④ 다면적으로 조사결과를 이용하려 할 때 사용한다.

⑤ 경제성과 신속성이 떨어진다.

⑥ 표본오차는 없으나 비표본오차가 크므로 표본조사에 비해 정확성이 떨어진다.

⑦ 전수조사의 예로는 국세조사, 인구조사 등이 있다.

(2) 표본조사

① 여러 가지 표본추출방법을 사용해 조사대상 중에서 전체를 대표할 수 있는 선택된 일부를 조사하는 방식이다.

② 시간이 단축되고 조사비용이 적게 들어 경제성이 있으며, 소수의 조사원으로도 조사가 가능하고 조사원에 대한 훈련도 비교적 쉽다.

③ 현실적으로 전수조사가 필요 없거나 불가능할 때 이용한다.

④ 표본추출의 오류가 연구결과에 영향을 미친다.

⑤ 표본오차가 있으나 비표본오차가 전수조사에 비해 작으므로, 전수조사보다 더 정확한 자료를 얻을 수 있다.

Plus ⊕ one

표본오차와 비표본오차
- 표본오차 : 표본의 특성치에서 모집단의 특성치를 추정하는 과정에서 발생하는 오차로 표본조사에서만 발생한다.
- 비표본오차 : 자료의 조사과정과 집계과정에서 발생하는 오차로 전수조사와 표본조사 모두에서 발생한다.

3 자료수집의 성격에 따른 분류

2, 3, 4, 8, 11회 기출

(1) 양적 조사

① 대상의 속성을 계량적으로 표현하고 그들의 관계를 통계분석을 통해 밝혀내는 조사이다.

② 정형화된 측정 도구를 사용하여 객관적인 조사를 수행한다.

③ 연역법에 기초하며 조사결과의 일반화가 용이하다.

④ 결과지향적이다.

⑤ 특정적이다.

⑥ 안정적인 현상을 가정한다.

⑦ 질문지조사, 실험조사, 통계자료분석 등이 해당한다.

(2) 질적 조사

① 언어, 몸짓, 행동 등 상황과 환경적 요인들을 조사하는 방법이다.

② 조사자의 개인적인 준거틀을 사용하여 비교적 주관적인 조사를 수행한다.

③ 귀납법에 기초하며 조사결과의 일반화에 어려움이 있다.

④ 과정지향적이다.

⑤ 타당성이 있는 실질적이고 풍부하며 깊이 있는 자료의 특징을 가진다.

⑥ 총체론적이다.

⑦ 동태적인 현상을 가정한다.

⑧ 현지조사, 사례연구 등이 해당된다.

4 기타 기준에 의한 분류

(1) 사례조사

① 특정 조사대상을 문제와 관련된 가능한 한 모든 각도에서 종합적으로 파악하고, 그에 대한 실증적인 분석을 실행하는 조사이다.

② 소수의 사례를 심층적으로 다룸으로써 연구대상에 대한 종합적인 분석이 가능하다.

③ 장 점

ㄱ 생활사를 연구하는 데 유용하다.

ㄴ 가설에 대한 신뢰도를 높여준다.

ㄷ 조사대상에 대한 문제의 원인을 밝혀준다.

ㄹ 기능적 관계를 규명하는 데 적합하다.

ㅁ 조사대상의 특성을 제한 없이 포괄적으로 파악하여 인과관계를 파악할 수 있다.

ㅂ 연구대상의 동태적 분석이 가능하다.

ㅅ 본 조사를 위한 예비조사로 이용된다.

④ 단 점

　　㉠ 학술적인 일반화가 어렵다.

　　㉡ 다른 사례와 비교가 불가능하다.

　　㉢ 관찰할 변수의 폭과 깊이가 불분명하다.

　　㉣ 대표성이 분명하지 않다.

　　㉤ 자료의 신뢰성을 검증할 수 없다.

　　㉥ 시간과 비용이 많이 든다.

(2) 실험조사

① 인과관계에 의한 가설을 테스트함으로써 조사를 진행시키는 방법이다.

② 조사자가 외생적 요인들에 대해 의도적으로 통제하고 인위적으로 관찰조건을 조성함으로써 독립변수의 효과를 측정하거나 독립변수가 종속변수에 영향을 미치는 인과관계에 대한 가설을 검증하는 조사 방법이다.

③ 실험의 종류

　　㉠ 실험실실험 : 실험자가 원하는 조건을 갖춘 상황을 정확하게 조성해내어 변수를 조작하고 다른 변수를 통제하면서 변수 간의 효과를 관찰하는 방법이다.

　　㉡ 현장실험 : 현실적인 사회상황 속에서 주의 깊게 실험 조건을 통제하여 하나 이상의 독립 변수를 조작함으로써 그 효과를 보고자 하는 방법이다.

　　㉢ 모의실험 : 컴퓨터와 프로그래밍 언어를 사용하여 이론을 수립하는 기법으로서 주어진 상황과 개별상의 수치 하에서 시간의 경과에 따른 사회체제의 형태를 분석하는 기법이다.

④ **실험설계의 구성요소** : 공동 변화를 입증하기 위한 비교, 시간적 선행성을 입증하기 위한 실험변수의 조작, 경쟁의 가설을 위한 통제

⑤ **실험설계의 유형**

　　㉠ 진실험설계 : 순수실험설계라고도 하며 ④의 실험설계의 구성요소 세 가지 조건을 비교적 충실하게 갖추고 있는 설계이다.

　　㉡ 준실험설계(유사실험설계) : 무작위 배정에 의한 방법 대신에 매칭 등 다른 방법을 통하여 실험집단과 유사한 비교집단을 구성하려고 노력하는 설계유형이다.

Plus ⊕ one

실험집단과 통제집단의 동질성을 확보하기 위한 주요 방법	20회 기출
무작위할당 (Random Assignment)	• 연구대상을 실험집단과 통제집단으로 무작위로 배치함으로써 두 집단이 동질적이 되도록 한다. • 통제할 변수들을 명확히 모르거나 그 수가 너무 많을 때 무작위의 방법을 선택할 수밖에 없다.
배합 또는 매칭 (Matching)	• 연구주제에 영향을 미칠 수 있는 주요 변수들(예 연령, 성별 등)을 미리 알아내어 이를 실험집단과 통제집단에 동일하게 분포되도록 한다. • 배합(매칭)을 사용하려면 어떤 변수들이 외부적인 설명의 가능성이 있는지를 사전에 모두 파악해야 한다.

ⓒ 비실험설계(원시실험설계) : 인과적 추론의 세 가지 조건을 모두 갖추지 못한 설계이다. 즉, 진실험설계와 준실험설계를 제외한 인과관계의 추론방법이다.

ⓔ 사후실험설계 : 독립변수의 조작 없이 변수들 간의 관계를 검증하고자 할 때 이용되는 설계유형이다.

(3) 서베이조사(Survey Study)

① 모집단을 대상으로 추출된 표본을 연구하여 모집단의 특성을 추론하는 방법으로 가장 많이 이용되는 조사방법이다. 대인면접, 우편, 전화 등 표준화된 조사도구를 이용하여 연구 주제와 관련된 내용을 직접 질문하고 응답자로 하여금 질문에 답하게 함으로써 체계적으로 실증자료를 수집할 수 있다.

② **특징** : 현지조사는 연구대상의 깊이, 즉 실제적 과정과 구조에 중점을 두는데 비해 서베이조사는 연구범위의 크기, 대표성에 중점을 둔다.

③ **장점** : 수집된 자료는 비교적 정확성이 높고, 자료의 범위가 넓으며, 풍부한 자료를 수집할 수 있다.

④ **단점** : 시간과 비용이 많이 들고 고도의 조사지식과 기술을 요하며, 항상 표본오차가 상존하며 획득된 정보가 현지조사에 비해 피상적이다.

(4) 현장연구조사 또는 현지조사

① 연구문제를 설정하거나 가설을 형성하기 위해 현장에 나가서 직접 자료를 수집하는 조사이다. 조사자는 조사대상자의 개인적인 특성과 사회적 상황 또는 주위 환경을 고려하여 이들 간의 관련성을 연구한다.

② 관찰법, 면접법, 사례연구 등을 통해 자료를 수집하며, 영향요인에 대해 실험조작을 가하지 않은 채 상황을 있는 그대로 조사한다.

③ **특징** : 현지조사는 지역사회, 학교 등의 구조와 변수를 분석하며 서베이조사의 예비조사 또는 실험적 연구로 사용된다.

④ **장점** : 가장 현실적인 연구이고 새로운 사실에 대한 교시적 성격을 가진다. 실험적 연구보다 변수의 분산이 많이 고려되며, 문제해결을 위해서 설계될 때 유용하다.

⑤ **단점** : 계측의 정밀성이 부족하고 변수 간의 관계진술이 약하며, 재실현 불가능, 표본산출, 시간 등의 문제가 있다.

(5) 미시조사와 거시조사

미시조사는 분석단위가 개인이거나 개별적인 개체이며, 거시조사는 분석단위가 큰 지역이거나 집합체이다.

CHAPTER 03 출제유형문제

01 연구주제의 설정 시 유의사항을 바르게 설명한 것은? [4회]

① 윤리관을 배제하여야 한다.
② 가능하면 양적 연구만을 행한다.
③ 기존 문헌자료는 보지 말고 독창적인 것에만 신경을 써야 한다.
④ 기존 연구로 설명이 충분하지 않은 것을 주제로 선정하는 것이 좋다.
⑤ 주제가 확실하지 않은 경우 연구를 진행하면서 주제를 정할 수도 있다.

> **해설** 이미 명확한 결론이 있는 주제에 대해서 다시 연구한다는 것은 의의가 적다. 그러므로 연구주제를 설정할 경우 기존 연구로 설명이 불충분한 것을 주제로 설정하는 것이 바람직하다.

02 다음 중 탐색적 조사에 대한 설명으로 옳은 것은? [4회]

① 종단조사의 형태로서 반복하여 대상을 조사한다.
② 반드시 가설을 설정하여 경험적 관찰을 통해 가설을 검증한다.
③ 사실의 인과관계를 규명하거나 미래의 사실에 대해 미리 예측하는 것을 목적으로 한다.
④ 현상의 모양이나 분포, 크기, 비율 등 단순 통계적인 것에 대한 조사이다.
⑤ 예비조사의 성격인 경우가 많고 융통성 있게 운영하고 연구문제를 확인한다.

> **해설** 탐색적 조사
> • 예비조사 또는 형식적 조사라고도 하며, 조사설계를 확정하기 이전 타당도를 검증하기 위해 예비적으로 실시한다.
> • 연구문제에 대한 사전지식이 부족하거나 유용한 지식이 한정되어 있는 경우, 미개척 분야에서 기본적인 자료를 제공하기 위해 또는 향후 중요한 연구의 실행가능성이나 사용할 연구방법 등을 개발하기 위해 활용된다.
> • 연구의 우선순위를 정하고 문제의 중요 부분에 대한 실태를 파악하기 위해 실시한다.
> • 연구대상에 대한 지식이 매우 적으므로, 연구자는 연구해야 할 속성이 무엇인지를 개념화하고 이를 조직화하여 자료수집을 위한 변수로 전환시켜야 한다.
> • 비교적 융통성 있게 운영될 수 있으며, 수정이 가능하다.
> • 문헌조사, 경험자조사, 특례분석조사 등이 해당된다.

03 조사보고서 작성에 관한 설명으로 옳지 않은 것은? [4회]

① 결론에는 조사의 목적과 방법을 첨부한다.
② 본문은 가능한 한 필요한 내용만 선별하여 기록한다.
③ 근거자료를 충분히 제시하는 것이 좋다.
④ 조사보고서는 독자의 수준에 맞게 작성한다.
⑤ 조사보고서는 명확한 표현으로 정확하게 작성한다.

해설 조사보고서 작성 시 유의사항
- 서론에는 조사의 목적 및 방법, 연구의 필요성 및 문제제기 이유를 첨부한다.
- 본론에는 조사내용, 조사방법, 연구결과 등을 기록한다.
- 결론에는 연구결과의 요약, 연구합의에 관한 내용, 제언 등을 기록한다.
- 본문에는 가급적 필요한 내용만 선별하여 기록한다.
- 근거자료를 충분히 제시하는 것이 좋다.
- 보고대상에 적합하게 작성해야 한다.
- 문장표현에 주의해야 한다.
- 통계자료 분석의 결과는 가능한 숫자나 도표를 사용한다.
- 정확성·명료성·간결성을 유지해야 한다.

04 다음이 의미하는 조사설계는? [13회]

> - 비교를 위한 두 개의 집단이 있다.
> - 외부요인의 설명 가능성을 배제하기 어렵다.
> - 상관관계 연구와 유사한 성격을 지닌다.
> - 집단 간 동질성 보장이 어렵다.

① 정태(고정)집단 비교(Static Group Comparison)설계
② 다중시계열(Multiple Time-series)설계
③ 일회검사 사례(One Shot Case)설계
④ 플라시보 통제집단(Placebo Control Group)설계
⑤ 통제집단 사후 검사(Posttest Control Group)설계

해설 정태(고정)집단 비교설계(Static Group Comparison Design)
전실험설계(선실험설계)의 일종으로서, 비교의 목적으로 두 개의 집단을 가진다. 즉, 개입이 주어진 연구집단과 개입이 주어지지 않은 고정집단을 사후에 구분하여, 연구집단에서 나타나는 결과와 고정집단의 결과를 서로 비교해보는 방법을 사용한다. 다만, 이와 같은 설계는 통제집단 목적으로 활용되는 고정집단이 연구집단과 동일하다는 것을 경험적으로 보장할 수 없으며, 그에 따라 집단 간 차이에 대한 외부요인의 설명 가능성을 배제하기 어렵다.

05 조사연구의 과정을 순서대로 바르게 연결한 것은?

① 연구문제형성 → 조사설계 → 가설설정 → 자료수집 → 자료분석
② 연구문제형성 → 가설설정 → 조사설계 → 자료수집 → 자료분석
③ 연구문제형성 → 자료수집 → 가설설정 → 조사설계 → 자료분석
④ 가설설정 → 연구문제형성 → 조사설계 → 자료수집 → 자료분석
⑤ 가설설정 → 연구문제형성 → 자료수집 → 조사설계 → 자료분석

> **해설** 조사연구의 과정
> • 연구문제형성 : 조사의 주제, 이론적 배경, 중요성 등을 파악하여 체계적으로 정립
> • 가설설정 : 선정된 조사문제를 조사가 가능하고 실증적으로 검증이 가능하도록 구체화
> • 조사설계 : 조사연구를 효과적 · 효율적 · 객관적으로 수행하기 위한 논리적 전략
> • 자료수집 : 관찰, 면접, 설문지 등 여러 가지 방법을 통한 수집
> • 자료분석 : 수집된 자료의 편집과 코딩과정 후 통계기법을 이용하여 자료 분석

06 설명적 조사(Explanatory Research)에 관한 설명으로 옳지 않은 것은?　　　　[9회]

① 가설을 검증하려는 조사
② 특정 현상을 사실적으로 묘사하려는 조사
③ 변수 간의 인과관계를 규명하려는 조사
④ 실험조사설계 형태로 이루어지는 조사
⑤ 특정 변수에 영향을 미치는 요인에 대한 조사

> **해설** ② 기술적 조사에 해당한다.

07 조사유형에 관한 설명으로 옳은 것은?　　　　[9회]

① 횡단조사는 조사대상을 두 번 이상 연속적으로 관찰하거나 자료를 수집하는 조사이다.
② 동년배집단조사는 같은 대상집단을 일정한 시차를 두고 조사하는 것이다.
③ 경향분석은 각각 다른 시기에 일정한 연령집단을 관찰하여 비교하는 조사이다.
④ 종단조사는 어느 한 시점에서 다수의 분석단위에 대한 자료를 수집하는 조사이다.
⑤ 패널조사는 각각 다른 시기와 서로 다른 대상이지만 일정한 연령집단을 조사하는 것이다.

> **해설** 경향분석 또는 추세조사(Trend Study)는 어떤 광범위한 연구대상의 특정 속성을 여러 시기를 두고 관찰 · 비교하는 것으로서, 추세연장기법을 통해 과거 · 현재의 역사적 자료를 토대로 미래의 사회적 변화를 투사하는 방법이다.

08 다음에서 설명하는 조사는? [15회]

> 기초연금의 노인 빈곤 감소효과를 알아보기 위해 동일한 노인을 표본으로 10년간 매년 조사한다.

① 전수조사　　　　　　　　　　② 추세조사
③ 패널조사　　　　　　　　　　④ 탐색적 조사
⑤ 횡단적 조사

해설 **패널조사**
'패널(Panel)'이라 불리는 특정응답자 집단을 정해 놓고 그들로부터 상당히 긴 시간 동안 지속적으로 연구자가 필요로 하는 정보를 획득하는 조사이다.

09 다음 (　)에 알맞은 조사유형을 모두 나열한 것은? [19회]

> 일정한 시간간격을 두고 연구대상을 표본추출하여 반복적으로 조사하는 방법에는 (　), (　), 동년배 조사 등이 있다.

① 패널조사, 경향조사　　　　　　② 패널조사, 문헌조사
③ 전수조사, 경향조사　　　　　　④ 전수조사, 표본조사
⑤ 문헌조사, 전문가조사

해설 **종단조사의 주요 유형**

경향조사 (추세조사)	• 일정한 기간 동안 전체 모집단 내의 변화를 연구하는 것으로, 일정 주기별 인구변화에 대한 조사에 해당한다. • 어떤 광범위한 연구대상의 특정 속성을 여러 시기를 두고 관찰·비교하는 방법이다.
코호트 조사 (동년배 조사)	• 동기생·동시경험집단 연구에 해당한다. • 일정한 기간 동안 어떤 한정된 부분 모집단의 변화를 연구하는 것으로, 특정 경험을 같이 하는 사람들이 가지는 특성들에 대해 두 번 이상의 다른 시기에 걸쳐서 비교·연구하는 방법이다.
패널조사	• 동일집단 반복연구에 해당한다. • '패널(Panel)'이라 불리는 특정응답자 집단을 정해 놓고 그들로부터 상당히 긴 시간 동안 지속적으로 연구자가 필요로 하는 정보를 획득하는 방법이다.

8 ③ 9 ① Answer

10 근거이론(Grounded Theory) 접근을 채택한 연구에 관한 설명으로 옳지 않은 것은? [9회]

① 조사과정에서 조사자의 관점이 중요시 된다.

② 자료 분석을 통해 이론을 도출하는데 관심을 갖는다.

③ 연구결과의 일반화를 극대화하기 위해 확률표집이 선호된다.

④ 비구조화된 인터뷰와 관찰을 사용하므로 자료의 체계화가 중요하다.

⑤ 조사연구의 상황에서 조사자와 조사 대상자 간 상호작용이 반영될 수 있다.

해설 연구결과의 일반화를 극대화하기 위해 연구자와 연구대상의 지속적인 상호작용 및 수정 · 보완의 과정을 반복적으로 수행한다.

11 조사연구의 과정에 관한 설명으로 옳지 않은 것은? [12회]

① 연구문제의 발견 및 설정은 조사에서 핵심적인 부분이다.

② 가설은 연구문제와 그 이론에 따라 구성되는 것이 바람직하다.

③ 연구문제 설정은 가설 설정과 조사설계의 전 단계이다.

④ 연구문제 설정에서 비용, 시간, 윤리성 등이 고려되어야 한다.

⑤ 조사연구 과정은 자료의 분석으로 마무리 된다.

해설 ⑤ 자료를 분석한 이후 그 결과를 보고서로 작성한다.

조사연구의 과정
• 연구문제 형성(연구주제 선정)
• 가설설정(가설구성)
• 조사설계
• 자료의 수집
• 자료의 분석(해석)
• 보고서 작성

01 질적 조사의 자료수집에 관한 설명으로 옳은 것은? [17회]

① 심층면접은 주요 자료수집방법 중 하나이다.
② 연구자는 자료수집 과정에서 배제되는 것이 원칙이다.
③ 완전관찰자로서의 연구자는 먼저 자료제공자들과 라포형성이 요청된다.
④ 가설설정은 자료수집을 위해 필수적 요건이다.
⑤ 표준화된 측정도구를 갖추어야 자료수집이 가능하다.

> **해설**
> ① 질적 조사에서는 주로 심층면접, 참여관찰 등의 자료수집방법을 사용하며, 특히 심층규명(Probing)을 한다.
> ② 연구자 자신이 자료수집의 도구가 되어 대상과 긴밀한 관계를 유지하면서 주관적으로 수행하므로 배제하거나 대체할 수 없다.
> ③ 완전관찰자로서 연구자는 연구대상과의 상호작용을 배제한 채 단순히 제삼자로서 관찰연구를 수행한다.
> ④ 이론에서 가설을 도출하고 자료를 수집하여 그것을 검증하는 단계를 거치는 양적 조사와 달리, 질적 조사는 자료에서 이론을 도출해 내는 귀납적 방법을 활용한다.
> ⑤ 질적 조사의 자료수집에서 표준화된 측정도구가 필수적인 것은 아니다.

02 패널조사에 관한 설명으로 옳지 않은 것은? [16회]

① 동일 대상을 반복 조사하는 것이다.
② 패널조건화(Panel Conditioning) 현상으로 연구결과의 정확성이 높아질 수 있다.
③ 조사대상자의 추적과 관리에 비용이 많이 든다.
④ 독립변수의 시간적 우선성을 확보할 수 있어 내적 타당도를 높일 수 있다.
⑤ 조사대상자의 상실로 변화를 확인하기 어려울 수 있다.

> **해설** 패널조건화(Panel Conditioning) 현상
> • 응답자가 이전에 조사를 한 번 이상 해 보았기 때문에 발생하는 응답상의 변화를 의미한다.
> • 생활만족도와 같은 응답자의 주관적 태도와 관련된 문항에서 빈번히 나타난다.
> • '모름/무응답'의 증가, 사회적 바람직성 편향(Bias)의 증가 등으로 인해 연구결과의 정확성이 떨어질 수 있다.

03 다음에서 설명하는 조사 유형에 해당하는 것은? [20회]

> • 둘 이상의 시점에서 조사가 이루어진다.
> • 동일대상 반복측정을 원칙으로 하지 않는다.

① 추세연구, 횡단연구
② 패널연구, 추세연구
③ 횡단연구, 동년배(Cohort) 연구
④ 추세연구, 동년배 연구
⑤ 패널연구, 동년배 연구

해설 ④ 둘 이상의 시점에서 반복적인 측정이 이루어지는 것은 종단조사이다. 종단조사에는 경향분석 또는 추세연구(Trend Study), 코호트 조사 또는 동년배 연구(Cohort Study), 패널조사 또는 패널연구(Panel Study) 등이 있으며, 그중 패널조사(패널연구)는 동일대상 반복측정을 원칙으로 한다.

04 다음 조사에서 연구대상을 배정한 방법은? [20회]

> 사회복지사협회에서 회보 발송 여부에 따라 회비 납부율에 차이가 있는지 알아보고자 한다. 이를 위해 전체 회원을 연령과 성별로 구성된 할당행렬의 각 칸에 배치하고, 절반에게는 회보를 보내고 나머지 절반은 회보를 보내지 않았다.

① 무작위표집(Random Sampling)
② 할당표집(Quota Sampling)
③ 매칭(Matching)
④ 소시오매트릭스(Sociomatrix)
⑤ 다중특질-다중방법(MultiTrait-MultiMethod)

해설 실험집단과 통제집단의 동질성을 확보하기 위한 주요 방법

무작위할당 (Random Assignment)	• 연구대상을 실험집단과 통제집단으로 무작위로 배치함으로써 두 집단이 동질적이 되도록 한다. • 통제할 변수들을 명확히 모르거나 그 수가 너무 많을 때 무작위의 방법을 선택할 수밖에 없다.
배합 또는 매칭 (Matching)	• 연구주제에 영향을 미칠 수 있는 주요 변수들(예 연령, 성별 등)을 미리 알아내 어 이를 실험집단과 통제집단에 동일하게 분포되도록 한다. • 배합(매칭)을 사용하려면 어떤 변수들이 외부적인 설명의 가능성이 있는지를 사전에 모두 파악해야 한다.

측정과 척도

⭐ 학습목표　■ 측정과 척도의 수준, 측정의 신뢰도와 타당도에 대한 문제의 출제비중이 높다.
　　　　　　■ 신뢰도와 타당도, 내적 타당도와 외적 타당도의 이해뿐만 아니라 평가에 대한 부분도 반드시 알아두자!

제1절　측정

1 측정 일반

(1) 측정의 의의

① 일정한 규칙에 의거하여 대상에 값을 부여하는 과정이다.

② 이론을 구성하고 있는 추상적 · 이론적인 개념들을 현실적 · 경험적인 세계로 이끄는 연결수단이다.

③ 특정 분석단위에 대해 질적 · 양적 값이나 수준을 결정하고 이를 규칙화하여 숫자를 부여하는 과정이다.

(2) 측정의 중요성

① 표준화되고 가장 간편한 묘사의 방법이다.

② 자료수집과 조직화를 하기 위한 기본적인 단계이다.

③ 관념적 세계와 경험적 세계 간의 교량역할을 해 준다.

(3) 측정의 기능

① 일치 또는 조화의 기능을 한다.

② 객관화와 표준화의 기능을 한다.

③ 계량화의 기능을 한다.

④ 반복과 의사소통의 기능을 한다.

2 신뢰도

(1) 측정의 신뢰도

11, 12, 15, 16, 17, 18, 19, 20회 기출

① '신뢰도'란 측정도구가 측정하고자 하는 현상을 일관성 있게 측정하는 능력을 말한다. 다시 말해 어떤 측정도구(척도)를 동일한 현상에 반복적으로 적용하여 동일한 결과를 얻게 되는 정도를 그 측정도구의 신뢰도라고 한다.

② 어떤 측정도구를 사용해서 동일한 대상을 측정하였을 때 항상 같은 결과가 나온다면 이 측정도구는 신뢰도가 매우 높다고 할 수 있다.

③ 신뢰도가 높은 측정도구는 연구자의 변경이나 측정 시간 및 장소의 차이에도 불구하고 항상 동일한 결과를 가져온다. 반면에 신뢰도가 낮은 측정도구는 매번 측정할 때마다 측정치가 달라진다.

④ 신뢰도가 높다고 해서 훌륭한 과학적 결과를 보장하는 것은 아니지만, 신뢰도가 없는 훌륭한 과학적 결과는 존재할 수 없다. 다시 말해 신뢰도는 연구조사 결과와 그 해석에 있어서 충분조건은 아니지만 필요조건에 해당한다고 볼 수 있다.

⑤ 신뢰도와 유사한 표현으로 '신빙성, 안정성, 일관성, 예측성' 등이 있다.

(2) 신뢰도의 검증 방법

20회 기출

① 검사-재검사 신뢰도 또는 재검사법(Test-Retest Reliability) 2, 8, 10, 19회 기출

㉠ 가장 기초적인 신뢰도 검증방법으로서, 동일한 대상에 동일한 측정도구를 서로 상이한 시간에 두 번 측정한 다음 그 결과를 비교하는 것이다.

㉡ 재검사에 의한 반복측정을 통해 그 결과에 대한 상관관계를 계산함으로써, 도출된 상관계수에 의해 신뢰도의 정도를 추정한다. 여기서 상관계수가 높다는 것은 신뢰도가 높다는 것을 의미한다.

㉢ 검사-재검사 신뢰도는 두 검사의 실시 간격에 따라 크게 영향을 받는다. 즉, 검사 간격이 짧은 경우 신뢰도가 높게 나타나는 반면, 검사간격이 긴 경우 신뢰도가 상대적으로 낮게 나타난다.

㉣ 안정성을 강조하는 방법이지만 반복검사로 인한 주시험효과(검사요인효과)가 크므로, 대부분의 심리검사에서 신뢰도를 찾기 위한 방법으로는 적합하지 않다.

② 동형검사 신뢰도 또는 대안법(Parallel-Form Reliability) 14, 16회 기출

㉠ 두 개 이상의 유사한 측정도구, 즉 동등한 것으로 추정되는 2개의 측정도구를 사용하여 동일한 표본에 적용한 결과를 서로 비교하여 신뢰도를 측정하는 방법으로서, '복수양식법, 유사양식법, 평행양식법'이라고도 한다.

㉡ 검사-재검사 신뢰도의 변형이라고 할 수 있는 것으로서, 동일한 조작적 정의 또는 지표들에 대한 측정도구를 두 종류씩 만들어 동일한 측정대상에게 각각 응답하도록 하는 방법이다.

ⓒ 각각의 측정도구가 매우 유사해야만 신뢰도를 측정할 수 있는 수단으로서 인정받을 수 있다. 특히 동형검사의 개발에 있어서 각각의 검사의 동등성을 보장하는 것이 중요하다. 따라서 문항 수, 표현방식, 내용 및 범위, 난이도, 검사 지시내용, 구체적인 설명, 시간제한 등 다양한 측면에서 동등성이 검증되어야 한다.

③ 반분신뢰도 또는 반분법(Split-Half Reliability) **7, 13회 기출**

ⓐ 검사를 한 번 실시한 후 이를 적절한 방법에 의해 두 부분의 점수로 분할하여 그 각각을 독립된 두 개의 척도로 사용함으로써 신뢰도를 측정하는 방법이다.

ⓑ 조사항목의 반을 가지고 조사결과를 획득한 후 항목의 다른 반쪽을 동일한 대상에게 적용하여 얻은 결과와의 일치성 또는 동질성 정도를 비교한다.

ⓒ 양분된 각 측정도구의 항목 수는 그 자체가 각각 완전한 척도를 이룰 수 있도록 충분히 많아야 한다. 또한 반분된 항목 수는 적어도 8~10개 정도가 되어야 하며, 전체적으로 16~20개 정도의 항목을 가지고 있어야 한다.

ⓓ 단 한 번의 시행으로 신뢰도를 구할 수 있으나, 반분하는 방식에 따라 각기 다른 신뢰도를 측정하므로 단일의 측정치를 산출하지 못한다. 특히 측정도구를 반분하는 과정에서 검사의 초반과 후반에 연습효과나 피로효과가 발생할 수 있는지, 특정 문항군이 함께 묶여 제시되는지 확인해야 한다.

ⓔ 조사항목 전체의 신뢰도를 측정할 수는 있지만 어느 특정 항목의 신뢰도를 측정할 수 없으므로, 신뢰도가 낮은 경우 이를 높이기 위해 어떤 항목을 수정 혹은 제거해야 할지 결정할 수 없다.

④ 문항내적합치도 또는 내적 일관성 분석법(Inter-Item Consistency Reliability)

ⓐ 단일의 신뢰도 계수를 계산할 수 없는 반분법의 문제점을 고려하여, 가능한 한 모든 반분신뢰도를 구한 다음 그 평균값을 신뢰도로 추정하는 방법이다.

ⓑ 반분신뢰도와 문항내적합치도는 내적 일관성 분석법에 의해 신뢰도 계수를 추정한다는 점에서 공통된 범주로 분류하기도 한다.

ⓒ 동일한 개념을 측정하는 항목인 경우 그 측정 결과에 일관성이 있어야 한다는 논리에 따라 일관성이 없는 항목, 즉 신뢰성을 저해하는 항목을 찾아서 배제시킨다.

ⓓ 쿠더와 리처드슨(Kuder&Richardson)에 의해 처음 개발되었으며, 이후 크론바흐(Cronbach)가 이에 대한 수학적 설명을 시도하였다. 쿠더-리차드슨 신뢰도 계수의 경우 응답문항 유형이 '예/아니오' 또는 '정(正)/오(誤)'인 검사에 사용되는 반면, 크론바흐 알파계수(Cronbach's α Coefficient)의 경우 응답문항 유형이 여러 종류인 검사에 사용된다.

ⓔ 크론바흐 알파계수(Cronbach's α Coefficient) **5, 9회 기출**
- 내적 일관성 분석법에 따라 신뢰도를 측정하는 척도이다.
- 척도를 구성하는 전체 문항 조합들의 상관관계 평균값을 계산한 것이다.
- 신뢰도가 낮은 경우 신뢰도를 저해하는 항목을 찾을 수 있다.
- 신뢰도 측정의 계수를 '크론바흐 알파 값'이라 한다.

- 계수는 0~1의 값을 가지며, 값이 높을수록 신뢰도가 높다.
- 알파 값은 0.6~0.7 이상이 바람직하며, 0.8~0.9 정도를 신뢰도가 높은 것으로 본다.
- 반분신뢰도와 같이 단 한 번의 시행으로 신뢰도를 구할 수 있으나, 검사 내용이 이질적인 경우 신뢰도 계수가 낮아지는 단점이 있다.

⑤ 관찰자 신뢰도(Observer Reliability)
  ㉠ 관찰의 안정성을 기초로 한 신뢰도 측정방법이다.
  ㉡ '재검사적 관찰자 신뢰도'와 '대안적 관찰자 신뢰도'로 구분된다.
    - 재검사적 관찰자 신뢰도 : '관찰자 내 신뢰도(Intra-Observer Reliability)'라고도 하며, 한 사람의 관찰자가 일정한 관찰지침과 절차에 의거하여 동일 측정대상에 대해 시간적 간격에 의한 반복관찰을 시행한 후, 그 결과의 상관관계를 점수로 산정하여 신뢰도를 평가하는 방법이다.
    - 대안적 관찰자 신뢰도 : '관찰자 간 신뢰도(Inter-Observer Reliability)'라고도 하며, 두 사람 이상의 관찰자가 일정한 관찰지침과 절차에 의거하여 동시에 독립적인 관찰을 시행한 후, 관찰자 간 관찰의 결과를 점수로 산정하여 신뢰도를 평가하는 방법이다.

(3) 신뢰도에 영향을 미치는 요인

① **신뢰도 검증법(추정법)** : 신뢰도를 검증하는 각 방법은 오차를 포함하는 내용이 서로 다르므로 동일한 검사에 여러 가지 방법을 동시에 사용하여 얻어진 신뢰도 계수는 다를 수밖에 없다.

② **검사 길이** : 검사의 길이가 길수록 신뢰도가 보다 높아진다. 이는 표집이 크면 클수록 전집의 모수치를 추정하는 추정치가 더 정확해지고 표집의 오차가 적어지기 때문이다.

③ **집단의 이질성** : 동일한 검사의 경우 집단의 성질에 따라 신뢰도가 달라진다. 모든 조건이 동일한 경우에 이질집단일수록 관찰변량이 커지며, 그로 인해 검사 결과의 신뢰도가 높아진다.

④ **속도요인** : 수검자에게 주어지는 검사문항에 대한 응답시간 제한 정도를 말한다. 속도요인을 많이 포함하면 할수록 신뢰도가 과대평가된다.

⑤ **검사 제작 및 실시** : 쉬운 문항부터 배열하면 신뢰도가 높아진다. 문항 간 상호의존적 · 종속적인 문항들이 있는 경우 신뢰도는 낮아진다.

(4) 신뢰도를 높이는 방법

① 측정도구를 명확하게 구성하여 모호성을 제거해야 한다.
② 측정 항목 수를 충분히 늘리고 항목의 선택범위(값)를 넓혀야 한다.
③ 조사대상자가 알지 못하는 내용에 대해서는 측정하지 않거나 이해할 수 있는 형태로 바꾸어야 한다.
④ 면접자들이 조사대상자를 대할 때 일관성을 유지해야 한다.

3 │ 타당도

(1) 측정의 타당도

3, 11, 15, 16회 기출

① '타당도'는 조사자가 측정하고자 한 것을 실제로 정확히 측정했는가의 문제이다.

② 타당한 측정수단이란 측정하고자 하는 것을 측정할 수 있는 도구이다. 따라서 어떤 측정수단이 조사자가 의도하지 않은 내용을 측정할 경우 이 수단은 타당하지 못한 것이 된다.

③ 타당도는 실증적 수단인 조작적 정의나 지표가 측정하고자 하는 개념을 제대로 반영하는 정도를 의미한다.

④ 만약 조작적 정의, 지표 또는 척도를 사용하여 처음 측정하고자 했던 개념이 의미하는 바를 제대로 측정하지 못한 경우 이들의 타당도는 낮은 것이 된다. 예를 들어 인간의 지능지수를 단순히 머리 크기로 측정하였다면, 이는 타당도에 대한 오류를 범한 것이다.

⑤ 사회과학 영역에서 특히 타당도가 문제시되는 이유는 간접적으로 측정할 수밖에 없는 사회과학 고유의 특성 때문이다. 측정을 간접적으로 하는 경우 조사자는 자신이 측정하고자 하는 속성들을 제대로 측정하는가에 대해 완전한 확신을 가질 수 없다.

(2) 타당도의 검증방법

6, 8, 12회 기출

① 내용타당도(Content Validity)

㉠ '논리적 타당도(Logical Validity)'라고도 하며, 측정항목이 연구자가 의도한 내용대로 실제로 측정되고 있는지의 문제이다.

㉡ 측정도구가 측정대상이 가지고 있는 많은 속성 중의 일부를 대표성 있게 포함하는 경우 타당도가 있다고 본다.

㉢ 논리적 사고에 입각한 논리적인 분석과정으로 판단하는 주관적인 타당도로서, 객관적인 자료에 근거하지 않는다.

㉣ 예를 들어 '10대 청소년들의 부모에 대한 관심도'를 측정하기 위한 두 가지 측정도구로서, 하나는 청소년들이 자신의 부모를 좋아하는지 묻는 문항, 다른 하나는 청소년들이 자신의 부모에 대해 얼마나 알고 있는지 묻는 문항을 개발했다고 할 때, 어느 정도는 후자가 부모에 대한 관심도를 측정하기에 적합하다고 판단할 수 있다.

㉤ 교수 · 학습 과정에서 교육목표 성취 여부를 묻는 학업성취도 검사의 타당도 검증을 위해 널리 사용되며, 교과타당도와 교수타당도로 구분하기도 한다.

Plus ⊕ one

안면타당도[액면타당도(Face Validity)]
내용타당도와 마찬가지로 측정항목이 연구자가 의도한 내용대로 실제로 측정하고 있는가 하는 것으로서, 내용타당도가 전문가의 평가 및 판단에 근거한 반면 안면타당도는 전문가가 아닌 일반인의 일반적인 상식에 준하여 분석한다.

---

② 기준타당도(Criterion Validity)

ㄱ '기준관련타당도(Criterion-Related Validity), 실용적 타당도(Pragmatic Validity)' 또는 '경험적 타당도(Empirical Validity)'라고도 한다.

ㄴ 경험적 근거에 의해 타당도를 확인하는 방법으로서, 이미 전문가가 만들어놓은 신뢰도와 타당도가 검증된 측정도구에 의한 측정결과를 기준으로 한다.

ㄷ 통계적으로 타당도를 평가하는 것으로서, 사용하고 있는 측정도구의 측정값과 기준이 되는 측정도구의 측정값 간의 상관관계에 관심을 둔다.

ㄹ 연구하려는 속성을 측정해줄 것으로 알려진 외적변수(기준)와 측정도구의 측정결과(척도의 점수) 간의 관계를 비교함으로써 타당도를 파악한다.

ㅁ 평가의 기준변수가 현재 상태를 나타내는 것인 '동시적 타당도(Concurrent Validity)'와 미래의 시점에 관한 것인 '예측적 타당도(Predictive Validity)'로 구분된다.

동시적 타당도	예측적 타당도
• '일치적 타당도'라고도 하며, 새로운 검사를 제작했을 때 새로 제작한 검사의 타당도를 위해 기존에 타당도를 보장받고 있는 검사와의 유사성 혹은 연관성에 의해 타당도를 검정하는 방법이다. • 계량화를 통해 타당도에 대한 객관적인 정보를 제공할 수 있으며, 타당도의 정도를 나타낼 수 있는 장점이 있다. • 기존에 타당도를 입증받고 있는 검사가 없을 경우 타당도를 추정할 수 없으며, 타당도가 입증된 검사가 있을지라도 그 검사와의 관계에 의해 동시적 타당도가 검정되므로 기존에 타당도를 입증받은 검사에 의존할 수밖에 없다. • 타당도 계수는 응답자집단의 응답결과에 의해 추정되므로, 응답자집단이 보다 이질적일 때 타당도 계수가 높아지는 경향을 보이는 반면, 응답자 집단이 동질적인 경우 타당도 계수는 낮아진다.	• '예언타당도'라고도 하며, 어떠한 행위가 일어날 것이라고 예측한 것과 실제 대상자 또는 집단이 나타낸 행위 간의 관계를 측정하는 것이다. • 검사도구가 미래의 행위를 얼마나 잘 예측하느냐가 관건이다. • 예를 들어 진로적성검사 결과 예술 영역에서 높은 점수를 받은 청소년이 이후 예술 분야에서 탁월한 성과를 보이는 경우, 그 검사의 예측적 타당도가 높다고 할 수 있다. • 검사도구가 미래의 행위를 예언하므로 채용, 선발, 배치 등의 목적을 위해 사용할 수 있으나, 이러한 검사의 타당도 계수를 위해 오랜 시간을 기다려야 한다.

③ 개념타당도(Construct Validity)

ㄱ '구인타당도', '구성타당도', '개념구성타당도'라고도 한다.

ㄴ 조작적으로 정의되지 않은 인간의 심리적 특성이나 성질을 심리적 개념으로 분석하여 조작적 정의를 부여한 후, 검사점수가 조작적 정의에서 규명한 심리적 개념들을 제대로 측정하였는가를 검정하는 방법이다.

ㄷ '개념(Construct)'이란 심리적 특성이나 행동양상을 설명하기 위해 존재를 가정하는 심리적 요인을 말하는 것으로서, 창의성 검사의 경우 이해성, 도전성, 민감성 등을 개념이라고 할 수 있다.

ㄹ 응답 자료가 계량적 방법에 의해 검정되므로, 과학적이고 객관적이라 할 수 있다.

ㅁ 측정되는 개념이 속한 이론 체계 내에서 다른 개념들과 논리적으로 어느 정도 관련성을 갖고 있는 지를 경험적으로 검증하는 가장 수준이 높은 타당도이다.

제2영역

ⓑ '수렴타당도(Convergent Validity), 변별타당도(Discriminant Validity), 요인분석(Factor Analysis)'으로 분석할 수 있다.

- 수렴타당도(집중타당도) : 동일한 개념을 측정하기 위해 서로 다른 측정 방법을 사용하여 얻어진 측정치들 간에 높은 상관관계가 존재한다는 개념이다. 검사 결과가 이론적으로 해당 속성과 관련 있는 변수들과 어느 정도 높은 상관관계를 가지고 있는지를 측정한다.

  예 지능지수(IQ)와 학교성적과 같이 검사 결과가 이론적으로 연관되어 있는 변수들 간의 상관관계를 측정하는 경우 두 검사 간의 상관계수가 높게 나타났다면, 새로운 지능검사는 지능이라는 개념을 잘 측정한 것으로 볼 수 있다.

- 변별타당도(판별타당도) : 서로 다른 개념들을 측정하였을 때 얻어진 측정문항들 간에 상관관계가 낮아야 한다는 개념이다. 검사 결과가 이론적으로 해당 속성과 관련 없는 변수들과 어느 정도 낮은 상관관계를 가지고 있는지를 측정한다.

  예 지능지수(IQ)와 외모와 같이 검사 결과가 이론적으로 연관되어 있지 않은 변수들 간의 상관관계를 측정하는 경우 두 검사 간의 상관계수가 높게 나타났다면, 새로운 지능검사는 지능이라는 개념을 잘 측정하지 못한 것으로 볼 수 있다.

- 요인분석 : 검사를 구성하는 문항들의 상관관계를 분석하여 상관이 높은 문항들을 묶어주는 통계적 방법이다.

  예 수학과 과학 문항들을 혼합하여 하나의 시험으로 치르는 경우, 수학을 잘하는 학생의 경우 수학 문항들에 대해, 과학을 잘하는 학생의 경우 과학 문항들에 대해 좋은 결과를 나타내 보일 것이므로 해당 문항들은 두 개의 군집, 즉 요인으로 추출될 것이다.

(3) 측정 타당도의 향상 방법

① **논리적 타당도** : 외관적 타당도라고도 하는 것으로 측정도구의 항목을 논리적 또는 상식적으로 분석하여 타당도를 확보하는 방법이다. 측정하고자 하는 면을 정확하게 규정하고 항목을 조심성 있게 선택함으로써 자동적으로 이루어진다.

② **전문가의 의견** : 측정대상에 대한 전문가들의 전문적인 지식, 논리적인 판단을 기준으로 해서 그 측정도구를 형성하는 것이다.

③ **관련 집단비교법** : 전문가 의견의 한 변형으로 서로 상반된 태도와 특징을 가진다. 이미 알려진 두 개의 집단을 선정하고, 그들 집단에 대한 일정한 측정도구를 적용하여 측정한 결과 상호 상반된 결과의 여부를 비교함으로써 그 타당도를 검증하는 방법이다.

④ **독립기준법** : 어떤 독립적인 기준에 입각하여 그 측정도구의 타당도를 검사하는 방법으로 가장 이상적인 방법이긴 하지만 실제 적용이 어렵다.

Plus ⊕ one

신뢰도와 타당도의 관계   1, 4, 5, 6, 8, 9, 12, 20회
- 타당도가 높기 위해서는 신뢰도가 높아야 한다.
- 신뢰도가 높다고 하여 반드시 타당도가 높은 것은 아니다.
- 타당도가 낮다고 하여 반드시 신뢰도가 낮은 것은 아니다.
- 타당도가 없어도 신뢰도를 가질 수 있다.
- 타당도가 있으면 반드시 신뢰도가 있다.
- 타당도는 신뢰도의 충분조건이고, 신뢰도는 타당도의 필요조건이다.
- 타당도와 신뢰도는 비대칭적 관계이다.

4 측정의 오류
3, 9, 14, 15, 16, 17, 20회 기출

(1) 체계적 오류(Systematic Error)

변수에 일정하게 또는 체계적으로 영향을 주어 측정결과가 항상 일정한 방향으로 편향되는 오류를 말한다. 측정도구를 잘못 구성하여 발생할 수 있으며, 오류의 원인을 파악함으로써 체계적인 제거가 가능하다. 체계적 오류는 특히 측정의 타당도를 저해한다.

① **선행효과 오류** : 고학력자일수록 응답문항 가운데 앞쪽에 있는 답을 선택하는 경향으로 인한 오류를 말한다.

② **후행효과 오류** : 저학력자일수록 응답문항 가운데 뒤쪽에 있는 답을 선택하는 경향으로 인한 오류를 말한다.

③ **중앙집중 경향의 오류** : 무성의한 응답자일수록 중립적인 답을 선택하는 경향이 있다.

(2) 비체계적 오류 또는 무작위적 오류(Random Error)

측정자, 측정대상자, 측정과정, 측정수단 등에 일관성이 없이 영향을 미침으로써 발생되는 오류를 말한다. 비일관적인 양상을 보이므로 사실상 통제가 어렵고, 체계적 오류보다 줄이기 어렵다. 비체계적 오류(무작위적 오류)는 특히 측정의 신뢰도를 저해한다.

① **측정자에 의한 오류** : 측정자의 건강상태나 주관적인 감정상태가 측정 결과에 영향을 미치는 오류이다.

② **응답자(측정대상자)에 의한 오류** : 응답자의 피로(설문문항의 과다, 복잡성 등), 긴장상태가 측정 결과에 영향을 미치는 오류이다.

③ **측정과정(측정상황)에 의한 오류** : 측정시간이나 장소, 분위기에서 기인하는 오류이다.

④ **측정수단(측정도구)으로 인한 오류** : 측정도구에 대한 적응 및 사전교육에서 기인하는 오류이다.

Plus ⊕ one

비체계적 오류(무작위적 오류)를 줄이기 위한 방법 `2회` `기출`
- 전문용어를 피하고 응답자가 이해할 수 있는 언어로 표현한다.
- 측정자(조사자)에 대한 사전훈련을 실시한다.
- 측정항목 수를 늘린다.
- 측정방식에 일관성을 유지한다.
- 유사한 질문을 적절히 배치함으로써 일관성 있는 응답을 유도한다.
- 신뢰할 수 있는 측정도구를 사용한다.
- 응답자를 배려한 환경, 분위기를 조성한다.

제2절 척 도 `12회` `기출`

1 척도 일반

(1) 척도의 의의

① 한마디로 측정을 위한 도구를 척도라고 한다.

② 측정하고자 하는 대상에 수치나 기호를 부여하는 것이며, 체계적·논리적으로 연관되어 있는 여러 문항으로 이루어진 복합적인 측정 도구이다.

(2) 척도의 조건

① **단순성** : 척도의 계산과 이해가 용이해야 한다.

② **유용성** : 척도가 유용하다는 것은 이해하기 쉬워야 한다는 것을 의미한다.

③ **신뢰성** : 어떤 상황을 다르게 측정하더라도 항상 같은 결과가 나올 때 신뢰성이 있다고 한다.

④ **타당성** : 척도가 측정하고자 하는 것을 정확하게 측정하는가의 문제이다.

(3) 척도의 유형 `15, 16, 17, 19회` `기출`

① **명목척도(Nominal Scale)** `1, 5, 12회` `기출`

㉠ 단순한 분류의 목적을 위해 측정대상의 속성에 수치를 부여하는 것을 말한다.

㉡ 가장 간단한 것으로, 각 반응에 대해 무작위적으로 수를 할당하므로 부여된 숫자는 연구자가 자료를 수집하고 분석하는 데 편리하도록 하기 위한 명칭이나 부호로서의 의미를 가질 뿐 그 자체로서는 의미가 없다. 즉, 개체나 사람이 다르다는 것을 보이기 위해 이름이나 범주를 대표하는 숫자로 부여하는 방식이다.

ⓒ 성별, 인종, 종교, 결혼여부, 직업, 출신 지역, 계절 등의 구별이 해당한다.

ⓔ 상호배타적인 특성을 가지며, 동일한 집단에 속해 있는 대상은 동일한 척도값을 가져야 한다.

ⓜ 사칙연산은 불가능하며, (=)만 가능하다.

② 서열척도(Ordinal Scale)　　　　　　　　　　　　　　　　　　　　　　　2, 5, 12회 기출

　ⓐ 일종의 순위척도로, 그 측정대상을 속성에 따라서 서열이나 순위를 매길 수 있도록 수치를 부여한 척도이다. 즉, 측정대상 간에 높고 낮음과 같이 개체나 사람들의 순서에 대한 값을 부여하는 척도이다.

　ⓑ 서열간의 간격이 동일하지 않으며, 절대량을 지적하지 않는다.

　ⓒ 사회계층, 선호도, 교육 수준(중졸 이하/고졸/대졸 이상), 수여 받은 학위(학사/석사/박사), 변화에 대한 평가, 서비스 효율성 평가, 사회복지사 자격등급 등의 측정에 이용된다.

　ⓓ 사칙연산은 불가능하며, (=, <, >)만 가능하다.

　ⓔ 서열척도를 이용한 측정방법
　　• 강제순위법 : 응답자들에게 특정 속성에 대한 순위를 정하게 하는 방법이다. 비교적 응답이 쉽고 시간이 적게 드는 장점이 있으나, 비교하여야 할 대상이 많은 경우에는 순위를 정하는 데 어려움을 느끼고 시간도 많이 든다.
　　• 쌍대비교법 : 두 개의 속성을 한 쌍으로 만들어 두 개 중 어느 한 쪽을 선택하여 비교하게 하는 것이다.

③ 등간척도(Interval Scale)　　　　　　　　　　　　　　　　　　　　　　7, 11, 15회 기출

　ⓐ 일종의 구간척도로, 측정하고자 하는 사물이나 현상을 분류하고 서열을 정할 수 있을 뿐만 아니라 이들 분류된 범주 간의 간격까지도 측정할 수 있다.

　ⓑ 지능(IQ), 온도, 시험점수, 물가지수, 사회지표 등이 해당된다.

　ⓒ 등간격이므로 산술계산에 사용될 수 있으나, 절대영점이 없다.

　ⓓ 사칙연산 중 (+, −)와 (=, <, >)는 가능하나, (×, ÷)는 불가능하다.

　ⓔ 등간척도를 이용한 측정방법
　　• 어의차이척도법(의미분별척도법) : 척도의 양극점에 서로 상반되는 형용사나 표현을 제시하고 소비자의 생각을 측정하는 방법이다.
　　• 스타펠척도 : 어의차이척도법의 한 변형으로 양극단의 수식어 대신에 하나의 수식어만을 평가기준으로 측정하는 방법이다.
　　• 리커트형척도 : 어의차이척도법의 확장으로서 각 질문에 대한 동의 또는 반대의 정도를 표시하도록 하는 방법이다.

④ 비율척도(Ratio Scale)　　　　　　　　　　　　　　　　　　5, 8, 12, 13, 16회 기출

　ⓐ 척도를 나타내는 수가 등간일 뿐만 아니라 의미 있는 절대영점을 가지고 있는 경우 이용된다.

　ⓑ 연령, 무게, 키, 수입, 출생률, 사망률, 이혼율, 교육년수(정규교육을 받은 기간), 가족 수, 사회복지학과 졸업생 수 등을 측정할 때 사용한다.

　ⓒ 사칙연산이 자유로우며, (=, <, >)도 가능하다. 또한 평균, 표준편차 등의 기술통계를 비롯하여 회귀분석, 경로분석 등 높은 수준의 분석기법을 적용할 수 있다.

ⓔ 비율척도를 이용한 측정방법

- 총합고정척도법 : 응답자들에게 일정한 수를 주고 어떤 기준에 따라 대안들 중에 점수를 나누어주게 하는 방법이다. 그러나 속성의 수가 많아지면 응답을 하는 데 어려움이 따르게 된다는 단점이 있다.
- 비율분할법 : 대상들에 대한 속성을 평가할 때 한 속성의 보유 정도에 따라 다른 속성들을 상대적으로 평가하도록 하는 방법이다.

2 척도의 구성

(1) 평정척도(Rating Scale)

① 의 의

ⓐ 등급법이라고도 하며, 관찰자 또는 평가자가 평가대상 또는 조사대상을 한 연속체에 입각해 평가함으로써 그 대상에 등급별로 일정한 수를 부여하거나 그들을 몇 개의 카테고리로 구별하는 측정도구이다.

ⓑ 적용이 용이하고 또한 널리 사용되는 척도로서 교사가 학생들의 시험결과를 A, B, C, D, E, F 등으로 평가해서 채점하는 것을 예로 들 수 있다.

② 종 류

ⓐ 수적 평정척도 : 평가자에 의하여 측정대상의 특성에 따라 그에 대응하도록 규정된 일정 수를 배정하는 것이다. 이 척도는 만들기 쉽고 사용하기 쉬운 것이며 그 결과에 대해 직접 통계적 분석도 할 수 있다.

ⓑ 도표식 평정척도 : 평정척도에 있어서 가장 많이 사용되는 것으로, 일정한 선과 기술적 용어를 합쳐서 만들어진다.

ⓒ 카테고리 평정척도 : 관찰자 또는 평가자가 그 측정대상의 특수성을 미리 정하여진 일정 수의 카테고리에 입각하여 평가·측정하는 것으로 리커트척도와 비슷하다.

③ 장 점

ⓐ 만들기 쉽고 사용하기 쉽다.

ⓑ 다른 척도에 비해 시간과 비용이 절약된다.

ⓒ 적용의 범위가 넓다.

ⓓ 다른 자료 수집 방법에 대한 보충적 방법으로도 사용할 수 있다.

④ 단 점

ⓐ 평정척도는 후광효과의 편견을 가져올 가능성이 있다.

ⓑ 대상의 평가에 있어서 평가자의 성격에 따라 관대의 오차 또는 가혹의 오차가 개입할 가능성이 있다.

ⓒ 대상을 평가함에 있어서 중간경향의 오차 개입이 있다.

(2) 리커트척도(Likert Scale)

4, 7, 9, 11, 12회 기출

① 의 의
- ㉠ 사실에 대한 판단보다는 인간의 태도나 가치를 측정하는 태도척도로서, 간결하고 명료하게 문항을 작성한다.
- ㉡ 서열척도의 일종으로 척도의 신뢰도와 타당도를 높이기 위해 일련의 수 개 문항들을 하나의 척도로 사용한다.
- ㉢ '총화평정척도' 또는 '다문항척도'라고도 하며, 각 문항별 응답점수의 총합이 특정하고자 하는 개념을 대표한다는 가정에 근거한다.
- ㉣ 추상적인 대상이나 현상을 측정하는 데 비교적 적합하므로 사회과학에서 널리 사용된다.

② 장 점
- ㉠ 매우 경제적이다.
- ㉡ 지표를 구성함에 있어 일관성이 있으므로 신뢰도가 높고, 단순하며 사용하기 쉽다.
- ㉢ 응답 카테고리가 명백하게 서열화 되어 있으므로 응답자들에게 혼란을 주지 않는다.
- ㉣ 객관적인 측정이 가능하고 정밀하다.
- ㉤ 평가자를 필요로 하지 않으므로 척도나 지수의 개발과 활용에 용이하다.

③ 단 점
- ㉠ 척도 작성에 1/4등분과 4/4등분의 응답을 기초로 하였으므로 중간 정도의 온건한 응답에는 민감하지 못할 수 있다.
- ㉡ 서열적인 측정치로서 개개 문항별로 구분적이지 못하며, 일관성은 있지만 일치성이 떨어지고 표본선정이 쉽지 않다.

(3) 서스톤척도(Thurstone Scale)

17, 20회 기출

① 의 의
- ㉠ 등간-비율척도의 하나로 어떤 사실에 대하여 가장 긍정적인 태도와 가장 부정적인 태도를 나타내는 양 극단을 등간적으로 구분하여 수치를 부여함으로써 등간척도를 구성하는 방법이다.
- ㉡ 일단의 평가자를 사용하여 척도에 포함될 문항들이 척도상의 어느 위치에 속할 것인가를 판단하게 한 다음 조사자가 이를 바탕으로 하여 척도에 포함될 적절한 문항들을 선정하여 척도를 구성하는 방법이다.
- ㉢ 다양한 강도를 서열적으로 측정하는 데 유용하기 때문에 심리학에서 많이 사용된다.

② 장 점
- ㉠ 척도에 포함되는 질문 문항들을 정리하여 가능한 한 간격을 같도록 한다.
- ㉡ 일반적인 서열척도보다 한 수준 높은 등간척도수준을 유지한다.
- ㉢ 다양한 평가자들의 의견 가운데 극단적인 의견을 배제함으로써 공정성을 보완할 수 있다.

③ 단 점

　　㉠ 개발과정에 많은 시간과 인원이 소요된다.

　　㉡ 평가자들에게 항목에 대한 태도를 묻는 것이 아니고 질문 문항들에 대한 우호성의 정도를 결정
　　　하게 된다.

　　㉢ 개인의 척도 점수를 해석하기가 매우 어렵다.

　　㉣ 매우 복잡하고 몇 가지 통계적 가정에 근거하고 있기 때문에 최근에는 흔히 사용되지 않고 있다.

Plus ⊕ one

서스톤척도와 리커트척도의 차이
서스톤척도는 척도치를 피조사자와는 별개의 판정자의 판정에 입각하여 미리 결정하고, 이것을 피조사자에게 적용하여
거기서 얻은 피조사자 의견들의 척도치 평균에 의하여 태도를 점수화하려는 것이다. 반면 리커트척도는 특정한 집단에
있어서의 태도의 반응에 기초하여 그 집단의 특수성의 한계 내에서 태도를 측정하는 척도를 구성하고자 하는 점에 차
이가 있다.

---

(4) 누적척도(거트만척도 ; Guttman Scale)

① 의 의

　　㉠ 거트만에 의해 개발된 것으로 태도의 강도에 대한 연속적 증가유형을 측정하고자 하는 척도로
　　　서, 초기에는 질문지의 심리적 검사를 위해 고안된 것이었으나 이제는 사회과학의 제 분야에서
　　　널리 사용되는 척도이다.

　　㉡ 서열척도의 일종으로, 강도가 다양한 어떤 태도유형도 가장 약한 표현으로부터 가장 강한 표현
　　　으로까지 서열적 순서를 매길 수 있다는 데 있다.

　　㉢ 측정의 대상이 되는 척도가 하나의 요소이어야만 한다는 것이 전제조건이다. 만약에 이 태도가
　　　일관성이 없는 여러 개의 요소들이나 심지어는 서로 상충이 되는 요소들로 구성되어 있다면,
　　　이 척도는 실패할 수밖에 없다는 것이다(단일차원성).

② 장 점

　　㉠ 경험적 관측을 토대로 척도가 구성됨으로써 이론적으로 우월하다.

　　㉡ 주로 질문이나 투표에 의한 태도적 개념의 측정에 매우 유용하다.

　　㉢ 여러 개의 요소들을 결합하여 만들 뿐만 아니라 이들 지표들의 각 배합에 대한 독특한 점수를
　　　얻을 수 있고, 더 나아가서는 이들 지표들 간의 상호 관련성까지도 측정하는 수단을 제공한다.

　　㉣ 분석의 수준이 최소한 서열적 수준일 것을 전제로 하는 이 척도의 작성 과정에는 그리 복잡한
　　　수학이 요구되지 않는다.

③ 단 점

　　㉠ 여러 개의 지표들의 결합이 하나의 개념을 구성할 수는 있으나 이 척도가 어떤 개념의 존재 여
　　　부에 대한 증거를 결정적으로 제공하지는 않는다.

　　㉡ 몇 개의 지표들만을 모아서 단순히 하나의 척도상 개념을 구성한다는 점을 지나치게 강조한다.

　　㉢ 두 개 이상의 변수를 동시에 측정하는 다차원적 척도로써 사용되는 것은 거의 불가능하다.

(5) 보가더스(Bogardus)의 사회적 거리척도

1, 10회 기출

① 의 의

ㄱ '사회적 거리(Social Distance)'란 어떠한 집단 간의 친밀 정도를 말하는 것이다.

ㄴ 서열척도의 일종으로서, 7개의 서열화된 척도를 연속체 상에 배치하여 이론적으로 응답자가 서열적인 선택을 하도록 만든 것이다.

ㄷ 소수민족, 사회계급 등에 대한 사회적 거리감의 정도를 측정하기 위해 연속적인 문항들을 동원한다.

ㄹ 서스톤척도와 마찬가지로 다수의 평가자들의 판정에 의해 척도가 결정된다.

ㅁ 척도 작성 시 평가자들로 하여금 가장 먼 것부터 가장 가까운 순서대로 의견을 배열하도록 하며, 가능한 한 등현간격에 있는 항목의 선정을 통해 척도를 구성한다.

ㅂ 척도의 평가를 위해 신뢰도는 재검사법을 사용하며, 타당도는 집단비교법 등을 활용한다.

ㅅ 단순히 사회적 거리의 원근 순위만을 표시한 것으로 친한 정도의 크기를 나타내지는 않는다.

ㅇ 소시오메트리가 개인을 중심으로 하여 집단 내에 있어서 개인 간의 친근관계를 측정하는 데 반하여, 사회적 거리는 주로 집단 간(가족과 가족, 민족과 민족)의 친근 정도를 말하는 것이다. 개인과 어떠한 집단의 관계도 규명할 수 있으며, 개인(또는 집단)의 어떠한 지역에 대한 애착심, 나아가서는 직장에 대한 애착심 등에도 적용할 수 있다.

② 장 점

ㄱ 집단 상호 간의 거리를 측정하는 데 매우 유용하다.

ㄴ 사회적 거리를 측정하는 척도에 연속체의 개념을 최초로 도입하는 데 큰 공헌을 하였다.

ㄷ 적용 범위가 비교적 넓고 예비조사에 적합한 면이 있다.

③ 단 점

ㄱ 하나의 척도를 사용한 것이 아니고, 7개의 서열화된 척도를 연속체상에 배치하여, 이론적으로는 응답자가 서열적인 선택을 하도록 만든 것이다.

ㄴ 척도점들 사이에 등간을 가정하지만 등간에 대해 경험적으로 입증할 수 없고, 척도점들 간에는 명백하게 구분할 수 있는 것을 가정하지만 척도점이 명백하게 구분이 안 되는 경우가 흔하다.

ㄷ 신뢰성은 재검토법에 의해서만 가능한데, 재검토법은 자체적으로 문제가 있다.

(6) 소시오메트리(Sociometry)

12회 기출

① 의 의

ㄱ 집단 내의 선택, 커뮤니케이션 및 상호작용의 패턴에 관한 자료를 수집하고 분석하는 방법이다.

ㄴ 모레노(J. Moreno)가 체계화한 방법으로 한정된 집단성원 간의 관계를 도출함으로써 집단의 성질, 구조, 역동성, 상호관계를 분석하는 일련의 방법이다.

ⓒ 보가더스의 사회적 거리척도는 단순히 집단 상호간의 거리를 측정하는 데 비해서 소시오메트리는 소집단 내의 구성원들 사이의 호감과 반감을 측정하거나 또는 이러한 감정에 의해서 나타나는 집단구조에 관심을 갖는다.

ⓔ 집단성원 간 관심 정도를 측정하기 위해 각 성원에 대한 호감도를 1점(가장 싫어함)에서 5점(가장 좋아함)으로 평가한다.

ⓕ 집단성원들이 집단으로부터 얻은 총점을 획득 가능한 최고점수로 나누어 호감도를 계산한다. 이 때 점수가 높다는 것은 상호 간에 호감도가 높으며, 그에 따라 집단에 대한 매력과 함께 집단응집력 또한 높음을 의미한다.

② 구 성

ⓐ 소시오메트릭 행렬 : 응답결과를 행렬로 정리하여 분석하는 방법이다.

ⓑ 소시오그램 : 집단 구성원 간의 영향 관계, 의사소통관계, 지배관계 또는 친구관계를 기호를 사용하여 그림으로 표시하는 방법이다.

ⓒ 소시오메트릭 지수 : 구성원 간의 관계를 분석하기 위해 일정한 공식에 따라 계산함으로써 지수를 구해내는 분석방법이다.

③ 장 점

ⓐ 자료수집이 경제적 · 자연적 · 신축적이다.

ⓑ 계량화의 가능성이 높다.

ⓒ 적용범위가 넓다.

④ 단 점

ⓐ 조사대상에 대한 체계적 이론 검토가 결여되어 있다.

ⓑ 신뢰성과 타당성에 대한 고찰 없이 측정결과를 받아들이는 경향이 있다.

ⓒ 측정기준과 자료의 처리에서 소홀한 경향이 있다.

(7) 의의차별척도(Semantic Differential Scale) 　8, 11, 19회 기출

① 의 의

ⓐ '의미분화척도' 또는 '어의구별척도'라고도 하며, 어떤 대상이 개인에게 주는 주관적인 의미를 측정하는 방법이다.

ⓑ 개념이 갖는 본질적인 뜻을 몇 개의 차원에 따라 측정함으로써 태도의 변화를 좀 더 정확하게 파악하는 척도이자 방법이다.

ⓒ 하나의 개념을 주고 응답자가 여러 가지 의미의 차원에서 이 개념을 평가하도록 한다. 특히 집단 상담이나 집단치료에서는 집단성원이 동료성원을 평가하는 도구로 사용되기도 한다.

ⓔ 척도의 양 극점에 서로 상반되는 형용사나 표현을 제시하여 정도의 차이에 의한 일련의 형용사 쌍을 만들며, 응답자의 주관적인 판단이나 느낌을 반영하도록 한다.

ⓕ 보통 5~7점 척도가 사용된다.

ⓑ 주로 심리학적 의미를 파악하기 위해 심리학 분야의 측정도구로 사용해왔지만 정치학 분야에서도 사회주의, 공산주의, 자유, 민주 등에 관한 어의를 명백히 하기 위해 정치가들에게 일정한 척도에 따라 답변하게 함으로써 진의를 파악하는 연구가 많이 행해졌다.

② 분석방법

ⓐ 평균치분석방법 : 각 기본개념에 따른 척도점의 평균치를 계산하여 분석하는 방법으로 개념의 유사성과 상이성을 구별할 수 있게 된다.

ⓑ 거리집락분석방법 : 각 개념들이 어의공간에서 차지하는 위치 사이의 거리를 측정하여 관계를 분석하는 방법이다.

ⓒ 요인평점분석방법 : 요인평점을 사용해서 응답자, 개념 또는 차원을 평가하는 방법이다.

(8) Q-분류척도

① Q-기법이라고도 한다.

② 특정 자극에 대한 비슷한 태도를 가진 사람이나 대상을 분류하기 위한 방법이다.

③ 일종의 투사실험으로, 단 한 사람의 특징이나 단 한 가지 현상을 설명하기 위해서 단일 현상을 여러 가지 현상으로 세분한다.

(9) 요인척도

① 등간-비율척도의 하나로 변수들 간에 존재하는 상호관계의 유형을 밝히고 상호 간에 밀접하게 연관되어 있는 변수들의 묶음을 발견하여 이를 보다 적은 수의 가설적 변수, 즉 요인들로 축소시키기 위한 방법이다.

② 단일차원성을 확보하고 항목들에 가중치를 부여함으로써 공정성을 높인다.

③ 분석을 위한 분석이 될 수 있다는 단점이 있다.

Plus ⊕ one

척도 구성의 기본원칙

- 척도의 각 범주들이 다른 범주와의 관계에서 상호배타적이어야 한다.
- 척도의 각 범주들이 같은 범주 안에서 포괄적이어야 한다.
- 응답 범주들은 응답 가능한 상황들을 모두 포함하고 있어야 한다.
- 응답 범주들은 논리적 연관성을 가지고 있어야 한다.
- 척도가 여러 개의 문항들로 구성된 경우 각각의 문항들 간에는 내적 일관성을 가지고 있어야 한다.

01 신뢰도와 타당도에 관한 설명으로 옳은 것은? [16회]

① 타당도를 검사하기 위해 복수양식법을 활용한다.

② 측정도구의 신뢰도가 높으면 타당도도 높아진다.

③ 측정도구를 동일 응답자에게 반복 적용했을 때 일관된 결과가 나오면 타당도가 높은 것이다.

④ 동일한 변수를 측정할 때 신뢰도와 타당도를 높이기 위해서는 관련 문항 수를 줄인다.

⑤ 측정할 때마다 항상 30분 빠르게 측정되는 시계는 신뢰도가 높은 것이다.

> **해설**
> ① 복수양식법(Multiple Forms Technique)은 유사한 형태의 두 개의 측정도구를 만들어서 이를 각각 동일한 대상에 차례로 적용해 봄으로써 신뢰도를 측정하는 방법이다.
> ② 타당도는 신뢰도의 충분조건인 반면, 신뢰도는 타당도의 필요조건에 해당한다. 즉, 신뢰도가 높다고 하여 반드시 타당도가 높은 것은 아니며, 타당도가 낮다고 하여 반드시 신뢰도가 낮은 것은 아니다.
> ③ 측정도구를 동일 응답자에게 반복 적용했을 때 일관된 결과가 나오면 신뢰도가 높은 것이다.
> ④ 동일한 개념이나 변수를 측정할 때 신뢰도와 타당도를 높이기 위해서는 관련 문항 수를 늘려야 한다.

02 A시설 어린이들의 발달 상태를 조사하기 위해 체중계를 이용하여 몸무게를 측정했는데 항상 2.5kg이 더 무겁게 측정되었다. 이 측정에 관한 설명으로 옳은 것은? [15회]

① 타당도는 높지만 신뢰도는 낮다.

② 신뢰도는 높지만 타당도는 낮다.

③ 신뢰도도 높고 타당도도 높다.

④ 신뢰도도 낮고 타당도도 낮다.

⑤ 신뢰도나 타당도를 평가할 수 없다.

> **해설**
> 체중계를 이용하여 몸무게를 측정했을 때 항상 일정 수치만큼 더 무겁게 혹은 더 가볍게 측정되었다면, 이는 신뢰도는 높지만 타당도는 낮은 것으로 볼 수 있다.

1 ⑤ 2 ② Answer

03 측정에서 나타날 수 있는 오류를 나타낸 것으로 모두 묶여진 것은? [3회]

> ㄱ. 체계적 오류
> ㄴ. 생태학적 오류
> ㄷ. 무작위적 오류
> ㄹ. 표준오차

① ㄱ, ㄴ, ㄷ
② ㄱ, ㄷ
③ ㄴ, ㄹ
④ ㄹ
⑤ ㄱ, ㄴ, ㄷ, ㄹ

해설 ㄴ. 생태학적 오류는 분석과정에서 나타나는 오류에 해당하며, 분석단위를 집단에 두고 얻어진 연구의 결과를 개인에 동일하게 적용함으로써 발생하는 것이다.
ㄹ. 표준오차는 표본추출(표집)의 과정에서 발생하는 오차와 연관된 것으로서, 각 표본들의 평균과 전체 평균 간의 간격을 의미한다.

04 측정의 신뢰도와 타당도에 관한 설명으로 옳은 것은? [18회]

① 신뢰도는 일관성으로 표현될 수 있는 개념이다.
② 측정도구의 문항 수가 적을수록 신뢰도는 높아진다.
③ 검사–재검사 방법은 타당도를 측정하는 방법이다.
④ 편향(Bias)은 측정의 비체계적 오류와 관련된다.
⑤ 측정도구의 신뢰도가 높아지면 타당도도 높아진다.

해설 ① 신뢰도는 일관성 또는 안정성으로 표현될 수 있는 개념으로, 측정도구가 측정하고자 하는 현상을 일관성 있게 측정하는 능력에 관한 것이다.
② 측정도구의 문항 수가 적을수록 신뢰도는 낮아지는 반면, 문항 수가 많을수록 신뢰도는 어느 정도 높아진다.
③ 검사–재검사 방법은 신뢰도를 측정하는 방법이다.
④ 편향은 측정의 체계적 오류와 관련된다.
⑤ 타당도는 신뢰도의 충분조건인 반면, 신뢰도는 타당도의 필요조건에 해당한다. 즉, 신뢰도가 높다고 하여 반드시 타당도가 높은 것은 아니며, 타당도가 낮다고 하여 반드시 신뢰도가 낮은 것은 아니다.

05 변수의 측정수준에 관한 설명으로 옳은 것은? [15회]

① 성별은 이산적 특성을 가진 서열척도이다.
② 인종과 종교는 등간척도이다.
③ 석차로 평가된 성적은 등간척도이다.
④ 5점 척도로 측정된 서비스만족도는 비율척도이다.
⑤ IQ와 온도는 등간척도이다.

① 성별은 불연속적·이산적 특성을 가진 명목척도에 해당한다.
② 인종과 종교는 명목척도에 해당한다.
③ 석차로 평가된 성적은 서열척도에 해당한다.
④ 5점 척도로 측정된 서비스만족도는 서열척도에 해당한다.

06 측정오류(Measurement Error)에 관한 설명으로 옳은 것을 모두 고른 것은? [9회]

ㄱ. 체계적 오류는 측정도구의 구성에서 발생할 수 있다.
ㄴ. 측정오류의 정도는 측정대상과 측정도구의 성격에 따라 차이가 나타난다.
ㄷ. 측정오류는 신뢰도와 타당도가 확보된 측정도구를 이용하여 예방할 수 있다.
ㄹ. 무작위 오류는 수집된 자료를 코딩하는 과정에서 잘못 입력하는 경우에 발생한다.

---

① ㄱ, ㄴ, ㄷ
② ㄱ, ㄷ
③ ㄴ, ㄹ
④ ㄹ
⑤ ㄱ, ㄴ, ㄷ, ㄹ

ㄱ. 체계적 오류는 측정대상 또는 측정과정에 대해 체계적으로 영향을 미침으로써 오류를 초래하는 것이다. 체계적으로 영향을 미치는 요인으로는 지식, 교육, 신분, 특수정보, 인간성 등이 있으며, 측정도구 구성 시 측정자의 편견이나 편차, 문화적인 차이 등이 개입됨으로써 발생할 수 있다.
ㄴ. 측정오류의 정도는 측정대상과 측정도구의 성격에 따라 다르게 나타난다. 예를 들어 측정대상이 표본으로서 부적합하거나 소재상 중요한 결점이 있는 경우, 측정도구로서 설문내용이 모호하거나 응답하기 곤란한 경우 측정결과가 다르게 나타날 수 있다.
ㄷ. 측정오류는 질적인 특수성을 갖는 각각의 속성을 인위적으로 측정이라는 양적인 현상으로 전환할 때 이들 간의 관계에서 간격이 발생함으로써 나타난다. 본질적으로 신뢰도와 타당도의 문제에 해당하므로, 신뢰도와 타당도가 확보된 측정도구를 이용하여 예방할 수 있다. 그러나 사회조사분야의 경우 변수의 속성을 정확히 측정하고 규명하는 것이 사실상 불가능하다는 점을 염두에 둘 때 측정상의 오류는 불가피하며, 따라서 완전무결한 측정도구란 있을 수 없다.
ㄹ. 무작위 오류 또는 비체계적 오류는 측정과정에서 우연히 또는 일시적인 사정에 의해 나타나는 오류이다. 측정상황, 측정과정, 측정대상, 측정자 등에 있어서 우연적·가변적인 일시적 형편에 의해 측정결과에 영향을 미칠 수 있으며, 이러한 오류는 사전에 알 수 없을 뿐만 아니라 통제할 수도 없다.

5 ⑤ 6 ⑤ Answer

07 다음이 설명하는 척도로 옳은 것은? [19회]

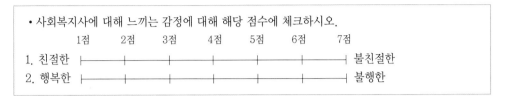

- 사회복지사에 대해 느끼는 감정에 대해 해당 점수에 체크하시오.

	1점	2점	3점	4점	5점	6점	7점	
1. 친절한	├──┼──┼──┼──┼──┼──┤							불친절한
2. 행복한	├──┼──┼──┼──┼──┼──┤							불행한

① 리커트 척도(Likert Scale)

② 거트만 척도(Guttman Scale)

③ 보가더스 척도(Borgadus Scale)

④ 어의적 분화척도(Semantic Differential Scale)

⑤ 서스톤 척도(Thurstone Scale)

해설 어의적 분화척도(의의차별척도, 의미분화척도)
- 어떤 대상이 개인에게 주는 주관적인 의미를 측정하는 방법이다. 즉, 하나의 개념을 주고 응답자가 여러 가지 의미의 차원에서 이 개념을 평가하도록 한다.
- 척도의 양 극점에 서로 상반되는 형용사나 표현을 제시하여 정도의 차이에 의한 일련의 형용사 쌍을 만들며, 응답자의 주관적인 판단이나 느낌을 반영하도록 한다.
- 보통 5~7점 척도가 사용된다.

08 척도에 관한 설명으로 옳지 않은 것은? [9회]

① 척도의 타당도가 높으면 신뢰도도 높다.

② 척도 문항의 응답범주는 상호배타적이어야 한다.

③ 척도의 문항들 간에는 내적 일관성이 있어야 한다.

④ 척도의 기준관련타당도는 구성체타당도라고도 한다.

⑤ 평정척도의 응답범주들은 논리적 연관성이 있어야 한다.

해설 기준관련타당도는 실용적 타당도(Pragmatic Validity) 또는 경험적 타당도(Empirical Validity)라고도 한다. 반면 구성체타당도는 개념타당도(Construct Validity)와 연관된다.

척도 구성의 기본원칙
- 척도의 각 범주들이 다른 범주와의 관계에서 상호배타적이어야 한다.
- 척도의 각 범주들이 같은 범주 안에서 포괄적이어야 한다.
- 응답 범주들은 응답 가능한 상황들을 모두 포함하고 있어야 한다.
- 응답 범주들은 논리적 연관성을 가지고 있어야 한다.
- 척도가 여러 개의 문항들로 구성된 경우 각각의 문항들 간에는 내적 일관성을 가지고 있어야 한다.

09 '입사시험 성적이 좋은 사람이 업무도 잘한다'는 사실로부터 알 수 있는 입사시험의 타당도는?

[4회]

① 내용타당도
② 누적타당도
③ 판별타당도
④ 기준타당도
⑤ 구체성 타당도

 기준타당도는 특정한 측정도구의 측정값을 이미 타당도가 경험적으로 입증된 기준이 되는 측정도구의 측정값과 비교하여 나타난 관련성의 정도를 의미한다. 문제의 입사시험은 측정도구이며 업무수행능력은 측정목적에 해당한다고 할 수 있다. 입사시험이 업무수행능력에 대한 측정의 기준이라고 할 때, 입사시험 성적이 높은 사람이 높은 업무수행성과를 보인다면 기준타당도가 높다고 할 수 있는 반면, 그 반대의 경우라면 기준타당도가 낮다고 할 수 있다.

10 다음의 사례내용과 내적 타당도 저해요인을 바르게 나타낸 것은?

[9회]

사례 1 : 동일한 지역 내의 두 복지관 가운데 한 복지관에서 효과가 높았던 여가프로그램이 다른 복지관에서는 높지 않은 것으로 나타났다.
사례 2 : 노인을 대상으로 물리치료 프로그램을 1년 동안 실시한 후, 프로그램의 성과를 평가한 결과 노인들의 신체적 건강상태에 변화가 없는 것으로 나타났다.

	사례 1	사례 2
①	개입 확산	성숙효과
②	플라시보 효과	개입 확산
③	통계적 회귀	개입 확산
④	성숙효과	개입 확산
⑤	통계적 회귀	플라시보 효과

 내적 타당도 저해요인
• 개입 확산(모방)
• 성숙효과(성장요인)
• 역사요인(우연한 사건)
• 통계적 회귀
• 플라시보 효과(Placebo Effect)
• 검사요인(테스트 효과)
• 선별요인(선택요인)
• 도구요인
• 상실요인(실험대상의 탈락)

9 ④ 10 ①   Answer

11 다음은 무엇에 관한 설명인가?

[17회]

A연구소가 정치적 보수성을 판단할 수 있는 문항들의 상대적인 강도를 11개의 점수로 평가자들에게 분류하게 한다. 다음 단계로 평가자들 간에 불일치도가 높은 항목들을 제외하고, 각 문항이 평가자들로부터 받은 점수의 중위수를 가중치로 하여 정치적 보수성 척도를 구성한다.

① 거트만(Guttman) 척도
② 서스톤(Thurstone) 척도
③ 리커트(Likert) 척도
④ 보가더스(Borgadus) 척도
⑤ 의미차이(Sematic Differential)척도

|해설| 서스톤 척도(Thurstone Scale)
• 등간-비율척도의 일종으로서, 어떤 사실에 대하여 가장 긍정적인 태도와 가장 부정적인 태도를 나타내는 양극단을 등간적으로 구분하여 수치를 부여함으로써 등간척도를 구성하는 방법이다.
• 리커트 척도를 구성하는 문항들의 간격이 동일하지 않다는 문제점을 보완하기 위한 것으로 중요성이 있는 항목에 가중치를 부여한다.
• 다양한 평가자들의 의견 가운데 극단적인 의견을 배제함으로써 공정성을 보완한다.

12 리커트 척도에 대한 설명으로 적절한 것은?

[4회]

① 단일차원적이고 누적적인 척도를 구성한다.
② 문항마다 서로 다른 척도값을 부여한다.
③ 사전 평가자의 주관적 개입이 반영된다.
④ 실용적이며 사용의 용이성이 높아 널리 쓰인다.
⑤ 서열적 측정치로서 일치성이 충분하다.

|해설| 리커트 척도의 장단점
• 상점 : 사용이 용이하고 일관성이 있으며 단순하다. 또한 정밀성이 있으며 평가자의 주관 개입을 반지할 수 있고 실용적이다.
• 단점 : 서열적 측정치로서 일치성이 결여되고 개개 문항별로 구분되어 있지 않다.

13 다음의 조사 연구 설계에서 간과하고 있는 내적 타당도의 저해 요인은? [9회]

> 방과후 프로그램의 담당자는 현재의 수업방식이 아동들의 성적 향상에 효과적인지를 알아보기 위해 프로그램 전·후의 성적을 측정하였다. 그 결과 아동들의 성적이 향상되었음을 발견하고, 현재 수업방식이 효과적이라는 결론을 내렸다.

① 반응성(Reactivity)

② 외부사건(History)

③ 개입 확산(Diffusion)

④ 완충(Buffering) 효과

⑤ 플라시보(Placebo) 효과

 외부사건 또는 역사요인은 조사기간 중에 연구자의 의도와는 상관없이 일어난 통제 불가능한 사건으로서, 결과변수에 영향을 미칠 수 있는 사건을 의미한다. 방과후 프로그램 담당자는 현재의 수업방식이 아동들의 성적 향상에 효과적인 것으로 결론을 내리고 있으나, 이는 방과후 프로그램의 효과가 아닌 정규수업의 효과나 아동들의 개별적인 과외활동 등 다른 외부사건에 의한 것일 수도 있다. 이와 같은 외부사건의 예로는 직업훈련 실시기간 중 경기침체, 고등학생 대상의 스트레스 완화 프로그램 시 학교의 축제 등을 들 수 있다.

14 크론바흐 알파(Cronbach's Alpha)에 관한 설명으로 옳은 것은? [9회]

① 척도를 구성하는 전체 문항 조합들의 상관관계 평균값을 계산한 것이다.

② 척도의 문항을 절반으로 나누어 두 부분 간의 상관관계를 계산한 것이다.

③ 복수의 조사자를 통해 측정한 점수를 비교하여 의견일치도를 평가한 것이다.

④ 비슷한 두 개의 척도로 동일한 대상을 측정한 점수들 간의 상관관계를 계산한 것이다.

⑤ 동일한 척도를 사용하여 동일대상에게 서로 다른 시점에 측정한 점수 간의 상관관계를 계산한 것이다.

 ② 반분법 : 복수양식법의 변형으로서 측정도구를 임의로 반으로 나누어 각각 독립된 두 개의 척도로 사용함으로써 신뢰도를 측정하는 방법이다. 반분된 각각의 측정도구들에 대한 동질성 여부를 판단할 수 있도록 하여 측정도구의 내적 일관성을 측정할 수 있으나, 반분된 각각의 측정문항들을 동등하게 만들기가 어렵다.
③ 사회조사연구에서 조사자 또는 관찰자 수의 확장으로 인해 이들 간의 상호 주관적인 신뢰도를 확보하기 어려운 경우, 조사자 또는 관찰자의 비신뢰성으로 인해 신뢰도의 평가가 곤란하다.
④ 대안법 : 두 개 이상의 유사한 측정도구를 사용하여 동일한 표본에 적용한 결과를 서로 비교하여 신뢰도를 측정하는 방법이다. 두 개의 동형검사를 동일집단에 동시에 시행하므로 주시험 효과의 영향을 받지 않지만, 동일한 현상을 측정하기 위한 두 개의 동등한 측정도구의 개발이 어려우며, 동일한 검사환경이나 피험자의 동일한 검사동기 및 검사태도를 만들기가 어렵다.
⑤ 재검사법 : 가장 기초적인 신뢰도 검증방법으로서, 동일한 대상에 동일한 측정도구를 서로 상이한 시간에 두 번 측정한 다음 그 결과를 비교하는 것이다. 측정도구 자체를 직접 비교함으로써 적용이 매우 간편하나, 검사요인, 성숙요인, 역사요인 등을 배제하기가 어렵다.

01 척도에 관한 설명으로 옳은 것을 모두 고른 것은? [19회]

> ㄱ. 명목척도는 응답범주의 서열이 없는 척도이다.
> ㄴ. 비율척도의 대표적인 유형은 리커트 척도이다.
> ㄷ. 비율척도는 절대 0점이 존재하는 척도이다.
> ㄹ. 서열척도는 변수의 속성에 따라 일정한 범주로 분류한다.

① ㄱ, ㄴ   ② ㄴ, ㄹ
③ ㄷ, ㄹ   ④ ㄱ, ㄴ, ㄷ
⑤ ㄱ, ㄷ, ㄹ

해설 ㄴ. 리커트 척도(Likert Scale)는 서열척도의 대표적인 유형에 해당한다. 측정이 비교적 단순하여 양적 조사에서 보편적으로 사용되는 것으로, 척도의 신뢰도와 타당도를 높이기 위해 일련의 수 개 문항들을 하나의 척도로 사용한다.

02 척도 유형에 관한 설명으로 옳지 않은 것은? [20회]

① 리커트 척도(Likert Scale)는 문항 간 내적 일관성이 중요하다.
② 거트만 척도(Guttman Scale)는 누적척도이다.
③ 서스톤 척도(Thurstone Scale)의 장점은 개발의 용이성이다.
④ 보가더스 척도(Borgadus Scale)는 사회집단 간의 심리적 거리감을 측정하는 데 적절하다.
⑤ 의미분화척도(Semantic Differential Scale)의 문항은 한 쌍의 대조되는 형용사를 사용한다.

해설 ③ 서스톤 척도(Thurstone Scale)의 개발과정은 리커트 척도(Likert Scale)에 비해 비교적 많은 시간과 노력이 소요된다. 그 이유는 평가하기 위한 문항의 수가 많아야 하고, 평가자도 많아야 하기 때문이다. 이와 같이 문항 수가 많으면 뮤힝의 신징이 징획해지는 빈면, 그에 대힌 용답을 분석히는 데 많은 시간과 노력이 소요된다. 또한 서스톤 척도는 다수 평가자들의 경험이나 지식이 일정하지 않고 평가에 편견이 개입될 수 있으며, 문항에 대한 지식이 부족할 수 있는 문제점도 가지고 있다.

03 측정에 관한 설명으로 옳지 않은 것은? [20회]

① 측정은 연구대상에 대해 일정한 규칙에 따라 숫자나 기호를 부여하는 과정이다.

② 지표는 개념 속에 내재된 속성들이 표출되어 나타난 결과를 말한다.

③ 측정의 체계적 오류는 타당도와 관련이 없다.

④ 리커트 척도는 각 항목의 단순합산을 통해 서열성을 산출한다.

⑤ 조작적 정의는 실질적으로 측정하게 되는 연구대상의 세부적 속성이다.

해설 체계적 오류와 비체계적 오류

체계적 오류 (Systematic Error)	변수에 일정하게 또는 체계적으로 영향을 주어 측정결과가 항상 일정한 방향으로 편향되는 오류를 말하는 것으로, 특히 측정의 타당도와 관련이 있다.
비체계적 오류 (Random Error)	측정자, 측정대상자, 측정과정, 측정수단 등에 일관성이 없이 영향을 미침으로써 발생되는 오류를 말하는 것으로, 특히 측정의 신뢰도와 관련이 있다.

04 척도의 타당도를 평가하는 기준이 아닌 것은? [20회]

① 하나의 개념을 측정하는 개별 항목들 간의 일관성

② 이론적으로 관련성이 없는 두 개념을 측정한 두 척도 간의 상관관계

③ 어떤 척도와 기준이 되는 척도 간의 상관관계

④ 개념 안에 포함된 포괄적인 의미를 척도가 포함하는 정도

⑤ 개별 항목들이 연구자가 의도한 개념을 구성하는 요인으로 모이는 정도

해설 ① 척도의 신뢰도를 평가하는 기준에 해당한다. 참고로 하나의 개념을 여러 측정항목으로 측정할 경우 나타나는 개별 항목들 간의 일관성 또는 동질성의 정도를 평가하는 것으로 크론바흐 알파계수(Cronbach's α Coefficient)가 있다.

② 변별타당도(판별타당도)의 평가기준에 해당한다. 척도가 이론적으로 관련성이 없는 척도와 서로 연관되지 않는 것으로 나타날 때 변별타당도가 있다고 한다.

③ 기준타당도의 평가기준에 해당한다. 새로운 척도를 사용하여 측정한 결과가 기존의 척도를 사용하여 측정한 결과와 상관관계가 높을 때 기준타당도가 있다고 한다.

④ 내용타당도의 평가기준에 해당한다. 척도가 측정하고자 하였던 개념의 포괄적인 의미를 포함하고 있을 때 내용타당도가 있다고 한다.

⑤ 요인타당도(요인분석)의 평가기준에 해당한다. 척도의 개별 항목들이 통계적으로 서로 연관된 그룹, 즉 하위요인으로 모일 때 요인타당도가 있다고 한다.

05 신뢰도를 높이는 방법에 관한 설명으로 옳은 것은? [20회]

① 측정 항목 수를 가능한 줄여야 한다.
② 유사한 질문을 2회 이상 하지 않는다.
③ 측정자에게 측정도구에 대한 교육을 사후에 실시한다.
④ 측정자들이 측정방식을 대상자에 맞게 유연하게 바꾸어야 한다.
⑤ 조사대상자가 알지 못하는 내용에 대해서는 측정하지 않는 것이 좋다.

해설   신뢰도를 높이는 주요 방법
- 측정도구를 명확하게 구성하여 모호성을 제거해야 한다.
- 측정 항목 수를 충분히 늘리고 항목의 선택범위(값)를 넓혀야 한다.
- 조사대상자가 알지 못하는 내용에 대해서는 측정하지 않거나 이해할 수 있는 형태로 바꾸어야 한다.(⑤)
- 면접자들이 조사대상자를 대할 때 일관성을 유지해야 한다.

제 2 영역

06 신뢰도에 관한 설명으로 옳은 것을 모두 고른 것은? [20회]

> ㄱ. 재검사법, 반분법은 신뢰도를 평가하는 방법이다.
> ㄴ. 신뢰도는 타당도의 필요충분조건이다.
> ㄷ. 측정할 때마다 실제보다 5g 더 높게 측정되는 저울은 신뢰도가 있다.

① ㄱ
② ㄴ
③ ㄱ, ㄴ
④ ㄱ, ㄷ
⑤ ㄱ, ㄴ, ㄷ

해설   ㄴ. 타당도는 신뢰도의 충분조건인 반면, 신뢰도는 타당도의 필요조건에 해당한다. 즉, 신뢰도가 높다고 하여 반드시 타당도가 높은 것은 아니며, 타당도가 낮다고 하여 반드시 신뢰도가 낮은 것은 아니다.

자료수집과 설문조사연구

⭐ 학습목표
- 자료수집과 관련한 문제는 매회 꾸준히 출제되고 있다. 기본은 자료수집방법의 구분이다. 개념부터 확실히 정리하자!
- 질적 조사에 많이 쓰이는 관찰법, 양적 조사에 많이 쓰이는 면접조사법과 우편조사법을 비교해서 정리하고, 개별사안별로 어떤 자료수집방법이 적절한지에 대한 활용방안도 학습하자.

제 1 절   자료수집 일반

1 자료의 의의와 종류

(1) 자료의 의의

자료란 조사연구에 사용되는 모든 종류의 정보를 말한다. 자료는 획득하고 수집하는 방법에 따라 1차 자료와 2차 자료로 나눌 수 있다.

(2) 수집 주체에 따른 자료의 종류

① 1차 자료
  ㉠ 연구자가 문제해결을 위해 조사설계를 하고 그 설계에 근거하여 직접 수집한 자료를 말한다. 따라서 신뢰도와 타당성 면에서 연구목적의 수행에 적합하지만 자료수집에 비용과 시간이 많이 소요된다는 문제가 있다.
  ㉡ 1차 자료의 수집에는 서베이조사법과 관찰법의 두 가지 방법이 사용된다. 서베이조사법은 다시 설문조사법과 면접조사법으로 나눌 수 있다.

② 2차 자료
  ㉠ 연구자가 직접 수집하지는 않았지만 연구목적에 도움이 될 수 있는 모든 종류의 자료를 말한다. 따라서 자료를 수집하는 데 비용과 시간이 적게 드는 장점이 있다. 특정 연구를 위해 수집된 것이 아니기 때문에 자료의 구성, 변수의 정의, 수집목적, 측정단위 등에서 특정 연구에 적합하지 않은 경우가 많다.
  ㉡ 2차 자료의 수집에는 주로 문헌조사법과 간접관찰법이 사용된다. 간접관찰법은 관찰법과는 달리 관찰시기와 관찰대상인 행동의 발생시기가 일치하지 않는 경우를 말한다. 두 방법 모두 조사자와 피조사자 사이에 직접적인 교류는 이루어지지 않는다.

2 자료수집방법의 선택 시 고려할 사항

20회 기출

(1) 탄력성

조사상황에 따라 신속하게 질문의 방법, 절차, 순서, 내용을 바꿀 수 있어야 한다.

(2) 복잡성

면접조사의 경우에는 시각적인 효과와 응답자의 문제 이해의 정도에 대한 확인이 가능하다.

(3) 질문의 양

질문 작성에 필요한 시간 및 노력을 감안하여 응답자가 흥미를 느끼고 응답을 계속할 수 있도록 조사원의 도움이 필요하다.

(4) 정보의 정확도

개인적 비밀, 말하기 곤란한 것들은 우편조사에 의한 방법이 효과적이다.

(5) 소요시간

전국적인 규모라면 우편조사가 빠르나 일반적으로 전화조사, 면접조사(집단조사), 우편조사의 순으로 볼 수 있다.

(6) 비 용

조사지역의 넓이, 소요시간 및 필요로 하는 응답률이 문제가 되나 일반적으로 면접조사(집단조사), 전화조사, 우편조사보다 많이 든다.

제2절　자료수집방법

1 관찰법

2, 5, 6, 9회 기출

(1) 관찰의 의의

관찰은 가장 기본적인 것으로 인간의 감각기관을 매개로 현상을 인식하는 방법이라고 할 수 있다. 또한 응답자의 행동이나 태도를 관찰함으로써 자료를 수집하는 귀납적 방법이다.

(2) 관찰법의 종류

① **참여관찰과 준참여관찰, 비참여관찰** : 관찰 상황에 대한 개입 여부에 따른 분류
   - ㉠ 참여관찰법 : 관찰 대상의 내부에 들어가 구성원의 일원으로 참여하면서 관찰하는 방법으로 대상의 자연성과 유기적 전체성을 보장한다.
   - ㉡ 준참여관찰법 : 관찰 대상의 생활에 일부만 참여하여 관찰하는 방법이다.
   - ㉢ 비참여관찰법 : 조사자가 신분을 밝히고 관찰하는 방법으로 주로 조직적인 관찰에 사용된다.

② **조직적 관찰과 비조직적 관찰**
   - ㉠ 조직적 관찰법 : 관찰을 위해 준비된 어떤 도구나 특별한 기준을 가지고 관찰하는 방법으로 보통 인과관계에 관한 가설의 검증을 위해 많이 사용된다.
   - ㉡ 비조직적 관찰법 : 어떤 준비나 특별한 기준 없이 관찰하는 방법으로, 보통 탐색적 연구를 위해 많이 사용된다.

③ **자연적 관찰과 인위적 관찰**
   - ㉠ 자연적 관찰법 : 일상생활의 자연스러운 행동을 관찰하는 방법이다. 조사결과의 일반화가 용이하나, 행동이 일어날 때까지 기다려야 한다는 단점이 있다.
   - ㉡ 인위적 관찰법 : 인위적으로 어떤 행동을 유발시켜 관찰하는 방법이다. 기계나 도구 등을 사용하여 관찰할 수 있으며, 시간을 절약할 수 있다.

④ **직접관찰과 간접관찰**
   - ㉠ 직접관찰법 : 관찰대상을 직접 보고 관찰한 것을 기록하여 자료로 사용하는 것이다.
   - ㉡ 간접관찰법 : 직접 관찰할 수 없었던 관찰대상을 문헌이나 기록 등 2차 자료를 통해 관찰하는 방법이다.

⑤ **공개적 관찰과 비공개적 관찰**
   - ㉠ 공개적 관찰법 : 관찰 대상자들에게 관찰하는 상황을 미리 알리고 관찰하는 방법이다.
   - ㉡ 비공개적 관찰법 : 관찰 대상자들에게 관찰 상황을 공개하지 않고, 위장하거나 숨어서 관찰하는 방법이다.

(3) 관찰법의 장단점   16회 기출

① **장 점**
   - ㉠ 행위가 일어나는 현장에서 즉시 자료수집이 가능하며, 현재의 상태를 가장 생생하게 기록할 수 있다.
   - ㉡ 응답과정에서 발생하는 오류를 줄일 수 있다.
   - ㉢ 언어와 문자의 제약 때문에 측정하기 어려운 사실도 조사가 가능하다.
   - ㉣ 관찰대상자의 무의식적인 행동이나 인식하지 못한 문제도 관찰이 가능하다.
   - ㉤ 관찰 대상자가 표현능력은 있더라도 조사에 비협조적이거나 면접을 거부할 경우 효과적이다.

② **단 점**
   - ㉠ 행위를 현장에서 포착해야 하므로 행위가 발생할 때까지 기다려야 하며, 관찰 자체가 어려울 때도 있다.

ⓒ 관찰 대상자의 내면적인 특성이나 사적 문제, 과거 사실에 대한 자료는 수집할 수 없다.

ⓒ 관찰 대상자가 관찰을 당하고 있다는 사실을 알고 있을 경우 평소에 하던 행동과는 다른 행동 양식을 보일 수 있다.

ⓔ 관찰 대상자의 변화 양상을 포착할 수 없으므로 결과를 계량화, 일반화하는 데 제약이 있다.

ⓜ 관찰자가 선택적으로 관찰하게 되는 경우가 있다.

ⓗ 관찰자의 제한적 감각능력 또는 시간·공간 등의 한계로 인해 대상의 모든 면을 관찰하는 것이 불가능하다.

ⓢ 시간과 비용, 노력이 많이 소요된다.

(4) 관찰시 발생가능한 오류

① 관찰자마다 다른 감각을 소유한다.

② 관찰자의 상상이 지각에 작용한다.

③ 관찰대상이 많을 때 도리어 관찰자가 압도된다.

④ 관찰자의 과거 경험이 현상을 다르게 해석하게 한다.

⑤ 관찰자마다 지적 능력이 다르고 인식과 추리가 각기 독특하다.

(5) 관찰자의 역할에 따른 분류

구 분	완전참여자	관찰참여자	참여관찰자	완전관찰자
대상집단에의 완전한 참여	+	+	−	−
참여에 대한 공개적 고지	−	+	+	−

2 질문지법(설문지법)

6, 11, 18회 기출

필요한 사실을 알아내는 어떤 양식을 만들어 그 양식에 따라 기입하거나 기입시켜 얻은 결과를 자료로 하는 자료수집 방법이다.

(1) 질문지법의 구분

① **질문방법에 따라** : 사실에 대한 응답자의 태도나 의견을 직접 질문하는 직접질문지법과 응답자의 반감을 예상하여 제3자나 기관을 통해 간접적으로 질문하는 간접질문지법이 있다.

② **질문 내용에 따라** : 생활배경, 생장사적 경험, 연령, 직업, 가족 수 등을 묻는 사실질문과 어떤 사실에 대한 조사대상자의 의견, 태도, 판단, 감정 등 주관적 생각을 묻는 견해질문이 있다.

③ **질문구성양식에 따라** : 선택형의 구조적 질문지법과 자유로이 응답할 수 있는 비구조적 질문지법이 있다.

(2) 질문지법의 적용

질문지법은 면접조사법, 배포조사법, 전화조사법, 우편조사법, 집단조사법 등에 다양하게 적용
될 수 있다.

(3) 질문지법의 작성과정

① 작성목적 및 범위의 확정
② 조사항목의 선정
③ 질문의 형태 선정
④ 질문어구의 구성 및 순서결정
⑤ 시험조사
⑥ 인쇄 및 편집

(4) 질문의 형태

19회 기출

① **직접질문과 간접질문**
  ㉠ 직접질문 : 사실에 관한 응답자의 태도나 의견 등을 직접적으로 질문하는 방법이다.
  ㉡ 간접질문 : 응답이 응답자의 반감을 일으켜 정확한 응답을 회피할 가능성이 있는 경우에 사용되
    며, 전혀 다른 질문을 하고 그 질문에 대한 반응으로 필요한 정보를 얻는 방법이다.

② **사실질문과 견해(태도)질문**
  ㉠ 사실질문 : 응답자의 학력 및 경력, 배경, 생활 및 가정환경, 습관 등과 같은 객관적인 사실들에
    관한 지식이나 정보를 얻어낼 수 있도록 고안된 질문이다.
  ㉡ 견해질문 : 어떤 사실이나 대상에 대한 응답자의 느낌, 견해, 태도와 같은 주관적 정보를 얻어
    내기 위한 질문으로 문항은 용어의 사용, 강조, 문장의 순서 등에 의해서 매우 민감한 변화를
    보인다.

③ **개방형 질문과 폐쇄형 질문**
  ㉠ 개방형 질문 : 응답자들이 질문에 대하여 자유롭게 응답하도록 되어 있으며, 자유응답질문이라
    고도 한다. 응답자의 의견, 태도, 동기 등에 대하여 확실하고 정확한 대답을 이끌어 낼 수 있다.
    • 장 점
      - 보다 진지한 조사결과를 얻을 수 있다.
      - 조사자가 조사되고 있는 표본에 대한 정보를 갖고 있지 않을 때 특히 유용하다.
      - 응답자가 응답지에 대한 제한을 받지 않고 융통성 있게 대답할 수 있기 때문에 조사자가 새
        로운 사실을 발견할 수 있는 가능성이 크다.
      - 어떤 경우에는 조사되고 있는 특정한 집단의 형태에 대한 통찰력을 얻는 데 도움이 된다.
      - 응답자의 의견이나 태도 및 동기 등에 대해 보다 정확한 파악이 가능하다.

- 단 점
  - 응답을 분류하거나 코딩하는 데 어려움이 많다.
  - 응답자가 유사한 응답을 했어도 그 속에 내포하는 의미나 중요성이 다를 수 있다.
  - 응답의 해석에 편견이 개입될 소지가 많고 같은 자료라도 분석자에 따라서 다른 결과가 나타날 수 있다.
  - 소스가 다를 경우 개방형 질문 사이에는 편의가 존재한다.
  - 폐쇄형 질문보다 시간이 많이 걸리고 응답에 많은 심적 부담을 주기 때문에 응답률이 낮고, 조사자가 결과를 분석하여 질문지를 완성시키는 데 많은 시간이 소요된다.

ⓒ 폐쇄형 질문
- 일정한 수의 선택지로 응답의 내용이 한정되어 있어 응답자가 그 중 하나를 선택하도록 하는 질문지를 말한다. 표적 표본이 질문의 주제에 대하여 알고 있는 경우, 조사자가 조사대상이 된 표본집단이 어떤응답을 할 것인지를 예상할 수 있다고 가정하는 경우 등에 유용하게 사용된다.
- 유 형
  - 이분선택적 질문 : 응답자가 2개의 응답 카테고리 가운데 하나를 선택하도록 응답을 이분화시킨 질문이다.
  - 선다형 질문 : 다항선택식 질문이라고도 한다. 응답자가 3개 이상의 응답카테고리 가운데 하나를 선택하도록 선택의 범위를 확대시킨 질문이다.
  - 누적척도 : 응답자에게 어떤 주제에 관한 가장 호의적인 것으로부터 가장 비호의적인 것의 순으로 심리적 연결선상에 늘어놓을 수 있는 여러 개의 태도서술문을 주고 이들 각 서술문에 응답하여 응답자가 찬성을 하는지 또는 반대를 하는지를 묻는다.
  - 순위평가질문 : 응답자들이 어떤 사안에 대하여 순위평가를 하도록 하는 질문형식이다.
- 장 점
  - 채점과 코딩이 간편하다.
  - 응답자들이 응답을 길게 쓸 필요가 없다.
  - 응답의 처리가 간편하고 신속하여 질문지의 완성이 용이하다.
  - 응답자가 질문지를 완성하여 반송할 가능성이 훨씬 높아진다.
  - 계측에 통일성을 기할 수 있어 신뢰도를 높일 수 있으며 응답의 해석이 쉽다.
- 단 점
  - 조사자가 적절한 응답지들을 제시하기가 어렵다.
  - 태도측정에는 이용되기 어렵다.
  - 몇 개의 한정된 응답지 가운데 선택하도록 되어 있기 때문에 응답자의 의견을 충분히 반영시킬 수 없다.

(5) 질문지법의 장단점

① 장 점

ㄱ 시간과 비용이 절약된다.

ㄴ 응답자의 편의에 따라 대답을 완성할 수 있다.

ㄷ 익명성이 보장되어 응답자가 안심하고 응답할 수 있다.

ㄹ 표준화된 언어 구성으로 모든 응답자에게 동일하게 적용된다.

ㅁ 조사자의 편견이 배제될 수 있다.

② 단 점

ㄱ 질문의 요지를 설명할 수 있는 융통성이 낮다.

ㄴ 질문지의 회수율이 낮다.

ㄷ 비언어적 행위나 특성을 기록할 수 없다.

ㄹ 관심도가 낮은 질문의 내용에는 기록하지 않을 가능성이 있다.

ㅁ 복합적인 질문지의 형식을 사용할 수 없다.

(6) 질문지 작성 시 고려사항　　4, 6, 8, 9, 12, 13, 14, 16, 18회 기출

① 명확히 해야 하며, 하나의 질문에 두 가지 이상의 중복된 질문을 삼간다.

② 응답자가 이해하기 어려운 전문용어나 방언을 삼간다.

③ 질문의 내용은 간단명료해야 한다.

④ 질문은 사실적이고 객관적이어야 한다.

⑤ 부정적 질문이나 유도질문은 피한다.

⑥ 답변하기 쉬운 질문이나 일반적인 질문은 앞쪽에 배치한다.

⑦ 개방질문이나 특수한 질문은 뒤쪽에 배치한다.

⑧ 신뢰도를 평가하는 질문들은 서로 떨어진 상태로 배치한다.

⑨ 일정한 유형의 응답이 나오지 않도록 문항을 적절히 배치한다.

⑩ 문항배열은 시간의 흐름에 따라 배열하는 것이 좋다.

⑪ 질문지를 완성하기 전 본 조사 대상과 같은 조건의 사람들로 하여금 사전조사를 실시한다.

⑫ 복잡한 내용을 하나의 문항으로 묶어 질문하지 않는다.

⑬ 폐쇄형 질문의 응답 범주는 총망라적(Exhaustive), 상호배타적(Mutually Exclusive)이어야 한다.

(7) 질문지 작성과정 중 사전검사(Pre-test)를 실시하는 이유　　10회 기출

① 응답에 일관성이 있는지, 응답내용 간에 모순 또는 합치되지 않는 부분이 있는지를 확인한다.

② 응답이 어느 한쪽으로 치우치지 않는지를 확인한다.

③ 무응답, 기타 응답이 많은지를 확인한다. 이는 질문이 어려운 경우, 응답하기 곤란한 내용이 내포되어 있는 경우, 표현이 애매한 경우일 수 있다.

④ 응답에 거절이 많은 경우 질문 자체를 재검토해야 한다.

⑤ 질문 순서가 바뀌었을 때 응답에 실질적인 변화가 일어나는지 확인한다. 또한 어떤 순서가 정확한 응답을 얻는 데 유효한지 검토한다.

(8) 설문조사 결과 해석 시 유의사항

20회 기출

① 표집방법이 확률표집인가 비확률표집인가?

② 표본이 대표적이라면 오차의 폭과 신뢰수준은 적절한가?

③ 표본은 편향 없이 추출되었는가?

④ 표본의 크기는 모집단을 대표하기에 적절한가?

⑤ 조사대상자의 응답률은 55% 이상인가?

⑥ 설문조사는 언제 이루어졌는가?

⑦ 설문은 직설적이고 명확한가 아니면 모호하고 유도적인가?

⑧ 측정도구가 신뢰할 만한 것인가?

---

3 면접조사법

5, 11, 12, 13, 15회 기출

(1) 면접조사법의 의의

면접조사법은 직접대면면접 또는 자기기입법이라고도 하며, 면접자가 추출된 면접대상자들을 일일이 만나서 미리 준비된 질문지를 나누어주고 기입하도록 하는 방법이다.

(2) 면접조사법의 내용

① 면접조사법의 역할

㉠ 개척 도구 : 변수를 확인하고 가설을 도출하기 위한 탐색적 조사에 사용될 수 있다.

㉡ 자료수집도구 : 질문과 응답이라는 형식을 통해 자료를 수집할 수 있다.

㉢ 보충성 : 다른 자료수집방법의 타당성 여부를 검토할 수 있다.

② 면접조사법의 종류

5, 7, 9, 11회 기출

㉠ 표준화(구조화)에 따른 분류

• 표준화면접(구조화된 면접)

- 면접자가 면접조사표를 만들어서 상황에 구애됨이 없이 모든 응답자에게 동일한 질문순서와 동일한 질문내용에 따라 수행하는 방법이다.

- 비표준화된 면접에 비해 응답결과에 있어서 상대적으로 신뢰도가 높지만 타당도는 낮다.

- 반복적인 면접이 가능하며, 면접결과에 대한 비교가 용이하다.

- 면접의 신축성 · 유연성이 낮으며, 깊이 있는 측정을 도모할 수 없다.

• 비표준화면접(비구조화된 면접)

- 면접자가 면접조사표의 질문 내용, 형식, 순서를 미리 정하지 않은 채 면접상황에 따라 자유롭게 응답자와 상호작용을 통해 자료를 수집하는 방법이다.

- 표준화된 면접에 비해 응답결과에 있어서 상대적으로 타당도가 높지만 신뢰도는 낮다.

- 면접의 신축성 · 유연성이 높으며, 깊이 있는 측정을 도모할 수 있다.

- 반복적인 면접이 불가능하며, 면접결과에 대한 비교가 어렵다.

• 반표준화면접(반구조화된 면접)
  – 일정한 수의 중요한 질문을 표준화하고 그 외의 질문은 비표준화하는 방법이다.
  – 면접자가 면접지침에 따라 응답자에게 상황에 적합한 변형 질문을 제시할 수 있다.
  – 사실과 가설을 확인할 수 있을 뿐만 아니라 새로운 사실이나 가설을 발견할 수도 있다.
  – 종류로는 초점집단 면접법, 임상면접법 등이 있다.
ⓒ 기타 면접조사법
  • 패널(반복적)면접 : 일정한 시간을 두고 동일한 질문을 반복하거나 그 면접조사기간에 동일한 일정 응답자를 대상으로 반복면접하는 방법이다.
  • 집중면접 : 응답자들에게 그대로 질문을 하기보다는 응답자들이 자기들에게 영향을 주는 요소 및 자극이 어떤 것이고, 그들의 상태에 어떠한 결과를 가져오게 되는가를 스스로 밝히도록 응답자를 도와주는 방법이다.
  • 비지시면접 : 면접자가 어떤 지정된 방법 및 절차에 의하여 응답자를 면접하는 것이 아니고 응답자로 하여금 어떠한 응답을 하든지 공포감을 갖지 않고 자유롭게 응답할 수 있는 분위기를 마련해 준 다음 면접을 하는 방법이다.

Plus ⊕ one

표준화면접과 비표준화면접의 비교

구 분	표준화면접	비표준화면접
융통성	낮 음	높 음
타당도	낮 음	높 음
일관성	높 음	낮 음
조사표	사 용	사용하지 않음
숙련성	필요 없음	요 구
질문형태	폐쇄형	개방형

(3) 면접조사법의 장단점

15회 기출

① 장 점
  ㉠ 다양한 조사내용을 비교적 장기간에 걸쳐서 상세하게 조사할 수 있다.
  ㉡ 면접자가 자료를 직접 기입하므로 응답률이 매우 높으며 대리응답의 가능성이 낮다.
  ㉢ 질문의 내용을 응답자가 잘 이해하지 못하는 경우에 면접자가 설명해 줄 수 있고 응답자의 내용이 분명하지 않은 경우에도 면접자가 응답의 내용을 점검할 수 있어서 응답의 오류를 줄일 수 있다.
  ㉣ 질문서에 포함된 내용 외에도 연구에 필요한 기타 관련된 정보들을 수집할 수 있다.
  ㉤ 오기나 불기를 예방할 수 있다.

ⓗ 적절한 질문을 현장에서 결정할 수 있는 융통성이 있다.

ⓢ 비언어적 행위를 직접 관찰할 수 있다.

ⓞ 개별적으로 진행하는 면접환경을 표준화할 수 있다.

ⓩ 면접일자, 시간, 장소 등을 기록할 수 있다.

ⓧ 면접시에 복잡한 질문지를 사용할 수 있다.

ⓚ 면접에 응할 수 있는 분위기 조성이 가능하다.

② 단 점

㉠ 비용과 시간이 많이 소요된다.

㉡ 면접자와 응답자 사이에 친숙한 분위기가 형성되지 않거나 상호 이해가 부족한 경우에 조사 외적인 요인들로부터 오류가 개입될 가능성이 있다.

㉢ 응답자가 기록한 사실에 대해 확인할 시간을 줄 수 없다.

㉣ 응답자의 익명성이 결여되어 정확한 내용을 도출하기 어렵다.

㉤ 특수층의 사람은 만나기가 어려울 뿐만 아니라 본인을 만나기 위해 재방문의 횟수가 많아질 수도 있다.

Plus ⊕ one

질문지법(자기기입식 설문조사)과 면접조사법의 비교 `10회 기출`

구 분	질문지법	면접조사법
가용한 자원상의 차이	시간·비용·노력이 상대적으로 적게 들며, 절차상의 기술이 비교적 단순하다.	시간·비용·노력이 상대적으로 많이 소요되며, 절차상 고도의 기술을 필요로 한다.
적용 가능 표본의 크기	비교적 큰 표본에 있어서 적용이 가능하다.	큰 표본에는 적용하기 어렵다.
균일성 여부	표준화된 질문지의 비개인적 성격으로 균일성 확보가 용이하며, 자료의 체계적인 분류가 가능하다.	면접자의 주관이나 편견이 개입될 가능성이 있으므로 균일성을 보장하기 어렵다.
비밀의 보장 여부	응답자의 익명성이 보장되므로 비밀을 보장할 수 있다.	응답자의 익명성이 결여되어 비밀을 보장하기 어렵다.
응답의 정확성 여부	응답자는 시간적인 여유를 가지고 질문에 응답할 수 있으므로 비교적 정확한 응답이 도출된다.	응답자는 제한된 상황에 의해 응답에 대한 압박을 받을 수 있으므로 정확한 응답이 도출되기 어려울 수 있다.

전화조사법

(1) 전화조사법의 의의

전화조사법은 일정 과정의 교육을 받은 전화조사원이 응답자에게 전화를 걸어 질문 문항들을 읽어 준 후 응답자가 전화상으로 답변한 것을 기록함으로써 자료를 수집하는 방법이다.

(2) 전화조사법의 적용

① **주제의 문제** : 조사내용이 복잡하지 않아야 하고 되도록 '예, 아니오' 식으로 간단히 대답할 수 있는 것들이어야 한다.

② **모집단의 형태** : 전화조사 시 조사원이 어떤 사람들에게 전화할 것인가가 문제가 된다.

③ **전화조사법이 사용되는 경우**

ㄱ 전화 또는 다른 조사방법과 병용하여 미리 결정된 사람을 조사할 때

ㄴ 다른 방법으로 접근하기 어려울 때

ㄷ 다른 방법으로 조사한 사람을 다시 추적하여 조사할 때

ㄹ 면접할 사람의 소재를 확인하거나 미리 약속할 때

ㅁ 질문지 우송 시 미리 연락하고 작성된 질문지를 보내라고 부탁할 때

ㅂ 면접의 효과를 측정할 때

(3) 전화조사법의 장단점

① **장 점**

ㄱ 적은 비용으로 단시간에 조사할 수 있어 비용과 신속성 측면에서 매우 경제적이다.

ㄴ 전화번호부를 이용하여 비교적 쉽고 정확하게 표본을 추출할 수 있다.

ㄷ 직접 면접이 어려운 사람의 경우에 유리하며, 개별면접에 비해 응답률이 높다.

ㄹ 익명성이 보장되어 미묘한 문제에 대해서도 답변을 얻을 수 있다.

ㅁ 조사자는 응답자의 외모나 차림새 등의 편견을 용이하게 통제할 수 있다.

ㅂ 표본의 대표성과 넓은 분포성을 가진다.

② **단 점**

ㄱ 대인면접에 비해 소요시간이 짧은 대신 분량이 제한된다.

ㄴ 대인면접에서와 같이 많은 조사내용에 관한 자료를 수집하기 어렵다.

ㄷ 모집단이 불완전하며, 응답자가 선정된 표본인지를 확인하기 어렵다.

ㄹ 응답자의 주변 상황이나 표정, 태도를 확인할 수 없다.

ㅁ 응답자가 특정한 주제에 대해 응답을 회피하는 경우가 있다.

ㅂ 대표성의 문제가 발생할 수 있다.

5 우편조사법

(1) 우편조사법의 의의

조사자와 응답자가 대면하지 않은 채 질문지를 추출된 응답자에게 우송하여 스스로 응답하게 한 다음 응답자가 질문지를 다시 조사자에게 우편으로 보내줌으로써 자료를 수집하는 방법이다.

(2) 우편조사법에 이용될 질문지 작성 시 유의할 점

① 필요한 사항의 체계적 구비

회답을 받은 후 필요한 변수들이 빠진 것을 깨닫기 전에 미리 질문하려는 모든 문제를 목록화하여 이들을 본질적인 항목으로 분류한 다음 절대적으로 필요하지 않은 것들은 삭제함으로써 필요한 문항을 체계적으로 모두 갖추어야 한다.

② 질문의 간결성

분량이 많거나 어려운 문제일 때에는 응답률이 떨어지게 되므로 짧으면서도 쉽게 보이도록 질문지를 구성하여야 한다.

③ 응답에 적절한 질문

㉠ 응답자를 조사자의 뜻대로 협력하게 하기 위해서는 응답자에게 조사의 중요성을 인식시켜야 하므로 가벼운 느낌을 주는 유머의 사용은 피하는 것이 좋다.

㉡ 질문 중에서 응답자에게 해당하지 않는 것은 건너뛸 수 있도록 분명히 표시하여야 한다.

④ 흥미와 중요성

흥미를 갖게 하고 중요성을 인식시켜야 성실하고 정확한 응답을 구할 수 있다.

⑤ 응답내용의 편중배제

㉠ 조사자는 질문지가 제한된 표본에 배부되었을 때 회수율을 높이도록 조처해야 한다.

㉡ 특정 방향으로 유도하는 질문은 피하고 설문의 주제는 여러 질문 속에 은닉시켜 드러나지 않도록 해야 한다.

⑥ 명확한 응답유도

응답자들이 질문을 오해하거나 응답내용이 서로 모순될 가능성을 줄이기 위해 명확한 지침이 주어져야 한다.

⑦ 주관식과 객관식의 선택

㉠ 주관식은 응답자의 교육정도, 문제에 대한 흥미, 질문의 성격에 따라 효과가 달라진다.

㉡ 객관식의 경우 대답하기 쉽고 집계하기에 간편하지만 모든 응답자의 답을 보기에 망라할 수 없고 보기를 잘못 들 수도 있다.

(3) 우편조사법의 장단점

16회 기출

① 장 점

㉠ 시간과 공간의 제약에 크게 구애받지 않으므로 비용이 절감된다.

㉡ 면접조사에서 쉽게 접근할 수 없는 대상을 포함시킬 수 있다.

ⓒ 조사자는 응답자의 외모나 차림새 등의 편견을 용이하게 통제할 수 있다.

ⓔ 응답자가 충분한 시간적 여유를 가지고 응답할 수 있도록 한다.

ⓜ 응답자의 익명성이 보장되고 사려 깊은 응답이 가능하다.

② 단 점

ⓐ 최대의 문제점은 낮은 회수율이다.

ⓑ 응답 내용이 모호한 경우에 응답자에 대한 해명의 기회가 없다.

ⓒ 질문 문항에 대해 단순성이 요구된다.

ⓔ 오기나 불기 등이 발생할 수 있다.

ⓜ 직접적인 답변 외의 비언어적인 정보를 수집하기 어렵다.

ⓗ 융통성이 부족하며 환경에 대한 통제가 어렵다.

(4) 우편조사법의 회수율을 높이기 위한 방법

7회 기출

① 독촉을 한다.

② 설문내용의 중요성을 인식시킨다.

③ 이타적 동기에 호소하는 등의 유인책을 사용한다.

④ 회수용 봉투와 우표를 동봉한다.

⑤ 표지글을 매력적이고 가독성이 높은 서체로 완성한다.

⑥ 연구자에 대한 정보를 자세히 기록하지 않는다.

⑦ 설문지를 가급적 간단 명료화한다.

6 인터넷(온라인) 조사법

5, 6, 8, 18회 기출

(1) 장 점

① 시간 및 공간상의 제약이 다른 방법에 비해 상대적으로 적다.

② 조사가 신속히 이루어지며, 쌍방향 소통이 가능하다.

③ 조사비용이 적게 들며, 조사대상자가 많은 경우에도 추가비용이 들지 않는다.

④ 멀티미디어 자료를 활용할 수 있다.

⑤ 특수계층의 응답자에게도 적용 가능하다.

⑥ 이메일 등을 통해 추가질문을 할 수 있다.

(2) 단 점

① 컴퓨터와 인터넷을 사용할 수 있는 사람만을 대상으로 할 수 있다.

② 컴퓨터 시스템을 사용하므로 고정비용이 발생한다.

③ 표본의 대표성 문제가 제기될 수 있다.

④ 응답자에 대한 통제가 쉽지 않으며, 응답률과 회수율이 낮게 나타날 수 있다.

01 다음과 같은 유형의 질문은? [11회]

> 귀하는 대통령선거에서 투표한 적이 있습니까?
> □ 예(1~3번 질문에 답해 주십시오)
> □ 아니오(1~3번 질문을 건너뛰고 4번 질문으로 바로 가십시오)

① 복수응답 유발형 질문
② 행렬식 질문
③ 동일유형 질문
④ 수반형 질문
⑤ 개방형 질문

 ④ 수반형 질문은 앞선 질문에 대한 특정 응답을 제공하는 사람들에 한해 대답하도록 하는 질문방법이다. 응답자 본인의 입장에서 무의미한 질문에 대해 응답을 요청하는 수고를 덜어준다는 점에서 매우 유용하다.
① 복수응답 유발형 질문은 하나의 항목으로 두 가지 이상의 내용을 질문하는 것으로서, 측정도구 개발 시 가급적 삼가는 것이 바람직하다.
②·③ 동일유형 질문 또는 행렬식 질문은 표준화된 폐쇄형 응답범주 모음이 여러 문항의 응답에 사용되는 것으로서, 문항의 제시와 완성을 촉진하기 위한 질문방법이다.
⑤ 개방형 질문은 응답자에게 가능한 답을 제한 없이 자유롭게 제시하도록 하는 질문방법이다.

02 자료수집방법으로서 면접법에 관한 설명으로 옳지 않은 것은? [9회]

① 표준화 면접은 비표준화 면접보다 타당도가 높다.
② 면접법은 질문지법보다 응답범주의 표준화가 어렵다.
③ 면접법은 질문지법보다 제3자의 영향을 배제할 수 있다.
④ 표준화 면접에는 개방형 및 폐쇄형 질문을 모두 사용할 수 있다.
⑤ 면접법은 면접목적에 따라 진단적 면접과 조사면접으로 구분된다.

해설 표준화 면접은 비표준화 면접에 비해 응답 결과에서 상대적으로 신뢰도가 높지만 타당도는 낮다.

03 자료수집방법으로서 관찰에 관한 설명으로 옳은 것은? [9회]

① 관찰 신뢰도는 관찰자의 역량과 관련이 없다.
② 관찰 가능한 지표는 언어적 행위에만 국한된다.
③ 관찰은 면접조사보다 조사환경의 인위성이 크다.
④ 관찰은 자연적 환경에서 외생변수의 통제가 용이하다.
⑤ 관찰은 응답과정에서 발생할 수 있는 오류를 줄일 수 있다.

해설🔍 ① 관찰 신뢰도는 관찰자의 역량과 밀접한 관련이 있다. 관찰 대상자에 대한 통제에도 불구하고 각각의 관찰자가 지각하는 현상 자체의 강도 및 질적 양상에서 차이가 발생할 수 있으며, 관찰자들이 사실을 인식하는 데 있어서 준거틀의 차이에 의해 오류가 발생할 수도 있다.
② 관찰 가능한 지표는 언어적 행위는 물론 관찰 대상자의 태도, 표정 등 비언어적인 행위도 포함된다. 또한 관찰 대상자의 무의식적인 행동이나 인식하지 못한 문제도 관찰이 가능하다.
③ 관찰은 관찰 대상자의 현재 상태를 가장 자연스럽고 생생하게 기록할 수 있다. 또한 응답과정에서 발생할 수 있는 오차를 감소할 수 있다.
④ 관찰은 자연적 환경에서 개입될 수 있는 외생변수를 통제하는 데 어려움이 있다.

04 다음 중 우편조사법과 비교하여 인터넷조사법의 장점에 해당한다고 볼 수 없는 것은?

① 시간이 절약된다.
② 자료수집이 용이하다.
③ 비용이 절약된다.
④ 대표성을 확보하기 쉽다.
⑤ 부가적 질문이 용이하다.

해설🔍 인터넷조사법은 컴퓨터와 인터넷을 사용할 수 있는 사람만을 대상으로 하기 때문에 표본의 대표성 문제가 제기될 수 있다.

05 설문지 작성에 관한 내용으로 옳지 않은 것은? [18회]

① 개연성 질문(Contingency Questions)은 사고의 흐름에 따라 배치한다.
② 고정반응(Response Set)을 예방하기 위해 유사질문들은 분리하여 배치한다.
③ 민감한 주제나 주관식 질문은 설문지의 뒷부분에 배치한다.
④ 명목측정을 위한 질문은 단일차원성의 원칙을 지켜 내용을 구성한다.
⑤ 신뢰도 측정을 위한 질문들은 가능한 한 서로 가깝게 배치한다.

해설🔍 ⑤ 신뢰도 측정을 위해 짝(Pair)으로 된 문항들은 가급적 서로 떨어진 상태로 배치한다.

06 설문지 문항의 작성방법에 관한 설명으로 옳지 않은 것은? [13회]

① 이중(Double-barreled)질문과 유도질문은 피하는 것이 좋다.
② 신뢰도 측정을 위해 짝(Pair)으로 된 문항들은 함께 배치하는 것이 좋다.
③ 응답하기 쉬운 문항일수록 설문지의 앞에 배치하는 것이 좋다.
④ 일반적인 것을 먼저 묻고 특수한 것을 뒤에 묻는 것이 좋다.
⑤ 객관식 문항의 응답 항목은 상호배타적이어야 한다.

해설 신뢰도 측정을 위해 짝(Pair)으로 된 문항들은 분리시켜 배치하는 것이 좋다. 한 설문지 내에 표현은 각기 다르지만 동일한 질문 목적을 가진 문항 짝들을 배치하는 경우가 있는데, 이는 신뢰도를 측정하기 위한 것이다. 이와 같은 문항들은 가급적 서로 멀리 떨어져 있어야 한다.

07 다음 중 비구조화된 면접의 특징에 해당하지 않는 것은? [4회]

> ㄱ. 융통성이 비교적 낮다.
> ㄴ. 타당도가 비교적 낮다.
> ㄷ. 동일한 질문의 반복에 대해 일관된 응답을 얻을 수 있다.
> ㄹ. 의미의 표준화를 통해 내용상의 차이를 줄일 수 있다.

① ㄱ, ㄴ, ㄷ   ② ㄱ, ㄷ
③ ㄴ, ㄹ   ④ ㄹ
⑤ ㄱ, ㄴ, ㄷ, ㄹ

해설 비구조화된 면접의 장단점

장 점	• 자유로운 면접과정을 통해 융통성을 확보할 수 있다. • 구조화된 면접에서보다 더 많은 자료를 얻을 수 있다. • 의미의 동일화를 달성할 수 있다. • 구조화된 면접에 비해 상대적으로 타당도가 높다.
단 점	• 시간, 비용, 인력이 비교적 많이 소요된다. • 동일한 질문의 반복에 대해 다른 응답이 나타날 수 있다. • 가설검증이나 인과관계의 규명에 부적절하다.

08 회수율이 낮은 우편설문의 회수율을 높이는 방법 중 옳지 않은 것은?

① 선물을 준다.

② 다시 한 번 응답을 요청한다.

③ 설문내용의 중요성을 인식시킨다.

④ 회수용 봉투와 우표를 동봉한다.

⑤ 회수 제한 일정을 기재한다.

> **해설** 회수율을 높이는 방법
> - 후속 독촉하기
> - 설문내용의 중요성 인식시키기
> - 겉표지를 적절하게 구성하기(후원자권위 강조, 이타적 동기 호소)
> - 민감한 질문은 자제하고 뒷부분에 배치
> - 유인책 사용(선의에 호소, 보상, 이타적 감정에 호소)
> - 회수용 봉투와 우표 동봉
> - 표지글을 매력적으로 작성하고, 가독성이 높은 서체 사용
> - 설문지를 될 수 있는 한 짧게 함

09 우편조사법에 대한 설명으로 옳지 않은 것은?   [4회]

① 익명성의 보장이 어렵다.

② 접근이 용이하여 넓은 지역을 조사할 수 있다.

③ 비용이 적게 소요된다.

④ 본인이 응답했는지에 대한 여부가 불확실하다.

⑤ 회수율이 낮고, 응답자 환경에 대한 통제가 어렵다.

> **해설** 우편조사법의 장단점

장 점	• 시간과 공간의 제약에 크게 구애받지 않으므로 비용이 절감된다. • 면접조사에서 쉽게 접근할 수 없는 대상을 포함시킬 수 있다. • 조사자는 응답자의 외모나 차림새 등의 편견을 용이하게 통제할 수 있다. • 응답자가 충분한 시간적 여유를 가지고 응답할 수 있도록 한다. • 응답자의 익명성이 보장되고 사려 깊은 응답이 가능하다.
단 점	• 최대의 문제점은 낮은 회수율이다. • 응답내용이 모호한 경우에 응답자에 대한 해명의 기회가 없다. • 질문 문항에 대해 단순성이 요구된다. • 오기나 불기 등이 발생할 수 있다. • 직접적인 답변 외의 비언어적인 정보를 수집하기 어렵다. • 융통성이 부족하며 환경에 대한 통제가 어렵다.

10 다음 중 면접조사의 장점이 아닌 것은? [3회]

① 신축성
② 동기부여
③ 응답자의 교육과 지도
④ 응답자 관찰
⑤ 익명성 보호

해설 면접법의 장단점

장 점	• 다양한 조사내용을 비교적 장기간에 걸쳐서 상세하게 조사할 수 있다. • 면접자가 자료를 직접 기입하므로 응답률이 매우 높다. • 질문의 내용을 응답자가 잘 이해하지 못하는 경우에 면접자가 설명해줄 수 있고 응답자의 내용이 분명하지 않은 경우에도 면접자가 응답의 내용을 점검할 수 있어서 응답의 오류를 줄일 수 있다. • 질문서에 포함된 내용 외에도 연구에 필요한 기타 관련 정보들을 수집할 수 있다. • 오기나 불기를 예방할 수 있다. • 적절한 질문을 현장에서 결정할 수 있는 융통성이 있다. • 비언어적 행위를 직접 관찰할 수 있다. • 개별적으로 진행하는 면접환경을 표준화할 수 있다. • 면접일자, 시간, 장소 등을 기록할 수 있다. • 면접 시에 복잡한 질문지를 사용할 수 있다. • 면접에 응할 수 있는 분위기 조성이 가능하다.
단 점	• 비용과 시간이 많이 소요된다. • 면접자와 응답자 사이에 친숙한 분위기가 형성되지 않거나 상호 이해가 부족한 경우에 조사 외적인 요인들로부터 오류가 개입될 가능성이 있다. • 응답자가 기록한 사실에 대해 확인할 시간을 줄 수 없다. • 응답자의 익명성이 결여되어 정확한 내용을 도출하기 어렵다. • 응답자에 대한 편의가 제한적이다.

11 서베이조사에 관한 설명으로 옳지 않은 것은? [15회]

① 면접조사는 우편조사에 비해 비언어적 행위의 관찰이 가능하다.
② 일반적으로 전화조사는 면접조사에 비해 면접시간이 길다.
③ 질문의 순서는 응답률에 영향을 줄 수 있다.
④ 폐쇄형 질문의 응답범주는 상호배타적이어야 한다.
⑤ 면접조사는 전화조사에 비해 비용이 높을 수 있지만 무응답률은 낮은 편이다.

해설 ② 일반적으로 전화조사는 면접조사에 비해 면접시간이 짧다.

01 관찰법에 관한 설명으로 옳지 않은 것은? [16회]

① 행위가 일어나는 현장에서 즉시 자료수집이 가능하다.
② 서베이에 비해 자료의 계량화가 쉽다.
③ 비언어적 상황에 대한 자료수집이 가능하다.
④ 관찰자의 주관성이 개입될 수 있다.
⑤ 질적연구나 탐색적 연구에 사용하기 용이하다.

> 해설 ② 관찰법은 서베이에 비해 자료의 계량화가 어렵다. 물론 관찰 내용과 그 범주를 사전에 결정해 놓고 관찰하는 구조화된 관찰의 경우 발생 빈도, 방향, 범위 등 범주로 관찰된 것을 계량화할 수도 있으나, 관찰 대상, 방법 등에 대해 명확히 규정하지 않은 상태에서 관찰하는 비구조화된 관찰의 경우 계량화가 곤란하다.

02 자료수집방법에 관한 설명으로 옳은 것은? [20회]

① 질문의 유형과 형태를 결정할 때 조사대상자의 응답능력을 고려할 필요가 있다.
② 설문문항 작성 시 이중질문(Double-barreled Question)을 넣어야 한다.
③ 비참여관찰법은 연구자가 관찰대상과 상호작용을 유지하는 것이 중요하다.
④ 설문지에서 질문 순서는 무작위 배치를 원칙으로 한다.
⑤ 우편조사는 프로빙(Probing) 기술이 중요하다.

> 해설 ② 설문문항 작성 시 이중질문을 삼가며, 복잡한 내용을 하나의 문항으로 묶어 질문하지 않는다.
> ③ 연구자와 관찰대상 간의 상호작용을 유지하는 것이 중요한 것은 참여관찰법이다.
> ④ 설문지가 전체적으로 하나의 통일성을 이루도록 질문의 문항들을 조직하는 것이 필요하다.
> ⑤ 프로빙(Probing), 즉 심층규명은 응답자의 대답이 불충분하거나 정확하지 못한 경우 추가적인 질문을 통해 충분하고 정확한 대답을 얻을 수 있도록 캐묻는 질문을 말한다. 이와 같은 프로빙 기술은 심층면접과 같은 질적 연구방법에 주로 사용된다.

1 ② 2 ① Answer

03 설문지 작성 방법에 관한 설명으로 옳은 것은? [19회]

① 개방형 질문은 미리 유형화된 응답범주들을 제시해 놓은 질문 유형이다.
② 행렬식(Matrix) 질문은 한 주제의 응답에 따라 부가질문을 연결해서 사용하는 질문이다.
③ 많은 정보가 필요할 경우 이중질문을 사용한다.
④ 신뢰도 측정을 위해 짝(Pair)으로 된 문항들은 이어서 배치한다.
⑤ 다항선택식(Multiple Choice) 질문은 응답범주들 중에서 하나 또는 그 이상을 선택하도록 하는 질문이다.

⑤ 다항선택식 질문은 여러 개의 응답범주를 나열해 놓고 그중에서 하나 또는 그 이상을 선택하도록 하는 방법이다. 특히 나열된 응답범주의 특성에 따라 태도연속선상에 있는 것과 태도연속선상에 있지 않은 것으로 구분된다.
① 응답자가 응답할 수 있는 내용이 미리 몇 개로 한정되어 있어 그중 하나를 선택하도록 하는 질문 유형은 폐쇄형 질문이다.
② 행렬식 질문은 동일한 응답 항목(예 매우 그렇다 / 그렇다 / 보통이다 / 아니다 / 매우 아니다)이 필요한 질문들을 행렬(Matrix)로 묶어서 나타내는 것으로, 설문 양식의 효율성을 위해 고려되는 방식이다.
③ 이중질문을 삼가며, 복잡한 내용을 하나의 문항으로 묶어 질문하지 않는다.
④ 신뢰도 측정을 위해 짝(Pair)으로 된 문항들은 가급적 서로 떨어진 상태로 배치한다.

04 대인면접에 비해 우편설문이 갖는 장점은? [16회]

① 질문 과정의 유연성 증대
② 응답환경의 통제 용이
③ 높은 응답률
④ 동일 표집조건 시 비용의 절감
⑤ 심층규명 증대

④ 우편설문(우편조사법)은 시간과 공간의 제약에 크게 구애받지 않은 채 최소의 노력과 경비로 광범위한 지역과 대상을 표본으로 삼을 수 있으므로, 동일 표집조건 시 비용이 절감된다.

우편설문(우편조사법)의 단점
• 응답률, 회수율이 낮다.
• 응답내용이 모호한 경우에 응답자에 대한 해명의 기회가 없다.
• 질문 문항에 대해 단순성이 요구된다.
• 오기나 불기 등이 발생할 수 있다.
• 직접적인 답변 외의 비언어적인 정보를 수집하기 어렵다.
• 융통성이 부족하며 환경에 대한 통제가 어렵다.

05 다음에서 설문조사 결과를 해석할 때 유의해야 할 사항을 모두 고른 것은? [20회]

> ㄱ. 표집방법이 확률표집인가 비확률표집인가?
> ㄴ. 표본의 크기는 모집단을 내표하기에 적절한가?
> ㄷ. 설문조사는 언제 이루어졌는가?
> ㄹ. 측정도구가 신뢰할 만한 것인가?

① ㄱ, ㄴ
② ㄷ, ㄹ
③ ㄱ, ㄴ, ㄷ
④ ㄱ, ㄴ, ㄹ
⑤ ㄱ, ㄴ, ㄷ, ㄹ

해설 설문조사 결과 해석 시 유의사항
- 표집방법이 확률표집인가 비확률표집인가?(ㄱ)
- 표본이 대표적이라면 오차의 폭과 신뢰수준은 적절한가?
- 표본은 편향 없이 추출되었는가?
- 표본의 크기는 모집단을 대표하기에 적절한가?(ㄴ)
- 조사대상자의 응답률은 55% 이상인가?
- 설문조사는 언제 이루어졌는가?(ㄷ)
- 설문은 직설적이고 명확한가 아니면 모호하고 유도적인가?
- 측정도구가 신뢰할 만한 것인가?(ㄹ)

06 A대학교는 전체 재학생 중 5백 명을 선정하여 취업욕구조사를 하고자 한다. 비용 부담이 가장 적고 절차가 간편한 자료수집방법은? [18회]

① 우편조사
② 방문조사
③ 전화조사
④ 온라인조사
⑤ 면접조사

해설 인터넷(온라인)조사법

장점	• 시간 및 공간상의 제약이 다른 방법에 비해 상대적으로 적다. • 조사가 신속히 이루어지며, 쌍방향 소통이 가능하다. • 조사비용이 적게 들며, 조사대상자가 많은 경우에도 추가비용이 들지 않는다. • 멀티미디어 자료를 활용할 수 있다. • 특수계층의 응답자에게도 적용 가능하다. • 이메일 등을 통해 추가질문을 할 수 있다.
단점	• 컴퓨터와 인터넷을 사용할 수 있는 사람만을 대상으로 할 수 있다. • 컴퓨터 시스템을 사용하므로 고정비용이 발생한다. • 표본의 대표성 문제가 제기될 수 있다. • 응답자에 대한 통제가 쉽지 않으며, 응답률과 회수율이 낮게 나타날 수 있다.

5 ⑤ 6 ④   Answer

⊙ 학습목표
- 실험설계, 유사실험설계, 비실험설계, 단일사례설계 등에 관한 문제는 꾸준히 출제된다. 반드시 숙지하자!
- 조사설계를 위한 기초지식으로 연구문제와 가설 등을 이해하자!

제 1 절 조사설계

1 조사설계의 의의

(1) 조사문제에 대한 해답을 구하고 그 분석을 통제하기 위해서 만들어진 조사연구계획, 구조, 전략을 말한다.

(2) 조사가 계획적이고 체계적으로 수행될 수 있도록 하며 효과적·효율적인 프로그램이나 정책대안을 형성하는 기초가 된다.

(3) 조사문제와 관련된 가설을 논리적·경험적으로 검증할 수 있는 방법을 제시하고 조사문제와 관련된 이론의 형성에 영향을 준다.

2 조사설계의 성격

(1) 제한성 : 조사는 외생변수의 통제와 표본의 모집단에 대한 완전한 대표성의 어려움 등이 있으므로 객관성에 있어 제한적이다.

(2) 다양성 : 조사자의 관점이나 이론적 방법, 조사상황 등에 따라 다양한 조사설계가 가능하다.

(3) 타협성 : 조사설계에 따른 조사비용, 조사능력, 자료의 활용가능성 등 여러 요인들을 고려하여 하나의 타협안을 만들어낸다.

(4) 융통성 : 보다 올바른 방향으로 나아가기 위한 일종의 가이드라인의 역할을 수행하므로 수정과 보완이 가능하다.

3 | 조사설계의 목적

(1) 연구자에게 타당성 있고 객관적이며, 정확하고 경제적으로 조사문제의 해답을 제공한다.

(2) 가설상의 조사질문을 신뢰할 수 있고 타당한 해답을 구할 수 있도록 만든다.

(3) 변수 간의 관계가 검증될 수 있도록 만든다.

(4) 관찰이나 분석의 방향, 통계분석의 방법, 가능한 결론의 윤곽을 제시한다.

4 | 조사설계의 분류

(1) 자료수준에 따른 분류

    ① 탐색적 조사설계

    ② 기술적 조사설계

    ③ 설명적 조사설계

(2) 실험조건의 충족 정도에 따른 분류

    ① 실험설계

    ② 준실험설계

    ③ 전실험설계

    ④ 비실험설계

(3) 시간의 범위에 따른 분류

    ① 횡단조사설계

    ② 종단조사설계

    ③ 유사종단조사설계

Plus ⊕ one

조사설계(Research Design)에 반드시 포함되어야 할 내용　　18회 기출
- 구체적인 자료수집방법
- 모집단 및 표집방법
- 자료분석 절차와 방법
- 주요 변수의 개념정의와 측정방법

1 실험설계 일반

(1) 의 의

① 실험설계란 실험을 통하여 자료를 수집하고 분석하는 연구라고 할 수 있다.
② 실험은 다른 변수를 통제하면서 독립변수가 종속변수에 미치는 효과를 측정하는 것이다.
③ 인과관계의 규명을 통해 미래의 사건을 예측할 수 있다.

(2) 특 징　5회 기출

① 의식적으로 하나 이상의 독립변수를 조작하여 일정한 연구집단을 노출시킴으로써 종속변수의 변화상태를 관찰하는 방법이다.
② 변수들 간의 인과관계를 밝히기 위하여 변수를 조작하고 외생변수를 통제한다.
③ 인과관계를 탐색하기 위해 미래적 상황을 사전적으로 탐색하는 연구이며 변수 간의 발생순서나 독립변수의 영향을 명확히 규정할 수 있다.
④ 연구대상자의 수가 적어 양적으로 많은 정보를 얻기는 어렵다.
⑤ 장기간에 걸쳐 수행될 수 있으므로 시계열적인 자료의 획득이 가능하다.
⑥ 실험실 실험의 경우 현실성이 부족하지만 현지실험은 현실을 적절히 반영할 수 있다.
⑦ 한 번에 세 개 이상의 독립변수를 조작하기 어렵기 때문에 다양한 변수에 관한 자료를 얻기 어렵고 연구주제도 단편적이다.

2 인과관계

(1) 개 념　9, 17회 기출

① 원인변수와 결과변수가 동시에 존재하며, 상호 연관성을 가지고 변화한다.
② 원인이 결과보다 시간적으로 우선한다.
③ 미시매개체수준을 전제로 하지 않는다.
④ 일반적으로 개방시스템을 전제로 한다.
⑤ 이론이 확률적이다.
⑥ 결과를 발생시키는 원인이 여러 가지가 있을 수 있으므로 외생변수의 통제가 필요하다.
⑦ 원인의 조작이 가능하면 보다 바람직하다.

(2) 실험설계 기본요소

① 실험설계의 기본특성 5, 14회 기출

　㉠ 비교 : 실험집단과 통제집단에 대한 비교를 통해 변화를 입증한다. 실험조치를 실시한 집단과 실시하지 않은 집단 간에 종속변수를 비교하거나, 특정 집단의 사람들에게 실험을 실행하기 전과 실행한 후의 종속변수를 비교한다.

　㉡ 조작 : 시간적 선행성을 입증하기 위해 독립변수를 조작한다. 독립변수를 의도적으로 특정 시기에 실행시켜 종속변수의 변화를 관찰하거나, 일부 집단에만 독립변수를 도입하여 다른 집단과 종속 변수의 차이를 관찰한다.

　㉢ 통제 : 실험의 타당도를 저해하는 요인의 영향을 예방 또는 제거한다.

　㉣ 무작위할당 : 외재적 변수의 통제와 경쟁가설을 제거하기 위해 실험집단과 통제집단을 동질화한다. 이는 실험의 타당도를 저해하는 요인을 예방 또는 제거하기 위한 것으로, 특히 우연한 사건의 영향을 예방할 수 있다.

② 실험설계의 조건 2회 기출

　㉠ 종속변수의 비교 : 종속변수를 비교하거나 차이가 있는지 알아본다.

　㉡ 독립변수의 조작 : 실험자가 독립변수를 인위적으로 변화시킨다.

　㉢ 외생변수의 통제 : 독립변수와 종속변수 이외의 종속변수에 영향을 미칠 수 있는 변수의 영향을 제거한다.

　㉣ 실험대상의 무작위화 : 무작위표집(무작위표본추출) 또는 무작위할당한다.

(3) 실험설계의 기본 논리 혹은 인과관계의 추론방법(Mill) 4, 5회 기출

① 일치법

특정 현상이 발생하는 둘 이상의 사례에서 단 하나의 공통요소만을 가지고 있다면, 그 요소는 그러한 특정현상의 원인(결과)이다.

② 차이법

만약 특정 현상이 발생하는 사례와 발생하지 않는 사례가 있을 경우, 두 사례 간에 단 하나의 요소를 제외한 모든 요소를 공통적으로 가지고 있다면, 그 요소는 특정 현상의 원인(결과)이다.

③ 간접적 차이법

만약 특정 현상이 발생하는 둘 이상의 사례에서 하나의 공통요소만을 가지고 있고, 그 현상이 발생하지 않는 둘 이상의 사례에서 그러한 공통요소가 없다는 점 외에 공통사항이 없다면, 그 요소는 그러한 특정 현상의 원인이다. 이는 차이법을 적용할 수 없거나 그 사전단계로서의 일치법을 적용할 수밖에 없는 경우 적용된다.

④ 잔여법(잉여법)

어떤 현상에서 귀납적 방법의 적용으로 인과관계가 이미 밝혀진 부분을 제외할 때, 그 현상에서의 나머지 부분은 나머지 선행요인의 결과이다.

⑤ 공동변화법(상반변량법)

어떤 현상이 변화할 때마다 다른 현상에 특정한 방법으로 변화가 발생한다면, 그 현상은 다른 현상의 원인 또는 결과이거나 일정한 인과관계의 과정으로 연결된 것이다.

3 실험설계의 타당도

1, 2, 4, 5, 6, 8, 9, 11, 12, 13, 14, 15, 19회 기출

(1) 내적 타당도

16, 17, 18회 기출

① 정의 : 연구과정 중 종속변수에서 나타나는 변화가 독립변수의 변화에 의한 것임을 확신할 수 있는 정도를 말한다.

② 내적 타당도의 저해 요인

㉠ 성숙 또는 시간의 경과 : 시간의 흐름에 따라 발생하는 조사대상 집단의 신체적 · 심리적 특성의 변화 또는 실험이 진행되는 기간으로 인해 실험집단이 성숙하게 되어 독립변수의 순수한 영향 이외의 변화가 종속변수에 미치게 되는 경우이다.

예 아동을 대상으로 한 운동프로그램이 성장에 미치는 영향을 측정하는 경우, 아동은 운동에 의해 성장한 것일 수도 있고 자연적인 발달에 의해 성장한 것일 수도 있다.

㉡ 우연한 사건 또는 역사요인 : 조사기간 중에 연구자의 의도와는 상관없이 일어난 통제 불가능한 사건으로서, 결과변수에 영향을 미칠 수 있는 사건을 의미한다.

예 직업훈련과 취업률 간의 상관관계를 측정하는 경우, 직업훈련 기간 중 우연히 경기침체 현상이 발생되었다면 취업률은 직업훈련과 관계없이 낮게 나타날 수 있다.

㉢ 선정편향(선별 편향성) : 정책이나 프로그램 집행 후에 실험집단과 통제집단 간의 결과변수에 대한 측정값의 차이가 프로그램 집행의 차이라기보다는 단순히 두 집단 구성원들이 서로 다르기 때문에 나타나는 경우이다. 실험 실행 이전에 실험집단과 통제집단을 나눌 때 문제시되는 요인으로서, 조사대상을 두 집단으로 나누는 과정에서 종속변수에 영향을 미칠 수 있는 요인이 어느 한 집단으로 편향되는 경우를 말한다. 이는 편향된 선별, 선택의 편의, 선정상의 편견에서 비롯된다. 대표성을 띤 표본이 아니므로 연구결과의 일반화에도 부정적인 영향을 미치게 된다.

예 남아와 여아를 각각 통제집단과 실험집단으로 구분하여 조기영어 프로그램의 효과를 측정하는 경우, 발달상 아동기 때에 언어습득능력이 상대적으로 뛰어난 여아에게서 프로그램의 효과가 높게 나타날 수 있다.

㉣ 상실요인(실험대상의 탈락) : 정책집행 기간 중에 관찰대상 집단 일부의 탈락 또는 상실로 인해 남아 있는 대상이 처음의 관찰대상 집단과 다른 특성을 갖게 되는 현상이다.

예 금연 프로그램의 성공률을 측정하는 경우, 프로그램 도중 참여를 중단한 사람들을 제외한 채 프로그램 종결 후 남아 있는 사람들만을 대상으로 통계를 산출한다면, 프로그램의 성공률은 실질적인 효과와 상관없이 높게 나타날 수 있다.

ⓜ 통계적 회귀요인 : 극단적인 측정값을 갖는 사례들을 재측정할 때 평균값으로 회귀하여 처음과 같은 극단적 측정값을 나타낼 확률이 줄어드는 현상이다. 즉, 종속변수의 값이 극단적으로 높거나 낮은 경우, 프로그램 실행 이후 검사에서는 독립변수의 효과가 없더라도 높은 집단은 낮아지고 낮은 집단은 높아지는 현상을 의미한다.

    예 좌절감이나 우울증의 정도가 매우 심한 사람들을 대상으로 상담을 하는 경우, 그들은 감정상 극단적인 반응을 보일 가능성이 높다.

ⓗ 검사요인(테스트 효과) : 프로그램의 실시 전과 실시 후에 유사한 검사를 반복하는 경우 프로그램 참여자들의 시험에 대한 친숙도가 높아져서 측정값에 영향을 미치는 현상이다.

    예 수검자를 대상으로 유사한 시험문제나 조사도구로 반복 측정하는 경우, 보통 처음의 결과보다 나중의 결과가 좋게 나올 가능성이 높다.

ⓢ 도구요인 : 프로그램 집행 전과 집행 후에 측정자의 측정기준이 달라지거나, 측정수단이 변화함에 따라 정책효과가 왜곡되는 현상이다.

    예 사전검사에는 난이도가 높은 문제를 출제하고 사후검사에는 난이도가 낮은 문제를 출제하는 경우, 그 결과가 수검자의 노력 때문인지 검사도구(시험문항) 때문인지 판단하기 어렵다.

ⓞ 모방(개입의 확산) : 분리된 집단들을 비교하는 조사연구에서 적절한 통제가 안 되어 실험집단에 실시되었던 프로그램이나 특정한 자극들에 의해 실험집단의 사람들이 효과를 얻게 되고, 그 효과들이 통제집단에게 영향을 미치는 것을 의미한다.

    예 교육평가 프로그램에서 실험집단과 통제집단을 통제하지 않음으로써 이들 간의 상호 교류에 의해 실험집단의 영향이 통제집단에 이식될 수 있다.

ⓩ 인과적 시간-순서(인과관계 방향의 모호성) : 시간적 우선성을 경험적으로 보여줄 수 없는 설계의 형태인 비실험설계에서는 원인변수와 결과변수 사이의 인과관계의 방향을 결정하기가 곤란하다.

    예 청소년의 학업 스트레스와 정신분열 간의 연관성을 측정하는 경우, 학업 스트레스가 정신분열을 야기한 것인지 아니면 정신분열이 학업 스트레스를 야기한 것인지 판단하기 어렵다.

③ 내적 타당도의 제고방법
  ⓐ 무작위할당(Random Assignment) : 연구대상을 실험집단과 통제집단으로 무작위로 배치함으로써 두 집단이 동질적이 되도록 한다.
  ⓑ 배합 또는 짝짓기(Matching) : 연구주제에 영향을 미칠 수 있는 주요 변수들을 미리 알아내어 이를 실험집단과 통제집단에 동일하게 분포되도록 한다.
  ⓒ 통계적 통제(Statistical Control) : 실험설계를 통해 통제할 필요성이 있는 변수들을 독립변수로 간주하여 실험을 실시한 다음, 그 결과를 통계적으로 분석하여 해당변수의 영향을 통제한다.

(2) 외적 타당도

11, 12, 14, 15회 기출

① **정의** : 연구결과에 의해 기술된 인과관계가 연구대상 이외의 경우로 확대 · 일반화될 수 있는 정도를 말한다.

② **외적 타당도의 저해 요인**

19회 기출

  ㉠ 연구표본의 대표성 : 표본이 모집단을 대표할 수 있어야 일반화의 정도가 높아진다. 다시 말해, 연구의 제반 조건들이 모집단의 일반적인 상황과 유사해야 실험결과를 일반화할 수 있다. 표본이 모집단을 대표하기 위해서는 모수와 통계량의 전반적인 분포가 유사해야 하므로, 표본의 대표성이 인정되기 위해서는 가급적 표본오차가 작아야 한다.

  ㉡ 조사반응성(반응효과) : 실험대상자가 연구자의 관찰 사실을 의식하여 연구자가 원하는 방향으로 반응을 보인다면 일반화의 정도가 낮아지게 된다. 실험대상자 스스로 실험의 대상이 되고 있음을 인식하는 경우 평소와는 다른 행동과 반응을 보일 수 있기 때문이다.

  ㉢ 환경과 절차 : 연구는 해당 지역의 환경이나 상황에 영향을 받으므로, 연구의 환경이나 절차가 실험대상자의 일반적인 상황과 유사해야 한다.

  ㉣ 복합적인 실험처치에 따른 효과 : 동일한 사람에게 다양한 실험처치를 하는 경우, 선행실험이 후행실험의 결과에 영향을 줄 수 있다.

③ **외적 타당도의 제고방법**

  ㉠ 모집단에 대한 타당성(Population Validity) : 표본의 대표성을 높이는 방법으로서, 표본자료가 모집단의 특성을 충분히 반영하고 있는지 파악한다.

  ㉡ 환경에 의한 타당성(Ecological Validity) : 연구결과가 연구 환경을 벗어나 보다 현실적이면서 다양한 환경에서도 적용될 수 있는지 검토한다.

Plus ⊕ one

플라시보 효과(Placebo Effect)

13회 기출

- 외적 타당도를 저해하는 요인 중 조사반응성과 연관된 것으로, '위약효과'라고도 한다.
- 약효가 전혀 없는 가짜 약을 진짜 약으로 가장하여 환자에게 복용하도록 했을 때 환자의 병세가 호전되는 효과를 말한다.
- 조사대상자가 주위의 특별한 관심을 받고 있다고 인식하는 경우 심리적인 반응에 의해 변화가 나타난다.

호손 효과(Hawthrone Effect)

13회 기출

- 플라시보 효과와 마찬가지로 외적 타당도를 저해하는 요인 중 조사반응성과 연관된다.
- 연구에 참여하는 사람들이 연구의 대상으로 정해져서 특별한 취급을 받는다는 느낌을 가지게 될 때, 좀 더 긍정적인 방향으로 행동하려는 양상을 보인다.
- 이와 같은 효과를 없애기 위해 피험자에게 실험 사실을 알리지 않는 방법, 실험 기간을 장기화하여 실험 사실에 둔감해지도록 하는 방법, 비처치 통제집단을 추가하는 방법 등을 사용한다.

4 실험설계의 유형 14, 15, 19회 기출

(1) 순수실험설계 2회 기출

① 개 념

ㄱ 내적 타당도를 저해하는 요인들을 최대한 통제한 설계이다.

ㄴ 연구대상을 무작위로 실험집단과 통제집단에 배치하고 독립변수를 실험집단에만 도입한 후 양 집단의 종속변수에 있어서 특성을 비교하는 것이다.

② 종 류

ㄱ 통제집단 전후 비교설계(통제집단 사전사후 검사설계) 2, 5, 6, 11회 기출

- 개념 : 무작위할당으로 실험집단과 통제집단을 구분한 후 실험집단에 대해서는 독립변수 조작을 가하고, 통제집단에 대해서는 아무런 조작을 가하지 않은 채 두 집단 간의 차이를 전후로 비교하는 방법이다. 개입 전 종속변수의 측정을 위해 사전검사를 실시한다.
- 장점 : 두 집단의 동질성을 확보할 수 있으며 외생변수를 통제할 수 있다.
- 단점 : 검사효과를 통제할 수 없으며, 내적 타당도는 높으나 외적 타당도가 낮다.

ㄴ 통제집단 후 비교설계(통제집단 사후 검사설계) 1, 7, 11, 15, 18회 기출

- 개념 : 통제집단 전후 비교설계의 단점을 보완하기 위해 실험대상자를 무작위로 할당하며 사전 조사 없이 실험집단에 대해서는 조작을 가하고 통제집단에 대해서는 아무런 조작을 가하지 않은 채 그 결과를 서로 비교하는 방법이다.
- 장점 : 사전검사를 실시하지 않으므로 검사효과가 발생하지 않는다.
- 단점 : 실험집단과 통제집단의 동질성을 확신할 수 없다.

ㄷ 솔로몬 4집단설계 7, 10, 11회 기출

- 개념 : 연구대상을 4개의 집단으로 무작위할당한 것으로, 통제집단 전후 비교설계와 통제집단 후 비교설계를 혼합해 놓은 방법이다.
- 장점 : 사전검사의 영향을 제거하여 내적 타당도를 높일 수 있는 동시에, 사전검사와 실험처치의 상호작용의 영향을 배제하여 외적 타당도를 높일 수 있다.
- 단점 : 실험집단과 통제집단의 선정과 관리가 어렵고 비경제적이다.

ㄹ 요인설계 10, 16회 기출

- 개념 : 독립변수가 복수인 경우 적용하는 방법으로서, 실험집단에 둘 이상의 프로그램을 실시한다. 실험집단과 통제집단을 설정한 후 개별 독립변수와 종속변수, 복수의 독립변수와 종속변수의 인과관계를 검증한다.
- 장점 : 둘 이상의 독립변수가 상호작용에 의해 종속변수에 미치는 영향을 파악할 수 있다.
- 단점 : 독립변수가 많은 경우 시간 및 비용의 측면에서 비경제적이다.

(2) 유사실험설계(준실험설계)

① 개 념

4, 14회 기출

- ㉠ 유사실험설계는 실험설계의 실험적 조건에 해당하는 무작위할당, 독립변수의 조작, 통제집단, 사전 · 사후 검사 중 한두 가지가 결여된 설계유형이다.
- ㉡ 무작위할당 등에 의해 실험집단과 통제집단을 동등하게 할 수 없는 경우, 무작위할당 대신 실험집단과 유사한 비교집단을 구성한다.
- ㉢ 순수실험설계에 비해 내적 타당도가 낮지만, 현실적으로 실험설계에 있어서 인위적인 통제가 어렵다는 점을 감안할 때 실제 연구에서 더 많이 적용된다.

② 종 류

8, 9, 13, 15, 17, 20회 기출

- ㉠ 비동일 통제집단(비교집단)설계
  - 통제집단 전후 비교설계와 유사하지만 무작위할당에 의해 실험집단과 통제집단이 선택되지 않는다는 점이 다르다.
  - 외부요인을 통제하기 위해 대상집단에 대한 연구자의 직관적인 지식과 체계적인 이해를 전제로 한다.
  - 임의적인 방법으로 양 집단을 선정하고 사전 · 사후 검사를 실시하여 종속변수의 변화를 비교하는 것이다.
  - 임의적 할당에 의한 선택의 편의가 발생할 수 있으며, 실험집단의 결과가 통제집단으로 모방되는 것을 차단하기 어렵다는 단점을 지닌다.
- ㉡ 단순시계열설계
  - 실험조치를 하기 이전 또는 이후에 일정한 기간 동안 정기적으로 수차례 결과변수(종속변수)에 대한 측정을 하여 실험조치의 효과를 추정하는 방법이다. 결과변수(종속변수)의 변화를 추적 · 비교할 수 있으며, 검사효과가 발생할 수 있다.
  - 실험조치 이전 또는 이후의 기간 동안 관찰값에 영향을 미치는 사건의 유무를 확인하여야 한다.
  - 통제집단을 사용하지 않으므로 중대한 변화가 과연 실험조치에 의한 것인지 또는 역사요인이나 회귀요인에 의한 것인지 확신할 수 없다.
- ㉢ 복수시계열설계(다중시계열설계)
  - 복수시계열설계는 내적 타당도의 문제점을 개선하기 위해 단순시계열설계에 하나 또는 그 이상의 통제집단을 추가한 것으로서, '통제시계열설계(Control-Series Design)'라고도 한다.
  - 비슷한 특성을 지닌 두 집단을 선택하여 실험집단에 대해서는 실험조치 이전과 이후에 대해 여러 번 관찰하는 반면, 통제집단에 대해서는 실험조치를 하지 않은 채 실험집단의 측정시기에 따라 변화 상태를 지속적으로 비교한다.
  - 단순시계열설계에 비해 내적 타당도를 높일 수 있으나, 실험집단과 통제집단의 구분이 무작위할당에 의한 것이 아니므로 이질적일 수 있다.

ⓔ 회귀불연속설계
- 대상을 실험집단과 통제집단으로 배정한 후 이들 집단에 대해 회귀분석을 함으로써 그로 인해 나타나는 불연속의 정도를 실험조치의 효과로 간주하는 방법이다.
- 정책평가에서 유용하게 사용되는 방법으로서, 정책조치를 한 집단과 하지 않은 집단에 대한 정책행위의 결과 추정치를 계산하여 이를 비교하는 방법이다.
- 실험집단과 통제집단의 동시발생으로 인해 역사요인 및 성장요인에 대한 통제가 가능하나 도구요인 및 실험대상의 탈락의 문제로 인해 내적 타당도가 저하될 수 있다.

(3) 전실험설계

① 개 념
- ㉠ 무작위할당에 의해 연구대상을 나누지 않고, 비교집단 간의 동질성이 없으며, 독립변수의 조작에 따른 변화의 관찰이 한두 번 정도로 제한된 경우에 실시하는 설계유형이다.
- ㉡ 인과적 추론이 어려운 설계로서, 내적·외적 타당도를 거의 통제하지 못한다.

② 종 류　　　　　　　　　　　　　　　　　　　　5, 11, 13, 17회 기출
- ㉠ 1회 사례연구(1회검사 사례설계)
  - 단일사례 또는 단일집단에 실험조치를 한 후 종속변수의 특성에 대한 검토를 토대로 결과를 평가하는 방법이다.
  - 탐색적 목적을 위해 유용하게 사용할 수 있다.
  - 비교 관찰이나 가설검증을 위한 충분한 근거가 없으므로 분석 결과를 일반화할 수 없으며, 변수의 통제도 어렵다.
- ㉡ 단일집단 전후 검사설계
  - 조사대상에 대해 사전검사를 한 다음 독립변수를 도입하며, 이후 사후검사를 하여 인과관계를 추정하는 방법이다.
  - 실험조치의 전후에 걸친 일정 기간의 측정상 차이를 실험에 의한 영향으로 확신하기 어렵다.
  - 역사요인, 성숙요인 등의 외생변수를 통제할 수 없다.
- ㉢ 정태적 집단비교설계(고정집단 비교설계)
  - 실험집단과 통제집단을 임의적으로 선정한 후 실험집단에는 실험조치를 가하는 반면 통제집단에는 이를 가하지 않은 상태로 그 결과를 비교하는 방법이다.
  - 통제집단 후 비교설계에서 무작위할당을 제외한 형태로서 상관관계 연구와 유사한 성격을 지닌다.
  - 무작위할당에 의한 동등화가 이루어지지 않기 때문에 선택의 편의가 발생하며, 두 집단 간의 교류를 통제하지 못하므로 모방 효과가 발생하는 등 외부요인의 설명 가능성을 배제하기 어렵다.

(4) 비실험설계

① 개 념

    ㉠ 독립변수의 조작이 불가능하여 실험적인 연구를 실행할 수 없는 상황에서 적용하는 설계유형이다.

    ㉡ 자연적인 상황에서 발생하는 공동변화와 그 순서에 대한 관찰에 기초를 두고 인과적 과정을 추론하는 것이다.

    ㉢ 윤리성 문제 등 순수실험설계를 적용하는 것이 부적절한 사회과학에서 널리 사용 가능하지만, 독립변수를 조작할 수 없으며 해석의 오류를 일으킬 수 있다.

② 종 류

    ㉠ 횡단적 연구설계

        한 시점에 대한 조사를 토대로 하며, 일원적 설계, 상관관계설계 등이 해당한다.

        • 일원적 설계 : 특정 사건이나 현상을 단 한 번의 조사를 통해 개개변수의 값의 빈도를 파악하는 방법이다.

        • 상관관계설계 : '교차분석적 설계'라고도 하며, 독립변수 또는 종속변수로 간주할 수 있는 각각의 변수에 해당 속성을 부여하여, 이를 분류하거나 교차함으로써 통계적 기법을 통해 상관관계를 추정하는 방법이다.

    ㉡ 종단적 연구설계

        • 횡단적 연구설계와 달리 여러 시점에 걸친 조사를 토대로 한다.

        • 경향연구설계, 패널연구설계, 동년배집단연구설계 등이 해당한다.

제3절 단일사례연구(단일사례실험설계) · 4, 5, 16회 기출

1 단일사례연구 일반

(1) 의 의

① 단일사례를 대상으로 하여 개입의 효과성을 측정하는 데 사용되는 조사방법이다.

② 집단설계의 문제에 대한 대안으로서, 1970년대 이후 사회복지실천현장에 많이 적용되기 시작하였다.

③ 주로 임상사회사업에서 개인, 가족, 집단의 심리사회적 기능을 유지 및 향상시키기 위해 사용되고 있다.

(2) 특 징

① 개인, 가족, 집단(단체) 등을 분석대상으로 하여 그들이 직면하고 있는 문제를 해결하기 위해 적용한 개입이 과연 어떠한 효과가 있는지를 검증한다. 이때 가족이나 집단을 대상으로 하는 경우, 가족 혹은 집단 전체를 하나의 사례로 취급한다. 마찬가지로 조직이나 지역사회도 연구대상이 될 수 있다.

② 단일사례연구의 기본적인 목적은 가설의 검증에 있는 것이 아니라 어떤 표적행동에 대한 개입의 효과를 관찰하여 분석하는 것이다.

③ 통제집단을 가지지 않은 경우 사용하며, 하나의 사례를 반복적으로 측정함으로써 개입의 효과를 파악한다. 즉, 반복측정으로 통제집단 효과를 볼 수 있는 것이다. 이때 조사자의 개입이 독립변수이고, 조사대상자의 표적행동의 변화가 종속변수이다.

④ 단일사례연구에서는 개입효과를 시계열적으로 반복 측정할 수 있으므로 내적 타당도를 저해하는 우연한 사건이나 성숙효과 등을 통제할 수 있으며, 개입효과에 대한 즉각적인 피드백이 가능하다. 반면, 사례가 하나이므로 외적 타당도는 낮다.

⑤ 단일사례연구에서는 관여적 관찰과 비관여적 관찰이 모두 사용될 수 있다. 특히 비관여적 관찰은 연구대상이 관찰을 인식하여 조사반응성이나 사회적 바람직성을 나타낼 수 있는 관여적 관찰의 한계를 극복하기 위해 사용된다.

⑥ 단일사례연구를 통해 조사연구과정과 실천과정이 통합될 수 있다.

2 기본용어

(1) **기초선(기준선)** : 개입하기 이전의 단계로 연구자가 개입하기 전에 대상자의 표적행동의 정도를 파악하고 어떤 경향을 보이는지 상태를 관찰하는 기간을 의미한다. 보통 'A'로 표시하며, 기초선의 증감은 표적문제의 조작적 정의를 토대로 한다.

(2) **표적행동** : 개입을 통해 변화시키려는 행동을 말한다.

(3) **개입국면** : 표적행동에 대한 개입이 이루어지는 기간으로 보통 'B'로 표시한다.

3 단일사례연구의 유형

(1) AB 설계(기초선 → 개입)

① 기초선 단계에서는 표적행동의 빈도 등에 대한 반복측정이 이루어지며, 개입 단계에서 표적행동에 대한 개입활동과 함께 변화에 대한 관찰이 이루어진다.

② 기초선 단계의 자료들은 통제집단으로서의 역할을 하는 반면, 개입 단계의 자료들은 실험집단으로서의 역할을 한다.

③ 설계가 간단하고 쉽게 적용할 수 있는 장점이 있다.

④ 외생변수에 대한 통제가 없으므로 개입이 표적행동에 미치는 효과에 대한 신뢰도가 낮다.

(2) ABA 설계(제1기초선 → 개입 → 제2기초선)

① AB 설계에서 개입 이후에 또 하나의 기초선을 추가한 것으로서, 이때 두 번째 기초선을 '제2기초선'이라고 한다.

② 첫 번째 기초선 단계에서 표적행동의 빈도가 높았는데 개입 단계에서 빈도가 낮았다가 개입을 종료한 후 다시 빈도가 높아진 경우 개입이 효과적이었다고 판단할 수 있다.

③ 제2기초선을 추가함으로써 AB 설계에서의 낮은 신뢰도 문제를 해결할 수 있다.

④ 개입의 효과를 평가하기 위해 개입을 중단하는 것에서 윤리적인 문제가 있을 수 있다. 또한 제2기초선 단계에서 문제가 악화되지 않았다고 하여 그것이 개입의 효과가 지속된 것인지 다른 외적 요인의 영향에 의한 것인지 파악하기 어렵다.

(3) ABAB 설계(제1기초선 → 제1개입 → 제2기초선 → 제2개입)

① AB 설계에서 외생변수를 보다 효과적으로 통제하기 위해 제2기초선과 제2개입을 추가한 것이다.

② 제2기초선 단계에서의 표적행동이 제1기초선 단계에서의 표적행동과 유사한 경우 개입이 효과적이었음을 추정할 수 있다.

③ AB 설계 혹은 ABA 설계보다 외생변수의 영향을 효과적으로 통제할 수 있다.

④ ABA 설계와 마찬가지로 개입의 중단에 따른 윤리적인 문제가 있을 수 있다. 또한 제2기초선 단계와 제2개입 단계의 표적행동이 매우 유사한 경우 그 원인을 찾는데 어려움이 있을 수 있다.

(4) BAB 설계(제1개입 → 기초선 → 제2개입)

① 기초선 없이 바로 개입 단계로 들어갔다가, 개입을 중단하고 기초선 단계를 거친 후 다시 개입하는 것이다.

② 제1개입 단계와 기초선 단계를 비교하고, 이후 다시 기초선 단계와 제2개입 단계를 비교하여 개입의 효과를 판단한다.

③ 위기상황에 처해 있는 클라이언트를 대상으로 즉각적인 개입을 수행하는 데 유효하다.

④ 외생변수를 통제하기 어려우며, 개입의 효과가 지속되는 경우 기초선 단계와 제2개입 단계에서의 표적행동이 유사하므로 개입의 효과성 여부를 판단하는 데 어려움이 있을 수 있다.

(5) ABCD 설계 또는 복수요인설계(기초선 → 제1개입 → 제2개입 → 제3개입)

① 하나의 기초선에 대해 여러 가지 각기 다른 개입방법을 연속적으로 도입하는 것이다.

② 앞선 개입이 일정한 상태의 경향성을 나타내 보이는 경우 다른 개입방법을 도입하며, 마찬가지로 다시 안정된 경향성을 나타내 보이는 경우 또 다시 새로운 개입방법을 적용한다.

③ 각기 다른 개입방법의 효과를 동시에 측정할 수 있다. 또한 클라이언트의 문제해결에 유효하지 못한 개입을 수정하거나 개입이 실제 표적행동에 대한 변화를 가져오는지 설명하고자 할 때 유용하다.

④ 제2개입, 제3개입 단계에서의 효과를 이전 개입에 의한 선행효과와 명확히 구분하기 어려우며, 각각의 개입 단계들이 다음 단계에 미치는 영향을 통제하기 어렵다.

(6) 복수기초선설계

① 특정 개입방법을 여러 사례, 여러 클라이언트, 여러 표적행동, 여러 다른 상황에 적용하는 것이다.

② 둘 이상의 개입단계를 사용하나, 각 기초선의 서로 다른 관찰점에서 개입이 도입된다.

③ ABAB 설계와 같이 개입 도중 기초선 확보를 위해 개입을 중단하는 데 따른 윤리적인 문제가 없다. 또한 복수의 사례나 표적행동에 대해 개입의 효과를 한 번에 보여줄 수 있으므로 비용면에서 효율적이다.

④ 개입의 효과를 평가하기 위해 시간의 경과에 따른 변화의 파동, 변화의 경향, 변화의 수준 그리고 시각적 · 통계적 · 실용적 분석 등을 고려해야 한다.

Plus ➕ one

단일사례연구의 자료분석 방법

시각적 분석	기초선의 자료점과 개입 이후의 자료점에서 어떤 변화가 있는지를 확인하기 위해 꺾은선 그래프 형태로 자료를 배열하여 분석한다.
통계학적 분석	• 평균 비교 : A와 B의 관찰값의 평균을 서로 비교해 보는 방법으로, 그 차이가 통계학적으로 의미가 있는지를 분석한다. • 경향선 접근 : 기초선이 불안정하게 형성되어 있는 경우, 기초선의 변화의 폭과 기울기까지 고려하여 결과를 분석한다.
실용적 분석 (임상적 분석)	개입을 통해 나타난 변화의 크기가 실천적 의미에서 과연 개입의 정당성을 보장할 수 있는지에 대해 분석한다.

단일사례설계의 개입효과를 평가할 때 고려해야 할 기준

변화의 파동	• 표적행동이 시간의 경과에 따라 파동을 일으키면서 변화하는 정도를 말한다. • 특히 파동이 심한 경우 관찰횟수가 많아야 변화의 일정한 유형을 파악할 수 있다.
변화의 경향	• 기초선 단계 변화의 경향을 개입 단계 변화의 경향과 연결시켜서 검토하는 것을 말한다. • 두 단계의 경향의 방향이 일치하면 개입의 효과를 판단하기 어려운 반면, 서로 상방되면 개입의 효과를 판단하기 쉽다.
변화의 수준	• 표적행동의 점수를 말한다. • 기초선 단계의 점수와 개입 단계의 점수 간 차이가 클수록 개입의 효과에 대해 확신할 수 있다.

01 다음 중 실험설계의 내적, 외적 타당도의 저해요인과 그 영향에 대한 설명이 아닌 것은? [6회]

① 조사반응성(호손 효과) – 연구대상자가 연구대상자임을 인식할 경우 특정 반응을 유발하는 것
② 우연한 사건 – 어떤 외부의 사건들이 발생하여 조사연구의 결과에 영향을 주는 것
③ 측정효과 – 처음의 측정 경험이 다음의 측정에 영향을 주는 것
④ 중도탈락 – 실험대상자의 포기에 따른 사전사후 비교의 어려움이 증가하는 것
⑤ 통계적 회귀 – 사전 검사에서의 극단적인 결과점수가 사후검사에서도 지속되는 것

해설 통계적 회귀는 최초의 측정에서 양 극단적인 측정값을 보인 결과가 이후 재측정의 과정에서 평균값으로 회귀하는 현상을 말한다.

02 다음 중 순수실험설계를 포기하고 유사실험설계를 선택해야 하는 경우에 해당하는 것을 모두 고르면? [4회]

> ㄱ. 독립변수를 조작하지 못할 경우
> ㄴ. 통제집단의 설정이 어려울 경우
> ㄷ. 사전 · 사후 검사를 할 수 없는 경우
> ㄹ. 실험집단과 통제집단을 무작위할당하기 어려운 경우

① ㄱ, ㄴ, ㄷ
② ㄱ, ㄷ
③ ㄴ, ㄹ
④ ㄹ
⑤ ㄱ, ㄴ, ㄷ, ㄹ

해설 유사실험설계(준실험설계)는 통제집단, 무작위할당, 독립변수의 조작, 사전 · 사후 검사 중 한두 가지가 결여된 설계에 해당한다. 특히 무작위할당에 의해 실험집단과 통제집단을 동등하게 할 수 없을 때 사용할 수 있다는 것이 가장 큰 장점이지만, 내적 타당도를 저해하는 요인을 차단하기 어렵다는 단점도 가지고 있다.

03 요인설계(Factorial Design)에 관한 설명으로 옳지 않은 것은? [16회]

① 집단비교 결과의 일반화 가능성이 높은 편이다.
② 독립변수가 많을수록 요인설계를 활용하기 쉽다.
③ 독립변수의 속성에 따라 할당행렬을 만들고 행렬상의 각 범주에 따라 집단을 설정한다.
④ 주효과와 상호작용효과를 동시에 확인할 수 있다.
⑤ 분산분석(ANOVA)의 통계적 기법을 활용할 수 있다.

해설 요인설계(Factorial Design)
- 순수실험설계의 일종으로 독립변수가 복수인 경우 적용하며, 실험집단에 둘 이상의 프로그램을 실시하게 된다.
- 실험집단과 통제집단을 설정한 후 개별 독립변수와 종속변수, 복수의 독립변수와 종속변수의 인과관계를 검증함으로써, 둘 이상의 독립변수가 상호작용에 의해 종속변수에 미치는 영향을 파악할 수 있다.
- 실험 결과의 외적 타당도는 높으나, 독립변수가 많은 경우 시간과 비용이 많이 소요되는 단점이 있다.

04 다음 내용에 해당하는 조사연구의 단계는? [9회]

조사대상 변수들 사이의 논리적 구조를 설정하고 가설설정에서 일반화에 이르기까지 필요한 제반 활동에 대하여 계획을 세우는 단계

① 조사문제선정 단계
② 자료분석 단계
③ 측정도구개발 단계
④ 자료수집 단계
⑤ 조사설계 단계

해설 조사연구의 과정
- 연구문제형성 : 조사의 주제, 이론적 배경, 중요성 등을 파악하고 이를 체계적으로 정립하는 과정이다.
- 가설설정 : 선정된 조사문제를 조사가 가능하고 실증적으로 검증이 가능하도록 구체화하는 과정이다.
- 조사설계 : 조사연구를 효과적·효율적·객관적으로 수행하기 위한 논리적·계획적인 전략이다.
- 자료수집 : 자료는 관찰, 면접, 설문지 등 여러 가지 방법을 통해 수집되며, 과학적 조사자료는 조사자가 직접 수집하는 1차 자료와, 다른 주체에 의해 이미 수집·공개된 2차 자료로 구분된다.
- 자료분석(해석) : 수집된 자료의 편집과 코딩과정이 끝나면 통계기법을 이용하여 자료의 분석이 이루어진다.
- 보고서 작성 : 연구결과를 객관적으로 증명하고 경험적으로 일반화하기 위해 일정한 형식으로 기술하여 타인에게 전달하기 위한 보고서를 작성한다.

05 비동일 비교집단 설계(Nonequivalent Comparison Groups Design)에 관한 설명으로 옳지 않은 것은? [9회]

① 사회복지실천 연구에 응용할 수 있다.
② 시계열설계와 달리 실험집단과 비교집단으로 구성된다.
③ 실험집단과 비교집단의 구분으로 모방효과를 통제할 수 있다.
④ 외부요인을 통제하기 위해 대상집단에 대한 연구자의 이해가 선행되어야 한다.
⑤ 무작위 방법으로 실험집단과 통제집단의 구성이 어려울 경우 사용하는 설계이다.

해설 비동일 비교집단 설계(Nonequivalent Comparison Groups Design)
• 무작위할당에 의해 실험집단과 통제집단을 동등하게 할 수 없는 경우, 무작위할당 대신 실험집단과 유사한 비교집단을 구성하는 유사실험설계 또는 준실험설계에 해당한다.
• 순수실험설계에 비해 내적 타당도가 낮지만, 현실적으로 실험설계에 있어서 인위적인 통제가 어렵다는 점을 감안할 때 실제 사회복지실천 연구에서 더 많이 적용된다.
• 비동일 비교집단 설계에서는 실험집단과 유사하여 비교 가능한 기존 집단을 활용하므로 '통제집단' 대신 '비교집단'이라는 용어를 사용한다.
• 외부요인을 통제하기 위해 대상집단에 대한 연구자의 직관적인 지식과 체계적인 이해를 전제로 한다.
• 임의적인 방법으로 선정된 양 집단에 대해 사전·사후 검사를 실시하여 종속변수의 변화를 비교한다.
• 임의 할당에 의한 선택의 편의가 발생할 수 있으며, 실험집단의 결과가 통제집단으로 모방되는 것을 차단하기 어렵다는 단점을 지닌다.

06 단일사례설계 중 다중기초선설계에 관한 설명으로 옳지 않은 것은? [17회]

① 내적 타당도 저해요인을 통제하기 위한 주요 수단으로 개입의 철회를 사용한다.
② 일부 연구대상자에게 개입의 제공이 지연되는 문제를 갖는다.
③ 연구대상자의 수가 증가할수록 내적 타당도는 증가한다.
④ 동일한 개입을 특정 연구대상자의 여러 표적행동에 적용하여 개입의 효과를 평가할 수 있다.
⑤ 수집된 자료의 분석을 위해 통계적 방법이 사용되기도 한다.

해설 ① 다중기초선설계(복수기초선설계)는 내적 타당도 저해요인을 통제하기 위한 주요 수단으로 복수의 사례들에 대해 개입의 시점을 각기 달리하는 방법을 사용한다. 하나의 개입 시점에서 우연히 외부사건이 포함되어 개입에 영향을 줄 수는 있지만, 모든 사례에서 매번 개입 시점마다 우연히 외부사건이 개입되어 있다고 말하기는 어렵다. 만약 각각의 개입 이후에 행동의 변화가 일관적으로 나타나지 않는다면, 이는 독립변수의 효과가 없음을 의미한다. 또한 표적행동의 변화가 독립변수의 개입 시점과는 다른 곳에서 발생한다면, 이는 외부조건에 의한 변화로 간주될 수 있다.

07 조사설계의 타당성에 관한 설명으로 옳은 것은? [14회]

① 내적 타당도와 외적 타당도는 서로 필요조건의 관계에 있다.
② 조사대상의 성숙은 외적 타당도에 영향을 미치는 요인이다.
③ 동일한 프로그램의 효과성이 서울과 제주에서 같지 않은 것은 외적 타당도의 문제이다.
④ 외적 타당도는 연구결과에 대한 대안적 설명 가능성 정도를 의미한다.
⑤ 특정 프로그램의 효과를 확인하기 위해 연구의 외적 타당도를 확보해야 한다.

해설 ③ 외적 타당도는 연구의 결과에 의해 기술된 인과관계가 연구대상 이외의 경우로 확대·일반화될 수 있는가, 즉 종속변수의 변화가 상이한 대상이나 상이한 상황에서도 나타날 수 있는가에 관한 문제이다. 예를 들어, 서울의 A지역 사회복지관에서 시행한 홀몸노인의 우울감 극복을 위한 프로그램이 홀몸 노인의 우울증 개선 효과를 나타냈다고 가정하자. 만약 이 프로그램을 제주도의 B지역 사회복지관에서 역시 홀몸노인을 대상으로 시행할 때 마찬가지로 우울증 개선 효과를 나타낼 것인가의 문제가 곧 외적 타당도의 문제에 해당한다.

08 어떤 연구를 진행한 결과 호손(Hawthorne) 효과가 발생했을 경우, 이후 연구에서 연구결과의 정확성을 높이기 위해 취해야 할 조치로 가장 적절한 것은?

① 대상자수 증가
② 실험자극 강화
③ 전조사와 후조사의 간격 축소
④ 통제집단 추가
⑤ 신뢰도 분석 강화

해설 호손 효과(Hawthorne Effect)와 조사반응성(Research Reactivity)
• 인간관계이론의 창시자인 메이요(Mayo)가 호손(Hawthorne) 공장에서 수행한 일련의 실험에서 비롯된 것으로서, 실험이나 연구에 참여하는 사람들이 연구의 대상으로 정해져서 특별한 취급을 받는다는 느낌을 가지게 될 때 좀 더 긍정적인 방향으로 행동하려는 양상을 보인다는 것이다.
• 외적 타당도의 저해요인 중 하나인 '조사반응성(Research Reactivity)'과 밀접하게 연관된 것으로서, 실험집단의 구성원들이 통제집단에 비해 관심을 받고 있다는 사실을 인식함으로써 평소와는 다른 반응을 보이게 된다.
• 이와 같은 호손 효과 혹은 조사반응성을 없애기 위해서는 피험자에게 실험의 대상이 되어 있다는 사실을 알리지 않거나, 실험 기간을 장기화함으로써 피험자로 인식되고 있다는 사실에 둔감해지도록 하는 방법이 있다. 또한 실험집단과 유사하지만 특별한 처치를 받지 않은 비처치 통제집단을 추가하는 방법도 호손 효과에 의한 외적 타당도의 저해를 방지할 수 있다.

09 다음 중 ABAB 설계에 대해서 옳게 설명하고 있는 것은? [7회]

① 선개입설계라고도 한다.
② 기초선 단계 없이 개입을 먼저 한 형태이다.
③ 개입의 효과에 대한 확신의 수준은 낮다.
④ 개입 외의 다른 요인에 의해 변화가 일어났을 가능성도 고려한다.
⑤ ABA 설계와 함께 윤리적 문제를 발생시킨다.

해설 ABAB 설계
외생변수에 대한 통제, 철회, 반전설계, 개입의 효과를 가장 높이 확신할 수 있기 때문에 실천현장에서 유용한 설계이다. 그러나 연구목적을 위하여 개입을 중단하고 일정 기간 관찰한 후 다시 개입을 재개하는 것은 윤리적 문제를 유발한다.

10 다음 중 동일 사례와 동일 개입방법이 각기 다른 환경들에서 어떻게 나타나는지, 혹은 동일사례와 동일 환경을 두고서 각기 다른 표적행동들에서 어떤 효과가 나타나는지를 확인하기 위한 것으로 적당한 설계는?

① AB 설계
② 복수기초선설계
③ ABA 설계
④ BAB 설계
⑤ ABCD 설계

해설 단일사례연구유형

기본설계(AB)	개입 전과 개입 후에 측정하는 평가설계
ABA 설계	개입의 영향을 테스트하기 위해 일정 기간 이후에 개입을 중단함
반전설계(ABAB)	기준선(기초선)이 측정된 후에 특정기간 동안 개입을 하고 그 후 잠시 동안 멈춘 후에 다시 개입함
선개입설계(BAB)	곧바로 개입을 시작해서 기준선 수립을 위해 개입을 중지했다가 재차 개입함
복수요인설계(ABCD)	일련의 종류가 다른 개입들의 영향을 평가하기 위한 설계
복수기준선설계 (복수기초선설계)	개입중단의 문제점을 개선하면서 AB 설계를 여러 문제, 여러 상황, 여러 사람에게 적용하여 같은 효과를 얻음으로써 개입의 인과적 효과의 확신을 높이는 것

01 다음 연구설계에 관한 설명으로 옳지 않은 것은? [18회]

> 노인복지관의 노노케어 프로그램 자원봉사자 40명을 무작위로 골라 20명씩 두 집단으로 배치하고, 한 집단에는 자원봉사 교육을 실시하고 다른 집단에는 아무런 개입을 하지 않았다. 10주 후 두 집단 간 자원봉사만족도를 비교 · 분석하였다.

① 사전조사를 실시하지 않아 내적타당도를 저해하지 않는다.

② 무작위 선정으로 내적타당도를 저해하지 않는다.

③ 통제집단을 확보하기 어려울 때 사용할 수 있는 설계이다.

④ 사전검사를 하지 않아도 집단 간 차이를 어느 정도 통제할 수 있다.

⑤ 통제집단 전후 비교에 비해 설계가 간단하여 사회조사에서 많이 활용된다.

> **해설** ① · ② · ④ · ⑤ 통제집단 사후 검사설계(통제집단 후 비교설계)에 대한 설명이다. 통제집단 사후 검사설계는 통제집단 사전사후 검사설계(통제집단 전후 비교설계)의 단점을 보완하기 위해 실험대상자를 무작위할당하고 사전조사 없이 실험집단에 대해서는 조작을 가하고 통제집단에 대해서는 아무런 조작을 가하지 않은 채 그 결과를 서로 비교하는 방법이다.
>
> ③ 통제집단을 확보하기 어려울 때 사용할 수 있는 대표적인 연구설계로 단일집단 사전사후 검사설계(단일집단 전후 비교설계)가 있다. 단일집단 사전사후 검사설계는 일회검사 사례설계(1회 사례연구)에 사전검사를 추가한 것으로서, 조사대상에 대해 사전검사를 한 다음 개입을 하며, 이후 사후검사를 하여 인과관계를 추정하는 방법이다.

02 단일사례설계에 관한 설명으로 옳지 않은 것은? [16회]

① 기초선 국면과 개입 국면이 있다.

② 연구대상과 개입방법은 여러 개가 될 수 없다.

③ 조사연구 과정과 실천 과정의 통합이 가능하다.

④ 경향과 변화를 파악하도록 반복 관찰한다.

⑤ 통계적 원리를 적용하여 분석할 수 있다.

> **해설** ② 단일사례설계는 개입방법을 다양하게 할 수 있으며, 개입 과정에서 개입의 강도나 방식을 바꿀 수 있다. 반복적이고 연속적으로 자료를 수집하므로 개입으로 인한 표적행동의 변화 양상을 주기적으로 파악할 수 있는 것은 물론, 조사가 진행되는 도중에 도출되는 정보를 토대로 새로운 개입방법을 수립하거나 기존의 개입방법을 수정함으로써 개입의 효과성을 높일 수 있다.

03 다음과 같은 절차로 진행된 유사(준)실험설계의 특징으로 옳지 않은 것은? [20회]

> • 우울예방 프로그램에 참여할 하나의 집단을 모집함
> • 우울검사를 일정한 간격으로 여러 차례 실시함
> • 우울예방 프로그램을 진행함
> • 우울검사를 동일한 측정도구를 이용해 일정한 간격으로 여러 차례 실시함

① 통제집단을 두기 어려울 때 사용할 수 있다.
② 검사효과가 발생할 수 없다.
③ 정태적 집단비교설계(Static-group Comparison Design)보다 내적 타당도가 높다.
④ 개입효과는 사전검사와 사후검사 측정치의 평균을 비교해서 측정할 수 있다.
⑤ 사전검사와 개입의 상호작용효과가 발생할 수 있다.

해설 ② 보기의 사례는 유사(준)실험설계로서 단순시계열설계에 해당한다. 단순시계열설계는 별도의 통제집단을 두지 않은 채 동일집단 내에서 수차례에 걸쳐 실시된 사전검사 점수와 사후검사 점수를 비교하여 실험조치의 효과를 추정하는 방식이므로, 검사효과가 발생할 수 있다. 검사효과는 사전검사가 사후검사에 영향을 주는 것으로, 동일한 측정의 반복과 관련된 효과이다.

04 외부사건(History)을 통제할 수 있는 실험설계를 모두 고른 것은? [19회]

> ㄱ. 솔로몬 4집단설계(Solomon Four-Group Design)
> ㄴ. 단일집단 사전사후 검사설계(One-Group Pretest-Posttest Design)
> ㄷ. 단일집단 사후 검사설계(One-Group Posttest-Only Design)
> ㄹ. 통제집단 사후 검사설계(Posttest-Only Control Group Design)

① ㄹ
② ㄱ, ㄹ
③ ㄴ, ㄷ
④ ㄱ, ㄴ, ㄹ
⑤ ㄴ, ㄷ, ㄹ

해설 ㄱ·ㄹ. 실험설계 중 인과적 관계를 확인할 수 있는 이상적인 설계방법으로, 통제집단과 무작위할당을 통해 외부사건을 통제하는 순수실험설계의 유형에 해당한다.
ㄴ. 단일집단 사전사후 검사설계(단일집단 전후 비교설계)는 조사대상에 대해 사전검사를 한 다음 개입을 하며, 이후 사후검사를 하여 인과관계를 추정하는 방법이다. 전실험설계의 한 유형으로서, 통제집단을 확보하기 어려울 때 사용할 수 있다.
ㄷ. 단일집단 사후 검사설계(단일집단 후 비교설계)는 조사대상에 대해 개입을 한 후 관찰 조사를 실시하는 방법이다. 전실험설계의 한 유형으로서, 개입의 효과성 유무를 연구자의 주관적 판단에 의존하는 방식이다.

표집(표본추출)과 표본

★ 학습목표   ■ 지속적으로 출제되는 부분이다. 예시를 제시하고 해당하는 표본추출방법을 선택하는 문제 유형을 충분히
               학습해두자!
            ■ 실제 연구사례를 많이 접해보고, 각각의 표본추출방법을 적용시켜보자!

제 1 절   표집 일반

1 표집의 의의

(1) 개 념

① 표집이란 '표본추출'이라고도 하는 것으로 모집단 가운데 자료를 수집할 일부의 대상을 표본으로
   선택하는 과정이다.
② 표본은 모집단의 일부를 지칭하는 반면, 표집은 조사대상을 체계적인 방법으로 선정하는 절차를
   의미한다.
③ 표집의 주된 목적은 표본으로부터 획득한 표본의 특성인 통계(Sample Statistic)를 사용하여 모집단
   의 특성(Parameter)을 추론하는 데 있다.
④ 표본추출은 조사결과가 모집단을 얼마나 잘 대표하고 있느냐 하는 '대표성(Reprsentativeness)'도
   중요하지만, 이에 못지않게 어느 정도 크기의 표본을 선정하는 것이 적은 비용으로도 일정한 정확
   성을 가질 수 있도록 해주는가 하는 '적절성(Adequacy)'의 문제도 중요하다.

(2) 관련 용어   5, 6, 15, 20회 기출

① **계층** : 모집단을 구성하는 특성을 상호배타적으로 구분해 놓은 부분집합
② **모집단(Population)** : 연구자가 관심을 가지고 일반화하고자 하는 대상들의 집합 전체
③ **모수 또는 모수치(Parameter)** : 모집단의 특성을 나타내는 값
④ **표본 또는 표본집단(Sample)** : 실제로 조사를 할 수 있는 조사대상으로서, 모집단에서 골라낸 모집
   단의 일부
⑤ **표집 또는 표본추출(Sampling)** : 모집단에서 표본을 추출하는 과정
⑥ **표집틀(Sampling Frame)** : 표집을 위해 모집단의 요소나 표집단위들을 모아 정리해놓은 목록
⑦ **표본크기(Sample Size)** : 표본에 포함된 조사대상자의 수
⑧ **통계치(Statistics)** : 표본집단의 특성을 나타내는 값(표본조사에서 얻어진 변수들의 값)
⑨ **표본오차 또는 표집오차(Sampling Error)** : 모수(치)와 통계치 간의 차이

⑩ 비표본오차(Non-sampling Error) : 조사과정 및 집계상에서 발생하는 오차

⑪ 신뢰수준(Confidence Level) : 통계적 추정에서 표본의 결과를 통해 추정하려는 모수의 신뢰성 정도

⑫ 신뢰구간(Confidence Interval) : 통계적 추정에서 구간으로 추정된 추정치가 실제 모집단의 모수를 포함하고 있을 가능성의 범위

⑬ 파라미터 : 모집단 속에서 주어진 변수에 관한 기술의 종합, 즉 모집단 속에서 변수들의 특성을 의미

⑭ 변수 : 성, 연령, 지위 등과 같은 상호 배타적 속성들의 집합을 의미. 변수는 변이를 포함해야 함

Plus ➕ one

신뢰수준(Confidence Level)과 유의수준(Significance Level)

신뢰수준(Confidence Level)은 표본의 결과를 통해 추정하려는 모수가 어느 정도 신뢰성을 갖는지, 즉 모수가 특정 구간(→ 신뢰구간) 내에 있을 확률을 의미한다. 반면, 모수가 신뢰구간 밖에 존재할 확률을 유의수준(Significance Level)이라고 한다. 99% 신뢰수준은 오차범위가 ±1%임을 나타내는 것으로, 이는 1% 유의수준을 사용한다는 의미이다.

---

(3) 표본추출의 장단점

① 장 점

㉠ 신속성 : 표본조사는 자료수집, 집계 및 분석 과정을 신속하게 처리할 수 있다.

㉡ 시간과 비용의 절약 : 표본추출을 통하여 선택된 모집단과 매우 유사한 표본을 분석하여 모집단에 관한 자료를 추론한다는 점에서 모집단 전체를 연구할 경우에 예상되는 막대한 시간과 비용의 소모를 절감할 수 있다.

㉢ 다량의 정보 확보 : 전수조사보다 더 많은 조사항목을 포함할 수 있기 때문에 더 많은 정보 획득이 가능하다.

㉣ 전수조사의 한계 극복 : 모집단이 무한히 많은 경우, 모집단의 정확한 파악이 불가능한 경우, 파괴적인 조사를 해야 할 경우 등 모집단 전체 조사가 불가능한 경우에 적용할 수 있다.

㉤ 정확도의 증가 : 비표본오차의 감소와 조사대상의 오염방지를 통하여 전수조사보다 더 정확한 자료획득이 가능하다.

② 단 점

㉠ 대표성 있는 표본 선정의 어려움이 있어 일반화의 가능성이 낮다.

㉡ 모집단 자체가 작은 경우 표집 자체가 무의미하다.

㉢ 복잡한 표본설계를 요하는 경우에는 시간 및 비용이 많이 들고 오차도 발생할 수 있다.

(1) 모집단 확정(제1단계)

① 연구의 일반화를 위한 대상을 확정하는 것으로서, 모집단은 정보를 얻기 위한 조사대상이 되는 집단을 말한다.

② 모집단을 규정하기 위한 네 가지 요소
- ㉠ 연구대상 : 정보가 얻어지는 단위로 분석의 기초이며 연구의 목적에 의해서 좌우된다.
- ㉡ 표본단위 : 표본추출 단계에서 표본으로 추출될 수 있는 요소나 요소들을 말한다.
- ㉢ 연구범위 : 적정한 수준에서 모집단을 결정하는 것이다.
- ㉣ 시간 : 시간적 · 공간적인 경계선도 모집단의 규정에 포함된다.

③ 모집단의 규정은 조사목적과 상황에 따라 달라질 수 있다. 최소한의 의사결정과의 관련성이 있어야 하며 어느 정도 재구성이 가능하도록 규정해야 한다.

(2) 표집틀 결정(제2단계)

① 모집단을 확정한 후에는 표집틀을 선정해야 한다. 표집틀은 모집단 내에 포함된 조사대상자들의 명단이 수록된 목록을 말하며, 여기서 최종적인 표본이 추출된다.

② 좋은 표집틀은 모집단과 일치하는 경우, 즉 모집단의 구성요소를 모두 포함하는 한편 어떤 요소도 이중으로 포함하지 않는 경우이나 대개의 경우 모집단과 표집틀이 완벽하게 일치하지 않는 경우가 많으므로 이를 줄이기 위한 노력이 필요하다.

(3) 표집방법 결정(제3단계)

① 표집틀이 선정되면 모집단의 대표성을 확보할 수 있는 표집방법을 결정한다.

② 표집방법에는 크게 '확률표본추출방법'과 '비확률표본추출방법'이 있다.
- ㉠ 확률표본추출 : 표집틀에 있는 각 요소들이 표본으로 추출될 확률을 알 수 있고 표본추출을 무작위로 하는 방법을 의미하며 이는 단순무작위표집, 층화표집, 군집표집의 세 가지로 나누어 볼 수 있다.
- ㉡ 비확률표본추출 : 조사자가 주관적으로 표본을 선정하는 표집방법을 말하며 여기에는 임의표집, 판단표집, 할당표집이 있다.

(4) 표집크기 결정(제4단계)

① 표집방법이 결정되면 모집단의 성격, 시간 및 비용, 조사원의 능력 등은 물론 표본오차를 나타내는 정확도와 신뢰도를 고려하여 표본의 크기 또는 표집크기를 결정한다.

② 통계조사나 실험연구의 첫 단계에서 부딪히는 가장 근본적이고 중요한 문제이다.

③ 일반적으로 통계조사에 있어서 표본의 크기가 필요 이상으로 크면 예산이 낭비될 뿐 아니라 비표본오차가 개입될 수 있다. 반대로 표본의 크기가 작으면 조사의 정확도가 떨어져 좋지 않다.

④ 표본의 크기는 조사의 중요도에 따라 정해진 목표 정도를 만족시킬 수 있는 범위에서 가능하면 작게 하는 것이 좋다.

⑤ 표본의 크기는 조사의 목표 정도를 정한다.

    ㉠ 정도(精度)를 정한다는 것은 추정 값의 허용오차를 통계이용가치의 관점에서 결정한다는 뜻이다.

    ㉡ 일반적으로 중요한 내용의 조사인 경우에는 목표 정도를 낮게 정한다.

    ㉢ 허용오차는 절대오차, 상대오차, 추정량의 변이계수 등으로 나눈다.

⑥ 첫 단계에서 정한 허용오차를 포함한 방정식을 유도하여 표본의 크기를 정한다.

⑦ 일반적으로 표본의 크기를 결정하게 되면 주어진 예산과 조사기간, 인력, 조사장비 등을 비교하여 최종적인 표본의 크기를 정한다.

(5) 표본추출(제5단계)

14회 기출

① 결정된 표집방법을 통해 본격적으로 표본을 추출한다. 추출방식에 따라 난수표 등을 이용할 수 있으며, 결과의 일반화 가능성을 항상 염두에 두어야 한다.

② 확률표본추출방법과 비확률표본추출방법로 구분되는 두 가지 방법 중 어떤 방법을 어떤 시기에 선택하느냐는 크게 통계적 측면과 시행적인 측면의 두 가지 기준을 고려해서 결정한다.

③ 확률표본추출방법은 표본에서 얻어낸 통계량의 정확도(Precision)에 대한 통계적인 평가를 할 수 있기에 보다 바람직하다 할 수 있으나 실행상의 문제점들로 인하여 용이하지 않을 때가 있다.

④ **표본조사** : 몇 가지 모수(Parameter)의 값으로 특정되는 모집단에 관해 알기 위해서는 모집단 전체를 조사하는 방법(전수조사)이 가장 정확할 것이다. 그러나 모집단 전체를 조사한다는 것이 애당초 불가능하거나 가능하더라도 비용이 너무 많이 든다고 하면, 모집단의 일부만을 조사(표본조사)한 결과로 전체를 유추 해석하는 방법(표본조사)이 적당할 것이다.

⑤ **표본의 대표성** : 표본은 전체를 대표하는 대표성이 있어야 하는데, 즉 치우침이 없이 골고루 모집단을 잘 표현하여야 한다. 그러므로 표본이 모집단을 설명하는 대표성을 갖기 위해서는 표본추출 시 어떤 의도나 경향이 없이 완전 임의로 뽑은 값이어야 한다. 또한, 표본의 대표성과 적합성이 인정되기 위해서는 가급적 표본오차가 작아야 한다.

⑥ **모집단분포의 추론** : 모집단에서 임의로 뽑은 표본들의 분포가 모집단분포와 항상 비슷하게 나온다는 보장이 없다. 특히 표본의 개수가 적은 경우에는 표본의 분포로 모집단의 분포형태를 추론하기는 어렵다. 그래서 실제로는 표본들을 통해 모집단 분포를 결정하기보다는 모집단의 분포로 미리 가정한 분포와 다르다고 할 수 있는지를 표본을 통해 판단하는 정도로 추론을 한다.

⑦ **모수의 추론** : 모집단에서 실제로 관심을 갖는 것은 분포의 형태보다는 모수의 값이다. 모수를 추론하기 위하여 표본들을 적당한 형태로 변환한 표본들의 함수인 통계량(예 표본평균, 표본분산)을 구하게 된다. 즉, 통계량은 확률변수이며 확률분포를 따르게 된다.

Plus ⊕ one

확률표본추출방법과 비확률표본추출방법의 비교

확률표본추출방법	비확률표본추출방법
• 연구대상이 표본으로 추출될 확률이 알려져 있을 때 • 무작위적 표본추출 • 모수추정에 Bias가 없음 • 표본분석결과의 일반화 가능 • 표본오차의 추정 가능 • 시간과 비용이 많이 듦	• 연구대상이 표본으로 추출될 확률이 알려져 있지 않을 때 • 인위적 표본추출 • 모수추정에 Bias가 있음 • 표본분석결과의 일반화 제약 • 표본오차의 추정 불가능 • 시간과 비용이 적게 듦

(*Bias : 편파성, 편견)

---

3 표본의 크기와 결정요인

(1) 표본의 크기

9, 10, 13, 15회 기출

① 조사자가 선택하는 신뢰수준에 따라 달라진다. 신뢰수준을 높게 설정하면 표본오차가 증가한다.

② 필요한 통계학적 신뢰도를 확보할 수 있을 만큼 커야 한다. 또한 비용이 허락하는 범위 내에서 가장 효과적으로 필요한 정보를 얻을 수 있어야 한다.

③ 표본의 크기가 클수록 비용이 많이 들지만 일정 수준 조사의 신뢰성을 높일 수 있다. 이는 표본 크기가 커질수록 모수와 통계치의 유사성도 커지기 때문이다. 반면, 크기가 작을수록 비용은 적게 들지만 조사의 정확성은 떨어진다.

④ 다른 조건이 일정할 경우 표본의 크기가 커지면 '표준오차(Standard Error)'는 작아진다. 표준오차(표본이 모집단으로부터 얼마나 떨어져 있는지를 나타내는 것)가 작을수록 표본의 대표성이 높다고 볼 수 있다.

⑤ 모집단의 크기가 작은 경우 표집 자체가 무의미하며, 표본의 크기가 지나치게 작은 경우 통계적 검증력이 떨어질 수 있다.

(2) 적정표본크기의 실제적 결정요인

7회 기출

① **모집단의 크기 및 동질성 여부** : 모집단이 이질적일수록 표본이 커지게 된다.

② **표집방법 및 조사방법의 유형** : 표집방법과 조사방법에 따라 표본의 크기가 다르게 된다.

③ **분석범주 및 변수의 수** : 분석범주와 변수의 수가 많을수록 표본이 커야 한다.

④ **이론과 표본설계** : 이론에 잘 기반하고 표본설계가 잘 구성되면 적은 표본으로도 정확한 정보 제공이 가능하다.

⑤ **소요비용 · 시간 · 인력 고려** : 대체로 표본이 클수록 비용은 증가하지만 규모의 경제가 존재하기도 한다.

4 오차

(1) 표집오차와 비표집오차

9, 10, 12, 13, 16회 기출

① 표집오차(Sampling Error)

　㉠ 표본을 추출하는 과정에서 발생하는 오차로서, 표본의 통계치와 모수치 간의 차이, 즉 표본의 대표성으로부터의 이탈 정도를 의미한다.

　㉡ 표집오차는 모집단의 크기(규모)가 아닌 표본의 크기(규모)에 의해 직접적인 영향을 받는다. 즉, 일반적으로 표본의 크기가 클수록 표집오차는 감소하는 경향이 있다. 그러나 표본의 크기가 커질수록 작아지던 오차는 일정 수준에 도달하게 되면 더 이상 줄어들지 않게 된다.

　㉢ 표본의 크기가 커질수록 조사 과정 및 자료처리 과정에서 비표집오차(Non-Sampling Error)가 증가할 가능성이 커진다.

　㉣ 동일한 표집오차를 가정한다면, 분석변수가 많아질수록 표본크기는 커져야 한다.

② 비표집오차 (Non-Sampling Error)

　㉠ 조사원의 미숙, 설문지의 부정확한 표현, 무응답 등 조사과정 또는 집계분석에서 발생하는 오차로서 표집오차 이외의 모든 오차이다.

　㉡ 표본의 크기와 같이 증가하는 경향이 있다.

③ 전체오차

　㉠ 통계조사에서 생기는 오차는 표집오차와 비표집오차로 구성되며, 두 가지 유형의 오차를 동시에 통제하지 않으면 전체오차를 줄이기 어렵다.

　㉡ 전체오차가 클 경우 표본의 대표성에 문제가 발생한다. 전체오차를 극소화하기 위해서는 표집오차와 비표집오차를 동시에 극소화시키는 것이 필요하다

(2) 표준오차(Standard Error)

① 표집 시 각각의 표본들의 평균은 전체 모집단의 평균과 차이를 보이게 된다.

② 표준오차는 모집단에서 일정한 크기(n)의 표본을 다수 뽑아서 그 표본의 평균값들을 각각 구한 후 이들 표본평균값들 간에 표준편차를 구하는 것이다.

③ 예를 들어 한 지역구의 고등학생 10,000명을 대상으로 영어듣기시험을 치른 결과 평균 50점이 나왔다고 하자. 만약 10,000명의 시험점수에 대한 평균을 구하기 어려워서 100명을 표집하여 평균을 구한다면, 이들의 평균값은 전체 모집단 10,000명의 평균에 해당하는 50점과 같을 수도 또는 다를 수도 있다. 이때 또다시 100명을 표집하여 평균을 구하는 경우 그 결과는 앞선 경우와 마찬가지일 것이다. 이와 같은 방식으로 구해진 표본평균들 사이의 표준편차를 '표준오차'라고 한다.

5 정규분포(Normal Distribution)

(1) 의의 및 특징

① 연속확률변수와 관련된 전형적인 분포 유형으로서, 정규분포의 모양과 위치는 분포의 평균과 표준 편차로 결정된다.

② 표본의 크기가 30개 이상으로 클수록 중심극한정리(Central Limit Theorem)에 의해 표본평균으로 구성된 표집분포가 모집단의 분포와 관계없이 정규분포에 가까워지게 된다. 그러나 표본의 크기 가 작은 경우 표본평균은 정규분포를 따르지 않는다.

③ 자연현상이나 사회현상의 대부분이 해당되며, 표본의 대표성에 관한 유용한 정보를 제공해 준다.

④ 표준오차는 표집분포의 표준편차에 해당한다. 중심극한정리에 의해 다른 조건이 일정할 경우 표본 의 크기가 커지면 표준오차는 작아진다. 평균의 표준오차는 표본크기의 제곱근에 반비례하므로, 평균의 표준오차를 1/2로 감소시키기 위해서는 표본크기를 4배로 늘려야 하며, 1/3로 감소시키기 위해서는 표본크기를 9배로 늘려야 한다.

(2) 정규분포곡선

① 평균을 중심으로 연속적·대칭적 종 모양 형태를 지니며, 평균값이 최빈값 및 중앙값(중위수)과 일 치하는 정상분포에 해당한다.

② 표준정규분포의 평균은 '0'이고 표준편차는 '1'이다.

③ 평균값 '0'에서 전체 도수의 약 34%가 속해 있는 Z값은 '1', 약 48%가 속해 있는 Z값은 '2'이다. 이 때 Z점수는 원점수를 평균이 '0', 표준편차가 '1'인 Z분포상의 점수로 변환한 점수이다.

④ '−1'과 '1' 사이의 Z값은 약 68.3%, '−2'와 '2' 사이의 Z값은 약 95.4%, '−3'과 '3' 사이의 Z값은 약 99.7%로 나타난다.

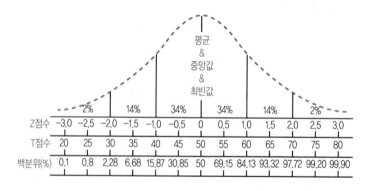

제 **2** 절　표본추출방법

1 확률표본추출방법
6, 8회 기출

(1) 개 념

① 무작위적인 방법을 통해 표본을 추출하는 방법으로, 모집단의 각 표집단위가 모두 추출의 기회를 가지고 있으며, 각 표집단위가 추출될 확률을 정확히 알고 있는 가운데 표집을 한다.

② 양적 연구에 빈번히 활용되는 방법으로, 모집단에 대한 정보와 그 정보가 수록된 표본 프레임을 확보할 수 있을 때만 이용 가능한 방법이다.

(2) 종 류
1, 20회 기출

① 단순무작위표집(Simple Random Sampling)

　㉠ 가장 기본적인 확률표집방법으로서, 모집단을 구성하는 각 구성요소가 표본으로 뽑힐 확률이 동등하고 '0'이 아닌 경우 난수표, 제비뽑기, 컴퓨터를 이용한 난수의 추출방법 등을 사용하여 추출하는 표집이다.

　㉡ 의식적인 조작이 전혀 없이 표본을 추출함으로써 어떤 요소의 추출이 계속되는 다른 요소의 추출 기회에 아무런 영향을 미치지 않는다.

　㉢ 가장 단순한 방법의 확률추출방법으로 다른 표본추출방법의 이론적인 기초가 된다.

　㉣ 장 점
　　• 모집단에 대한 사전지식을 필요로 하지 않는다.
　　• 추출된 표본이 모집단을 잘 대표한다.
　　• 자료의 분류에 있어 오차의 개입이 적다.
　　• 오차의 계산이 용이하다.

　㉤ 단 점
　　• 연구자가 모집단에 대해서 가진 지식을 활용할 수 없다.
　　• 동일한 표본의 크기인 경우 층화표본추출에 비해 오차가 크다.
　　• 비교적 표본의 규모가 커야 한다.
　　• 표집틀의 작성이 어렵다.

② 계통표집 또는 체계적 표집(Systematic Sampling)
11, 13, 15회 기출

　㉠ 모집단 목록에서 구성요소에 대해 일정한 순서에 따라 매 k번째 요소를 추출하는 방법이다.

　㉡ 모집단의 총 수에 대해 요구되는 표본 수를 나눔으로써 표집간격(Sampling Interval : k)을 구하고, 첫 번째 요소를 무작위로 선정하여 최초의 표본으로 삼은 후 일정한 표집간격에 의해 표본을 추출한다.

이때 첫 번째 요소는 반드시 무작위적으로 선정되어야 하며, 목록 자체가 일정한 주기성(Periodicity)을 가지지 않아야 한다.

$$k = \frac{N}{n} \text{ (단, } k\text{는 표집간격, } N\text{은 모집단 수, } n\text{은 표본 수)}$$

ⓒ 장 점
- 실제 조사에 있어서 표본추출이 용이하다.
- 실행이 쉽고 단순무작위추출보다 조사자에 의한 오차가 작아 대용으로 사용할 수 있다.
- 전체 모집단에 대해 균일하게 퍼져 있기 때문에 단순무작위추출의 표본에 포함된 자료의 양에 비해서 모집단에 대한 더 많은 정보를 제공해 준다.

ⓔ 단 점
- 목록 자체가 일정한 주기성(Periodicity)과 특정화 경향을 보일 때 오차가 개입될 수 있는데, 이 경우 대표성이 문제된다.
- 모집단을 구성하고 있는 구성단위들에 대한 지식이 필요하다.

③ 층화표집(Stratified Sampling) 2, 4, 5, 7, 10, 11, 13회 기출

ⓐ 모집단을 보다 동질적인 몇 개의 층(Strata)으로 나눈 후, 이러한 각 층으로부터 단순무작위표집을 하는 방법이다.

ⓑ 전체 모집단에서 표본을 선정하기보다 연구자의 사전지식을 이용하여 모집단을 동질적인 부분집합으로 나누고 이들 각각으로부터 적정한 수의 요소를 선정하게 되므로 '집단 내 동질적', '집단 간 이질적'인 특성을 보인다.

ⓒ 모집단에서 각 계층이 차지하는 크기에 비례하여 표본 크기를 정하는 '비례층화표집(Proportionate Stratified Sampling)'과 표본추출비를 계층마다 다르게 부여하는 '비비례층화표집(Disproportionate Stratified Sampling)'으로 구분된다. 특히 비비례층화표집은 사례수가 매우 적은 동질적인 집단에서 더 높은 비율로 표본을 선정함으로써, 사례수의 제약에도 불구하고 분석을 가능하도록 하는 방식이다.

ⓔ 장 점
- 중요 집단은 빼놓지 않고 표본에 포함시킬 수 있다.
- 동질적 대상은 표본의 수를 줄이더라도 대표성을 높일 수 있다.
- 모집단의 각 층화집단의 특수성을 알 수 있으며 서로 비교할 수 있다.
- 모집단의 구별기준은 모집단의 특수성에 일치하고 있기 때문에 모집단의 대표성을 보장한다.

ⓕ 단 점
- 층화 시 모집단에 대한 지식이 필요하다.
- 층화 시 근거가 되는 명부가 필요하다. 층화목록이 없는 경우 그것을 만들기 위한 시간과 비용이 요구된다.
- 모집단을 층화하여 가중하였을 경우 원형으로 복귀하기가 어렵다.
- 비비례층화표본추출에서 모집단의 대표치를 구하려면 특별한 통계적 조작이 필요하다.

- 비비례층화표본추출은 복잡하다.

④ **집락표집 또는 군집표집(Cluster Sampling)** 4, 7, 11, 19회 기출

㉠ 모집단 목록에서 구성요소에 대해 여러 가지 이질적인 구성요소를 포함하는 여러 개의 집락 또는 군집으로 구분한 후 집락을 표집단위로 하여 무작위로 몇 개의 집락을 표본으로 추출하고, 표본으로 추출된 집락에 대해 그 구성요소를 전수조사하는 방법이다.

㉡ 각 집락이 모집단의 구성요소를 대표할 수 있는 이질적인 요소로 구성되며, 집락과 집락들 사이에 차이가 미비한 경우에 적용된다.

㉢ 집락표집은 '집단 내 이질적', '집단 간 동질적'인 특성을 보인다. 따라서 집락이 비교적 동질적인 경우 오차의 개입가능성이 높고 표본추출오류를 측정하기 어렵다.

㉣ 장 점
- 시간과 비용이 절약된다.
- 전체 모집단의 목록표를 작성하지 않아도 된다.
- 선정된 각 집락은 다른 조사의 표본으로도 사용될 수 있다.
- 각 집락의 성격과 모집단의 성격 파악이 가능하다.

㉤ 단 점
- 집락이 동질적이면 오차의 개입가능성이 크다.
- 단순무작위표집보다 특정집락을 과대·과소 표출할 위험성이 크다.
- 모집단의 각 구성분자는 각각의 단일집락에만 속하도록 배려해야 한다.

Plus ⊕ one

층화표집과 집락표집의 차이점
- 층화표집은 '집단 내 동질적', '집단 간 이질적'인 특성을 보인다. 예를 들어, A학교의 인문계, 자연계, 예체능계 학생들의 명부를 가지고 있다고 하자. 인문계, 자연계, 예체능계는 서로 다른 이질적 특성을 가지지만 각 계열 내에 속한 학생들은 계열별로 동질적이다. 이때 각 계열별로 일정 비율의 학생 수를 정하여 무작위로 표본추출할 수 있다.
- 집락표집은 '집단 내 이질적', '집단 간 동질적'인 특성을 보인다. 예를 들어, A지역에 20개의 동이 있다고 가정하자. 20개의 동 각각은 다양한 연령계층, 소득수준, 교육수준을 가진 사람들로 구성된다는 점에서 공통적이다. 이때 20개의 동 가운데 5개의 동을 무작위로 표본추출할 수 있다.

동일확률선정법 또는 동일확률 선택방법(EPSEM ; Equal Probability of Selection Method) 17회 기출
- 확률표집에 필요한 기본요건으로서, 모집단의 모든 개별요소들이 표본으로 추출될 확률을 동일하게 가진 상태에서 표본추출이 이루어지는 것을 말한다.
- EPSEM을 적용한 표집의 경우 의도적이거나 비의도적인 편향성 문제가 개입되는 것을 방지하여 다른 표집방법보다 표본의 정확성과 대표성이 더 높게 나타나며, 그와 같은 표본의 정확성과 대표성을 추정할 수 있는 수치적인 근거를 계산해 낼 수 있다.
- 다만, EPSEM을 적용한 표본추출도 모집단을 완전하게 대표하는 경우는 거의 없다.

2 비확률표본추출방법 6, 12회 기출

(1) 개 념

① 조사자나 면접자의 주관적인 판단에 의하여 모집단에서 표본의 구성원들을 추출하는 것을 말한다.

② 모집단 구성원이 표본에 포함될 확률을 사전에 알 수 없기 때문에 표본이 모집단을 어떻게 대표하는지 알 수 없으며, 따라서 표본오차도 평가할 수 없다.

③ 질적 연구에 빈번히 활용되는 방법으로, 연구자의 편견이 개입될 수 있기 때문에 연구결과의 일반화에 한계가 있다.

(2) 종 류 2, 3, 9, 11, 20회 기출

① 편의표집 또는 임의표집(Convenience Sampling)

ㄱ 모집단의 정보가 없고 구성요소 간의 차이가 별로 없다고 판단될 때 표본선정의 편리성에 기준을 두고 임의로 표본을 선정하는 것을 말한다.

ㄴ 연구자가 쉽게 이용 가능한 대상들을 표본으로 선택하는 방법이다.

ㄷ 장점 : 비용이 가장 적게 들고 시간을 절약할 수 있는 방법이다.

ㄹ 단점 : 연구자가 임의로 요소를 추출하므로 표본의 편중이 발생하기 쉽고 표본의 대표성이 떨어진다.

② 판단표집(Judgment Sampling) 또는 유의표집(Purposive Sampling)

ㄱ 조사자가 그 조사의 성격상 요구하고 있는 사항을 충족시킬 수 있도록 적절한 판단과 전략을 세워, 그에 따라 모집단을 대표하는 제 사례를 표본추출하는 방법이다.

ㄴ 연구자가 연구목적의 달성에 도움이 되는 구성요소를 의도적으로 추출한다는 점에서 '목적표집(Purposeful Sampling)'이라고도 한다.

ㄷ 특이하고 예외적인 사례를 표본추출하는 극단적(예외적) 사례표집(Extreme Case Sampling), 전형적인 사례를 표본추출하는 전형적 사례표집(Typical Case Sampling) 등이 판단표집에 포함된다.

ㄹ 장점 : 연구자가 모집단에 대한 지식이 많은 경우 유용한 방법으로서, 표본추출이 편리하고 비용도 적게 소요된다.

ㅁ 단점 : 연구자의 주관적 판단의 타당도 여부가 표집의 질을 결정하며, 표본의 대표성을 확신할 방법이 없다.

③ 할당표집(Quota Sampling) 7, 9, 11, 12, 16, 17, 19회 기출

ㄱ 모집단을 일정한 카테고리로 나눈 다음, 이들 카테고리에서 정해진 요소 수를 작위적으로 추출하는 방법이다.

ㄴ 추출된 표본에서 연구자의 모집단에 대한 사전지식을 기초로 하여 모집단의 특성을 나타내는 하위집단별로 표본 수를 할당한 다음 표본을 추출한다.

ⓒ 할당표집은 연구자의 모집단에 대한 사전지식에 기초한다는 점에서 층화표집과 매우 유사하나, 층화표집이 무작위적인 데 반해 할당표집은 작위적이라는 점에서 차이가 있다. 특히 이 두 가지 표집방법은 이질적 집단보다 동질적 집단에서 추출한 표본의 표집오차가 작다는 확률분포논리에 근거한 방법으로 볼 수 있다.

ⓔ 비확률표집이지만 가능한 한 모집단을 대표하는 표본을 얻고자 한다.

ⓜ 장점 : 표본추출비용이 적게 들고 표본추출이 쉽고 빠르며 모집단의 대표성이 높다.

ⓗ 단점 : 모집단의 분류에 있어서 편견이 개입되고 연구자의 편향적 선정이 이루어질 소지가 많다.

④ **누적표집 또는 눈덩이표집(Snowball Sampling)**

ⓐ 처음에 소수의 인원을 표본으로 추출하여 그들을 조사한 다음, 그 소수인원을 조사원으로 활용하여 조사원의 주위 사람들을 조사하는 방법이다.

ⓑ 첫 단계에서 연구자가 임의로 선정한 제한된 표본에 해당하는 사람으로부터 추천을 받아 다른 표본을 선정하는 과정을 되풀이하여 마치 눈덩이를 굴리듯이 표본을 누적한다.

ⓒ 장점 : 연구자가 특수한 모집단의 구성원 전부를 파악하고 있지 못한 경우, 표본의 소재에 관한 정보가 부족한 경우, 약물중독, 성매매, 도박 등과 같은 일탈적 대상을 연구하는 경우 유용하다.

ⓔ 단점 : 일반화의 가능성이 적고 계량화가 곤란하므로 질적 조사연구 혹은 현장연구에서 널리 사용된다.

확률표집방법과 비확률표집방법

확률표집방법 (Probability Sampling)	• 모집단의 각 표집단위가 모두 추출의 기회를 가지고 있으며, 각 표집단위가 추출될 확률을 정확히 알고 있는 가운데 표집을 하는 방법이다. • 양적 연구에 빈번히 활용되는 방법으로, 모집단에 대한 정보와 그 정보가 수록된 표집틀을 확보할 수 있을 때만 이용 가능한 방법이다.
비확률표집방법 (Nonprobability Sampling)	• 모집단 구성요소가 표본으로 추출될 확률을 사전에 알 수 없으므로 표본이 모집단을 어떻게 대표하는지 또한 알 수 없는 방법이다. • 질적 연구에 빈번히 활용되는 방법으로, 연구자의 편견이 개입될 수 있기 때문에 연구결과의 일반화에 한계가 있다.

01 표집유형에 관한 설명으로 옳지 않은 것은? [9회]

① 눈덩이 표집은 비확률표집이다.
② 할당표집은 표집오차의 추정이 가능하다.
③ 유의표집은 표본의 대표성을 보장할 수 없다.
④ 집락표집은 집락 간 표집오차가 발생할 수 있다.
⑤ 단순무작위표집은 모집단의 명부를 확보해야 한다.

> **해설** 할당표집은 조사자나 면접자의 주관적인 판단에 의해 모집단에서 표본의 구성원들을 추출하는 비확률표집에
> 해당한다. 이러한 비확률표집은 모집단 구성원이 표본에 포함될 확률을 사전에 알 수 없으므로 표본이 모집
> 단을 어떻게 대표하는지 알 수 없다. 따라서 표집오차도 평가할 수 없다.

02 표집에 관한 설명으로 옳지 않은 것은? [9회]

① 신뢰수준은 표집오차와 관련된다.
② 표본의 크기를 결정한 후 모집단을 정한다.
③ 확률표집은 조사자의 주관성을 배제할 수 있다.
④ 표집은 모집단으로부터 조사대상을 선정하는 과정이다.
⑤ 표집은 연구목적, 문제형성 등 연구과정을 고려하여 실시해야 한다.

> **해설** 표집의 과정
> • 모집단 확정(제1단계) : 연구결과의 일반화를 위한 대상을 확정하는 것으로서, 모집단은 조사대상이 되는 집단
>   을 의미한다. 모집단을 확정하기 위해서는 연구대상, 표집단위, 연구범위, 기간 등을 명확히 한정해야 한다.
> • 표집틀 선정(제2단계) : 표집틀은 모집단 내에 포함된 조사대상자들의 명단이 수록된 목록을 말한다. 표집
>   틀은 모집단의 구성요소를 모두 포함하는 반면 각각의 요소가 이중으로 포함되지 않는 것이 좋다.
> • 표집방법 결정(제3단계) : 표집틀이 선정되면 모집단의 대표성을 확보할 수 있는 표집방법을 결정한다. 표
>   집방법에는 크게 확률표본추출방법과 비확률표본추출방법이 있다.
> • 표집크기 결정(제4단계) : 표집방법이 결정되면 표본의 크기 또는 표집크기를 결정한다. 모집단의 성격, 시
>   간 및 비용, 조사원의 능력 등은 물론 표본오차를 나타내는 정확도와 신뢰도를 고려하여 표본의 크기를 결
>   정한다.
> • 표본추출(제5단계) : 결정된 표집방법을 통해 본격적으로 표본을 추출한다. 추출방식에 따라 난수표 등을
>   이용할 수 있으며, 결과의 일반화 가능성을 항상 염두에 두어야 한다.

1 ② 2 ② Answer

03 소득주도성장에 대한 국내 일간지의 사설을 내용분석할 때, 다음의 표본추출방법 중 가능한 것을 모두 고른 것은? [17회]

> ㄱ. 무작위표본추출
> ㄴ. 층화표본추출
> ㄷ. 체계적 표본추출
> ㄹ. 군집(집락)표본추출

① ㄱ, ㄴ   ② ㄱ, ㄹ

③ ㄴ, ㄷ   ④ ㄴ, ㄷ, ㄹ

⑤ ㄱ, ㄴ, ㄷ, ㄹ

해설 내용분석의 표본추출방법
- 내용분석에서의 표본추출방법은 일반적인 표본추출방법과 동일하며, 무작위표본추출, 층화표본추출, 체계적 표본추출, 군집(집락)표본추출 등의 방법들을 활용할 수 있다.
- 국내 일간지의 사설을 내용분석할 경우 국내의 모든 일간지를 배포지역, 배포되는 지역사회의 크기, 발행부수, 평균 구독자 수 등에 따라 우선 분류한 후 어떤 일간지를 표본으로 선정할지 결정할 수 있다.
- 일간지의 특정 사설 내용과 관련하여 언제 나온 자료를 표본으로 추출할 것인지 그 기간도 결정하며, 신문의 전체 면(영역)을 분석 대상으로 할 것인지 혹은 특정 면(영역)을 분석 대상으로 할 것인지도 결정한다.

04 표집방법의 성격이 다른 것은? [6회]

① 유·무료 프로그램별로 이용자를 나눠서 각각 난선화로 표집한다.
② 아파트 단지 내 모든 세대에 일련번호를 부여한 후 1번부터 20번 중 하나의 번호를 제비뽑기로 선택하여 20세대 간격으로 표집한다.
③ 남녀 비율을 각 50%씩 할당한 후 비율이 채워질 때까지 유의표집한다.
④ 프로그램 이용자의 일련번호 목록으로부터 난수표를 이용하여 표집한다.
⑤ ○○시에서 구 > 동 > 번지 > 호에 따라 각각 무작위로 표집한다.

해설 ③ 할당표집 → 비확률표본추출방법
① 층화표집, ② 계통표집, ④ 단순무작위표집, ⑤ 집락표집 → 확률표본추출방법

05 초 · 중 · 고등학생의 행복도를 조사하기 위해 모집단에서 차지하는 비율에 맞춰 조사대상자를 표집하고자 한다. 이때 적절하게 사용할 수 있는 비확률표집방법은? [16회]

① 층화(Stratified)표집

② 체계(Systematic)표집

③ 할당(Quota)표집

④ 눈덩이(Snowball)표집

⑤ 편의(Convenience)표집

해설 ③ 할당표집은 모집단을 일정한 카테고리로 나눈 다음, 이들 카테고리에서 정해진 요소 수를 작위적으로 추출하는 방법이다. 예를 들어, 2017년 교육기본통계에 따른 여학생 비율이 초등학교 48.4%, 중학교 47.9%, 고등학교 47.8%로 나타난 것을 토대로 성별 비율에 따라 초 · 중 · 고등학생을 표집하여 행복도를 조사할 수 있다.

① 층화표집은 확률표집방법으로서, 모집단을 보다 동질적인 몇 개의 층(Strata)으로 나눈 후, 이러한 각 층으로부터 단순무작위 표집을 하는 방법이다.

② 체계표집 또는 계통표집은 확률표집방법으로서, 모집단 목록에서 구성요소에 대해 일정한 순서에 따라 매 K번째 요소를 추출하는 방법이다.

④ 눈덩이표집 또는 누적표집은 비확률표집방법으로서, 처음에 소수의 인원을 표본으로 추출하여 그들을 조사한 다음, 그 소수인원을 조사원으로 활용하여 그 조사원의 주위 사람들을 조사하는 방법이다.

⑤ 편의표집 또는 임의표집은 비확률표집방법으로서, 모집단에 대한 정보가 없고 구성요소 간의 차이가 별로 없다고 판단될 때 표본선정의 편리성에 기초하여 임의로 추출하는 방법이다.

06 다음은 표본추출과 관련된 개념과 용어를 연결한 것이다. 바르지 않은 것은? [6회]

> 종합사회복지관 이용자들 가운데 2011년 12월 현재 부설 재가복지봉사센터의 서비스를 이용한 경험이 있는 20세 이상 성인 남녀를 대상으로 조사를 실시하였다. 조사는 재가복지봉사센터의 사례관리자 명부로부터 무작위로 뽑힌 200명을 대상으로 하였다.

① 관찰단위 – 20세 이상 성인남녀

② 모집단 – 종합사회복지관

③ 표집틀 – 200명

④ 표본추출방법 – 무작위

⑤ 표본추출단위 – 재가복지봉사센터

해설 표집틀은 모집단이 수록된 목록으로서, 재가복지봉사센터관리자 명부가 해당된다.

07 다음 중 표본오차에 대한 설명으로 옳은 것을 모두 고른다면? [4회]

> ㄱ. 표준오차로 측정할 수 있다.
> ㄴ. 신뢰도수준을 높게 잡으면 표본오차가 커진다.
> ㄷ. 표본오차는 표본값과 모수의 차이이다.
> ㄹ. 표본의 크기가 커지면 표본오차도 커진다.

① ㄱ, ㄴ, ㄷ   ② ㄱ, ㄷ
③ ㄴ, ㄹ   ④ ㄹ
⑤ ㄱ, ㄴ, ㄷ, ㄹ

 표본오차는 조사 대상 전체 가운데 일부분을 표본으로 추출함에 따라 발생하는 오차로 편의(Bias)와 우연(Chance)에 의해 모집단을 대표할 수 있는 전형적인 구성요소가 선택되지 못한 것이다. 표본의 선택방법을 보다 체계적이고 엄격하게 하거나 표본의 크기를 늘림으로써 감소시킬 수 있다.

08 표본추출에 관한 설명으로 옳지 않은 것은? [14회]

① 개인과 집단은 물론 조직도 표본추출의 요소가 될 수 있다.
② 표본추출단위와 분석단위가 일치하지 않을 수 있다.
③ 전수조사에서 모수와 통계치 구분이 불필요하다.
④ 표본의 대표성은 표본오차와 정비례한다.
⑤ 양적 연구에서 표본의 크기가 클수록 유의미한 결과를 얻는 데 유리하다.

해설 ④ 양적 연구에서 모집단과 표본 집단의 특성에 대표성과 적합성이 있는지는 평균, 분산, 표준편차 등을 통해 파악할 수 있다. 이때 모집단의 평균, 분산, 표준편차와 같이 모집단의 특성을 나타내는 것이 모수(Parameter)이며, 표본 집단의 평균, 분산, 표준편차와 같이 표본 집단의 특성을 나타내는 것이 통계치(Statistic)이다. 요컨대, 표본오차 또는 표집오차(Sampling Error)는 표본이 선정 과정에서 발생하는 오차로서, 이와 같은 표본의 통계치와 모수 간의 차이, 즉 표본의 대표성으로부터의 이탈 정도를 의미한다. 따라서 표본의 대표성과 적합성이 인정되기 위해서는 가급적 표본오차가 작아야 한다.

09 표본에 관한 설명으로 옳은 것을 모두 고른 것은? [10회]

> ㄱ. 표본의 크기는 조사자가 선택하는 신뢰수준에 따라 달라진다.
> ㄴ. 표집오차는 모수(Parameter)와 표본의 통계치(Statistic) 간의 차이를 의미한다.
> ㄷ. 다른 조건이 일정할 때, 표본의 크기가 커지면 표준오차는 작아진다.
> ㄹ. 신뢰수준을 95%에서 99%로 높이려면 표본의 크기를 줄여야 한다.

① ㄱ, ㄴ, ㄷ
② ㄱ, ㄷ
③ ㄴ, ㄹ
④ ㄹ
⑤ ㄱ, ㄴ, ㄷ, ㄹ

해설 ㄹ. 표본의 크기는 필요한 통계학적 신뢰도를 확보할 수 있을 만큼 커야 한다. 특히 변수의 카테고리가 다양하면 다양할수록 표본의 크기는 커야 한다. 또한 위험성의 최소화가 요구되는 경우, 추정치의 정확성을 높이기 위해 표본의 크기는 그만큼 커야 한다. 여기서 위험성이란 표본을 근거로 한 추정치의 정확성에 대한 조사의 불확실의 정도를 의미한다.

10 '시설보호아동이 경험한 학교생활의 본질과 맥락에 대한 연구'를 진행할 때, 일반적으로 사용되는 표집방법이 아닌 것은? [13회]

① 편의(Convenience)표집
② 극단적 사례(Extreme Case)표집
③ 이론적(Theoretical) 표집
④ 층화(Stratified)표집
⑤ 1사례(One Case)표집

해설 ④ 시설보호아동이 경험한 학교생활의 본질과 맥락에 대한 연구를 위해서는 시설보호아동의 입장에서 그들의 학교생활 경험을 살펴보는 과정이 필요하다. 즉, 시설보호아동의 경험의 본질 혹은 의미를 이해하기 위해 실제 현장에서 시설보호아동이 행하고 생각하고 있는 것을 관찰해야 할 필요가 있으며, 이를 위해서는 양적 연구가 아닌 질적 연구가 보다 효과적이다. 질적 연구는 특정한 연구목적이 있으며, 연구결과를 일반화하지 않으므로 연구의 대상이 되는 특정 연구대상이나 특정 지역, 특정 사건을 추출하여 연구를 진행하게 된다. 반면, '층화표집'은 무작위적인 방법을 통해 표본을 추출하는 확률표집방법 중 하나로, 주로 양적 연구에서 사용되는 표집방법이다.

01 할당표본추출에 관한 설명으로 옳지 않은 것은? [17회]

① 연구자는 모집단에 대한 사전지식을 가지고 있어야 한다.
② 연구자의 편향적 선정이 이루어질 수 있다.
③ 모집단의 구성요소들이 표본으로 선정될 확률이 동일하지 않다.
④ 표본추출 시 할당틀을 만들어 사용한다.
⑤ 전체 모집단에서 직접 표본을 추출한다.

해설 ⑤ 할당표본추출은 전체 모집단에서 직접 표본을 추출하는 것이 아닌, 모집단을 일정한 카테고리로 나눈 다음, 이들 카테고리에서 정해진 요소 수를 작위적으로 추출하는 방법이다. 이때 모집단이 갖는 특성의 비율에 맞추어 표본을 추출한다.

제 2과목

02 다음 사례의 표집에 관한 설명으로 옳은 것은? [20회]

> 400명의 명단에서 80명의 표본을 선정하는 경우, 그 명단에서 최초의 다섯 사람 중에서 무작위로 한 사람을 뽑는다. 그 후 표집간격 만큼을 더한 번호에 해당하는 사람을 표본으로 선택한다.

① 단순무작위 표집이다.
② 표집틀이 있어야 한다.
③ 모집단의 배열에 일정한 주기성을 가지고 있어야 한다.
④ 비확률표집법을 사용하였다.
⑤ 모집단에 대한 대표성이 부족하다.

해설 ①·② 사례의 표집은 체계적 표집(계통적 표집)에 해당한다. 체계적 표집은 표집틀인 모집단 목록에서 구성요소에 대해 일정한 순서에 따라 매 K번째 요소를 추출하는 방법이다.
③ 체계적 표집은 모집단 목록 자체가 일정한 주기성(Periodicity)을 가지고 배열되어 있는 경우 편향된 표본이 추출될 수 있는 단점을 지니고 있다.
④ 체계적 표집은 확률표집방법에 해당한다.
⑤ 확률표집방법은 모집단의 각 표집단위가 모두 추출의 기회를 가지고 있으며, 각 표집단위가 추출될 확률을 정확히 알고 있는 가운데 표집을 하므로 모집단에 대한 대표성을 갖는다.

03 표집에 관한 설명으로 옳은 것은? [20회]

① 할당표집(Quota Sampling)은 무작위 표집을 전제로 한다.
② 유의표집(Purposive Sampling)은 확률표집이다.
③ 눈덩이표집(Snowball Sampling)은 모집단의 규모를 알아야만 사용할 수 있다.
④ 단순무작위 표집(Simple Random Sampling)은 모집단으로부터 표본으로 추출될 확률을 알 수 있다.
⑤ 임의표집(Convenience Sampling)은 모집단의 대표성이 높은 표본을 추출한다.

해설 ④ 단순무작위 표집은 확률표집방법에 해당한다. 확률표집에서는 연구자가 모집단의 규모와 구성원의 특성에 대해 대체로 알고 있으므로, 연구자는 자신이 선정한 표본이 대표성을 갖는지를 확인할 수 있다.
① 할당표집은 비확률표집방법으로서, 무작위 표집을 전제로 하지 않는다.
② 유의표집(판단표집)은 비확률표집방법에 해당한다.
③ 눈덩이표집(누적표집)은 비확률표집방법으로서, 연구자가 특수한 모집단의 구성원 전부를 파악하고 있지 못한 경우, 표본의 소재에 관한 정보가 부족한 경우 사용할 수 있다.
⑤ 임의표집(편의표집)은 비확률표집방법으로서, 모집단에 대한 정보가 없고 구성요소 간의 차이가 별로 없다고 판단될 때 표본선정의 편리성에 기초하여 임의로 추출하는 방법이다.

04 확률표집에 관한 설명으로 옳지 않은 것은? [18회]

① 무작위추출방식으로 표본을 추출한다.
② 의식적이거나 무의식적인 편향(Bias)을 방지할 수 있다.
③ 모집단의 규모와 특성을 알 때 사용할 수 있다.
④ 표본오차를 추정할 수 있다.
⑤ 질적 연구에서 주로 사용한다.

해설 확률표집방법과 비확률표집방법

확률표집방법 (Probability Sampling)	• 모집단의 각 표집단위가 모두 추출의 기회를 가지고 있으며, 각 표집단위가 추출될 확률을 정확히 알고 있는 가운데 표집을 하는 방법이다. • 양적 연구에 빈번히 활용되는 방법으로, 모집단에 대한 정보와 그 정보가 수록된 표집틀을 확보할 수 있을 때만 이용 가능한 방법이다.
비확률표집방법 (Nonprobability Sampling)	• 모집단 구성요소가 표본으로 추출될 확률을 사전에 알 수 없으므로 표본이 모집단을 어떻게 대표하는지 또한 알 수 없는 방법이다. • 질적 연구에 빈번히 활용되는 방법으로, 연구자의 편견이 개입될 수 있기 때문에 연구결과의 일반화에 한계가 있다.

3 ④ 4 ⑤ Answer

05 **질적 조사에서 일반적으로 사용되는 표본추출방법으로 옳지 않은 것은?** [19회]

① 이론적(Theoretical) 표본추출   ② 집락(Cluster) 표본추출

③ 눈덩이(Snowball) 표본추출   ④ 극단적 사례(Extreme Case) 표본추출

⑤ 최대변이(Maximum Variation) 표본추출

 ② 집락표집 또는 군집표집(Cluster Sampling)은 주로 양적 연구에 사용되는 확률표집방법이다. 모집단 목록에서 구성요소에 대해 여러 가지 이질적인 구성요소를 포함하는 여러 개의 집락(군집)으로 구분한 후 집락을 표집단위로 하여 무작위로 몇 개의 집락을 표본으로 추출하고, 표본으로 추출된 집락에 대해 그 구성요소를 전수조사하는 방법이다.

① 이론적 표집(Theoretical Sampling)은 연구자의 개인적 자질에서 비롯되는 이론적 민감성(Theoretical Sensitivity)과 관련하여 연구자의 연구문제나 이론적 입장, 분석틀 및 분석방법 등을 염두에 두고 대상 집단의 범주를 선택하는 질적 연구에서의 표집방법이다.

③ 눈덩이표집 또는 누적표집(Snowball Sampling)은 처음에 소수의 인원을 표본으로 추출하여 그들을 조사한 다음, 그 소수인원을 조사원으로 활용하여 그 조사원의 주위 사람들을 조사하는 방법이다.

④ 극단적(예외적) 사례표집(Extreme Case Sampling)은 판단표집(유의표집)에 포함되는 것으로서, 특이하고 예외적인 사례를 표본으로 추출하는 방법이다.

⑤ 최대변이표집 또는 변이극대화표집(Maximum Variation Sampling)은 판단표집(유의표집)에 포함되는 것으로서, 모집단으로부터 매우 다양한 특성을 가진 이질적인 표본을 추출하는 방법이다.

06 **다음 사례에서 설명하는 표본추출방법은?** [19회]

> 사회복지사들의 감정노동 정도를 조사하기 위하여 설문조사를 실시하였다. 표본은 전국 사회복지관에 근무하는 사회복지사를 대상으로 연령(30세 미만, 30세 이상 50세 미만, 50세 이상)을 고려하여 연령 집단별 각각 100명씩 총 300명을 임의 추출하였다.

① 비례층화 표본추출   ② 할당 표본추출

③ 체계적 표본추출   ④ 눈덩이 표본추출

⑤ 집락 표본추출

 ② 할당 표본추출(할당표집)은 전체 모집단에서 직접 표본을 추출하는 것이 아닌, 모집단을 일정한 카테고리(예 연령 집단)로 나눈 다음, 이들 카테고리에서 정해진 요소 수(예 각각 100명씩)를 작위적으로 추출하는 방법이다.

① 비례층화 표본추출(비례층화표집)은 모집단을 보다 동질적인 몇 개의 층(Strata)으로 나눈 후, 이러한 각 층으로부터 단순무작위 표집을 하는 층화표집의 한 유형으로, 모집단에서 각 계층이 차지하는 크기에 비례하여 표본크기를 정하는 방법이다.

③ 체계적 표본추출(체계적 표집)은 모집단 목록에서 구성요소에 대해 일정한 순서에 따라 매 K번째 요소를 추출하는 방법이다.

④ 눈덩이 표본추출(눈덩이표집)은 처음에 소수의 인원을 표본으로 추출하여 그들을 조사한 다음, 그 소수인원을 조사원으로 활용하여 그 조사원의 주위 사람들을 조사하는 방법이다.

⑤ 집락 표본추출(집락표집)은 모집단 목록에서 구성요소에 대해 여러 가지 이질적인 구성요소를 포함하는 여러 개의 집락 또는 군집으로 구분한 후 집락을 표집단위로 하여 무작위로 몇 개의 집락을 표본으로 추출하고, 표본으로 추출된 집락에 대해 그 구성요소를 전수조사하는 방법이다.

08 내용분석

★ 학습목표
- 사례문제의 빈도가 점점 높아지고 있으므로 실제 연구사례를 반드시 학습해두자!
- 기존자료의 분석과 내용분석법, 부호화와 코드 등의 개념과 특징, 장단점에 대해 기본적으로 숙지해야 한다.

제 1 절   기존 자료의 분석

1 기존 자료의 의의

(1) 개인, 집단, 조직, 기관 등에 의하여 그들의 필요에 따라 이미 만들어진 여러 가지 종류의 방대한 자료를 말한다.

(2) 다양한 종류의 방대한 자료는 여러 가지 연구목적을 위해 사용될 수 있다. 그러나 이들 각각의 자료는 생산자 본래의 자료생산목적과는 관계없이 각각의 새로운 연구목적에 부합하는 한 어떠한 기존 자료로도 사용될 수 있다.

(3) 사용하려는 일정한 연구가 시작되기 이전부터 존재해 오는 자료를 말하는 것으로 그 종류와 범위가 대단히 넓다. 어떤 형태로든지 기록 · 보존되는 자료 전부를 기존 자료의 범위로 삼는다.

2 기존 자료의 사용 이유

(1) 전체적인 상황이나 흐름 파악

기존 자료는 자료의 성격 또는 내용을 통해 전체적인 상황이나 그 흐름을 파악하기 위해서 사용한다. 소설, 전기 등을 통해서 그 당시의 시대상을 파악해 낸다든가 하는 것을 예로 들 수 있다.

(2) 오차의 회피목적

기존 자료는 질문지, 면접 또는 시험적 방법 등에 의하여 자료를 수집하는 경우, 조사자 및 응답자 등으로부터 연유되는 오차를 피하기 위해 사용한다.

(3) 해당 자료의 필요적 획득

기존의 자료에 의존하지 않고서는 해당 자료를 얻을 수 없을 때 사용한다. 아득한 과거의 사실로서 인간의 기억에 의존할 수 없거나 공산진영 등 자유로운 인간적 접촉이 불가능한 경우에 사용된다.

(4) 가설의 검증

기존 자료는 가설을 위해서 사용한다. 기존의 자료를 분석해 봄으로써 가설을 확인해 보는 경우도 많다.

(5) 가설의 발견

기존 자료는 새로운 가설을 발견하기 위해서 사용한다. 기존의 이론으로부터 연역함으로써 가설을 유도해 내는 것과 같이 기존의 자료를 분석함으로써 새로운 가설을 찾아볼 수 있다.

(6) 자료의 보충 및 타당성 검토

기존 자료는 다른 방법에 의하여 수집된 자료를 보충하거나 그 타당도를 검토해 볼 수 있다. 서베이 자료를 보충한다든가 또는 그 타당성을 비교·검토하는 것이 그러한 예이다.

3 기존 자료의 형태

(1) 통계기록

① 모든 조직체는 그들의 특정 목적에 따라 여러 가지 통계기록을 만들어 내고 있기 때문에 다양한 형태가 있다.

② 사용 시 고려할 점

    ㉠ 사용자는 자기 연구에 사용하려는 자료의 성격 및 그 자료의 근원을 잘 파악하여야 한다.

    ㉡ 자료의 타당성에 대한 조사가 있어야 한다.

    ㉢ 통계적 총합자료는 일반적으로 그 자료의 신뢰성 또는 신임도가 문제되는 경우가 많으므로, 세심한 주의에 의해 오차를 통제하여야 한다.

    ㉣ 연구대상의 각 사항별 또는 매 연도별로 통계자료를 수집하는 경우 누락자료가 대단히 빈번하게 나타나므로 자료가 누락되지 않도록 주의해야 한다.

    ㉤ 기존 통계자료는 흔히 개입된 오차를 통제하고 연구목적에 부합하도록 그 자료를 변형해야 할 때가 많다.

    ㉥ 장기적인 기간을 한주기로 하여 수집·발표된 자료는 그 타당도를 적절히 평가하여야 한다.

    ㉦ 통계자료로는 잘 나타나지 않지만 사회과학분야의 연구에 있어서는 중요한 것이 많기 때문에 지나치게 통계자료에만 의존하는 것은 불합리하다. 그렇기 때문에 서베이를 하여 보충 또는 확인해야 하는 경우가 많다.

(2) 개인문서

① 연구목적을 위해 사용될 수 있는 개인문서에는 자서전, 전기, 편지, 일기, 메모, 논문, 논설 등이 있다.

② 특 징

　㉠ 기록된 문서이다.

　㉡ 기록자 자신의 자발적인 의도에 의하여 만들어진 것이다.

　㉢ 기록자 자신이 경험한 것을 초점으로 하여 만들어진 것이다.

③ 사용 시 주의점

　㉠ 개인문서 기록자의 기록동기를 충분히 파악하여야 한다.

　㉡ 개인문서의 허위가능성 여부를 면밀히 검토해야 한다.

　㉢ 조사자는 기록자들의 표현 등에 조심하여 신뢰도와 타당도에 세심한 주의를 기울여야 한다.

　㉣ 기록된 문서의 계량화에 있어 그 계량화의 가능성을 잘 파악해야 한다.

(3) 대중통신자료

① 문자에 의한 기록물로 각종 신문, 잡지, 라디오, TV 방송 또는 영화 등에 의하여 제시되는 자료를 말한다.

② 통계자료와 같이 과거의 상황과 현재의 상황에 대한 귀중한 자료를 제시해 주는 것이다.

③ 총합적 통계자료에 비하여 통신주체 자체의 목적과 필요에 따라 만들어져 발표되는 경향이 농후하기 때문에 그것을 사용하는 조사자의 입장과는 상당한 거리가 있을 수 있다. 그러므로 조사자는 자기의 연구목적에 부합하도록 그 자료를 조절해야 한다.

4 기존 자료의 장단점

(1) 장 점

① 시간과 비용을 절약할 수 있다.

② 과학적 일반화의 토대를 넓히기 위해 다른 사람의 업적을 사용할 수 있는 가능성이 있다.

③ 1차적 연구에서 이미 얻어진 연구결과를 입증하는 데 사용될 수 있다.

(2) 단 점

① 해결해야 할 과학적 문제가 무엇인지를 알기도 전에 사실을 수집하는 경향을 피하기 어렵다.

② 원래의 자료수집과정을 파악하기 어렵다.

③ 기존 자료에 대한 접근과 분석준비에 있어서 기존의 자료가 무시되는 다루기 힘든 문제들이 있을 수 있다.

④ 다른 목적을 위해 수집된 자료는 현재 연구의 목적에 맞게끔 일관성 있는 방법으로 분류되어야 한다. 여기에는 몇 가지 기술적 문제가 결과적으로 제시되기도 하므로 기존 자료를 사용하려면 많은 연구자들이 이 시점에서 프로젝트를 포기하기도 한다.

1 내용분석법의 개념 12, 13, 14회 기출

(1) 일반적인 정의

① 인간의 상징적 기호로 표시된 의사소통 기록물의 내용적 특성을 체계적으로 기술하고 나아가 그 동기와 원인, 결과나 영향을 체계적으로 추리하는 사회과학의 분석기법이다.

② 분석의 대상으로 인간의 모든 형태의 의사소통 기록물을 활용할 수 있다. 즉, 책 등의 출판물, 신문 · 잡지 · TV · 라디오 · 영화 등의 대중매체는 물론 각종 공문서나 회의록, 개인의 일기 · 편지 · 자서전, 상담에 관한 기록자료, 심지어 녹음 또는 녹화자료를 비롯하여 각종 그림이나 사진 등의 영상자료까지 포함한다.

③ 내용분석은 자료를 수량화(계량화)하여 분석하는 방법으로서, 자료의 수량화를 위해 출현체계(Appearance System), 빈도체계(Frequency System), 시간/공간체계(Time/Space System), 강도체계(Intensity System) 등의 4가지 체계를 활용한다.

④ 일반적으로 내용분석의 결과를 양적 분석에 사용하는 경우가 많지만, 기록 속에 담긴 의미나 특정 주제 및 패턴을 찾아내기 위해 질적인 접근으로도 활용한다.

(2) 학자들의 정의

① B. Berelson : 내용분석이란 커뮤니케이션의 현재적 내용을 객관적, 체계적, 수량적으로 기술하는 연구방법이다.

② Kaplan과 Goldsen : 내용분석이란 어느 내용에 관련된 가설에 대하여 적절한 자료를 얻을 수 있도록 고안된 하나의 카테고리 체계를 이용하여 그 일단의 내용을 수량적으로 분류하는 것을 목적으로 하는 것이다.

2 내용분석법의 특징 7, 12, 17, 18회 기출

(1) 의사전달의 메시지 자체가 분석의 대상이다.

(2) 문헌연구의 일종이다.

(3) 메시지의 현재 내용은 물론 잠재적 내용도 분석의 대상이 된다.

(4) 과학적 연구방법의 요건을 갖추어야 한다.

(5) 범주 설정에 있어서는 포괄성과 상호배타성을 확보해야 한다.

(6) 자료가 방대한 경우 내용분석법에서도 모집단 내에서 표본을 추출하여 분석할 수 있다.

(7) 양적 분석방법과 질적 분석방법 모두 사용한다.

(1) 장 점

① **시간과 비용의 절약**

많은 조사담당직원이 필요 없고, 특별한 장비도 필요하지 않다. 인간의 의사소통 기록을 체계적으로 분석할 수 있으며, 특히 인간의 모든 형태의 의사소통 기록물을 활용할 수 있으므로 직접적으로 자료를 수집하는 방법에 비해 시간과 비용 면에서 경제적이다.

② **다양한 심리적 변수에 대한 효과적 측정**

가치, 욕망, 태도, 창의성, 인간성 또는 권위주의 등을 측정할 수 있다.

③ **역사적 연구의 적용 가능성**

오랜 시간 동안에 걸쳐 발생하는 과정을 연구할 수 있도록 해 준다. 예컨대, 근대화 이후부터 현재까지의 우리나라 소설 속에 반영되어 있는 한국인의 의식구조를 조사할 수 있다.

④ **안정성**

다른 조사방법에 비하여 안정적이다. 실험이나 서베이조사 등과 같은 조사방법에 비하여 연구의 일부를 쉽게 반복할 수 있는 것이 보통이며, 전체과정을 반복할 필요 없이 자료의 일부만을 재부호화하면 되는 경우가 많다. 또한 분석상의 실수를 언제라도 수정할 수 있다.

⑤ **타 연구방법과의 병행가능성**

관찰방법이나 기타 측정방법의 타당도 여부를 검토하기 위해 사용될 수 있다. 또한 실험적 연구의 결과 또는 개방형 질문의 응답내용 등에 대한 내용분석이 가능하다. 양적 조사와 질적 조사에 공통으로 사용할 수 있다.

⑥ **비관여성** 14회 기출

연구자나 조사자가 연구대상에 대하여 거의 영향을 미치지 않아 간접적이다. 특히 비관여적 연구조사는 관여적 연구조사의 반응성 문제를 해결하기 위해 기존의 통계자료나 문헌, 기록물이나 역사자료, 물리적 흔적 등을 분석함으로써 연구대상과 아무런 상호작용 없이 자료를 수집한다.

(2) 단 점

① **조사대상의 한정성**

조사대상이 기록되어 있는 의사소통에 한정된다. 분석대상이 되는 글, 말, 그림 등은 분석을 허용할 수 있는 어떤 형태로 기록되어 있지 않으면 안 된다.

② **타당도 확보의 어려움**

신뢰도는 비교적 높으나 타당도가 낮다.

③ **자료 확보의 어려움**

연구에 필요한 자료를 입수하는 데 제한적이다.

4 내용분석법의 적용대상

(1) 자료소스에 접근이 어렵고 자료가 문헌일 때

내용분석법은 무엇보다도 연구대상자에게 접근하기 어렵고 자료가 문헌으로 존재할 때 사용된다.

(2) 연구대상자의 언어·문체 등을 분석할 때

정신분석학적 면접이라든가 투사적 검사내용 등 여러 가지 완곡하고 복잡한 문헌의 자료를 분석할 때, 즉 연구대상자의 언어나 문체 등이 연구 자체에 중요한 관건이 될 때는 내용분석법이 필요하다.

(3) 실증적 자료에 보완적 연구가 필요할 때

연구대상자에 대한 직접적인 접근이 가능하여 질문지나 면접 등을 통하여 자료를 얻었다 하더라도 그것을 재확인하기 위하여 연구대상자가 남겨 놓은 다른 자료를 분석해 보고자 할 때도 사용할 수 있다.

(4) 분석자료가 방대할 때

신문, 잡지, 방송내용 등을 모두 동시에 연구하려는 경우에 이를 모두 연구하는 것은 거의 불가능하므로 내용의 일부를 샘플링하여 내용분석을 함으로써 전체적인 경향을 파악한다.

(5) 기타의 경우

이 밖에도 매스미디어 내용의 경향 변천, 논조의 분석, 주제의 분석 등 여러 가지 면에서 내용분석법을 사용할 수 있다.

1 연구문제(Research Question)와 가설의 설정

(1) 연구문제의 선정과 설정

14회 기출

① 내용분석연구가 시작되려면 먼저 '연구문제'가 있어야 하며, 연구문제의 선정은 연구자 자신이 결정해야 할 문제로, 특정한 선정 방법이 존재하지 않는다.

② 연구문제가 결정되면 이를 명확하게 '의문문 형식'으로 기술해야 하며, 이때 의문문은 가능한 한 단순하고 명료하게 서술되는 것이 바람직하다.

③ 광범위한 성격의 연구문제가 아닌, 한정된 범위의 구체적인 연구문제를 찾아 집중적으로 다루는 것이 바람직하다.

④ 연구의 목적이 연구문제와 반드시 일치하는 것은 아니다. 연구목적은 연구의 계기와 결과를 둘러싼 함의에 초점이 맞추어진 반면, 연구문제는 보다 직접적으로 연구의 관심이나 의문의 대상을 제시하는 것이다.

⑤ 연구문제는 사실적 관계로 서술되어야 하며, 이때 관계에 포함된 변수들은 측정 가능해야 한다.

(2) 기존 연구의 검토

연구문제가 기술되고 나면 그 다음 가설을 설정하게 되는데, 가설의 설정에 앞서 연구자는 기존 연구에 대한 검토를 해야 한다. 가설은 기존 연구들의 결과를 배경으로 하여 설정되어야 하기 때문이다.

(3) 연구가설의 설정

연구문제가 기술되고 그에 대한 기존 문제들에 대한 검토가 끝나면 이를 바탕으로 가설을 설정해야 한다.

2 내용분석자료의 표본추출

(1) 표본연구의 불가피성

가설이 설정되면 이를 검증하기 위한 실제적인 연구작업으로 들어가게 되는데, 이때 우선적으로 해야 할 일은 내용분석을 하고자 하는 자료의 선정이다.

(2) 모집단 및 표본추출단위의 규정

　　① 모집단의 규정

　　② 표본추출단위의 규정

　　③ 표본사례 수의 결정

　　④ 표본추출의 방법과 선택

3 분석범주(카테고리)의 설정(부호화)

(1) 부호화(Coding)

　　① 개 념

　　　　㉠ 내용분석의 대상 또는 표본추출이 끝난 후 분석하고자 하는 내용의 모집단을 분석하는 기준 또는 그 분석항목을 결정하는 것을 말한다.

　　　　㉡ 내용분석은 본질적으로 부호화 작업이다. 글이나 말에 의한 의사소통은 일정한 개념틀에 따라 부호화되거나 분류된다.

　　　　　　예 신문사설은 진보적인지 혹은 보수적인지로 부호화할 수 있고, 라디오 방송은 선정적인지 그렇지 않은지로 부호화할 수 있으며, 소설은 낭만적인지 그렇지 않은지로 부호화할 수 있다.

　　② 구체적인 내용

　　　　㉠ 표면적인 내용 : 의사소통에서 눈에 보이는 표면적인 내용을 부호화시키는 일은 표준화된 설문지를 사용하는 것과 비슷하다.

　　　　　　예 어떤 소설이 얼마나 성애적(Erotic)인가를 결정하기 위해서, 그 소설 속에 나오는 '사랑'이라는 단어의 수, 혹은 각 페이지에 나오는 '사랑'의 평균 수를 세어 본다.

　　　　㉡ 숨어 있는 내용 : 의사소통의 숨어 있는 내용을 부호화시킬 수도 있다.

　　　　　　예 소설 전체 또는 단락 및 페이지의 표본을 읽은 다음, 그 소설이 얼마나 성애적인가를 평가할 수도 있다.

(2) 범주(Category)

　　① 개념 : 범주는 내용의 특징을 분류하는 체계로서, 내용분석을 위한 기준항목의 특성을 파악하기 위해 사용되는 개념적인 틀을 의미한다. 이러한 범주는 연구목적에 연계되어야 하며, 포괄적인 동시에 상호배타적이어야 한다. 또한 각각의 기록단위가 어떤 범주에 속할 것인가를 정한 지표를 명백하게 나타냄으로써 재생 가능하도록 해야 한다.

　　② 표현방법의 범주

　　　　㉠ 의사소통의 형식 및 방식 : 의사소통의 중간매체(라디오, 신문, 연설, TV 등)는 무엇인가?

　　　　㉡ 진술(설명)의 형식 : 의사소통의 문법적 또는 구문론적인 형식은 무엇인가?

　　　　㉢ 장치 : 어떠한 수사방법 또는 선정방법이 사용되었는가?

(3) 분석범주(카테고리)의 결정

① 결정원칙

　㉠ 범주(카테고리)는 연구문제나 연구목적에 따라 분류되어야 한다.

　㉡ 분류되는 사례나 단위가 망라적이어서 하나도 남김없이 각 범주(카테고리)에 귀속되어야 한다.

　㉢ 분류되는 범주(카테고리)는 상호 배타적이어서 각 사례는 단지 한 번만 분류되어야 한다.

　㉣ 분류범주(카테고리)는 하나의 차원에서 제시되어야 한다.

　㉤ 가능하면 같은 종류의 다른 조사결과를 비교할 수 있도록 동일한 분류단위를 사용해야 한다.

② 범주(카테고리)의 수

　㉠ 일반적으로 범주(카테고리)가 적은 것보다는 많은 것이 유리하다.

　㉡ 범주(카테고리)의 수는 예상되는 통계적 분석과 사례 수에 의해서 결정된다.

(4) 부호의 종류

① 연속코드

코딩할 항목이나 대상을 일정한 기준에 따라 배열해 놓고 이들을 1에서부터 순차적으로 일련번호를 부여하는 가장 간단한 코드 방법이다.

② 블록코드

일련의 연속되는 부호 또는 숫자를 몇 개의 블럭으로 분류하고 각 블럭을 다시 공통된 특징을 갖는 일단의 항목으로 이루어지도록 하여 각 블럭별 또는 항목별에 따른 부호를 부여하는 방법이다.

③ 집단분류코드

항목의 성격에 따라 대분류, 중분류, 소분류로 하고 이들 각 분류에 따라 부호행수를 증가시켜 각 수치가 소속되는 집단을 명확히 하는 방법이다.

④ 유의수코드

코드로 부여되는 부호 또는 숫자의 전부 또는 일부가 코드의 대상이나 대상 항목이 갖는 특성을 그대로 표시하는 것이다. 중량, 면적, 거리, 광도 등의 물리적 수치를 그대로 부호로 사용할 수도 있다는 특징을 가진다.

⑤ 식별코드

수집된 자료에서 각 변수와 사례를 식별하여 분석의 편의를 도모하기 위하여 그들의 각각에 부여되는 일정한 부호 또는 숫자를 말한다.

⑥ MNEMONIC 코드

숫자나 문자 또는 양자의 조합으로서 기억하기 쉽도록 부호를 매기는 방법이다.

Plus ⊕ one

근거이론이란?

자료를 해석하고 개념화하여 사실과의 관계를 이론적으로 공식화하는 연구 방법이다. 때문에 문헌 등 문서화된 자료를 분석하여 그것에 의미를 부여하는 과정은 근거이론의 연구과정에서 상당히 중요하며, 이렇게 수집된 정보나 자료를 분류하고 분석하는 과정을 코딩이라 한다.

근거이론에서 문서화된 자료를 분석하는 코딩기법

개방코딩 (Open Coding)	• 연구자가 인터뷰, 관찰, 각종 문서 등의 자료를 토대로 밝히고자 하는 어떠한 현상에 대해 최초로 범주화를 시키는 과정이다. • 특정 현상에 대해 개념을 명확히 하고, 그 속성과 수준을 자료 내에서 형성해 나간다.
축코딩 (Axial Coding)	• 개방코딩을 하는 과정에서 해체되고 분해된 원자료를 재조합하는 과정이다. • 개방코딩에서 생겨난 범주들을 패러다임이라는 틀에 맞게 연결시킨다.
선택코딩 (Selective Coding)	• 핵심범주를 선택하며, 선택한 핵심범주를 다른 범주들과 연관지어 이들 간의 관련성을 확인하고 범주들을 연결시키는 과정이다. • 이론을 통합시키고 정교화하는 과정으로, 이론적 포화(Theoretical Saturation)와 변화범위(Range of Variability)에 대한 작업을 진행한다. • 주로 근거이론 코딩의 마지막 단계로서 모형 내 범주들의 관계를 진술하는 명제를 구체화하거나 범주들을 통합하는 이야기를 서술한다.

*참고 : 이론적 포화(Theoretical Saturation)는 분석 도중 더 이상 새로운 속성이나 차원이 나타나지 않는 범주 발전 과정의 한 지점을 말하는 반면, 변화범위(Range of Variability)는 한 개념이 속성에 따라 차원적으로 변화하는 정도를 말한다.

축코딩에서 패러다임의 구성요소

조 건	• 인과적 조건 : 어떤 현상이 발생하거나 현상에 영향을 미치는 사건이나 일 • 맥락적 조건 : 어떤 현상에 영향을 미치는 상황이나 문제가 발생하도록 하는 구조적 조건들 • 중재적 조건 : 중심현상을 매개하거나 변화시키는 조건들
작용/상호작용	어떠한 현상, 문제, 상황을 일상적으로 혹은 전략적으로 다루고, 조절하고, 반응하는 것
결 과	작용/상호작용의 산물로서 결과적으로 무엇이 일어났는가에 관한 것

4 분석단위 설정

5, 13, 15, 16회 기출

(1) 의 의

① 분석범주(카테고리)가 설정되면 실제 내용의 분석작업으로 들어가게 되는데 이에 앞서 또 하나 결정할 것은 분석단위이다.

② 분석단위란 주어진 범주(카테고리)에 넣어서 집계할 수 있는 메시지 내용의 최소단위를 말한다.

(2) 종 류

① 기록단위(Recording Unit)

　㉠ 단어 또는 상징 : 조사에서 일반적으로 적용되는 최소단위로서 복합단위도 포함된다. 단어는 경계가 명확하여 구분이 쉬운 반면, 동일한 단어가 맥락에 따라 달리 해석될 수도 있다.

　㉡ 주제 : 가장 단순한 형태는 주어와 술어로 구성된 단순문장이다. 대부분의 본문내용에서 주제(테마)는 절, 단락, 예시로 나타나기 때문에 주제(테마)를 기록단위로 사용하는 경우 어떤 것이 나타나게 될 것인가를 구체적으로 밝혀야 한다.

　㉢ 인물 : 소설, 연극, 영화, 라디오 및 그 밖의 연예프로그램에서 등장인물의 인종적 · 사회적 · 경제적 · 심리적 속성을 파악함으로써 작가의 성품 등을 유추할 수 있다.

　㉣ 문장(문단 또는 단락) : 문장과 문단 같은 문법적 단위는 분석단위로 쓰이기는 해도 하나의 단일 범주로 분류하기는 어렵다.

　㉤ 항목 또는 품목 : 메시지의 생산자에 의해 이용되는 전체 단위이다. 항목 전체에 의한 분석은 항목 내의 변이가 작고 중요하지 않은 경우에 적합하다.

② 맥락단위(Context Unit)

　기록단위가 들어 있는 상위단위에 해당하는 것으로서, 기록단위의 의미를 파악하는 데 사용된다. 예를 들어, 하나의 단락 안에 두 개 이상의 주제가 들어 있는 경우 단락을 맥락단위로 한다.

5 집계체계의 결정과 실제의 내용분석작업

(1) 의 의

연구문제가 설정되고 분석자료의 표본이 추출되고, 분석범주과 분석단위가 결정되면 실제의 내용분석 작업에 들어가게 되는데 이러한 내용분석작업을 코딩이라고 한다. 또한 코딩작업에 앞서서 자료의 집계체계도 결정해야 한다.

(2) 집계체계의 종류와 그 선정

① 내용분석 시에는 질적 분석도 포함하지만 대부분의 내용분석에는 그 결과를 수량화해서 제시하게
된다.

② 내용분석을 하자면 주어진 각 분석카테고리에 해당되는 내용 또는 자료가 몇 번 나왔으며 그 내용
이 차지하는 지면이나 시간량이 얼마나 되는가 등을 기록한 뒤 이들을 집계해서 통계적 분석을 해
야 한다.

③ 몇 번 또는 몇 건이라든가 지면, 시간량 등을 집계체계라고 한다.

(3) 코딩작업

집계체계까지의 결정이 끝나면 실제 내용분석작업, 즉 코딩을 하게 된다.

(4) 내용분석자료의 분석

① 코딩작업이 끝나면 코딩한 결과를 분석해서 주어진 연구문제에 대한 해답을 제시해야 한다.

② 분석이란 주어진 연구문제에 대한 해답을 얻기 위하여 코딩한 자료들을 정리, 분류, 배열, 종합하
고 해석하는 것을 말한다.

6 연구보고서의 작성

(1) 서론 : 우선 연구의 동기 또는 문제를 제기하고 그 다음 기존 연구의 결과를 요약 · 제시하며, 이
를 바탕으로 연구문제와 검증하고자 하는 가설을 기술한 후 가설에 나오는 중요한 개념이나 술
어를 정의하여야 된다.

(2) 연구방법 : 내용분석연구의 절차에 따라 내용분석자료의 분석방법 등을 단계별로 설명한다.

(3) 연구결과의 논의 : 먼저 신뢰도와 타당도의 검토결과를 제시한 후에 연구문제 또는 가설별로 그
연구결과에 대한 해석 또는 논의를 함께 곁들여야 한다. 그리고 연구상의 제한점도 제시하는 것
이 효과적이다.

(4) 결론 : 먼저 연구 전체를 간단히 요약한 후에 연구결과를 간단히 정리해서 연구문제에 대한 결론
을 제시해야 한다. 마지막으로 타 연구를 위한 제언을 하면 연구는 완성된다.

01 다음 중 내용분석에 대한 설명으로 옳은 것은? [8회]

① 내용분석은 현재적 내용만을 분석대상으로 한다.
② 내용분석은 객관성, 체계성, 일반성을 그 요건으로 한다.
③ 내용분석은 양적 분석방법만을 사용한다.
④ 내용분석은 실제적인 타당도를 확보할 수 있다.
⑤ 내용분석은 자료의 수정 및 반복이 불가능하다.

해설 ① 현재적 내용뿐만 아니라 잠재적 내용도 분석대상으로 한다.
③ 양적 분석방법뿐만 아니라 질적 분석방법을 모두 사용한다.
④ 자료수집상의 타당도는 확보할 수 있지만 실제적인 타당도를 확보하기는 어렵다.
⑤ 내용분석은 자료의 수정 및 반복이 심하다.

02 내용분석의 장점이 아닌 것은? [9회]

① 정보제공자의 반응성이 높다.
② 비용과 시간을 절감할 수 있다.
③ 장기간의 종단연구가 가능하다.
④ 필요한 경우 재조사가 가능하다.
⑤ 역사연구 등 소급조사가 가능하다.

해설 내용분석은 조사자의 비관여적인 접근을 통해 조사대상자 또는 정보제공자의 반응성을 유발하지 않는다.

내용분석법의 장단점

장 점	• 별도의 조사담당직원이나 특별한 장비를 필요로 하지 않으므로 시간과 비용을 절약할 수 있다. • 다양한 심리적 변수에 대한 효과적인 측정이 가능하다. • 역사적 연구에 적용할 수 있다. • 타 실험방법과 달리 연구의 일부를 쉽게 반복할 수 있으므로 안정적이다. • 타 연구방법과 병행할 수 있다. • 연구자나 조사자가 연구대상에 대해 거의 영향을 미치지 않는다.
단 점	• 조사대상이 기록물에 한정된다. • 신뢰도는 비교적 크나 타당도가 약하다. • 필요한 자료를 확보하는 데 어려움이 있다.

1 ② 2 ① Answer

03 부호의 종류 중 다음 내용에 해당하는 코드는?

> 물리적 수치를 부호화하는 방법으로, 중량·면적·용량·거리·나이 등 수치를 분류하거나 변환하지 않고 그대로 코드로 이용한다.

① 연속코드
② 집단분류코드
③ 유의수코드
④ 식별코드
⑤ MNEMONIC 코드

해설 유의수코드는 코드로 부여되는 부호 또는 숫자의 전부 또는 일부가 코드의 대상이나, 대상 항목이 갖는 특성을 그대로 표시하는 것이다.

04 다음과 같은 조사방법의 특징으로 옳은 것은? [12회]

> 보편적 복지에 대한 한국사회의 인식변화를 알아보고자 과거 10년 간 한국의 주요 일간지 보도자료를 분석하고자 한다.

① 표집(Sampling)이 불가능하다.
② 수량분석이 불가능하다.
③ 보도자료 문장에 나타나지 않는 숨은 내용(Latent Content)은 코딩할 수 없다.
④ 인간의 모든 형태의 의사소통 기록물을 활용할 수 있다.
⑤ 사전조사가 따로 필요치 않다.

해설 ④ 내용분석은 분석의 대상으로 인간의 모든 형태의 의사소통 기록물을 활용할 수 있는데, 책 등의 출판물, 신문·잡지·TV·라디오·영화 등의 대중매체는 물론 각종 공문서나 회의록, 개인의 일기·편지·자서전, 상담에 관한 기록자료, 심지어 녹음 또는 녹화자료를 비롯하여 각종 그림이나 사진 등의 영상자료까지 포함한다.
　① 문헌자료의 모집단은 연구자가 분석하고자 하는 모든 자료에 해당한다. 그러나 일반적으로 연구자가 활용할 수 있는 문헌자료는 그 양이 매우 방대하므로 표집(Sampling)을 해야 한다. 예를 들어, 과거 10년 간 한국의 주요 일간지 보도자료를 분석하기 위해 매년 3개월(예 10월~12월)치의 분량으로 한정하고, 그 중 내용분석을 위해 특정 영역(예 기사, 사설, 논평 등)만을 추출할 수 있다.
　② 내용분석은 자료를 수량화(계량화)하여 분석하는 방법이다.
　③ 의사소통은 표면적인 내용(Manifest Content)과 숨어 있는 내용(Latent Content)을 모두 포함하는데, 숨어 있는 내용이라도 그 저변의 의미를 코딩할 수 있다.
　⑤ 사전조사(사전검사)는 코딩체계(부호화체계)를 내용분석에 사용하기 전에 실시한다. 이는 2명 이상의 코딩하는 사람을 사용할 경우 이들 간의 신뢰도가 어느 정도 일치하는지 파악하기 위한 것으로서, 이를 통해 실제 코딩에 앞서 사전연습의 수행 여부를 결정하게 된다.

05 개인, 집단, 조직, 기관 등에 의하여 그들의 필요에 따라 이미 만들어진 기존 자료를 사용하는 이유에 해당하는 것으로 묶인 것은?

> ㄱ. 오차의 회피목적
> ㄴ. 해당 자료의 필요적 획득
> ㄷ. 가설의 검증
> ㄹ. 전체적인 상황이나 흐름의 파악

① ㄱ, ㄴ, ㄷ   ② ㄱ, ㄷ
③ ㄴ, ㄹ   ④ ㄹ
⑤ ㄱ, ㄴ, ㄷ, ㄹ

해설 내용분석에서 기존자료의 사용 이유
- 전체적인 상황이나 흐름 파악
- 오차의 회피목적
- 해당 자료의 필요적 획득
- 가설의 검증 및 발견
- 자료의 보충 및 타당성 검토

06 다음 중 내용분석법의 특징에 해당하는 것을 모두 고르면? [4회]

> ㄱ. 조사대상이 다양하며 자료의 확보가 용이하다.
> ㄴ. 역사적 연구에 적용가능하다.
> ㄷ. 높은 타당도를 확보할 수 있다.
> ㄹ. 다른 조사방법에 비해 안정적이다.

① ㄱ, ㄴ, ㄷ   ② ㄱ, ㄷ
③ ㄴ, ㄹ   ④ ㄹ
⑤ ㄱ, ㄴ, ㄷ, ㄹ

해설 내용분석법의 장단점

장 점	• 별도의 조사담당직원이나 특별한 장비를 필요로 하지 않으므로 시간과 비용을 절약할 수 있다. • 다양한 심리적 변수에 대한 효과적인 측정이 가능하다. • 역사적 연구에 적용이 가능하다. • 타 실험방법과 달리 연구의 일부를 쉽게 반복할 수 있으므로 안정적이다. • 타 연구방법과 병행이 가능하다. • 연구자나 조사자가 연구대상에 대해 거의 영향을 미치지 않는다.
단 점	• 조사대상이 기록물에 한정된다. • 신뢰도는 비교적 크나 타당도가 약하다. • 필요한 자료를 확보하는 데 어려움이 있다.

07 자료처리의 제작과정에서 부호책에 고려하지 않아도 되는 것은? [3회]

① 변수의 이름
② 변수의 유형
③ 변수의 설명
④ 변수의 값
⑤ 통계적 유의수준

 부호책(Codebook)은 부호화 과정에서 연구에 필요한 모든 정보 단위들을 체계적으로 유형화 또는 수량화한 것으로서 변수 이름, 변수 설명, 변수 종류(유형), 변수의 값, 자릿수, 위치 등을 포함한다.

08 국민기초생활보장제도에 관해 내용분석법을 실시할 경우 수급자와 급여별로 분석을 하고자 한다. 이때 분석단위는? [5회]

① 단 어   ② 주 제
③ 항 목   ④ 문 단
⑤ 카테고리

 내용분석법에서 항목은 메시지의 생산자에 의해 이용되는 전체 단위로 항목 내의 변이가 작고 중요하지 않은 경우에 적합하다. 그러므로 수급자별과 급여별로 분석하는 것은 항목을 기준으로 나눈 것이다.

09 다음 중 내용분석의 적용대상에 해당하지 않는 것은?

① 자료소스에 접근이 어려운 경우
② 내용분석 시 노력이나 시간, 비용 등이 문제가 되지 않을 경우
③ 실증적 자료에 보완적인 연구가 필요한 경우
④ 분석자료가 방대한 경우
⑤ 연구대상자의 언어 및 문체 등을 분석해야 할 경우

내용분석의 적용대상
- 자료소스에 접근이 어려운 경우
- 자료가 문헌인 경우
- 실증적 자료에 보완적인 연구가 필요한 경우
- 분석자료가 방대한 경우
- 연구대상자의 언어 및 문체 등을 분석해야 할 경우
- 매스미디어 내용의 경향
- 논조 및 주제의 분석

10 부호의 종류와 설명이 바르게 연결되지 않은 것은?

① 연속코드 – 코딩될 항목이나 대상을 일정한 기준에 따라 배열해 놓고 1부터 순차적으로 일련 번호를 부여하는 가장 간단한 코드

② 블록코드 – 일련의 연속된 부호 또는 숫자를 몇 개의 블록으로 분류하고 각 블록을 다시 공통 된 특징을 갖는 일단의 항목으로 이루어지도록 하여 각 블록별 항목별에 따른 부호를 부여하는 방법

③ 집단분류코드 – 코드로 부여되는 부호 또는 숫자의 전부 또는 일부가 코드의 대상이나 항목이 갖는 특성을 그대로 표시하는 방법

④ 식별코드 – 수집된 자료에서 각 변수와 사례를 식별하여 분석의 편의를 도모하기 위해 각각에 부여되는 일정한 부호 또는 숫자

⑤ MNEMONIC 코드 – 숫자나 문자 또는 양자의 조합으로서 기억하기 쉽도록 부호를 매기는 방법

해설 ③ 유의수코드에 관한 설명이다.

11 근거이론에서 다음 설명에 해당하는 것은? [16회]

> • 이론을 통합시키고 정교화하는 과정으로 이론적 포화(Theoretical Saturation)와 변화범위 (Range of Variability)에 대한 작업을 진행한다.
> • 주로 근거이론 코딩의 마지막 단계로서 모형 내 범주들의 관계를 진술하는 명제를 구체화하거 나 범주들을 통합하는 이야기를 서술한다.

① 선택(Selective)코딩   ② 자료(Data)코딩

③ 축(Axial)코딩   ④ 개방(Open)코딩

⑤ 역(Reverse)코딩

해설 문서화된 자료를 분석하는 코딩기법

개방코딩 (Open Coding)	• 연구자가 인터뷰, 관찰, 각종 문서 등의 자료를 토대로 밝히고자 하는 어떠한 현상에 대해 최초로 범주화를 시키는 과정이다. • 특정 현상에 대해 개념을 명확히 하고, 그 속성과 수준을 자료 내에서 형성해 나간다.
축코딩 (Axial Coding)	• 개방코딩을 하는 과정에서 해체되고 분해된 원자료를 재조합하는 과정이다. • 개방코딩에서 생겨난 범주들을 패러다임이라는 틀에 맞게 연결시킨다.
선택코딩 (Selective Coding)	• 핵심범주를 선택하며, 선택한 핵심범주를 다른 범주들과 연관지어 이들 간의 관련성을 확인하고 범주들을 연결시키는 과정이다. • 이론을 통합시키고 정교화하는 과정으로, 이론적 포화(Theoretical Saturation)와 변화범위(Range of Variability)에 대한 작업을 진행한다.

10 ③ 11 ①   Answer

최신기출문제

01 지난 20년 동안 A신문의 사회면 기사를 자료로 노인에 대한 인식변화를 알아보기 위해 진행한 연구에 관한 설명으로 옳은 것을 모두 고른 것은? [16회]

> ㄱ. 범주항목들은 신문기사 자료로부터 도출된다.
> ㄴ. 주제보다 단어를 기록단위로 할 때 자료수집 양이 많다.
> ㄷ. 맥락단위는 기록단위보다 더 큰 단위여야 한다.
> ㄹ. 이 연구에서는 양적 분석방법을 사용할 수 없다.

① ㄱ, ㄴ   ② ㄱ, ㄷ
③ ㄱ, ㄴ, ㄷ   ④ ㄱ, ㄴ, ㄹ
⑤ ㄴ, ㄷ, ㄹ

 ㄹ. 내용분석(Content Analysis)은 여러 가지 문서화된 매체들을 중심으로 연구대상에 필요한 자료들을 수집하는 방법이다. 문헌연구의 일종으로서, 인간의 의사소통의 기록을 객관적·체계적·수량적으로 기술한다. 일반적으로 자료를 수량화(계량화)하여 그 결과를 양적 분석에 사용하는 경우가 많지만, 기록 속에 담긴 의미나 특정 주제 및 패턴을 찾아내기 위해 질적인 접근으로도 활용한다.

02 내용분석에 관한 설명으로 옳지 않은 것은? [18회]

① 역사적 분석과 같은 시계열 분석에 어려움이 있다.
② 인간의 의사소통 기록을 체계적으로 분석한다.
③ 분석상의 실수를 언제라도 수정할 수 있다.
④ 양적 조사와 질적 조사에 공통으로 사용할 수 있다.
⑤ 기존 자료를 활용하여 타당도 확보가 어렵다.

 ① 내용분석은 장기간에 걸쳐 일어난 과정을 조사할 수 있으므로 역사적 분석과 같은 시계열 분석도 적용 가능하며, 시간과 비용 면에서도 경제적이다.

03 근거이론의 분석방법에서 축코딩(Axial Coding)에 관한 설명으로 옳은 것은? [20회]

① 추상화시킨 구절에 번호를 부여한다.

② 개념으로 도출된 내용을 가지고 하위범주를 만든다.

③ 발견된 범주의 속성과 차원을 고려하여 유형화를 시도한다.

④ 이론개발을 위해 핵심범주를 중심으로 다른 범주와의 통합과 정교화를 만드는 과정을 진행한다.

⑤ 발견된 범주를 가지고 중심현상을 중심으로 인과적 조건을 만든다.

해설 근거이론의 분석방법으로서 축코딩(Axial Coding)

- 수집된 자료에서 나타난 범주들 간의 관계를 파악하기 위해 범주들을 특정한 구조적 틀에 맞추어 연결하는 과정이다.
- 중심현상을 설명하는 전략들. 전략을 형성하는 맥락과 중재조건, 그리고 전략을 수행한 결과를 설정하여 찾아내는 과정이다.
- 연구자는 현상에 내재되어 있는 환경으로서 조건(Condition), 이러한 조건에서 발생한 사건에 대한 개인의 반응으로서 작용/상호작용(Action/Interaction), 그리고 그 결과(Consequence)를 확인함으로써 어떤 조건에서 현상이 왜 일어났는지, 어떠한 결과가 있었는지를 설명할 수 있다.

> - 인과적 조건(Casual Condition) : 어떤 현상이 발생하거나 현상에 영향을 미치는 사건이나 일
> - 맥락적 조건(Contextual Condition) : 어떤 현상에 영향을 미치는 상황이나 문제가 발생하도록 하는 구조적 조건들
> - 중재적 조건(Intervening Condition) : 중심현상을 매개하거나 변화시키는 조건들
> - 작용/상호작용(Action/Interaction) : 어떠한 현상, 문제, 상황을 일상적으로 혹은 전략적으로 다루고, 조절하고, 반응하는 것
> - 결과(Consequence) : 작용/상호작용의 산물로서 결과적으로 무엇이 일어났는가에 관한 것

04 연구문제(Research Question)의 서술에 관한 설명으로 옳은 것은? [14회]

① 주로 평서문 형태로 서술되어야 한다.
② 다루는 범위가 넓게 서술되어야 한다.
③ 연구 결과의 함의에 맞추어 서술되어야 한다.
④ 연구의 관심이나 의문의 대상이 서술되어야 한다.
⑤ 정(+)의 관계로 서술되어야 한다.

③ · ④ 연구목적이 연구문제와 반드시 일치하는 것은 아니다. 연구목적은 연구의 계기와 결과를 둘러싼 함의에 초점이 맞추어진 반면, 연구문제는 보다 직접적으로 연구의 관심이나 의문의 대상을 제시하는 것이다.
① 연구문제는 주로 의문문의 형태로 서술되어야 하며, 이때 의문문은 가능한 한 단순하고 명료하게 서술되는 것이 바람직하다.
② 광범위한 성격의 연구문제를 갖는 것은 결코 적절하지 않다. 한정된 범위의 구체적인 연구문제를 찾아서 집중적으로 다루는 것이 바람직하다.
⑤ 조사연구에서 갖는 의문은 개념이나 변수들의 특성 또는 그들 간의 관계에 대해 묻는다. 따라서 연구문제는 사실적 관계로 서술되어야 하며, 이때 관계에 포함된 변수들은 측정 가능해야 한다.

05 다음 연구에 관한 설명으로 옳지 않은 것은? [15회]

> 17개 시 · 도에서 2010년부터 2015년까지 매년 수집한 자료를 이용하여 '청년실업률이 범죄율에 미치는 영향과 추세'를 분석하였다.

① 독립변수는 청년실업률이다.
② 종속변수는 비율척도이다.
③ 분석단위는 개인이다.
④ 양적인 자료를 분석한 연구이다.
⑤ 종단연구이다.

③ 분석단위(Unit of Analysis)는 궁극적으로 분석되는 단위, 즉 최종적인 분석대상을 말하는 것으로서, 분석단위의 종류로는 개인, 집단 및 조직체, 사회적 가공물 등이 있다. 보기에서는 17개 시 · 도에서 2010년부터 2015년까지 매년 수집한 청년실업률에 관한 양적인 자료를 분석단위로 볼 수 있다.

기타 사회복지조사와 조사보고서 작성

★ 학습목표 ■ 욕구조사의 자료수집방법, 욕구조사와 평가조사의 필요성 등이 출제되어 왔다. 개념과 필요성, 수행과정에 유의하자!
■ 질적 연구의 의미와 특성, 기본이 되는 여러 철학적 배경을 중심으로 이해하고 살펴보자!

제 1 절   욕구조사

1 욕구의 의의 및 특성

(1) 욕구의 의의

① 욕구란 생리적 결핍 혹은 과잉에 의한 심리적 긴장상태를 의미하며 그 긴장을 해소하는 것이 욕구 충족이다.

② 인간의 내부로부터 충동하여 행동으로 움직이게 하는 힘은 욕구에서 발생한다.

(2) 욕구의 특성

① 인간도 동물과 같이 기본적 욕구를 가지고 있지만, 욕구의 내용이나 충족양상에서는 타 동물과 다른 점을 가진다.

② 욕구충족에 있어서 동물은 기계적으로 가능한 한 충분히 만족하려 하지만, 인간은 스스로 만든 사회적 규범에 의해 크게 제약을 받으며 이를 문화적으로 충족시키고, 때로는 억제시키기도 한다.

③ 인간은 사회적 욕구에 있어서 다른 동물이 갖고 있지 않는 욕구를 가지고 있으며, 충족방법에서도 문화적인 방법을 택하고 있다.

④ 무엇보다 인간은 다른 동물처럼 생리적 기본욕구가 충족되었다고 해서 만족하는 것이 아니다.

2 욕구의 종류

(1) 매슬로우(Maslow)의 욕구 5단계

① 생리적 욕구

㉠ 가장 낮은 단계의 욕구이다.

㉡ 인간의 가장 기본적인 욕구로 배고픔이나 갈증 등이 해당한다.

㉢ 경영자는 종업원에게 임금을 지급함으로써 그들의 생리적 욕구를 충족시킬 수 있다.

② 안전에 대한 욕구

   ⊙ 신체적인 위협이나 불확실성에서 벗어나고자 하는 욕구로 일상의 안전·보호·안정 등에 대한 욕구는 보험 가입 또는 노후대책으로써 직업을 선택하는 행동에 반영된다.

   ⓒ 경영자는 안전한 작업조건, 직업 보장 등을 통해서 이런 욕구를 충족시킬 수 있다.

③ 애정과 소속에 대한 욕구

   ⊙ 안전에 대한 욕구가 충족되면 사람들은 다른 사람들과 관계를 맺고 소속감과 애정을 나누고 싶어한다.

   ⓒ 같은 회사의 동료들 사이에 끼고 싶다는 욕구를 예로 들 수 있는데, 회사는 야유회나 체육대회와 같은 친목을 도모하는 행사를 통해 이러한 욕구를 충족시켜 줄 수 있다.

④ 자기존중의 욕구

   ⊙ 다른 사람들로부터 자신의 능력에 대해 인정받고 싶어하는 욕구이다.

   ⓒ 존경에 대한 욕구가 충족되지 못하면 사람들은 열등감과 무력감에 빠지기도 한다.

   ⓒ 직장에서 자신의 업무를 성공적으로 완수하거나 동료들로부터 인정을 받음으로써, 또는 승진을 통해 자신감과 자부심을 갖게 되는 것 등으로써 자기존중의 욕구를 충족시킬 수 있다.

⑤ 자아실현의 욕구

   ⊙ 자신의 잠재적인 능력을 최대한 발휘하고 창조적으로 자기의 가능성을 실현하고자 하는 욕구이다.

   ⓒ 최근에는 기초적인 단계의 욕구보다는 자기개발이나 자아실현의 욕구가 점차 중요해지고 있는 만큼 경영에서도 이런 점에 비중을 두어야 할 것이다.

(2) 브래드쇼(Bradshaw)의 욕구의 4가지 유형   8, 10, 13회 기출

① 규범적 욕구

   ⊙ 기준 또는 규범의 개념에 욕구를 대입한 것으로서, 관습이나 권위 또는 일반적 여론의 일치로 확립된 표준 또는 기준의 존재를 가정한다.

   ⓒ 일반적으로 기존의 자료나 유사한 지역사회 조사, 또는 전문가의 판단에 의해 제안된 욕구에 해당한다.

   ⓒ 기존의 서비스 수준과 실제 비율을 비교함으로써 구체적인 변화의 표적을 만들어낼 수 있는 데 반해, 욕구의 단계들이 지식, 기술, 가치 등의 양상에 의해 수시로 변화한다는 문제점을 가지고 있다.

② 인지적 욕구(체감적 욕구)

   ⊙ 욕구는 사람들이 그들의 욕구로 생각하는 것, 또는 욕구가 되어야 한다고 느끼는 것으로 정의될 수 있다.

   ⓒ 보통 사회조사를 통해 응답자가 선호하는 대상에 대해 질문함으로써 욕구를 파악한다.

   ⓒ 사람의 체감적 욕구는 각자의 기대수준에 따라 수시로 변경될 수 있다는 문제점을 가지고 있다.

③ 표현적 욕구(표출적 욕구)

  ㉠ 욕구를 가진 당사자가 욕구를 충족시키기 위해 행위로 표현하는 욕구를 말한다.

  ㉡ 서비스에 대한 수요에 기초하여 느껴진 욕구가 표출되는 것으로서, 개인이 서비스를 얻기 위해 어떠한 노력을 기울이고 있는지가 핵심적인 변수에 해당한다.

  ㉢ 개인이 특정 욕구를 가지고 있다고 해서 반드시 서비스를 원하는 것은 아니라는 문제점을 가지고 있다.

④ 비교적 욕구(상대적 욕구)

  ㉠ 욕구는 한 지역사회에 존재하는 서비스 수준과 함께 다른 유사한 지역사회나 지리적 역에 존재하는 서비스 수준 간의 차이로 측정된다.

  ㉡ 해당 지역사회가 다른 유사한 지역사회에서 제공하는 것과 흡사한 서비스를 제공하고 있지 않은 경우, 욕구가 있는 것으로 볼 수 있다.

  ㉢ 지역 간 욕구를 비교하기 위해서는 기본적으로 각 지역의 특성에 대한 조사가 선행되어야 한다는 문제점을 가지고 있다.

3 욕구조사의 필요성

(1) 정보의 획득

클라이언트에 대한 현재 실태 또는 문제와 욕구를 규범적 가치에 의하여 판단하거나, 요구적 가치에 의하여 판단할 수 있는 정보가 획득되어야 한다. 또한 클라이언트 스스로의 변화에 대한 욕구와 가능성에 대한 정보획득도 매우 중요하다. 또한 신뢰성 있는 정보의 획득은 정책판단의 근거가 될 수 있기 때문에 매우 중요하다.

(2) 객관성의 확보

정보의 획득과정이 생태학적·개별화적 오류에 의하여 왜곡되지 않도록 체계적인 조사방법을 적용하여 객관성이 확보되어야 한다. 이를 위해 클라이언트의 수, 표집과정, 조사과정 등에서 객관성을 인정받아야만 한다. 이는 지역사회의 욕구나 문제의 사정이 정확하고, 보편적이라는 것을 증명할 수 있기 때문에 설득력이 있다. 비체계적인 조사과정이 이루어진다면, 그것은 특정 집단이나 특정 사례의 욕구가 될 수 있을 뿐 지역의 욕구라고 볼 수 없기 때문이다.

(3) 이용자 중심의 프로그램 개발

욕구조사의 궁극적인 목적은 이용자의 욕구를 파악하여 이용자 중심의 프로그램을 개발하는 것이며, 조직의 중·장기적인 사업비전을 마련할 수 있다.

4 **욕구조사의 의의**

(1) 개 념

① 한정된 지역 안에서 사람들의 욕구 수준을 확인해 내고 이를 수량화하는 방법이다.

② 지역주민의 욕구를 해결하기 위한 새로운 서비스를 개발하거나 기존 서비스를 수정·보완하기 위해 실시한다.

(2) 목 적

① 지역주민이 필요로 하는 각종 서비스 또는 프로그램을 파악한다.

② 지역주민에게 사업 및 프로그램의 추진 필요성에 대해 인식시킨다.

③ 서비스 및 프로그램 운영에 필요한 예산할당기준을 마련한다.

④ 현재 수행 중인 사업을 평가하는 데 요구되는 보조자료를 마련한다.

⑤ 프로그램을 수행하는 지역 사회 내의 기관들 간의 상호관계를 파악한다.

⑥ 지역사회에 사회복지기관의 필요성 및 존재의 정당성을 널리 인식시킴으로써 지역사회의 지원을 받을 수 있는 근거를 마련한다.

5 **욕구조사의 자료수집방법**   매회 기출

(1) 사회지표

사회지표조사방법은 일정 인구가 생활하는 지역의 지역적·생태적·사회적·경제적 및 인구적 특성에 근거하여 지역사회의 욕구를 추정할 수 있다는 전제하에 사회지표를 분석하는 것을 말한다.

예 소득수준, 실업률, 주택보급률, 범죄율 등

(2) 2차 자료분석   15회 기출

지역주민을 대상으로 직접 자료를 수집하는 것이 아닌 지역사회 내의 사회복지기관의 서비스수혜자에 관련된 기록을 검토하여 욕구를 파악하는 비관여적 방법이다.

예 인테이크 자료, 면접기록표, 기관의 각 부서별 업무일지, 서비스대기자 명단 등

(3) 주요 정보제공자 조사

지역 지도자 또는 정치가, 기관의 서비스제공자, 인접 직종의 전문직 종사자, 지역 내의 사회복지단체의 대표자, 공직자 등을 포함하는 지역사회전반의 문제에 대하여 잘 알고 있는 것으로 인정되는 사람들을 대상으로 질문하여 그 표적집단의 욕구 및 서비스 이용 실태 등을 파악하는 방법이다. 지역사정에 밝은 주요정보 제공자를 통해 지역주민 다수가 인지하는 문제나 지역사회의 이슈가 될 수 있는 문제들에 관한 정보를 입수할 수 있다.

(4) 지역사회 공개토론회

지역사회의 욕구나 문제를 잘 알고 있는 지역사회구성원을 중심으로 공개적인 모임을 통해 욕구나 문제들을 파악하는 것이다. 지역주민의 의견을 직접 청취하여 자료를 수집하는 방법으로 수집된 정보의 내용이 사전에 결정되지 않으므로, 자유로운 토론을 통해 결론을 도출할 수 있다는 것이 가장 큰 장점이다.

Plus ⊕ one

지역사회 공개토론회의 장단점　　10회 기출

장 점	• 수집된 정보의 내용이 사전에 결정되지 않으므로 자유로운 토론을 통해 결론을 도출할 수 있다. • 지역 내의 광범위한 계층으로부터 의견을 수렴할 수 있다. • 시간과 비용의 측면에서 효율적이다. • 서베이조사를 위한 사전준비작업으로 활용될 수 있다. • 사업이나 프로그램 실행 시 지역주민의 지지와 협조를 얻을 수 있는 계기가 된다.
단 점	• 명목상 공개적인 모임 형태로 이루어지나, 실제로 해당 문제에 관심을 가지고 있는 소수의 주민만이 참여하므로 표본의 편의현상이 나타날 수 있다. • 광범위한 참석자 중 소수의 인원에게만 의견 발표의 기회가 제공된다. • 이익집단의 영향을 배제할 수 없다. • 지역사회의 문제에 대한 주민들의 관심을 증폭시킬 수는 있으나, 문제해결 방안에 대한 이견으로 오히려 실망감을 안겨줄 수 있다.

주요 정보제공자 조사의 장단점　　10회 기출

장 점	• 비용과 인력 소요가 적으므로 경제적이다. • 표본선정 및 표본추출이 쉬우므로 지역의 전반적인 문제를 간편하게 확인할 수 있다. • 기존의 조사방법을 활용할 수 있으므로 융통적 · 신축적이다. • 지역에 대한 양적 정보뿐만 아니라 질적 정보도 파악할 수 있다.
단 점	• 주요 정보제공자들이 가지고 있는 정보의 양과 질에 의존하게 된다. • 주요 정보제공자의 선정에 있어서 기준이 불명확하다. • 의도적인 표집으로 인한 표집자 편의현상이 나타날 수 있다. • 지역사회의 욕구와 관련하여 지역의 일반주민과 지도자 또는 정치가 간에는 시각적 차이가 존재한다. • 지역의 대표자가 지역주민 전체의 의견을 대변할 수 있는지에 대한 의문으로 인해 표본의 대표성 문제가 제기된다.

(5) 지역사회 서베이

지역사회의 일반 인구 또는 특정 인구의 욕구를 조사하기 위하여 이들 전체 인구를 대표할 수 있는 표본을 선정하고 이들이 생각하거나 느끼는 욕구를 조사하여 조사대상 전체의 욕구를 측정하는 것이다.

(6) 초점집단기법

소수 이해관계자들의 인위적인 면접집단 또는 토론집단을 구성하여 연구자가 토의 주제나 쟁점을 제공한다. 특정한 토의 주제 또는 쟁점에 대해 여러 명이 동시에 질의·응답을 하거나 인터뷰를 하는 등의 방법으로 상호작용을 통해 지역사회 문제에 대한 공동의 관점을 확인하는 방법이다. 수집된 자료의 내용 타당도가 높고 비밀유지 및 상대적으로 저렴한 비용 등으로 인해 많이 사용되지만, 초점집단의 규모 한정으로 일반화 측면에서 문제가 있고, 인위적인 상황을 조성하여 말이나 글을 통해 반응을 알아보기 때문에 현실성이 결여되어 있다.

(7) 명목집단기법

비교적 빠른 시간 내에 다양한 배경을 가진 집단의 이익을 수렴하기 위한 것으로서, 대화나 토론 없이 어떠한 비판이나 이의제기가 허용되지 않는 가운데 각자 아이디어를 서면으로 제시하도록 하여 우선순위를 결정한 후 최종 합의를 도출하기 위해 사용된다. 개인이나 집단의 장점을 살리는 동시에 한 사람이 의견을 주도하는 상황을 방지할 수 있다. 특히 이 기법은 지역사회 문제에 대한 이해를 높이며, 목표확인 및 행동계획을 개발하는 데 활용된다.

(8) 델파이기법

전문가·관리자들로부터 우편으로 의견이나 정보를 수집하여 그 결과를 분석한 후 그것을 다시 응답자들에게 보내어 의견을 묻는 식으로 만족스러운 결과를 얻을 때까지 계속하는 방법이다. 익명 집단의 상호작용을 통해 도출된 자료를 분석하며, 구조화된 방식으로 정보의 흐름을 제어한다. 특히 델파이기법의 익명성 구조는 '시류 편승의 효과'나 '후광효과'를 최소화한다.

(9) 네트워크 분석

① 사회 네트워크 분석은 지역사회 중심의 서비스 체계에 대한 관심이 점점 높아지면서 사회 서비스 체계 구축과 통합, 평가 등의 목적에 필요한 분석 방법으로 유용함을 인정받고 있으며, 조직 간 전달체계 분석에 적절하다.

② 네트워크 구조 분석에는 속성형 변수가 아닌 관계형 변수를 사용하는데, 여기서 관계형 변수는 개체 간의 연결 특성(예 친족연결, 의사소통 등)을 의미하고 속성형 변수는 개체들의 내재된 특성(예 남성과 여성)을 의미한다.

(10) 대화기법

지역주민들로 하여금 지역 문제에 대한 공통의 이해를 토대로 문제해결을 위해 연합 행동을 펼치도록 하는 것이다. 문제해결을 위한 대안과 함께 이를 효과적으로 수행하기 위한 자원들을 확인하며, 그에 따라 목표를 설정하고 행동을 계획하는 일련의 과정을 통해 지역주민들을 문제해결의 과정으로 안내할 수 있다.

(11) 공청회

지역주민의 관심 대상이 되는 주요한 사안과 관련하여 국회나 정부기관이 관련 분야의 학자나 이해당사자들을 참석하도록 하여 사전에 지역주민들의 의견을 듣도록 공개적으로 마련하는 자리이다. 공청회의 주최자는 회의주제 및 회의록을 토대로 지역사회의 욕구나 문제를 사정하게 된다.

Plus ⊕ one

욕구조사를 위한 자료수집방법의 구분
- 직접관찰법 : 지역사회공청회/공개토론회, 일반집단서베이, 표적집단서베이, 델파이기법, 심층면접법, 관찰법, 직접경험법을 통한 조사방법 등
- 사례조사 : 주요 정보제공자 조사, 프로그램운영자 조사, 서비스통계 이용방법 등
- 간접증거자료조사방법 : 사회지표 분석방법과 행정자료조사 분석을 통한 욕구조사 수집방법 등

제2절 평가조사

1 평가조사의 의의 및 목적

(1) 평가조사의 의의

프로그램의 효과성, 효율성, 적절성, 만족도 등을 체계적으로 분석하여 결정권자로 하여금 합리적인 결정을 내릴 수 있도록 정보를 산출하는 사회적 과정이라고 볼 수 있다. 어떤 개입기술이나 프로그램의 개선 또는 수행의 지속 여부를 결정짓기 위하여 개별적인 개입기술이나 프로그램이 목표하는 바를 어느 정도 달성하였는지 측정한다.

(2) 평가조사의 목적

① 프로그램의 과정상 환류적 목적
② 기관운영의 책임성 이행
③ 이론의 형성
④ 프로그램의 진행과정 개선

⑤ 합리적인 자원의 배분

⑥ 서비스 전달체계의 개선

2 프로그램 계획

(1) 프로그램을 계획함으로써 그 프로그램에 관한 정책수행과 운영에 안전을 기할 수 있다.

(2) 프로그램계획은 설정된 목표를 가장 효율적으로 달성할 수 있는 대안을 선택하게 함으로써 프로그램의 효율성을 증대시킨다.

(3) 프로그램계획의 수립은 프로그램이 계획대로 얼마나 잘 작성되어 수립되었는가를 가늠할 수 있는 평가의 기준이 됨과 동시에 실행과정에서 미흡하였던 점을 파악하여 개선하는 기초가 될 수 있다.

(4) 프로그램계획의 수립은 그 프로그램에 관련된 전문가, 고객, 지역사회 관계 인사들이 참여하게 되므로 이들이 프로그램에 적극적인 관심을 가지게 되고 프로그램 자체가 고객의 요구에 맞게 개발 · 적용될 수 있다.

3 욕구파악 및 분석 시 고려해야 할 사항

(1) 개념의 명확화

사회문제를 정의할 때, 문제의 개념을 제한적이고 확실히 해야 한다.

(2) 문제의 원인 파악

문제의 원인이 되는 다양한 요소들을 탐색하며, 이들 요소들 간의 관계를 분석하여 가장 설득력 있게 설명해 내는 원인을 찾아 대안과 연결시켜야 한다.

(3) 문제의 규모분석 및 경향 파악

① 문제의 규모를 분석할 때는 시점이라는 변수를 넣어 분석의 정확성을 기하는 것이 좋다.

② 일정 기간 동안에 발생하는 새로운 케이스나 상황 또는 문제의 건수를 파악한다.

③ 문제발생의 경향은 문제발생의 성격이 시간에 따라 어떤 모습으로 변화되고 있는가를 시계열적으로 측정하는 것이다.

4 일반 목적

(1) 효과 점검

① 사회복지기관(프로그램, 전문가 등)이 목표하는 일이 어느 정도 달성되었는지 확인하기 위하여(치료효과 점검) 실시한다.

② 기관을 보조·감독하는 정부, 재단, 후원회, 고객과 그 가족, 시민에게 사회사업의 효과를 증명하기 위하여 또는 합리적 답변을 위하여 실시한다.

(2) 프로그램 점검

① 프로그램의 개입전략, 실무절차, 서비스 기술을 개선·보완하기 위하여 실시한다.

② 프로그램의 형평성, 효과성, 효율성을 검토하기 위하여 실시한다.

③ 프로그램이 사회적 요구(Social Needs)나 도덕적, 윤리적, 사회적 규범에 어느 정도 부응하는지를 확인하기 위하여 실시한다.

(3) 프로그램의 성취와 관리에 관련된 속성 검토

① 서비스의 전체적인 포괄성, 상호 간의 일치성

② 서비스의 지속성

③ 서비스의 접근도(지리적, 공간적, 경제적)

④ 다른 프로그램과의 조정도

⑤ 서비스 이용자의 접근도와 참여도

(4) 프로그램의 지속 또는 중단 결정

① 서비스의 시작 또는 지속을 위한 재정 및 인력자원의 확보 여부를 확인하기 위해 실시한다.

② 프로그램의 지속 또는 중단을 결정하기 위하여 실시한다.

③ 비슷한 프로그램을 다른 지역에서 시행하기 위하여 실시한다.

(5) 기타 목적

① 다음 해의 요구예산을 제대로 받기 위하여 실시한다.

② 객관성을 가진 과학적인 평가연구를 통하여 인접한 전문분야로부터 인정받기 위하여 실시한다.

(1) 목적에 따른 분류

① 총괄평가

ㄱ 프로그램 운영이 끝날 때 행해지는 평가조사이다.

ㄴ 연역적 · 객관적인 방법으로 한 기관의 정책 또는 프로그램이 달성하고자 했던 목표를 얼마나 잘 성취했는가의 여부를 평가한다.

ㄷ 효율성 평가와 효과성 평가가 대표적이다.

ㄹ 평가결과를 근거로 하여 프로그램의 재시작 또는 종결 여부를 결정한다.

② 형성평가

ㄱ 프로그램 운영 과정상에 이루어지는 조사이다.

ㄴ 귀납적 방법에 의하여 항상 변화하는 프로그램의 전달, 기관의 운영상황 또는 고객의 변동하는 요구 등 "앞으로의 결정을 위하여 알아야만 하는 것이 무엇인가?"에 평가의 초점이 있다.

ㄷ 진행 중인 프로그램을 수정 · 보완하기 위해 이루어지는 조사이다.

③ 통합평가 : 평성평가와 총괄평가를 통합한 평가로, 총괄평가적 접근으로 평가한 후 형성평가적 접근을 통해 평가한다.

(2) 평가 규범에 따른 분류

① 효과성 평가 : 프로그램의 목적 달성도를 평가하는 것으로 프로그램이 의도한 목적을 얼마나 달성하느냐를 평가하는 것이다.

② 효율성 평가 : 비용 최소화 또는 산출 극대화를 평가하는 것으로, 투입과 산출을 비교하여 평가한다.

③ 공평성 평가 : 프로그램의 효과와 비용이 사회집단 또는 지역 간에 공평하게 배분되었는지를 평가한다.

(3) 평가 주체에 따른 분류

① 내부평가 : 프로그램을 수행한 사람을 제외한 조직 내 다른 구성원에 의해 이루어지는 조사이다.

② 외부평가 : 프로그램의 집행을 담당하는 조직 외 전문가에 의해 이루어지는 조사이다.

③ 자체평가 : 프로그램을 수행하는 당사자에 의해 직접 이루어지는 조사이다.

(4) 평가 범위에 따른 분류

① 단일평가 : 프로그램에 대한 평가를 각각 분리하여 어느 하나에 대해 행해지는 평가이다.

② 포괄평가 : 모든 사항에 대해 행하는 평가이다.

(5) 평가 시점에 따른 분류

① **사전평가** : 프로그램이 종료되기 전에 행해지는 평가로, 적극적 평가라고도 한다.

② **사후평가** : 프로그램이 종료된 후에 행해지는 평가로, 소극적 평가라고도 한다.

(6) 평가 대상에 따른 분류

① **기관평가** : 기관의 프로그램의 운영 등을 평가하고 서비스 전달의 진행 상황 등을 확인하는 것이다.

② **개인평가** : 프로그램 운영자 개인에 대한 평가이다. 자기평가, 동료평가, 행정가에 의한 구두 평가 등이 있다.

(7) 메타평가

6, 8, 9회 기출

① 제3자가 여러 사회복지관에서 완성된 자체 평가보고서들을 신뢰성, 타당성, 유용성, 비용 등의 측면에서 다시 점검하는 평가이다.

② 메타평가는 평가 자체에 대한 평가로 평가자 자신에 의하여 이루어질 수도 있으나 일반적으로는 상급자나 외부전문가들에 의해 이루어진다.

③ 주요 목적은 평가에 사용된 방법의 적정성, 사용된 자료의 오류 여부, 그리고 도출된 결과에 대한 해석의 타당성 등을 검토하는 데 있다.

6 내부평가자와 외부평가자의 활용

(1) 내부평가자의 장점

① 내부평가자는 외부평가자보다 해당 조직 및 조직이 수행하는 각종 프로그램들에 대해 더욱 많은 지식과 정보를 가지고 있다.

② 프로그램 관련 정보에 대한 접근이 용이하므로, 전후맥락의 주요 정보를 입수하는 데 어려움이 상대적으로 덜하다.

③ 프로그램운영자로부터 평가에 대한 협조를 구하기가 수월하다.

④ 조직 내부의 상황에 익숙하므로 현실적인 제약요건을 감안하여 평가 과정을 융통성 있게 수행할 수 있다.

(2) 외부평가자의 장점

① 외부평가자는 내부평가자에 비해 평가대상 조직 및 조직이 수행하는 프로그램들에 대해 비판적인 시각을 견지할 수 있다.

② 평가대상 조직 및 조직이 수행하는 프로그램들에 대해 객관성·공정성·독립성을 유지할 수 있으므로 평가의 신뢰도 확보에 있어서 상대적으로 유리하다.

③ 관련 분야의 전문가들로 구성되므로 전문성을 확보할 수 있다.

1 질적 연구방법론 5, 8, 12, 15회 기출

(1) 질적 연구방법의 개념

① 질적 연구방법의 의미 17, 20회 기출

- ㉠ 질적 연구방법은 정성적 연구로서 언어, 몸짓, 행동 등 상황과 환경적 요인들을 조사하는 방법이다.
- ㉡ 해석학, 현상학적 인식론 등에 바탕을 두기 때문에 주관성과 상황적 변화를 강조한다.
- ㉢ 어떤 일이 일어나고 있는지를 있는 그대로 기술(Description)하고자 할 때, 연구주제에 대해 보다 구체적으로 탐색(Exploration)할 필요가 있을 때 활용한다.
- ㉣ 사례연구, 현상학적 연구, 근거이론연구, 문화기술지연구(민속지학연구), 내러티브 연구, 생애사연구, 참여행동연구 등이 질적 연구방법을 따른다.

② 질적 연구방법의 특징 2, 5, 6, 8, 12, 14, 15, 17, 18회 기출

- ㉠ 자료의 원천으로서 자연스러운 상황, 즉 현장에 초점을 둔다.
- ㉡ 풍부하고 자세한 사실의 발견이 가능하며, 문제에 대한 통찰력을 제공한다.
- ㉢ 현상에 대해 심층적으로 기술한다.
- ㉣ 탐색적 연구에 효과적이며, 참여자들의 관점, 그들의 의미에 초점을 둔다.
- ㉤ 연구참여자의 상황적 맥락 안에서 이루어진다.
- ㉥ 연구자 자신이 자료수집의 도구가 되어 대상과 긴밀한 관계를 유지하면서 주관적으로 수행하므로 대체해서는 안 된다.
- ㉦ 과정에 관심을 가지며, 선(先)조사 후(後)이론의 귀납적 방법을 주로 활용한다.
- ㉧ 타당성 있는 실질적이고 풍부한 깊이 있는 자료의 특징을 가진다.
- ㉨ 양적 연구에 비해 외적 타당도 확보에 어려움이 있으며, 연구결과의 일반화 가능성이 낮다.

(2) 질적 연구의 자료수집방법 10, 17회 기출

① 관찰(Observation)

연구자는 어떤 행동이나 사회적 과정 또는 특정 개인을 조사하기 위해 연구대상을 면밀히 관찰한다. 관찰은 관계설정 및 개입수준에 따라 소극적이거나 능동적으로 이루어지는데, 특히 완전참여자로서 연구자는 자신이 연구자임을 밝히지 않은 채 연구대상의 구성원이 되어 관찰연구를 수행하는 반면, 완전관찰자로서 연구자는 연구대상과의 상호작용을 배제한 채 단순히 제삼자로서 관찰연구를 수행한다.

② 심층면접(In-depth Interview)

연구자가 개방적 질문을 통해 연구대상자의 경험, 관계 및 세계관 등 보다 깊이 있는 내용에 내해 구체적으로 이야기하도록 유도한다.

③ 개인 기록의 분석(Reading of Personal Documents)

연구대상자의 내면에 대한 정보를 제공하는 중요한 정보원으로서 편지나 일기, 자서전, 사진 등을 분석한다.

④ 초점집단면접(Focus Group Interview)

초점집단에 참여하는 구성원에게 어떤 주제에 대한 상호작용을 유발함으로써 참가자로 하여금 의미 있는 제안이나 의견을 도출하도록 하여 자료를 수집한다.

(3) 질적 연구방법의 엄격성을 높이는 주요 전략 14, 19회 기출

① 장기적 관여 혹은 관찰(Prolonged Engagement)을 위한 노력

② 동료 보고와 지원(동료집단의 조언 및 지지)

③ 연구자의 원주민화(Going Native)를 경계하는 노력

④ 해석에 적합하지 않은 부정적인 사례(Negative Cases) 찾기

⑤ 삼각측정 또는 교차검증(Triangulation)

⑥ 감사(Auditing) 등

Plus ⊕ one

부정적인 사례(Negative Cases) 15회 기출
- 연구자의 관점에서 자신의 기대 혹은 설명이 일치되지 않은 예외적인 사례를 말한다.
- 예외적인 사례의 분석은 연구자로 하여금 자료 분석 과정에서 자기 자신의 결점을 찾아내도록 하는 역할을 한다.

삼각측정 또는 교차검증(Triangulation) 13회 기출
- 질적 연구 결과의 신뢰도를 제고하기 위한 다각화 방법으로, 연구자의 편견 개입 가능성을 줄이고 자료의 객관성을 높이기 위해 실시한다.
- 하나의 개념을 측정하기 위해 두 개 이상 관련 자료를 수집함으로써 상호일치도가 높은 자료를 판별하여 사용할 수 있다.

---

(4) 질적 연구방법의 문제점 7, 18회 기출

① 시간이 많이 소요된다.

② 자료 축소의 어려움이 있다.

③ 표준화된 절차가 결여된다.

④ 다수의 표본으로 조사하기 어렵다.

⑤ 다른 연구자들에 의한 재연이 어려우므로 신뢰도 확보에 문제가 있다.

⑥ 연구자와 대상자 간의 친밀한 관계는 연구의 엄밀성을 해칠 수 있다.

2 양적 연구방법론

(1) 양적 연구방법의 개념

① 양적 연구방법의 의미

㉠ 양적 연구방법은 정량적 연구로서 대상의 속성을 계량적으로 표현하고 그들의 관계를 통계분석을 통해 밝혀내는 방법이다.

㉡ 실증주의적 인식론에 바탕을 두기 때문에 객관성과 보편성을 강조한다.

㉢ 주로 질문지법(설문지법)이나 실험법 등의 자료수집방법을 사용한다.

② 양적 연구방법의 특징

㉠ 사소하거나 예외적인 상황은 배제하여 가설에서 설정한 관계를 확률적으로 규명하려 한다.

㉡ 동일한 연구조건이라면 같은 결과가 산출된다고 보기 때문에 연구자를 교체할 수 있다.

㉢ 관찰자에 관계없이 사물은 보편적으로 실재한다고 본다.

㉣ 결과에 관심을 가지며, 선(先)이론 후(後)조사의 연역적 방법을 주로 활용한다.

㉤ 일반적으로 신뢰도가 더 높다. 즉, 신뢰성 있는 결과의 반복이 가능하다.

㉥ 연구결과의 일반화 가능성이 높다.

(2) 양적 연구방법의 문제점

① 인위적·통제적이다.

② 실제로 다른 변인의 통제가 어렵다.

③ 구체화의 문제가 있다.

④ 질적 연구에 비해 내적 타당도 확보에 어려움이 있다.

⑤ 하나의 가설에 변수가 많을수록 가설검증에 불리하다.

3 혼합연구방법론

(1) 혼합연구방법의 개념

① 혼합연구방법의 의미

㉠ 양적 연구는 수를 중심으로 객관화와 일반화라는 가치를 가지고 있음에도 불구하고, 복잡한 인간의 다양한 현상을 이해하는 데 한계가 있다. 반면, 질적 연구는 연구자의 주관적인 편견을 배제하기 어려우며, 소수 참여자(연구대상자)의 결과를 일반화하기 어렵다는 제한점이 있다.

㉡ 혼합연구방법은 양적 연구와 질적 연구의 제한점을 상호 보완하기 위한 것으로서, 서로 다른 양상을 보이는 양적 자료원과 질적 자료원의 통합을 통해 연구대상에 대한 보다 심층적인 이해를 도모하려는 시도이다.

② 혼합연구방법의 특징

  ㉠ 철학적, 개념적, 이론적 틀을 기반으로, 각각의 연구방법을 통해 얻은 결과가 서로 확증되는지 알아보기 위해 사용한다.

  ㉡ 양적 연구의 결과에서 질적 연구가 시작될 수도, 질적 연구의 결과에서 양적 연구가 시작될 수도 있다.

  ㉢ 양적 연구와 질적 연구 중 어느 한 방법이 우선시되는 것은 아니며, 연구에 따라 두 가지 방법의 비중이 상이할 수 있다.

  ㉣ 양적 연구와 질적 연구에 대한 전문적 지식이 모두 필요하며, 다양한 패러다임을 수용할 수 있어야 한다.

  ㉤ 양적 연구 결과와 질적 연구 결과가 서로 상반될 수도 있음을 염두에 두어야 한다.

(2) 혼합연구방법의 설계유형(Creswell et al.)

삼각화 설계 (Triangulation Design)	• 정성적 자료와 정량적 자료가 대등한 위상을 가지는 설계방식이다. • 정성적 및 정량적 분석결과를 직접 대조시켜 각각의 결과의 유효성을 재차 검증하거나 정성적 방법을 정량적 방법으로 변환시키기 위해 사용된다.
내재적 설계 (Embedded Design)	• 한쪽의 자료유형이 다른 쪽의 자료유형에 포섭된 설계방식이다. • 포섭하는 자료유형이 일차적인 역할을 수행하는 반면, 포섭된 자료유형은 이차적인 역할을 수행한다.
설명적 설계 (Explanatory Design)	• 정량적 분석결과를 설명하기 위해 정성적 분석이 추가되는 설계방식이다. • 정량적 조사로 일반적인 논리와 이해를 얻은 후 정성적 조사를 통해 통계적 결과에 대한 분석을 수정하고 정량적 조사로 발견하지 못한 현상을 발견할 수 있다.
탐색적 설계 (Exploratory Design)	• 첫 번째 분석이 완료된 후 다른 분석을 시작하는 2단계 설계방식이다. • 설명적 설계와 달리 정성적 분석이 완료된 후 정량적 분석이 이루어지는 경우가 대부분이다.

제4절 　조사연구 결과보고서 작성

1 조사보고서의 의의

조사목적을 달성하기 위해 조사결과를 발견한 사항들과 이로부터 추론한 내용을 정리하여 행정 책임자 등에게 제시하는 문서이다. 사회조사는 사회적인 욕구와 문제가 무엇인가를 확인하고 문제해결을 위해 필요한 정보를 수집하고 분석하며 지배적인 원리를 정립하여 이론을 형성하려는 일련의 활동이다.

2 조사보고서의 유형

(1) 탐색적 조사보고서

조사문제의 규명이나 가설 정립에 도움을 주는 보고서로, 향후 보다 논리적이고 정교한 조사를 수행할 수 있도록 해준다.

(2) 기술적 조사보고서

조사문제와 관련된 사회적 현상의 특성과 변수 간의 상호 관계성을 서술하기 위해 수행된 조사의 결과보고서이다.

(3) 설명적 조사보고서

변수 간의 인과관계를 밝히기 위해서 수행된 조사의 결과보고서이다.

(4) 제안적 조사보고서

분석결과에 따라 특정한 정책대안이나 개입 방안을 창안하는 보고서이다.

3 조사보고서의 작성요령

(1) 조사보고서는 보고대상에 적합하게 작성되어야 한다.

(2) 조사보고서의 문장표현에 주의를 기울여야 한다.

(3) 통계자료분석의 결과는 가능한 숫자나 도표를 사용하여 제시한다.

(4) 조사보고서는 정확하고 명료해야 한다.

(5) 조사보고서는 필요한 내용만이 선별적으로 기록되어야 한다.

4 ┃ 조사보고서의 구성과 작성 시 유의사항

(1) 조사보고서의 순서(구성)

5회 기출

① **표지** : 제목, 수행자(작성자) 이름, 작성일자, 제출기관 등
② **목차** : 장 · 절, 해당 페이지 번호, 도표 및 그림의 목차 등
③ **개요** : 조사의 핵심 내용
④ **서론** : 조사의 취지 및 필요성, 조사 목적, 조사범위, 기존 연구와의 비교 등
⑤ **본문** : 문헌고찰, 조사설계, 자료수집방법, 자료분석방법, 조사결과 등
⑥ **결론 및 제언** : 결과의 요약, 분석결과의 실천적 적용, 후속 연구 제안 등
⑦ **참고문헌** : 조사과정에서 사용한 참고문헌의 출처
⑧ **부록** : 통계분포, 설문지 및 기타 조사도구 등

(2) 조사보고서 작성 시 유의사항

① 서론에는 조사의 목적 및 방법, 연구의 필요성 및 문제제기 이유를 첨부한다.
② 본문에는 가급적 필요한 내용만 선별하여 기록한다.
③ 결론에는 연구합의에 관한 내용을 기록한다.
④ 근거자료를 충분히 제시하는 것이 좋다.
⑤ 보고대상에 적합하게 작성해야 한다.
⑥ 문장표현에 주의해야 한다.
⑦ 통계자료 분석의 결과는 가능한 숫자나 도표를 활용한다.
⑧ 정확성 · 명료성 · 간결성을 유지해야 한다.

Plus ⊕ one

조사연구계획서
• 개념 : 조사이해관계자들이 조사의 방향을 이해하고 조사수행에 필요한 사항이나 자원을 미리 준비하는 데 필요한 정보를 제공하는 문서이다.
• 목 적
  – 조사 설문의 내용과 조사의 중요성을 제시한다.
  – 조사담당자와 기관 및 수행활동을 소개한다.
  – 필요한 자료에 대한 수집 · 처리 · 분석 · 해석방법을 제시한다.
  – 조사를 통해서 얻을 수 있는 이점에 대해 설명한다.

01 욕구조사의 유형에 관한 설명으로 옳지 않은 것은? [9회]

① 지역주민서베이는 수요자 중심의 욕구사정에 적합하다.
② 지역자원재고조사는 지역사회 서비스 자원에 대한 정보획득이 용이하다.
③ 사회지표조사는 지역사회 주민욕구의 장기적 변화를 파악하기 쉽다.
④ 지역사회포럼은 조사대상자를 상대로 개별적으로 자료를 수집하는 데 유리하다.
⑤ 주요정보제공자(Key Informant) 조사는 정보제공자의 편향성이 나타날 수 있다.

> **해설** 주민통제가 사실상 불가능하며, 참여자들에게 정보를 수집하기 위해 구조화된 접근을 펼친다.

02 대규모 설문조사와 비교하여 주요정보제공자(Key Informants)를 활용한 욕구조사에 관한 설명으로 옳지 않은 것은? [10회]

① 표본추출이 용이하다.
② 표본의 대표성이 높다.
③ 비용이 적게 든다.
④ 양적 정보뿐만 아니라 질적 정보도 파악할 수 있다.
⑤ 정보제공자들이 가지고 있는 정보의 양과 질에 의존하게 된다.

> **해설** 주요정보제공자조사의 장단점

장점	• 비용과 인력 소요가 적으므로 경제적이다. • 표본 선정이 쉬우므로 지역의 전반적인 문제를 간편하게 확인할 수 있다. • 기존의 조사방법을 활용할 수 있으므로 융통적·신축적이다. • 지역에 대한 양적 정보뿐만 아니라 질적 정보도 파악할 수 있다.
단점	• 주요정보제공자의 선정에 있어서 기준이 불명확하다. • 의도적인 표집으로 인한 표집자 편의현상이 나타날 수 있다. • 지역사회의 욕구와 관련하여 지역의 일반주민과 지도자 또는 정치가 간에는 시각적 차이가 존재한다. • 지역의 대표자가 시역주민 전체의 의견을 대변할 수 있는지에 대한 의문으로 인해 표본의 대표성 문제가 제기된다.

03 집단을 활용하는 방법으로 비교적 짧은 시간에 이루어지고 집단 구성원 간의 영향력을 감소시키고 자 하는 욕구조사기법은? [9회]

① 델파이기법
② 명목집단기법
③ 초점집단기법
④ 브레인스토밍
⑤ 지역사회공청회

🔍 **해설** **명목집단기법**
비교적 빠른 시간 내에 다양한 배경을 가진 집단의 이익을 수렴하기 위한 것으로서, 어떠한 비판이나 이의제기가 허용되지 않는 가운데 각자 아이디어를 제시하도록 하여 우선순위를 결정한 후 최종 합의를 도출하기 위해 사용된다.

04 다음 중 평가조사에 대한 설명으로 옳은 것을 모두 고르면? [6회]

> ㄱ. 효과성 평가 - 목표달성 비용의 확인
> ㄴ. 효율성 평가 - 프로그램 참여자의 변화 정도
> ㄷ. 총괄평가 - 프로그램 진행 중 실시
> ㄹ. 만족도 평가 - 주관성의 문제 발생

① ㄱ, ㄴ, ㄷ
② ㄱ, ㄷ
③ ㄴ, ㄹ
④ ㄹ
⑤ ㄱ, ㄴ, ㄷ, ㄹ

🔍 **해설** ㄱ. 효과성 평가는 목표달성도, 프로그램 또는 프로젝트의 성공 여부와 연관된다.
ㄴ. 효율성 평가는 투입 대 산출의 비율로 측정한다.
ㄷ. 총괄평가는 프로그램의 종결시점에 수행한다.

05 다음 중 질적 연구방법에 대한 설명으로 옳은 것은? [5회]

> ㄱ. 개인의 주관적 경험을 연구한다.
> ㄴ. 신뢰도와 타당도가 낮다.
> ㄷ. 탐색적 연구에 효과적이다.
> ㄹ. 연구자와 피연구자는 사회문화적 배경이 다른 사람으로 한다.

① ㄱ, ㄴ, ㄷ   ② ㄱ, ㄷ
③ ㄴ, ㄹ   ④ ㄹ
⑤ ㄱ, ㄴ, ㄷ, ㄹ

해설 질적 연구에서 연구자와 피연구자는 사회문화적 배경이 같을 수도, 다를 수도 있다.

06 질적 연구에 관한 설명으로 옳지 않은 것은? [18회]

① 풍부하고 자세한 사실의 발견이 가능하다.
② 문제에 대한 통찰력을 제공한다.
③ 연구참여자의 상황적 맥락 안에서 이루어진다.
④ 다른 연구자들이 재연하기 용이하다.
⑤ 현상에 대해 심층적으로 기술한다.

해설 ④ 질적 연구는 서로 다른 연구자들의 연구에 의해 동일한 결과가 재연될 수 있는가에 대한 신뢰성이 문제시 된다. 이와 관련하여 질적 연구자들은 관찰결과의 일관성이 아닌 연구자가 기록하는 내용과 실제로 일어 나는 상황 간의 일치성 정도를 신뢰성으로 간주하는 경향이 있다.

07 양적 연구와 비교한 질적 연구의 특성으로 옳지 않은 것은? [15회]

① 연구자의 역할이 더 중요하다.
② 소수의 사례를 깊이 있게 관찰할 수 있다.
③ 연구결과의 일반화가 목표가 아니다.
④ 일반적으로 신뢰도가 더 높다.
⑤ 귀납적 추론의 경향이 더 강하다.

해설 ④ 실증주의적 인식론에 근거한 양적 연구는 연구자의 객관성과 함께 동일한 조건하에서 동일한 결과를 기대 하는 신뢰성을 강조하는 반면, 현상학적 인식론에 근거한 질적 연구는 연구자의 주관성과 함께 상황적 변 화를 강조한다. 따라서 질적 연구는 양적 연구에 비해 신뢰도가 낮다. 또한 질적 연구는 소수의 사례를 깊 이 있게 관찰하는 방식이므로 양적 연구에 비해 외적 타당도 확보에 어려움이 있으며, 연구결과의 일반화 가능성도 낮다.

08 다음 중 양적 조사에 해당하는 것을 모두 고르면? [6회]

> ㄱ. 질문지조사
> ㄴ. 현지조사
> ㄷ. 통계자료분석
> ㄹ. 참여관찰

① ㄱ, ㄴ, ㄷ
② ㄱ, ㄷ
③ ㄴ, ㄹ
④ ㄹ
⑤ ㄱ, ㄴ, ㄷ, ㄹ

> **해설** 양적 조사와 질적 조사의 종류
> • 양적 조사 : 질문지조사, 실험조사, 통계자료분석 등
> • 질적 조사 : 사례연구, 현지연구, 참여관찰 등

09 양적 조사와 질적 조사의 사례로 옳지 않은 것은? [10회]

① 질적 조사 – 잠재적 클라이언트에 대한 심층면접을 실행하고 기록함
② 양적 조사 – 단일사례조사로 청소년들의 흡연횟수를 3개월 동안 주기적으로 기록함
③ 질적 조사 – 노숙인들과 함께 2주간 생활하면서 참여관찰함
④ 양적 조사 – 초점집단면접을 통해 문제해결방안을 도출함
⑤ 질적 조사 – 사례연구의 기록을 분석하여 핵심적 개념들을 추출함

> **해설** 초점집단면접(FGI ; Focus Group Interview)
> • 인위적인 면접집단 또는 토론집단을 구성하여 연구자가 토의 주제나 쟁점을 제공하며, 특정한 토의 주제 또는 쟁점에 대해 여러 명이 동시에 질의 · 응답을 하거나 인터뷰를 하는 등의 방법으로 상호작용을 통해 공동의 관점을 확인하는 질적 자료수집방법이다.
> • 초점집단은 보통 6~10명 정도의 소집단으로 구성되며, 연구자는 토론의 진행자이자 중재자로서의 역할을 수행한다.
> • 면접의 목적은 직접적인 의사 결정이나 구체적인 과제 제시가 아닌 토론을 통한 상호작용의 관찰 및 토론 내용의 분석에 있다.
> • 초점집단면접은 자료 수집을 위한 온전한 방식인 동시에 보조적인 방식이므로, 양적인 연구를 통해 자료의 신빙성을 입증할 필요가 있다.

10 다음 중 조사보고서 작성에 대한 설명으로 옳지 않은 것은? [5회]

① 보고할 대상자가 읽기 쉽게 작성한다.

② 서론에는 연구합의와 연구목표에 관한 내용을 기록한다.

③ 본론에는 조사내용, 조사방법, 연구결과 등을 기술한다.

④ 결론에는 연구결과의 요약, 제언 등을 기술한다.

⑤ 조사보고서는 간결하고 명확하게 작성한다.

해설 ② 연구합의는 조사보고서의 결론에 들어가야 할 항목이다. 조사보고서의 서론에는 연구의 필요성 및 문제제기 이유 등이 포함되어야 한다.

조사보고서 작성 시 유의사항
• 서론에는 조사의 목적 및 방법, 연구의 필요성 및 문제제기 이유를 첨부한다.
• 본론에는 조사내용, 조사방법, 연구결과 등을 기록한다.
• 결론에는 연구결과의 요약, 연구합의에 관한 내용, 제언 등을 기록한다.
• 본문에는 가급적 필요한 내용만 선별하여 기록한다.
• 근거자료를 충분히 제시하는 것이 좋다.
• 보고대상에 적합하게 작성해야 한다.
• 문장표현에 주의해야 한다.
• 통계자료 분석의 결과는 가능한 숫자나 도표를 사용한다.
• 정확성 · 명료성 · 간결성을 유지해야 한다.

11 서베이(Survey)조사에 적절한 주제가 아닌 것은? [14회]

① 신규 프로그램 개발을 위한 주민욕구 측정

② 기초생활보장제도의 대국민 만족도 측정

③ 틱(Tic)현상을 가진 아동에 대한 단일사례분석

④ 한국 청소년의 약물남용 실태조사

⑤ 노숙자들의 쉼터 이용 거부원인 분석

해설 ③ 서베이(Survey)조사는 설문지, 면접, 전화 등을 사용하여 응답자로 하여금 연구주제와 관련된 질문에 답하도록 함으로써 체계적이고 계획적으로 자료를 수집 및 분석하는 조사방법이다. 일정한 시점에서 다수의 조사대상자로부터 직접 자료를 수집하는 방법으로서, 본질적으로 모집단의 특성을 파악하기 위해 일정 수의 표본을 추출하여 조사를 실시하는 양적 자료 분석 방법이다. 따라서 서베이조사는 한 개인이나 집단, 혹은 프로그램이라는 난일한 사례를 대상으로 질적이고 심층적인 분석을 필요로 하는 주제에는 적합하지 않다.

01 집단조사 방법에 관한 설명으로 옳은 것은? [16회]

① 초점집단조사에서 집단역학에 관한 것은 분석대상이 될 수 없다.

② 델파이기법은 대면집단의 상호작용을 중요시한다.

③ 델파이기법은 일반인들을 대상으로 한 일반적 주제에 대한 견해를 도출하는 데 유용하다.

④ 네트워크 분석은 조직 간 전달체계 분석에 부적절하다.

⑤ 네트워크 구조분석에는 관계형 변수를 주로 사용한다.

> **해설** ⑤ 네트워크 자료는 속성형 변수가 아닌 관계형 변수로 구성되며, 네트워크 구조분석에는 이와 같은 관계형 변수를 주로 사용한다. 이때 속성은 개체들의 내재된 특성을 의미하는 반면, 관계는 개체 간의 연결 특성을 의미한다.
> ① 초점집단은 집단성원들 간의 활발한 토의와 상호작용을 강조하는데, 그 과정에서 어떤 논의가 드러나고 진전되는지 등을 파악하는 것이 중요한 자료가 된다. 특히 그와 같은 상호작용의 집단역학에 관한 것도 자료 수집 및 분석의 대상이 된다.
> ② 초점집단이 대면집단의 상호작용을 중요시하는 데 반해, 델파이기법은 익명집단을 원격으로 상호작용하게 한다는 데 차이점이 있다.
> ③ 델파이기법은 특정한 주제에 대해 전문가 집단의 견해를 도출하는 데 유용하다.
> ④ 네트워크 분석에서 가장 널리 쓰이는 구성개념 중 하나가 중심성(Centrality)이다. 중심성은 네트워크 집단에 포함된 구성 개체들 간에 중심이 되는 정도의 차이를 나타내는 개념으로서, 이와 같은 중심성 개념은 개인 간 네트워크는 물론 조직 간 네트워크 분석 등에도 폭넓게 적용될 수 있다.

02 혼합 연구방법론(Mixed Methodology)에 관한 설명으로 옳지 않은 것은? [16회]

① 질적 연구 결과와 양적 연구 결과는 일치해야 한다.

② 양적 연구와 질적 연구에 대한 전문적 지식이 모두 필요하다.

③ 연구에 따라 양적 연구와 질적 연구의 상대적 비중이 상이할 수 있다.

④ 질적 연구의 결과에 기반하여 양적 연구를 시작할 수 있다.

⑤ 상충되는 패러다임들도 수용할 수 있어야 한다.

> **해설** ① 양적 연구는 수를 중심으로 객관화와 일반화라는 가치를 가지고 있음에도 불구하고, 복잡한 인간의 다양한 현상을 이해하는 데 한계가 있다. 반면, 질적 연구는 연구자의 주관적인 편견을 배제하기 어려우며, 소수 참여자(연구대상자)의 결과를 일반화하기 어렵다는 제한점이 있다. 혼합 연구방법론은 이와 같은 양적 연구와 질적 연구의 제한점을 상호 보완하기 위한 것으로서, 서로 다른 양상을 보이는 양적 자료원과 질적 자료원의 통합을 통해 연구대상에 대한 보다 심층적인 이해를 도모하려는 시도이다.

1 ⑤ 2 ① Answer

03 혼합연구방법(Mixed Methodology)에 관한 설명으로 옳지 않은 것은? [18회]

① 철학적, 개념적, 이론적 틀을 기반으로 한다.
② 설계유형은 병합, 설명, 구축, 실험이 있다.
③ 양적 설계에 질적 자료를 단순히 추가하는 것은 아니다.
④ 각각의 연구방법을 통해 얻은 결과가 서로 확증되는지 알아보기 위해 사용한다.
⑤ 질적 연구방법으로 발견한 연구주제를 양적 연구방법을 이용하여 탐구하기도 한다.

해설 혼합연구방법(Mixed Methodology)의 설계유형

삼각화 설계 (Triangulation Design)	• 정성적 자료와 정량적 자료가 대등한 위상을 가지는 설계방식이다. • 정성적 및 정량적 분석결과를 직접 대조시켜 각각의 결과의 유효성을 재차 검증하거나 정성적 방법을 정량적 방법으로 변환시키기 위해 사용된다.
내재적 설계 (Embedded Design)	• 한쪽의 자료유형이 다른 쪽의 자료유형에 포섭된 설계방식이다. • 포섭하는 자료유형이 일차적인 역할을 수행하는 반면, 포섭된 자료유형은 이차적인 역할을 수행한다.
설명적 설계 (Explanatory Design)	• 정량적 분석결과를 설명하기 위해 정성적 분석이 추가되는 설계방식이다. • 정량적 조사로 일반적인 논리와 이해를 얻은 후 정성적 조사를 통해 통계적 결과에 대한 분석을 수정하고 정량적 조사로 발견하지 못한 현상을 발견할 수 있다.
탐색적 설계 (Exploratory Design)	• 첫 번째 분석이 완료된 후 다른 분석을 시작하는 2단계 설계방식이다. • 설명적 설계와 달리 정성적 분석이 완료된 후 정량적 분석이 이루어지는 경우가 대부분이다.

04 다음 중 질적 연구와 가장 거리가 먼 것은? [20회]

① 문화기술지(Ethnography) 연구
② 심층사례연구
③ 사회지표조사
④ 근거이론연구
⑤ 내러티브(Narrative) 연구

해설 ③ 사회지표조사 또는 사회지표분석(Social Indicator Analysis)은 일정 인구가 생활하는 지역이 지역적·생태적·사회적·경제적 및 인구적 특성에 근거하여 지역사회의 욕구를 추정할 수 있다는 전제하에 사회지표를 분석하는 방법으로 양적 연구에 가깝다.

참고문헌

1영역

- 이용석 · 사회복지사수험연구소, 사회복지사1급 한권으로 끝내기, 시대고시기획, 2018
- 이용석 외, 청소년상담사 3급 한권으로 끝내기, 시대고시기획, 2018
- 청소년지도연구소 외, 청소년지도사 2 · 3급 한권으로 끝내기, 시대고시기획, 2018
- 김영호 · 양은심 · 주수길, 인간행동과 사회환경, 양서원, 2005
- 한덕웅, 인간의 마음과 행동, 박영사, 2004
- 이훈구 외, 인간행동과 사회환경, 법문사, 2003
- 권육상, 인간행동과 사회환경, 유풍출판사, 2002
- 김동배 외, 인간행동이론과 사회복지실천, 학지사, 2002
- 최순남, 인간행동과 사회환경, 한신대학교출판부, 2002
- 최옥채 외, 인간행동과 사회환경, 양서원, 2002
- 이경화 외, 아동발달과 상담, 학문사, 2001
- 곽형식 외, 인간행동과 사회환경, 형설출판사, 2001
- 김경희, 발달심리학, 학문사, 2001
- 김영화, 인간과 복지, 양서원, 2001
- 김중배 · 권중돈, 인간행동과 사회복지실천, 학지사, 2001
- 이성진, 행동수정, 교육과학사, 2001
- 이인정 · 최해경, 인간행동과 사회환경, 나남출판, 2001
- 강정구, 현대한국사회의 이해와 전망, 한울, 2000
- 곽형식 외, 인간행동과 사회환경, 형설출판사, 2000
- ☛ 김영모 외, 인간행동과 사회환경, 고헌출판부, 2000
- 이인정 · 최해경, 인간행동과 사회환경, 도서출판 나남, 2000
- 오세진 외, 인간행동과 심리학, 학지사, 1999185
- 최순남, 인간행동과 사회환경, 한신대학교출판부, 1999
- 강봉규, 발달심리학, 정훈출판사, 1994
- 진밀러 · 윤혜미, 인간행동과 사회환경, 한울아카데미, 1995
- 김동배 · 권중돈, 인간행동이론과 사회복지실천, 학지사, 1998
- 장인협 외 공역, 인간행동과 사회환경, 집문당, 1990
- 김성희, 유아발달, 교육과학사, 1998
- 홍순정, 여성심리학, 교육과학사, 1998
- Craig, G. J. 1996. Human Development. New Jersey: Prentice Hall, Inc.
- Greene R. R. & Ephross, P. H. 1991. Human Behavior Theory and Social Work Practice. New York: Aldine De Gruyer.

참고문헌

- Norlin, J. M. & Chess, W.A. 1997. Human Behavior and the Social Environment: Social Systems Theory (3rd ed.). Boston: Allyn and Bacon.
- Schriver, J. M. 1995. Human Behavior and the Social Environment – Shifting Paradigms in Essential Knowledge for Social Work Practice–. Boston: Allyn and Bacon.
- Sigelman, C.K. 1999. Life – Span Human–Development (3rd ed.). CA: Brooks/Cole

2영역

- 이용석 · 사회복지사수험연구소, 사회복지사 1급 한권으로 끝내기, 시대고시기획, 2018
- 이승현, 사회복지조사론, 경록, 2005
- 이익섭 · 영로, 사회복지조사론의 이해, 학지사, 2004
- 김정우 외, 사회복지조사론, 양서원, 2009
- 김미라, 사회조사방법론, 광주사회조사연구소, 2003
- 최종혁, 사회복지프로그램의 질적평가방법론, 청목출판사, 2002
- 유태균 역, 사회복지질적연구방법론, 나남출판, 2001
- 최일섭 · 성한 · 순둘, 사회복지조사론, 동인, 2001
- 채구묵, 사회복지조사방법론, 양서원, 2005
- 홍두승 · 이명진 공저, 사회조사분석의 실제, 다산출판사, 2001
- 홍두승, 사회조사분석, 다산출판사, 1987
- 김응렬, 사회조사방법론의 이해, 고려대학교출판부, 2001
- 한승준, 사회조사방법론, 대영문화사, 2000
- 김영종, 사회복지조사방법론, 학지사, 2006
- 김기렬, 사회과학조사방법론, 박영사, 1999
- 김영석, 사회조사방법론, 나남출판, 1999
- 김정기 외, 사회조사분석론, 청원대학교출판부, 1999
- A .루빈 · E. 바비 공저; 성숙진 · 유태균 · 이선우 공역, 사회복지조사방법론, 나남출판, 1998
- 성숙진 · 유태균 · 이선우 역, 사회복지조사방법론, 나남출판, 1998
- 박용치, 현대조사방법론, 경세원, 1997
- 남세진 · 최성재, 사회복지조사방법론, 서울대학교출판부, 1996
- 채서일, 사회과학조사방법론, 학현사, 1995
- 소영일, 연구조사방법론, 박영사, 1995

참고문헌

- 이흥탁, 사회조사방법론, 법문사, 1994
- 오인환, 사회조사방법론; 오차요인집중연구, 나남출판, 1992
- 신옥순, 교육연구의새접근, 교육과학사, 1991
- 정순둘, 사회복지실천과 조사연구의 활용 : 이론적 검토, 교수논총 제14집, 서울신학대학교, 2003, p.505~527
- 사회조사분석사양성과관리, 통계 제29권, 대한통계협회사무국, 2003
- 김두섭 · 강남중 · 홍두승 · 이명진, 사회통계기법이용의 활성화를 위한 제언, 한국사회학, 한국사회학회, 2001
- 신옥순, 질적 연구 과정의 성격과 의의, 논문집, 인천교육대학, 1991, p.591~605
- Earl Babbie, 사회조사방법론, 고성호 외 역, 그린, 2002
- Rubin A. & Babbie E., Research Methods for Social Work (3rd. Ed.), Pacific Grove, CA: Brooks/Cole Publishing Company, 2001
- Royse D., Research Methods in Social Work (3rd. Ed.), Wadsworth/Thomson Learning, 1999

좋은 책을 만드는 길
독자님과 함께하겠습니다.

도서나 동영상에 궁금한 점, 아쉬운 점, 만족스러운 점이
있으시다면 어떤 의견이라도 말씀해 주세요.
SD에듀는 독자님의 의견을 모아 더 좋은 책으로 보답하겠습니다.

www.sdedu.co.kr

SD에듀 사회복지사 1급 1과목 사회복지기초

개정10판1쇄 발행	2022년 06월 03일 (인쇄 2022년 04월 08일)
초 판 발 행	2012년 05월 30일 (인쇄 2012년 05월 30일)
발 행 인	박영일
책 임 편 집	이해욱
편 저 자	사회복지사 수험연구소
편 집 진 행	박종옥 · 노윤재
표지디자인	박수영
편집디자인	이주연 · 곽은슬
발 행 처	(주)시대고시기획
출 판 등 록	제 10–1521호
주 소	서울시 마포구 큰우물로 75 [도화동 538 성지 B/D] 9F
전 화	1600–3600
팩 스	02–701–8823
홈 페 이 지	www.sdedu.co.kr
I S B N	979-11-383-2205-8 (14330)
정 가	21,000원

※ 이 책은 저작권법의 보호를 받는 저작물이므로 동영상 제작 및 무단전재와 배포를 금합니다.
※ 잘못된 책은 구입하신 서점에서 바꾸어 드립니다.

합격의 공식

온라인 강의

잠깐!

혼자 공부하기 힘드시다면 방법이 있습니다.
SD에듀의 동영상강의를 이용하시면 됩니다.
www.sdedu.co.kr → 회원가입(로그인) → 강의 살펴보기

모든 자격증·공무원·취업의 합격정보

합격을 구독 하세요!

▶ YouTube

합격의 공식 시대에듀

SD에듀

SD 에듀 합격의 공식! **SD에듀**   합격 구독 과 👍좋아요! 정보 🔔 알림설정까지!

사회복지사 1급
합격 ROADMAP

과목별 기본서

한권으로 끝내기

올인 기출문제

1단계

기본부터 탄탄히!

더욱 안전하게 합격할 수 있는 방법에는 무엇이 있을까요? 기출 파악, 요점정리, 문제풀이 등 여러 가지가 있겠지만 이 모든 것들은 기본이론을 바탕으로 해야 더욱 탄탄히 쌓아질 수 있다는 점을 반드시 기억하세요!

2단계

기출문제를 풀어야 합격이 풀린다!

아무리 많은 이론을 숙지하고, 문제풀이로 실력을 다졌다 할지라도 실제 기출문제를 풀어보지 않는다면 큰 의미가 없습니다. 더없이 상세하고 꼼꼼한 해설과 최근 6년 동안의 기출문제를 통해 반복해서 출제되는 핵심 내용들을 반드시 짚고 넘어 가세요!

사회복지사 1급 시험 어떻게 준비하세요?
핵심만 쏙쏙 담은 알찬 교재!
SD에듀의 사회복지사 1급 기본서와 문제집 시리즈,
최종 마무리 시리즈로 합격을 준비하세요.

※ 본 도서의 세부구성 및 이미지는 변동될 수 있습니다.

적중예상문제

핵심요약집

최종모의고사

3단계

예상문제로
실력 다지기!

최근 출제경향을 충실히 반영한 총 5회의 예상문제를 통해 합격을 적중해 보세요! 알차게 정리한 빨간 키(빨리 보는 간단한 키워드)를 통해 방대한 영역의 포인트를 잡는 기회도 가질 수 있으니 일석이조!

4단계

실전감각
200% 충전하기!

핵심키워드부터 핵심이론, 핵심문제까지 효율적·효과적으로 학습할 수 있도록 정리했습니다. 필수이론 및 문제를 담은 핵심요약집, 실제 시험을 더욱 실감나게 준비할 수 있는 최종모의고사까지. 엄선하여 수록한 이론과 문제들을 놓치지 마세요.

나는 이렇게 합격했다

여러분의 힘든 노력이 기억될 수 있도록
당신의 합격 스토리를 들려주세요.

합격생 인터뷰
상품권 증정

추첨을 통해
선물 증정

베스트 리뷰자 1등
아이패드 증정

베스트 리뷰자 2등
에어팟 증정

SD에듀 합격생이 전하는 합격 노하우

"기초 없는 저도 합격했어요
여러분도 가능해요."

검정고시 합격생 이*주

"불안하시다고요?
시대에듀와 나 자신을 믿으세요."

소방직 합격생 이*화

"강의를 듣다 보니
자연스럽게 합격했어요."

사회복지직 합격생 곽*수

"선생님 감사합니다.
제 인생의 최고의 선생님입니다."

G-TELP 합격생 김*진

"시험에 꼭 필요한 것만 딱딱!
시대에듀 인강 추천합니다."

물류관리사 합격생 이*환

"시작과 끝은 시대에듀와 함께!
시대에듀를 선택한 건 최고의 선택"

경비지도사 합격생 박*익

합격을 진심으로 축하드립니다!

합격수기 작성 / 인터뷰 신청

QR코드 스캔하고 ▷ ▷ ▶
이벤트 참여하여 푸짐한 경품받자!

합격의 공식 시대에듀